Lenin 15 & 16

DISCARDED

FEB 1986

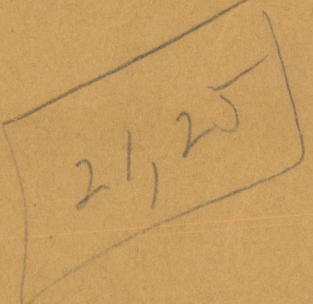

CONTEMPORARY SPANISH

ROBERT LADO
Dean of the Institute of Languages and Linguistics
Georgetown University

EDWARD BLANSITT
Institute of Languages and Linguistics
Georgetown University

McGRAW-HILL BOOK COMPANY
New York   St. Louis   San Francisco   Toronto   London   Sydney

CONTEMPORARY SPANISH

*Copyright © 1967 by McGraw-Hill, Inc. All Rights Reserved.
Printed in the United States of America. No part of this
publication may be reproduced, stored in a retrieval system,
or transmitted, in any form or by any means, electronic,
mechanical, photocopying, recording, or otherwise, without
the prior written permission of the publisher.*

Library of Congress Catalog Card Number 67-14673
35761

    2 3 4 5 6 7 8 9 10 CR 76 75 74 73 72 71 70 69

ABOUT THE AUTHORS

Robert Lado, Dean of the Institute of Languages and Linguistics at Georgetown University, is a well-known author in the field of linguistics and language teaching. Dr. Lado is the author of *Language Teaching: A Scientific Approach*.

Edward Blansitt, Head of the Spanish Division of the Institute of Languages and Linguistics, Georgetown University, has done extensive work in the linguistic description of the Spanish language. He has been a recipient of grants from the Fulbright Association, Pan American Union and American Council of Learned Societies.

ACKNOWLEDGMENTS

The authors wish to express their appreciation to Sra. Cecilia Balcazar de Bucher, Srta. Ana Posada and Prof. Enrique Moreno for their help in the development of the manuscript. The authors owe special gratitude to Rev. Felix Lobo, S.J., and Prof. David Lajmonovich, who very carefully reviewed the textbook and offered many valuable suggestions.

PREFACE

Contemporary Spanish and the supplementary workbook, tapes, tests and instructor's manual provide the materials for an introductory course in Spanish. The objectives of the course are:

Use of skills. In this program each of the basic skills—listening, speaking, reading and writing—is recognized as an important part of the process of studying and using a language. The materials of this introductory program provide opportunities for the development of all of these skills.

Understanding structure. The student, in order to communicate with understanding, must have an awareness of how the language functions. For this reason, brief grammatical explanations accompany the variety of drill material that enables the student to use the structural pattern being presented.

Appreciation of culture. In addition to the development of the language skills, students must be made aware of the cultural characteristics of the people whose language they are studying. They must learn to appreciate the correlation of language and culture and the effect that one has in describing the other.

Contemporary Spanish is divided into twenty-four units. Each unit is introduced by an oral dialog. The dialog is short so that thorough mastery can be attained expediently. Questions are provided to check comprehension and to permit students to use vocabulary and structural items presented in the dialog.

Each introductory dialog is followed by grammatical lessons, three in the early units and two in later units. A variety of drills is presented in each grammar lesson. These provide for pattern mastery but, more important, pattern manipulation. First the structural pattern is presented to the students, then they are afforded the opportunity to manipulate the pattern by means of paraphrasing drills. Clear grammatical explanations accompany all drills.

Exercises featuring minimal pair drills are presented throughout the beginning of the book. These drills highlight certain pronunciation problems and drill them systematically. Attention is also given to intonation patterns, stress and syllabication.

Twenty reading lessons are included in the text (beginning with Dialog 5). These reading lessons are not mere dialog recombinations but interesting and adult reading selections about Spanish-speaking people, their culture and their language. Two types of reading material are presented: *Lectura narrativa* and *Lectura dialogada*. All reading passages are followed by questions to check comprehension and to stimulate conversation.

A student workbook, which is self-correcting, is available to assist in teaching the writing skill. It includes an abundance of drills for writing practice, exercises to teach correspondence between sound and spelling and simple, directed compositions.

Tests intended to measure student progress in the four basic skills and also an instructor's manual are available.

INTRODUCTION

Usage

Spanish, as English, is spoken in noticeably different ways in different parts of the world. The difference in the various dialects of Spanish spoken in Latin America is sometimes very understated, to the extent of conveying the impression that there is an "American Spanish" which is common to all of Spanish America. Such an impression is very erroneous, for the varieties of Spanish in Mexico City and Buenos Aires are probably as different from each other as each is from the Spanish of Madrid.

The beginning student should not be concerned by the fact that the language is not completely uniform, for no language is. The amount of variation is no cause for alarm either, for communication between speakers of different dialects of Spanish is seldom seriously hampered by difference in usage. The authors of this textbook agreed from the beginning that the vocabulary and grammar taught should not represent the usage of any one country, but rather the most universal. It was not possible, of course, to check each vocabulary item and grammatical construction with informants from every Spanish-speaking area, but the complete vocabulary and total grammar used were checked with Spanish and Mexican informants. When Spanish and Mexican usage agreed, as in the vast majority of the cases they did, the usage was accepted without further question. In the few cases in which Spanish and Mexican usage did not agree, Colombian and Argentine[1] informants were consulted, which was in every case sufficient to find a substantially general grammatical usage. In a few cases, involving vocabulary items only, it was necessary to consult informants from still other countries before determining the word which would most easily communicate the meaning desired to the largest number of people.

Not only does Spanish differ somewhat in different areas, but there are different styles in usage within the same area. For practical purposes, we can think of these different styles as being stilted, normal or rustic. The same phenomenon occurs in English. We can illustrate stilted and normal English with such examples as "It is I" versus "It's me" or "That is the boy with whom I studied" versus "That's the boy (that) I studied with." Normal and rustic English can be contrasted with examples such as "He doesn't have any money" and "He ain't got no money," with possible intermediate gradations represented by "He don't have any money" and "He don't have no money." Although it is impossible to speak in a style that will please everybody, normal usage, such as "It's me," "That's the boy (that) I studied with" and "He doesn't have any money," provokes a minimum of unfavorable social reactions. The Spanish usage in this book is neither stilted nor rustic, but rather represents the usage of unaffected, educated speakers.

It is also true that the same person might, in an informal situation, say "That's what we disagree about" and, in a lecture or in a technical report, say or write "That is the matter about which we disagree." The narrative readings in this book are typical of the formal style of the lecture or written report.

Pronunciation

Each language has its own system of sounds. The sound systems of Spanish and English are, therefore, different. Two sounds which are recognized by speakers of

---

[1] By using informants from Mexico, Colombia and Argentina, the usage of northern, central, and southern Spanish America was sampled.

one language as different may be heard by speakers of another language as identical. The English words "razor" and "racer" are normally heard by monolingual speakers of Spanish as exactly the same. Similarly, monolingual speakers of English usually do not hear a difference between such Spanish words as *caro* and *carro*.

The sounds which are recognized as different by the speakers of a particular language and are used to distinguish between different words, phrases or sentences are said to represent different phonemes in that language. Sounds which occur in a language and which are recognized as different by a trained phonetician but are not heard as different sounds by monolingual speakers of the language who are not phoneticians, so that the phonetic differences between them are not sufficient to effect a change of meaning, are said to be allophones of the same phoneme.

In order to communicate in a language it is necessary to distinguish between all the phonemes of the language. To acquire natural, authentic pronunciation, it is necessary to use most of the allophones of the different phonemes properly. The special alphabet used for transcription in this book is quasiphonetic.

Grammar

Each language has its own grammatical system. The grammatical systems of English and Spanish are, therefore, different. In English, descriptive adjectives are invariable, but in Spanish they agree in form with the noun they modify, taking a plural ending, for example, just as the noun does. To the speaker of English this may seem to be unnecessary redundancy. Redundancy it usually is, but whether or not it is unnecessary is a different question. All grammatical systems apparently contain a large amount of redundancy which appreciably decreases the probability of misunderstanding. All grammatical systems also seem to contain a sizable amount of ambiguity which reduces the potential complexity of the system. However, redundancy and ambiguity are distributed differently in different grammatical systems.

Also, what is signaled by a difference in position within a construction, a different intonation contour, a different affix or preposition or a particular combination of these or other signals often corresponds to a different kind of signal in another language.

In order to communicate in a foreign language, it is necessary to recognize and use the grammatical patterns of that language. The grammatical patterns of another language will not do.

Meaning

Each language has its own system of meanings, so the meaning systems of English and Spanish are different.

For practical purposes, a text can be translated from one language to another. A translation from one language to another is not an absolute equivalent, however, but rather the closest possible approximation.

A nontechnical word, or grammatically pertinent part of a word (*i.e.*, a morpheme), in one language has no absolute equivalent in a different language. This is especially true of affixes such as tense endings, prepositions, etc. For example:

(1) *Mañana te lo digo.*
(2) *Por poco te lo digo.*
(3) *Si te lo digo, me vas a pegar.*
(4) *Si te lo digo, me habrías pegado.*
(5) *Si hubiera sabido, te lo digo.*

In (1) above, the Spanish *digo* is approximately equivalent to the English "I'll tell," in (2) to "I told," in (3) to "I tell," in (4) to "I had told" and in (5) to "I would have told." Affixes and most function words, such as prepositions, completely defy translation out of context.

Most items of furniture which would be called "table" in English are called *mesa* in Spanish, but Spanish *mesa* is often used to refer to things which in English are called "desk." Technical words for which definitions are usually stipulated, however, in scientific treatises may be considered to have equivalents in different languages, for the arts and sciences are today universal. For example, although many Spanish-speaking linguists use *morfema* with a somewhat different meaning from that usually intended by most English-speaking linguists when they use "morpheme," the Spanish and English terms may be simply accepted as equivalents.

In order to speak a new language it is necessary to have some idea what one is saying. In this book "translations" of Spanish words are offered because it is the only convenient way to indicate meaning in the early stages of foreign language study. The student must understand, however, that such translations are in most cases only the best possible clues to the meaning of the word. As soon as possible, the student should try to understand Spanish sentences without trying to match Spanish and English words, for it is the only way to master the language.

Edward Blansitt
Robert Lado

CONTENTS

Preface iv

Introduction v

DIALOGO 1. **Buenos días, Antonio** 2

    Lección 1. Greetings and Statements 5
        Intonation   Greetings   Positive Statements
        Negative Statements

    Lección 2. Questions and Answers 11
        Yes–No Questions and Answers   Questions with Interrogative Words
        Pronunciación 15

    Lección 3. Subjects 21
        Impersonal Sentences   Personal Sentences
        Pronunciación 25

DIALOGO 2. **¡Qué calor!** 28

    Lección 4. Predicate with Complements 31
        Verbal Predicate   Complements

    Lección 5. Direct and Indirect Objects 38
        Direct Object   Indirect Object
        Pronunciación 41

    Lección 6. Sentence Adjuncts 47
        Prepositional Expressions   Position with Complements
        Pronunciación 51

DIALOGO 3. **Un mensaje para Juan** 56

    Lección 7. Statements, Questions, Answers 59
        Who? Whom?   What?   Where?   When?   How?
        How Much?

    Lección 8. Nouns and Articles: Gender and Number 68
        Names   Gender   Plural
        Pronunciación 77

    Lección 9. Descriptive Adjectives: Agreement and Number 82
        Agreement   Number
        Pronunciación 88

DIALOGO 4. Invitación a la playa — **92**

    Lección 10. Present Tense: Regular Verbs, Pronouns and Subject Nouns — **95**
        Regular –ar Verbs   Regular –er Verbs   Regular –ir Verbs

    Lección 11. Present Tense: Stem-Changing Verbs — **106**
        Stems which change e to ie   Stems which change o to ue
        Stems which change e to i
        Pronunciación — **115**

    Lección 12. Present Tense: Irregular Verbs — **118**
        First Person Singular   Review of ser
        Pronunciación — **124**

DIALOGO 5. La fiesta — **128**

    Lección 13. Perfective and Imperfective Past: Regular Forms — **131**
        Perfective Past   Imperfective Past

    Lección 14. Perfective and Imperfective Past: Irregular Forms — **140**
        Perfective Past   Imperfective Past   Usage
        Pronunciación — **150**

    Lectura dialogada. Arquitectura — **154**
        Pronunciación — **155**

DIALOGO 6. La hora del almuerzo — **158**

    Lección 15. Possession and Reference — **161**
        Contractions   Possession   Reference   Possessive Adjectives

    Lección 16. Expanded Noun Phrases — **167**
        Demonstrative Adjectives   Noun Omission   Ambiguous Modifiers
        Color
        Pronunciación — **176**

    Lectura narrativa. Periódicos hispanoamericanos — **180**

    Lectura dialogada. Platos típicos — **182**

DIALOGO 7. La comedia — **184**

    Lección 17. Cardinal Numbers — **187**
        Cardinal Numbers   Variations of uno and ciento

    Lección 18. Dates, Ordinal Numbers, Time and Quantification — **193**
        Months   Ordinal Numbers   Days   Dates   Time
        Quantification   Pronunciación — **198**

    Lectura narrativa. El heroísmo — **204**

    Lectura dialogada. La zarzuela — **206**

DIALOGO 8. Paseo al río — 208

    Lección 19. Direct and Indirect Objects — 211
        Direct Object   Indirect Object

    Lección 20. Direct and Indirect Object Pronouns — 215
        Object Pronoun and Position   Form and Position of Double Objects   Position with the Infinitive

    Lectura narrativa. La familia en la América Hispana — 222

    Lectura dialogada. En el río — 224

DIALOGO 9. La cacería — 226

    Lección 21. Negation — 229
        Simple Negation   Specific Negatives   Variations

    Lección 22. Minor Patterns — 236
        Gustar   Tener and dar   Hacer

    Lectura narrativa. Dos palabras sobre la historia de Hispanoamérica — 244

    Lectura dialogada. Los discos — 246

DIALOGO 10. El cumpleaños de papá — 248

    Lección 23. Present Subjunctive: Regular Verbs — 251
        Mood   Subordinate Clauses

    Lección 24. Present Subjunctive: Irregular Verbs — 262
        Stem-Changing Verbs   Irregular Verbs

    Lectura narrativa. Indoamérica — 272

    Lectura dialogada. En un pueblito elevado de los Andes — 276

DIALOGO 11. Conversación telefónica — 278

    Lección 25. Verb Phrases: Compound Tenses — 281
        Present Progressive   Compound Past Tense   Progressive Action with hacer

    Lección 26. Future Tense — 292
        Regular Verbs   Irregular Verbs   Usage   Future with ir a   *Future with* deber   *Present Used in Future Sense*

    Lectura narrativa. Las vacaciones de los burocratas — 302

    Lectura dialogada. Una aventura — 306

DIALOGO 12. El examen — 308

    Lección 27. Verb and Sentence Adjuncts — 311
        Review of Direct and Indirect Objects
        Circumstantial Complements of the Verb

    Lección 28. Linking Verbs — 317
        Usage of ser   Ser *versus* estar

    Lectura narrativa. El cine en los países hispánicos — 326

    Lectura dialogada. Huelga en la universidad — 330

DIALOGO 13. Un día en el centro — 332

    Lección 29. Miscellaneous Prepositions — 335
        A   De   En   Con   Para   Por   Según

    Lección 30. Relative Pronouns with Adjective Clauses — 343
        Que   Que *with Prepositions*   A quien   Quien

    Lectura narrativa. El buen humor de los sevillanos — 352

    Lectura dialogada. La pintura abstracta — 356

DIALOGO 14. Una situación típica — 358

    Lección 31. Commands — 361
        Regular Forms   *Irregular Verbs*   *Position of Pronoun Objects*

    Lección 32. Subjunctive with Special Phrases — 374
        First Person Plural Commands   *Indirect Commands*

    Lectura narrativa. Renacimiento de la novela moderna de lengua española — 382

    Lectura dialogada. En el Museo del Oro en Bogotá, Colombia — 384

DIALOGO 15. En la galería de arte — 386

    Lección 33. Reflexive Verbs — 389
        Reflexive Pronouns   *Usage*

    Lección 34. Passive Verbs — 397
        Passive with ser   *Passive with* se

    Lectura narrativa. Don Quijote y Sancho Panza — 402

    Lectura dialogada. Toledo y El Greco — 404

DIALOGO 16. Esperando el autobús — 406

    Lección 35. Conditional Indirect Discourse — 409
        Regular Verbs   Irregular Verbs

    Lección 36. Past Subjunctive — 415
        Regular Forms   Irregular Forms   Usage

    Lectura narrativa. La Hispanoamérica de mañana — 424

    Lectura dialogada. La niña americana — 428

DIALOGO 17. En la playa — 430

    Lección 37. Inequality — 433
        Comparative Statements   Noun Omission   Prepositional Phrases   Excess and Lack

    Lección 38. Expanded Comparisons — 441
        Equality   Other Expressions of Inequality

    Lectura narrativa. Vistazo a la novela hispanoamericana — 446

    Lectura dialogada. Viaje en tren — 450

DIALOGO 18. La llegada — 452

    Lección 39. Noun Modifiers — 455
        Descriptive Adjectives   Noun Clauses and Phrases   Quantifiers   Infinitive Phrases

    Lección 40. Expansions — 465
        Negation   Equivalence

    Lectura narrativa. Ciudades del mundo hispánico — 472

    Lectura dialogada. Remando — 474

DIALOGO 19. De noche — 476

    Lección 41. Verb Phrases — 479
        Infinitive Phrases   Impersonal Usage

    Lección 42. Verb Phrases — 485
        Continuing Action   Prepositions with Infinitives   Object Inversion   Distance

    Lectura narrativa. Granada — 494

    Lectura dialogada. La becaria — 498

DIALOGO 20.	**Pescando y cazando**	**500**
	Lección 43. Tenses in Adverbial Clauses of Time	503
	Usage with cuando *and* al Después *and* antes de que *Other Indicators of Time*	
	Lección 44. Tenses in Relative Clauses	512
	Past Progressive Habitual Action Transitory Action	
	Lectura narrativa. La procesión	520
	Lectura dialogada. La lotería nacional	524
DIALOGO 21.	**El ajedrez**	**526**
	Lección 45. Cause and Purpose	529
	Cause Purpose	
	Lección 46. Conditional Sentences	537
	Conditions Compound Past	
	Lectura narrativa. El idioma castellano	542
	Lectura dialogada. Orejas y rabo	546
DIALOGO 22.	**De prisa**	**548**
	Lección 47. Direct and Indirect Questions	551
	Direct Questions Indirect Questions	
	Lección 48. Concession	560
	Concessive Clauses	
	Lectura narrativa. La corrida	564
	Lectura dialogada. Tarde de toros	566
DIALOGO 23.	**La vuelta de Pedro**	**568**
	Lección 49. Sequence of Tenses	571
	Compound Present Subjunctive Imperfective and Conditional Present and Past Subjunctive	
	Lección 50. Emphatic Expansions	579
	Emphatic Structure Emphasized Elements	
	Lectura narrativa. Música hispánica	588
	Lectura dialogada. Flamenco	590

DIALOGO 24. Pescados o pescaditos — 592

Lección 51. Morphologic Expansion — 595
Derived Adjectives   Derived Nouns   Diminutives   Augmentatives

Lección 52. Syntactic Expansion — 603
Expanded Expressions

Lectura narrativa.   Variedad y unidad de la lengua — 608

Lectura dialogada.   No solo de pan vive el hombre — 612

Verbs — 614

Dialog equivalent — 624

Vocabulary — 628

Index — 654

DIALOGO 1. BUENOS DIAS, ANTONIO.

José y Antonio:

—Buenos días, Antonio.

—Buenos días. ¿Qué tal?

—¿Estudias inglés?

—No, estudio español.

—¿Dónde está María?

—No sé. No está en la escuela.

—Gracias.

—Adiós. Hasta luego.

—Hasta luego.

Dialog Expansion:

¿Estudias inglés?
¿Estudias español?
¿Estudias inglés en la escuela?
¿Estudias español en la escuela?
¿Dónde estudias inglés?
¿Dónde estudias español?
¿Está en la escuela María?
¿Está en la escuela Antonio?

LECCION 1 | GREETINGS AND STATEMENTS

To speak Spanish you need to use both Spanish sentences and Spanish intonation. You may want to (1) get the attention of a listener, (2) greet him, (3) report something to him, (4) ask him something, (5) answer a question, (6) command, invite or beg him to do something, (7) express an emotional comment or (8) cry out in pain, surprise or anger. These primary intentions are expressed through sentence types and intonations prescribed by the language. There are other individual intentions which are expressed by voice quality, gestures and facial expressions, but in grammar you are interested more in the sentence types and intonations than in these extra clues.

INTONATION—Don Antonio.↓ Don Antonio.↑

Intonation is important in calls. At a distance it is the emphatic /1231↓/ and its variations.[1]

¡Señora Martínez!

---

[1] Notation: 1 = low pitch, 2 = mid, 3 = high. ↓ = a fading, dropping final intonation border. /1231↓/ = start low, rise to mid at the first stressed syllable, rise to high at the center of the intonation phrase and close in a fading, dropping intonation border.

In the text, intonation will be represented with numbers. In the examples, dots and a line will be used. Note the equivalences:

/1/ = ———, low unstressed; ———, low stressed.
/2/ = ———, mid unstressed; ———, mid stressed.
/3/ = ———, high unstressed; ———, high stressed.
/1231↓/ = ——————— ↓ with intervening unstressed syllables between 2 and 3 at mid pitch.

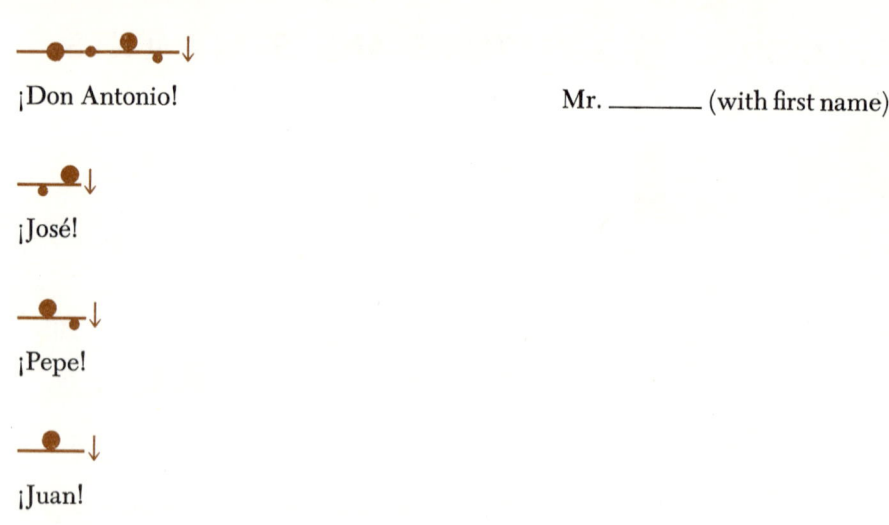

¡Don Antonio!   Mr. _____ (with first name)

¡José!

¡Pepe!

¡Juan!

At normal conversation distance the intonation is /121↓/ and its variations.

Señora Martínez.

Don Antonio.

José.

Pepe.

Juan.

For extra politeness use a rising /122↑/.

Señora Martínez.

6 CONTEMPORARY SPANISH

Don Antonio.

José.

Pepe.

Juan.

GREETINGS—Buenos días.

Learn greetings to be used as follows.

On Meeting:

Formal greetings   *Reply*

Morning: —Buenos días.   —Buenos días.
Afternoon: —Buenas tardes.   —Buenas tardes.   } learn
Evening: —Buenas noches.   —Buenas noches.

Use *buenos días* before lunch, *buenas tardes* after lunch and *buenas noches* in the evening.

Buenas noches is used as a greeting as well as on taking leave.

Informal greetings   *Reply*

learn {
—Hola.   —Hola.   Hello.
—Hola, Roberto.   —Hola, Manuel.
—¿Cómo estás?   —Bien, ¿y tú?   How are you?
—¿Cómo está?   —Bien, ¿y Ud.?   O.K., and you?

GREETINGS AND STATEMENTS 7

On Leaving:

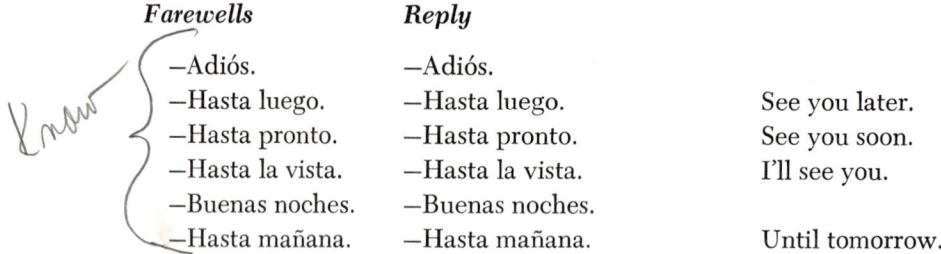

Farewells	Reply	
—Adiós.	—Adiós.	
—Hasta luego.	—Hasta luego.	See you later.
—Hasta pronto.	—Hasta pronto.	See you soon.
—Hasta la vista.	—Hasta la vista.	I'll see you.
—Buenas noches.	—Buenas noches.	
—Hasta mañana.	—Hasta mañana.	Until tomorrow.

You may also hear others which you may echo or to which you may respond with *adiós*.

POSITIVE STATEMENTS—Soy Pedro.

Learn these basic sentences. Each represents a useful Spanish pattern which will be developed later.

Soy Pedro.	I'm Peter.
Estoy en la clase.	I'm in class.
Estudio.	I study.
Estudio la lección.	I study the lesson.
Aprendo.	I learn.
Aprendo mucho.	I learn a great deal.
Hablo español en la clase.	I speak Spanish in class.

Note that the subject pronoun is usually not expressed in Spanish. Practice the sentences with the intonation indicated.

Without emphasis: /1211↓/   Emphatic: /1311↓/

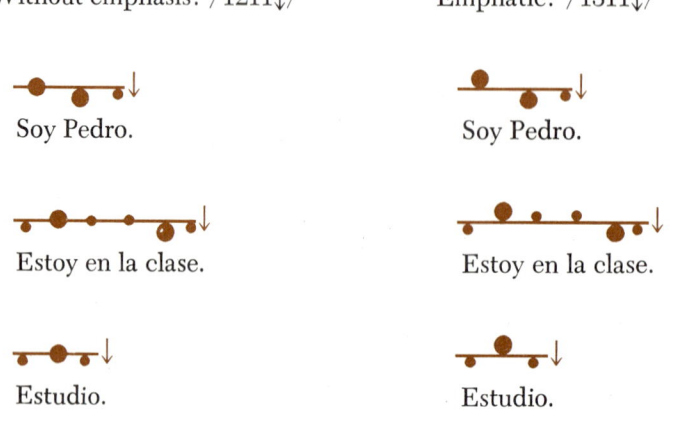

8 CONTEMPORARY SPANISH

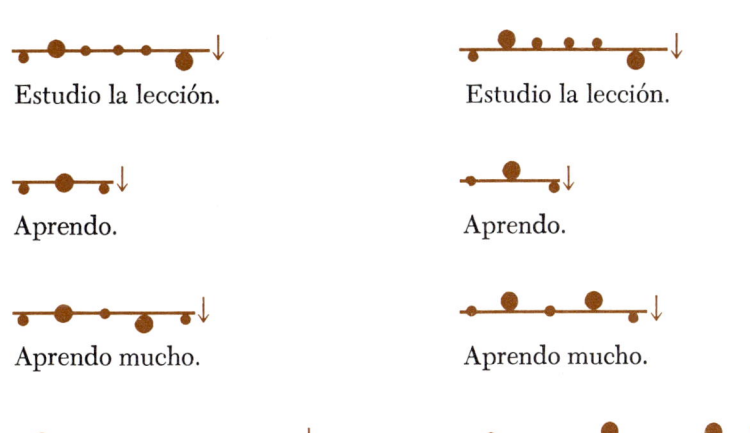

Estudio la lección.   Estudio la lección.

Aprendo.   Aprendo.

Aprendo mucho.   Aprendo mucho.

Hablo español en la clase.   Hablo español en la clase.

NEGATIVE STATEMENTS—No soy Juan.

Form the negative by adding *no* before the verb.

No soy Pedro.
No estoy en la clase.
No estudio.
No estudio la lección.
No aprendo.
No aprendo mucho.
No hablo español en la clase.

Práctica 1   Change the sentences to the negative.

Soy Pedro. → No soy Pedro.

Estoy en la clase.
Es Juan.
Está en la clase.
Es Antonio.
Está en la clase.
Estudio.
Estudio la lección.
Estudio español.
Hablo.
Hablo inglés.
Aprendo.
Aprendo mucho.
Hablo inglés en la clase.

Práctica 2 Construct an affirmative sentence with the first expression given and a negative sentence with the alternative words.

    Soy Pedro, Antonio → Soy Pedro. No soy Antonio.

Soy José, Juan	
Hablo español, francés	
Hablo, estudio	I don't study.
Estudio, como	I don't eat.
Estudio español, francés	
Como, estudio	
Vivo en México, en el Perú	I live
Aprendo poco, mucho	a little
Hablo español, chino	
Es María, Ana	
Habla chino, español	
Habla, estudia	
Estudia francés, español	
Vive, estudia	
Vive en la Argentina, en Chile	
Aprendo chino, español	

LECCION 2 | QUESTIONS AND ANSWERS

Question and answer patterns are correlated.

YES ~ NO QUESTIONS AND ANSWERS—¿Es Pedro? —Sí. ~ No.

Questions:

Use a rising intonation /122↑/ with the statement pattern for yes-no questions.

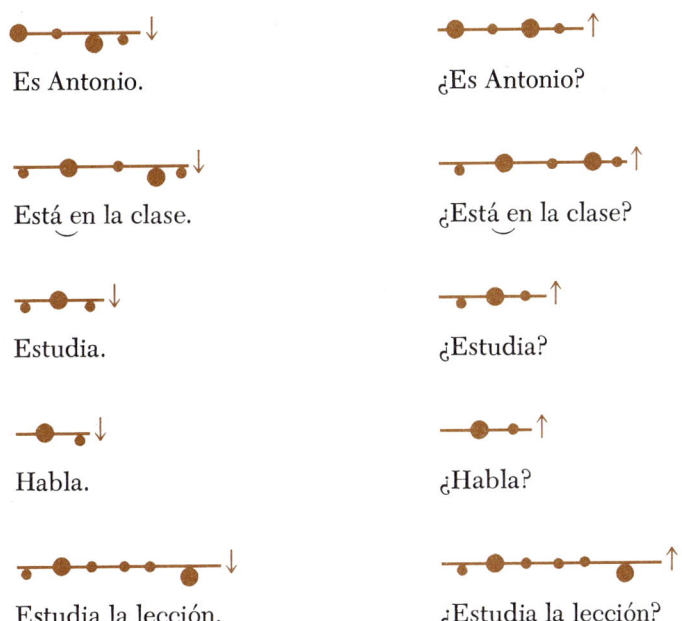

Es Antonio.   ¿Es Antonio?

Está en la clase.   ¿Está en la clase?

Estudia.   ¿Estudia?

Habla.   ¿Habla?

Estudia la lección.   ¿Estudia la lección?

Práctica 1 Change the statements into yes-no questions.

    Habla español. → —¿Habla español?

No enseña.	teach
Es el hermano de Juan.	brother
No se habla inglés en la clase.	
Se habla español.	
Le habla a Antonio.	
Estudia la lección.	
Se come a las dos.	One eats at two o'clock.
Vive en Chile.	
Está en la escuela.	
Es amigo de Pedro.	friend
Piensa en inglés.	thinks

Answers:

—Sí.	—Sí, señor.	affirmative
—No.	—No, señor.	negative
—No sé.		I don't know.

Práctica 2 If the suggested answer does not apply, use the appropriate one.

—¿Es Antonio?	—Sí.
—¿Está en Madrid?	—No.
—¿Está en la clase?	—Sí.
—¿Habla español?	—Sí.
—¿Enseña?	—No.
—¿Estudia la lección?	—Sí.
—¿Es el hermano de Juan?	—Sí.
—¿Le habla a Antonio?	—Sí.
—¿Come a las tres?	—No.
—¿Es amigo de Pedro?	—Sí.
—¿Habla francés?	—No sé.

Práctica 3 Change the statements into affirmative yes-no questions, and answer them.

    Es Juan. → —¿Es Juan? —Sí.
    No está en Madrid. → —¿Está en Madrid? —No.

    Es Pedro.
    Está en la escuela.

Habla español.
No enseña.
No come a las dos.
Estudia la lección.
No le habla a Antonio.
No es el hermano de José.
No habla chino.
Vive en México.

QUESTIONS WITH INTERROGATIVE WORDS—¿Quién habla? —Antonio.

This form of question is constructed with a question word plus a statement pattern.

Habla + ¿quién? → —¿Quién habla?

Interrogative Words:

¿quién?	who?
¿qué?	what?
¿dónde?	where?
¿cómo?	how?
¿cuándo?	when?

Práctica 4 Follow the model to form questions using the cued interrogative word.

Estudia.

¿quién? → —¿Quién estudia?
¿dónde? → —¿Dónde estudia?
¿cómo? → —¿Cómo estudia?
¿cuándo? → —¿Cuándo estudia?

Estudia la lección.

¿quién?
¿dónde?
¿cómo?
¿cuándo?

Le enseña la lección a Juan.

¿quién?
¿dónde?

¿cómo?
¿cuándo?

Come.

¿quién?
¿qué?
¿dónde?
¿cómo?
¿cuándo?

Answers:

Usually only the information solicited is given.

—¿Quién habla?	—Antonio.	
—¿Qué habla?	—Español.	
—¿Dónde habla?	—En la clase.	
—¿Cómo habla?	—Bien.	Well.
—¿Cuándo habla?	—A las dos.	

More examples:

—¿Quién estudia la lección?	—Pedro.	
—¿Dónde estudia la lección?	—En la clase.	
—¿Cómo estudia la lección?	—En voz alta.	Aloud.
—¿Cuándo estudia la lección?	—A las dos.	
—¿Quién le enseña la lección a Juan?	—Pedro.	
—¿Dónde le enseña la lección a Juan?	—En la clase.	

Práctica 5 Ask questions with the appropriate question words.

Antonio habla. → —¿Quién habla?
Habla *en la clase.* → —¿Dónde habla?

Pedro estudia.
Estudia *en la clase.*
Estudia *en voz alta.*
Estudia *a las dos.*

Pedro le enseña la lección a Juan.
Le enseña la lección *en la escuela.*
Le enseña la lección *en voz alta.*
Le enseña la lección *a las tres.*

Pedro aprende.
Aprende *español*.
Aprende *en la clase*.
Aprende *bien*.
Aprende *siempre*. always

Práctica 6 Answer the questions with the information given in each complex statement.

Pedro habla español bien en la clase a las dos.

—¿Quién habla? → —Pedro.
—¿Qué habla? → —Español.
—¿Cómo habla? → —Bien.
—¿Dónde habla? → —En la clase.
—¿Cuándo habla? → —A las dos.

Antonio está en la clase a las dos.

¿Quién está?
¿Dónde está?
¿Cuándo está?

Juan estudia la lección en la escuela a las tres.

¿Quién estudia?
¿Qué estudia?
¿Dónde estudia?
¿Cuándo estudia?

Pedro le enseña la lección a Juan en la clase a las dos.

¿Quién le enseña?
¿Qué le enseña?
¿Dónde le enseña?
¿Cuándo le enseña?

PRONUNCIACION

In Spanish and English, the various vowel sounds are differentiated primarily by the position and height of the tongue.[1] Spanish has five simple vowels, all

---

[1] In both languages, for example, the shape of the lips is dependent upon the position and height of the tongue.

of which occur in both open and closed syllables[2] and also in both strongly stressed and weakly stressed syllables. This presents two very serious problems for the English-speaking student of Spanish because simple vowels tend to occur only in closed syllables in English and only one simple vowel normally occurs in a weakly stressed syllable.

In English, vowels which are not followed by a consonant in the same syllable are almost always followed by an upward glide, as in the following words:

(1) be, see, me, tea, fee
(2) bay, say, may, day, clay
(3) sue, do, coo, who, too
(4) dough, go, hoe, low, sew

In all of the above one syllable English words, the vowel is followed by a rising glide, the tongue rising toward the alveoles and hard palate in (1) and (2) and toward the velum in (3) and (4).

The height of the tongue in the articulation of the Spanish vowels [i], [e], [u] and [o] is about midway between that of the vowel and the top point of the following glide in the usual American-English pronunciations of "see," "say," "sue" and "sew," respectively.[3]

1a   1b

Diagram 1a shows the position and height of the tongue in the pronunciation of Spanish [e]. Observe that the tip of the tongue rests against the inner surface of the lower teeth and the blade of the tongue is at approximately higher-mid height. Diagram 1b represents the vowel plus glide sound which is the pronunciation of the name of the first letter of the alphabet in English or of the Spanish diphthong [ey], which is not significantly different. The solid lines show the height of the tongue, which is mid, and the lip position for pronunciation of the initial vowel of the diphthong; and the interrupted lines show the height of the tongue, which is high, and the lip position at the end of the glide. Observe that as the lips come closer together, the blade of the tongue glides toward the hard palate.

[2] An open syllable is one which ends in a vowel; a closed syllable ends in one or more consonants.
[3] In both English and Spanish, front vowels are pronounced with the lips unrounded and back vowels with the lips rounded, so no reference to the shape of the lips in the articulation of vowels is required.

In these examples, observe and practice the contrast between the Spanish vowel [e] and diphthong [ey].

péna	pena	péyna	peina
ƀéƀo	cebo	ƀéybo	ceibo
kompléto	completo	kompléyto	con pleito
kafénégro	café negro	kaféynégro	café y negro
r̄éno	reno	r̄éyno	reino

2a 2b

Diagram 2a illustrates the articulation of the Spanish vowel [i]. Notice that the blade of the tongue is high. Diagram 2b shows the English high front vowel plus glide which is heard in the name of the letter "e." Spanish has no sound like this English diphthong, just as English has no equivalent of the Spanish [i] and [e].

In these examples, observe and practice the contrasting Spanish vowels [i] and [e], making certain that you do not add a glide to the end of the vowels. Remember, [i] plus glide does not occur in Spanish and [e] plus glide is different from [e] not followed by a glide.

sí	sí	sé	sé
píso	piso	péso	peso
mísa	misa	mésa	mesa
kíso	quiso	késo	queso
líma	lima	léma	lema
píka	pica	péka	peca
bíƀo	vivo	béƀo	bebo
píña	piña	péña	peña

3a 3b

Diagram 3a illustrates the pronunciation of the Spanish vowel [a], which is not significantly different from the vowel normally heard in American-English pronunciations of "mop," "crop," "pot." Notice the low height and

PRONUNCIACION   17

position of the tongue. Diagram 3b illustrates the pronunciation of the Spanish diphthong (vowel plus glide) [ay], which is not significantly different from the English vowel plus glide in "I."

In these examples, observe and practice the contrast between the Spanish vowel [a] and diphthong [ay].

trága	traga	tráyga	traiga
bána	vana	báyna	vaina
agwáte	aguate	agwáyte	aguaite
káma	cama	káyma	caima
áre	are	áyre	aire
gáta	gata	gáyta	gaita

In these examples, observe and practice the contrast between the Spanish diphthongs [ay] and [ey].

fráyle	fraile	fréyle	freile
karáy	caray	karéy	carey
láy	lay	léy	ley

In these examples, observe and practice the contrast between the Spanish vowel [e] and diphthong [ay].

kéma	quema	káyma	caima
éres	eres	áyres	aires
péko	peco	páyko	paico
balé	*ballet*	baláy	balay

Diagram 4a shows the pronunciation of the Spanish vowel [o]. Notice the front and blade of the tongue are low and the tip of the tongue lies on the bottom of the mouth slightly behind the lower front teeth, while the back of the tongue is at mid height. Diagram 4b illustrates the vowel plus glide heard in English in the name of the letter "o." The simple vowel [o] is practically nonexistent in English, and the same vowel followed by a back glide is practically nonexistent within words in Spanish. Diagram 4c depicts a low back vowel succeeded by a front glide which occurs—and is significantly the same—in both English and Spanish. It occurs in English "boy," "toy," "joy."

In these examples, observe and practice the contrast between the Spanish vowel [o] and diphthong [oy]. Be careful to avoid a back glide after [o].

kóma	coma	kóyma	coima
kóme	come	kóyme	coime
lóka	loca	lóyka	loica
r̄entó	rentó	r̄entóy	rentoy

Diagram 5a illustrates the pronunciation of the Spanish vowel [u]. Notice that the back of the tongue is high, very close to the velum, pulling the tip of the tongue, which rests on the bottom of the mouth, further back from the lower front teeth than in [o]. Diagram 5b shows the pronunciation of the English high back vowel plus glide heard in "sue," "crew," "two," which does not occur in Spanish.

In these examples, observe and practice the contrast between the Spanish vowels [o] and [u], taking care not to add a glide after the vowels.

póro — sew	poro	púro — sue	puro
póma	poma	púma	puma
pódo	podo	púdo	pudo
módo	modo	múdo	mudo
dóra	dora	dúra	dura
góla	gola	gúla	gula
lóto	loto	lúto	luto

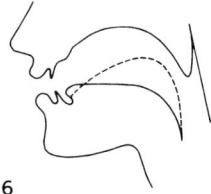

6

Diagram 6 illustrates the pronunciation of the Spanish diphthong [aw]. Observe that initially the tongue is almost at the same position as for the vowel [a], but the blade is raised slightly in front of the center and the tongue then glides approximately to the [u] position. A similar diphthong occurs in most American-English pronunciations of "house," "mouse," "bout."

In these examples, observe and practice the contrast between the Spanish vowel [o] and diphthong [aw].

kósa	cosa	káwsa	causa
bóẓa	boza	báwẓa	bauza
kóta	cota	káwta	cauta
fónas	fonas	fáwnas	faunas
góčo	gocho	gáwčo	gaucho
óla	ola	áwla	aula
lóđo	lodo	láwđo	laudo
nóta	nota	náwta	nauta
pósa	posa	páwsa	pausa

In these examples, observe and practice the contrast between the Spanish vowel [u] and diphthong [aw].

lakúsa	la acusa	lakáwsa	la causa
r̄úđa	ruda	r̄áwđa	rauda
tú	tu	táw	tau
púso	puso	páwso	pauso

LECCION 3 — SUBJECTS

Sentences can be impersonal or personal.

Impersonal:	Llueve	It's raining.
	Hace frío.	It's cold.
	No hay clase.	There's no class.
Personal:	Juan estudia.	John studies.
	Estudia español.	He studies Spanish.

IMPERSONAL SENTENCES—Hace calor.

Impersonal sentences have no subject.

Sentences about the weather are impersonal. Learn these.

know
- Está lloviendo. — It's raining.
- Está nevando. — It's snowing.
- Está bueno el tiempo. — The weather is fine.
- Hace frío. — It's cold.
- Hace calor. — It's hot.
- Hace sol. — It's sunny.
- Hace viento. — It's windy.

SUBJECTS 21

Práctica 1 Answer the following questions.

¿Está lloviendo hoy?
¿Está nevando hoy?
¿Está bueno el tiempo?
¿Está malo el tiempo?
¿Cómo está el tiempo hoy?
¿Hace frío hoy?
¿Hace calor hoy?
¿Hace sol hoy?
¿Hace viento hoy?

Práctica 2 Complete the Spanish expression appropriate for the situation indicated in English.

It's sunny.　　　＿＿ sol. → Hace sol.

It's raining.	＿＿ lloviendo.
It's snowing.	＿＿ nevando.
It's cold.	＿＿ frío.
It's hot.	＿＿ calor.
It's windy.	＿＿ viento.
It's not raining.	No ＿＿ lloviendo.
It's not snowing.	No ＿＿ nevando.
It's not cold.	No ＿＿ frío.
It's not hot.	No ＿＿ calor.
It's not sunny.	No ＿＿ sol.
It's not windy.	No ＿＿ viento.

Also impersonal are sentences with the verb *haber*: *hay* is a present tense form meaning "there is," "there are."

¿Hay pan?　　　　　　　　　　　　　　　　　　　bread

Hay pan. Sí, hay pan.
No hay pan. No, no hay pan.

¿Hay clase hoy?　　　　　　　　　　　　　　　　today

Hay clase hoy. Sí, hay clase hoy.
No hay clase hoy. No, no hay clase hoy.

¿Hay tiempo?　　　　　　　　　　　　　　　　　time

Hay tiempo. Sí, hay tiempo.
No hay tiempo. No, no hay tiempo.

Práctica 3 Using the cue word given by the teacher, ask an impersonal question and answer it in the affirmative and the negative.

pan → ¿Hay pan?
 Sí, hay pan. No, no hay pan.
agua → ¿Hay agua?
 Sí, hay agua. No, no hay agua.

clase hoy	
tiempo	
mesa	table
sitio	place
esperanza	hope
coche	car
sal	salt
azúcar	sugar
café	coffee
leche	milk
café con leche	
tiempo hoy	
sitio en el coche	

Repeat the exercise with individual answers in the affirmative or negative, according to the preference of the student.

PERSONAL SENTENCES—Juan estudia. Estudia español.

Personal sentences have an expressed subject or are transformed from sentences with a subject.

El es Pedro.	Es Pedro.	
Pedro está en la clase.	Está en la clase.	
Yo comprendo.	Comprendo.	
Pedro estudia.	Estudia.	
Pedro estudia español.	Estudia español.	
El maestro llega temprano.	Llega temprano.	arrives early
El maestro dice una oración.	Dice una oración.	says
Los estudiantes contestan la pregunta.	Contestan la pregunta.	answer the question
Los estudiantes no abren el libro.	No abren el libro.	open

The subject is generally not expressed in Spanish, unless it is not clear from the context or it is to be expressed for emphasis.

SUBJECTS 23

The ending of the verb may make it clear that *yo*, the speaker, is the only subject possible.

> Comprendo.
> No estudio.
> Estoy en la clase.

These are first person singular, present indicative forms.

In other persons, the subject may have to be expressed because it is not made clear by the form of the verb.

> Juan estudia. El maestro dice una oración.
> Los estudiantes la repiten. Juan no la repite.

The subject is not repeated when consecutive sentences would have the same subject. It sounds unnatural in Spanish to keep repeating the subject.

> Juan estudia. Estudia español. No habla bien. No repite la oración.
> El maestro dice una oración. Habla muy bien.
> Los estudiantes la repiten. Contestan la pregunta. No abren el libro.

Práctica 4 Repeat the sentences, omitting the subject when it is the same as in the previous sentence. Express it when it is not the same.

> Antonio estudia español. → Antonio estudia español.
> El es un buen estudiante. → Es un buen estudiante.
> Antonio repite las oraciones. → Repite las oraciones.

> Juan quiere hablar bien.   wants
> El quiere entender perfectamente.
> Juan contesta las preguntas perfectamente.
> El termina la lección temprano.
> Juan estudia español en el laboratorio.

> Pedro está en la clase.
> Pedro no quiere hablar español.
> El no estudia la lección en casa.
> Pedro llega temprano a la clase.

> María estudia mucho.
> Pedro no estudia.
> Pedro no aprende.
> El no habla español.
> María habla muy bien.

Práctica 5 Answer the following questions. Omit the subject in your response.

¿Estudia español Antonio?
¿Estudia mucho María?
¿Enseña el profesor?
¿Enseña bien el señor López?
¿Es profesor el señor López?
¿Está en la clase el profesor?
¿Está en la clase Pedro?
¿Está en la escuela Carmen?
¿Habla español Teresa?
¿Habla inglés Elena?
¿Aprende mucho Carlos?
¿Vive en México Pepe?
¿Come en el restorán María?
¿Come mucho el niño?
¿Llega temprano el maestro?
¿Abren el libro los estudiantes?
¿Contestan las preguntas los estudiantes?
¿Viven en el Perú Carlos y Anita?
¿Hablan bien Tomás y Eduardo?
¿Comen mucho los niños?

PRONUNCIACION

In Spanish, all vowels occur in both strongly stressed and weakly stressed syllables. In English, however, only one vowel normally occurs in the most weakly stressed syllables—the vowel which also occurs in strongly stressed syllables in the words "cut," "fun," "duck," "cuff" and many others. There is no similar vowel in Spanish in either weakly or strongly stressed syllables. Speakers of English who are learning Spanish tend, naturally, to hear all Spanish weakly stressed simple vowels as one mid-central vowel equivalent to the English [ə] of "cut" and also to pronounce this vowel instead of the various Spanish vowels. Others, recognizing the difference between the various Spanish vowels in weakly stressed syllables, tend to add too strong a stress to the weakly stressed syllables, for this is the only way possible in English to distinguish between vowels. Both the substitution of [ə] for all weakly stressed vowels and the substitution of strong stress for weak stress produce unintelligible Spanish. If the English-speaking person is to speak Spanish, he must learn to pronounce all the Spanish vowels and diphthongs without lengthening or overstressing the syllable.

In these examples, observe and practice the contrast between [e] and [ey] in weakly stressed syllables.

defórme	deforme	deyfórme	deiforme
deṣída	decida	deyṣída	deicida
r̄enál	renal	r̄eynál	reinal
aṣetósa	acetosa	aṣeytósa	aceitosa
penár	penar	peynár	peinar
ṣelán	Celán	ṣeylán	Ceilán
deḍád	de edad	deyḍád	deidad

In these examples, observe and practice the contrast between [i] and [e] in weakly stressed syllables.

miḅíno	mi vino	meḅíno	me vino
pikár	picar	pekár	pecar
pisó	pisó	pesó	pesó
biḅió	vivió	beḅió	bebió
bisó	visó	besó	besó
biṣér̄a	bicerra	beṣér̄a	becerra
diklíno	diclino	deklíno	declino
diferénṣya	diferencia	deferénṣya	deferencia
difusyón	difusión	defusyón	de fusión
dilatár	dilatar	delatár	delatar
fičár	fichar	fečár	fechar
ligár	ligar	legár	legar
miḍió	midió	meḍió	me dió
r̄imár	rimar	r̄emár	remar
sináḍo	si nado	senáḍo	senado
sipáro	si paro	sepáro	separo

Practice the difference between [ay] and [a].

saynár	sainar	sanár	sanar
aymará	aimará	amará	amará
paysáxe	paisaje	pasáxe	pasaje

Observe the contrast between [a] and [e].

pasár	pasar	pesár	pesar
maḍéxa	madeja	meḍéxa	me deja
maḍúra	madura	meḍúra	me dura
tapónes	tapones	tepónes	te pones
fakúndo	facundo	fekúndo	fecundo
kabríλa	cabrilla	kebríλa	que brilla

maséra	masera	meséra	mesera
pída	pida	píde	pide
kóma	coma	kóme	come
líbra	libra	líbre	libre

Practice the contrast between [a] and [o].

datár	datar	dotár	dotar
maxáda	majada	moxáda	mojada
maṣetón	macetón	moṣetón	mocetón
labí	la vi	lobí	lo vi
naṣión	nación	noṣión	noción
pída	pida	pído	pido
kóma	coma	kómo	como
líbra	libra	líbro	libro

Observe the difference between [o] and [aw].

fokál	focal	fawkál	faucal
enlodár	enlodar	enlawdár	en laudar
molón	molón	mawlón	maulón
polónya	Polonia	pawlónya	paulonia
posár	posar	pawsár	pausar
kočéra	cochera	kawčéra	cauchera

Practice the difference between [o] and [u].

molár	molar	mulár	mular
porána	por Ana	purána	purana
poríto	porito	puríto	purito
soṣiedád	sociedad	suṣiedád	suciedad
soberáno	soberano	suberáno	su verano
solána	solana	sulána	su lana
desoládo	desolado	desuládo	de su lado
sonído	sonido	sunído	su nido
sopéra	sopera	supéra	supera
torréxa	torreja	turréxa	tu reja
dorádo	dorado	durádo	durado

DIALOGO 2. ¡QUE CALOR!

Carlos y Juan:

—¡Qué calor! Abre la ventana.

—No estudies más. La lección es fácil.

—¡Qué sed! ¿Hay agua helada?

—Sí, espera un momento. Vengo en seguida.

—¡Cuidado! ¡Los papeles!

—Hace mucho viento.

—Cierra la puerta, por favor.

—Toma el agua. Está helada.

—Gracias, eres muy amable.

Dialog Expansion:

¿Hace calor?
¿Abre Juan la ventana?
¿Abre Juan la ventana cuando hace calor?
¿Cuándo abre Juan la ventana?
¿Hay agua helada?
¿Toma Juan agua helada?
¿Toma Juan agua helada cuando hace calor?
¿Qué toma Juan cuando hace calor?
¿Cuándo toma Juan agua helada?
¿Hace viento?
¿Hace mucho viento?
¿Cierra la puerta Juan?
¿Cierra Juan la puerta cuando hace viento?
¿Qué cierra Juan cuando hace viento?
¿Cuándo cierra Juan la puerta?

LECCION 4 | PREDICATE WITH COMPLEMENTS

VERBAL PREDICATE—Vicente estudia.

The verbal predicate is a conjugated verb. Learn these forms of the verb *ser*.

Vicente *es* estudiante.	*Es* estudiante.	Vincent is
Yo *soy* estudiante.	*Soy* estudiante.	I'm
Tú *eres* estudiante.	*Eres* estudiante.	You're (informal)
Ud. *es* estudiante.	*Es* estudiante.	You're (formal)
El *es* estudiante.	*Es* estudiante.	He's
Ella *es* estudiante.	*Es* estudiante.	She's
Nosotros *somos* estudiantes.	*Somos* estudiantes.	We're
Uds. *son* estudiantes.	*Son* estudiantes.	You're[1]
Ellos *son* estudiantes.	*Son* estudiantes.	They're
Ellas *son* estudiantes.	*Son* estudiantes.	They're

Práctica 1 Complete the sentences by following the model.

Yo soy estudiante. → Yo soy estudiante.
María _____. → María es estudiante.
Ellas _____. → Ellas son estudiantes.

---

[1] The informal style of the second person plural in Spain is: *Vosotros sois estudiantes. Sois estudiantes.* You will do well to learn to recognize and understand this form. For your own speech and writing, we have chosen the *Uds.* form because it is simpler to learn in that it is the same for both informal and formal use, it is in widest use in Spanish-speaking America and it is quite acceptable in Spain when used by a Latin American or an English-speaking American.

Juan es estudiante.
Tú _eres estudiante_.
Ella _es estudiante_.
Nosotros _somos estudiante_.
Uds. _son estudiante_.
Ellos _son estudiante_.
Ellas _son estudiante_.
María _es estudiante_.
Yo _soy estudiante_.

Learn these forms of the verb *estar*.

Vicente *está* en la clase.	*Está* en la clase.
Yo *estoy* en la clase.	*Estoy* en la clase.
Tú *estás* en la clase.	*Estás* en la clase.
Ud. *está* en la clase.	*Está* en la clase.
El *está* en la clase.	*Está* en la clase.
Ella *está* en la clase.	*Está* en la clase.
Nosotros *estamos* en la clase.	*Estamos* en la clase.
Uds. *están* en la clase.	*Están* en la clase.[1]
Ellos *están* en la clase.	*Están* en la clase.
Ellas *están* en la clase.	*Están* en la clase.

Práctica 2 Complete the sentences with the appropriate form of the verb *estar*. Omit the cued subject in the response.

Estoy en la clase.
Tú _estás en la clase_.
El _está en la clase_.
Ud. _está en la clase_.
Nosotros _estamos en la clase_.
Ella _está en la clase_.
Uds. _están en la clase_.
Ellos _están en la clase_.
Ellas _están en la clase_.

Práctica 3 Answer the following questions.

¿Está Juan en la clase? _Sí, Juan está en la clase._
¿Está en la clase de español? _La clase no está de español._
¿Dónde está Juan?
¿Están en México María y Teresa? _Sí, María y Teresa están en México._

[1] The familiar form in Spain is: V*osotros estáis* en la clase. *Estáis* en la clase.

¿Dónde están ellas?
¿Está Ud. en la clase?
¿Está Ud. en la clase de español?
¿En qué clase está Ud.?
¿Dónde está Ud.?
¿Dónde está el profesor?
¿Está Ud. bien?
¿Cómo está Ud.?
¿Están Uds. en América?
¿Están Uds. en la clase?
¿En qué clase están Uds.?
¿Cómo están Uds.?

Learn these forms of the verb *hablar*.

Vicente *habla* español.	*Habla* español.
Yo *hablo* español.	*Hablo* español.
Tú *hablas* español.	*Hablas* español.
Ud. *habla* español.	*Habla* español.
El *habla* español.	*Habla* español.
Ella *habla* español.	*Habla* español.
Nosotros *hablamos* español.	*Hablamos* español.
Uds. *hablan* español.	*Hablan* español.[1]
Ellos *hablan* español.	*Hablan* español.
Ellas *hablan* español.	*Hablan* español.

Práctica 4 Complete the sentences, using the appropriate form of *hablar*. Omit the cued subject in the response.

Hablo español.
Tú _____.
Ud. _____.
El _____.
Ella _____.
Nosotros _____.
Uds. _____.
Ellos _____.
Ellas _____.
María _____.
Yo _____.

[1] The informal style in Spain is: *Vosotros habláis español. Habláis español.*

Práctica 5   Answer the following questions.

¿Habla Juan español?   Sí, Juan habla español.
¿Habla Carlos francés?   Carlos no habla francés.
¿Habla bien Enrique?   Sí, Enrique habla bien.
¿Habla español en casa María?   Sí, María habla español en casa.
¿Estudia español Teresa?
¿Estudia mucho Alberto?
¿Toma agua Paco?
¿Toma agua helada Elena?
¿Toma María café con leche?
¿Espera el taxi Carmen?
¿Habla Ud. español?
¿Habla Ud. bien?
¿Habla Ud. español en casa?
¿Dónde habla Ud. español?
¿Estudia Ud. español?
¿Estudia Ud. la lección?
¿Estudia Ud. en la escuela?
¿Estudia Ud. mucho?
¿Toma Ud. agua?
¿Toma Ud. leche?
¿Toma Ud. agua helada?
¿Toma Ud. agua helada cuando hace calor?
¿Hablan español Juan y Tomás?
¿Hablan español en México?
¿Estudian español o francés María y Carmen?
¿Toman agua helada Carlos y Domingo?
¿Esperan el taxi Carlos y Teresa?
¿Hablan Uds. español?
¿Hablan Uds. inglés en la clase de español?
¿Hablan Uds. español con el profesor?
¿Estudian Uds. francés?
¿Qué estudian Uds.?
¿Estudian Uds. en la universidad?
¿Esperan Uds. el taxi?
¿Esperan Uds. en la puerta?
¿Dónde esperan Uds.?
¿Toman Uds. agua helada?
¿Toman Uds. agua helada cuando hace calor?
¿Toman Uds. café?
¿Toman Uds. café con leche?
¿Toman Uds. café con azúcar?

COMPLEMENTS—Es Pedro. Está en la clase.

Ser and *estar* are used with different attributive complements.[1] Learn these key examples.

Complements of SER:

Es *Pedro*.	Noun or noun phrase: identification.
Es *alto*.	Adjective or adjective phrase: permanent quality.
Es *de Madrid*.	Phrases with *de*: origin.

Complements of ESTAR:

Está *en la clase*.	Phrases with *en*: usually place.	
Está *cansado*.	Past participle as adjective: temporary condition.	He's tired.

Práctica 6 Complete each sentence with *es* or *está*.

    ____ Pedro.
Pedro ____ alto.   tall
    ____ cansado.
    ____ de Madrid.
    ____ en la clase.
    ____ Tomás.
Tomás ____ del Perú.
    ____ cansado.

More examples with *ser*.

Es Pedro.	
Es María.	
Es estudiante.	
Es médico.	doctor
Es maestro.	
Es la lección.	
Es alto.	
Es bueno.	good
Es difícil.	difficult
Es fácil.	easy
Es grande.	big
Es pequeño.	small
Es norteamericano.	

[1] A fuller treatment of *ser* and *estar* is given in Lesson 28.

PREDICATE WITH COMPLEMENTS 35

Es de Madrid.
Es de Buenos Aires.
Es de México.
Es de Chile.
Es de los Estados Unidos.
Es de la Florida.
Es de California.

More examples with *estar*.

Está en la clase.
Está en Madrid.
Está en México.
Está en los Estados Unidos.
Está en casa.   at home
Está en la biblioteca.   in the library

Está cansado.
Está ilusionado.   full of hope
Está desilusionado.   disillusioned
Está ocupado.
Está perdido.   lost

Práctica 7 Complete each sentence with *es* or *está*.

_Es_ Carlos.
Carlos _está_ estudiante.
_Es_ bueno.
Está en la clase.
_Es_ Vicente.
Vicente _es_ médico.
_Es_ español.
_Es_ de Madrid.
Está en casa.
Está cansado.
_Es_ María.
_Es_ de México.
Está en la biblioteca.
_Es_ en México.
_Es_ la lección.
_Es_ difícil.
_Es_ don Juan.
_Es_ maestro.

Está ocupado.
_Es_ de los Estados Unidos.
Está en los Estados Unidos.

Práctica 8 Complete the following paragraph with *es* and *está*.

_Es_ Don Juan. Don Juan _es_ maestro. _Es_ de España. _Es_ español. Enseña español en la universidad. No _está_ en España, _está_ en los Estados Unidos. _Está_ en la clase. La lección no _es_ fácil, _es_ difícil. La oración _es_ difícil. El estudiante _está_ desilusionado.

Práctica 9 Complete the sentence with *ser* or *estar* in the appropriate form: *soy, eres, es, somos, son; estoy, estás, está, estamos, están*. Omit the subject in the response.

Yo _soy_ estudiante.
Estoy en la clase.
Soy alto.
Soy de Buenos Aires.
Estoy en los Estados Unidos.

Pedro _es_ norteamericano.
_Es_ alto.
_Es_ de California.
_Es_ estudiante.

Pedro y María _son_ estudiantes.
Están en clase.
Son mexicanos.

María _es_ de México.
Está en Nueva York.
_Es_ secretaria.

Tú _eres_ estudiante.
Eres bueno.
Eres alto.
Estás cansado.
Estás en la clase.

Juan y yo _somos_ estudiantes.
Estamos en la biblioteca.
No _somos_ españoles.

LECCION 5 DIRECT AND INDIRECT OBJECTS

—Enseña español. Le enseña español a Juan.
—¿Dónde? ¿Cuándo? ¿Cómo?
—En la escuela. A las dos. Muy bien.

DIRECT OBJECT—Pedro enseña español.

These sentences have a direct object.

Enseña *español*.
Estudia *medicina*.
Estudia *español*.
Entiende *inglés*.
Escribe *la lección*.

Notice that these direct objects are impersonal.

The direct object requires *a* when it refers to a specific person.

Conoce *a Juan*.	He/she knows John.
Enseña *a Juan*.	He/she teaches John.
Defiende *a Juan*.	He/she defends John.
Ve *a María*.	He/she sees Mary.
Llama *a María*.	He/she calls Mary.
Invita *a María*.	He/she invites Mary.
Invita *a los amigos*.	He/she invites his/her friends.

Práctica 1 Substitute each new expression in the sentence.

  Estudia la lección.
  Entiende _____.
  _____ la oración.
  Escribe _____.
  _____ la carta.
  Lee _____.
  _____ el libro.
  Recibe _____.
  _____ la carta.
  Entiende _____.
  _____ español.
  Habla _____.
  _____ inglés.
  Enseña _____.
  _____ la lección.
  Termina _____.

Práctica 2 Substitute each new expression. These objects are personal, so use *a*.

  Conoce a Pedro.
  _____ Vicente.
  Invita _____.
  _____ María.
  Llama _____.
  _____ los estudiantes.
  Entiende _____.
  _____ Antonio.
  Examina _____.
  _____ José.
  Invita _____.
  _____ María.
  Acompaña _____.   accompanies

Práctica 3 Substitute each new expression. Use *a* when the object is personal.

  Conoce a Juan.
  Ve _____.
  _____ la casa.
  _____ la lección.
  Oye _____.   hears
  _____ María.
  _____ Vicente.

Ve _____.
_____ la carta.
Entiende _____.
_____ María.
_____ la lección.
Oye _____.
_____ Dolores.
_____ José.
Recibe _____.

INDIRECT OBJECT—Pedro le enseña español a Juan.

These sentences have an indirect object:

Le escribo una carta *a María*.	I write Mary a letter.
Le enseño la lección *a Juan*.	I teach John the lesson.
Le leo la carta *a Pedro*.	I read Peter the letter.
Le hablo inglés *al estudiante*.[1]	I speak English to the student.
Le canto una canción *a María*.	I sing a song to Mary.
Le abro la puerta *a Vicente*.	I open the door for Vincent.
Le cierro la puerta *al perro*.	I close the door to the dog.
Le doy la mano *a mi amigo*.	I shake hands with my friend.
Le construyo una casa *al empleado*.	I build a house for the employee.
Le hago una mesa *al niño*.	I make a table for the child.
Le indico el camino *al turista*.	I show the tourist the way.
Le llevo los libros *a María*.	I take the books to Mary.
Le ofrezco la foto *a Juan*.	I offer John the picture.
Le repito el ejemplo *a Pedro*.	I repeat the example to Peter.
Le termino la lección *a mi amigo*.	I finish the lesson for my friend.
Le pregunto el camino *al policía*.	I ask the policeman the way.
Le pongo agua *al vino*.	I put water in the wine.

Use *a (al)* with the indirect object for both personal and impersonal expressions.

---

[1] a + él → al, a + el estudiante → al estudiante.

40 CONTEMPORARY SPANISH

Práctica 4 Substitute the new expression in the sentence.

  Le enseño la lección a Juan.   show
  _____ la carta _____.
  _____ a María.
  __ escribo _____.
  _____ la lección _____.
  __ leo _____.
  _____ al estudiante.
  _____ el ejemplo _____.
  __ repito _____.
  _____ a Pedro.
  _____ la canción _____.
  __ canto _____.
  _____ al niño.
  __ explico _____.
  _____ la lección _____.
  __ pregunto _____.
  _____ el camino _____.
  _____ a Vicente.
  __ indico _____.
  _____ al turista.
  __ enseño _____.
  _____ la casa _____.
  _____ al empleado.
  __ hago _____.

PRONUNCIACION

  In English, an initial "p" is usually strongly aspirated, that is, accompanied by a strong puff of air. English "b" on the other hand is not strongly aspirated. If a native speaker of English holds a lighted match within a few inches of his mouth and pronounces first the word "back" and then "pack," he will probably see the match fire flicker slightly when "back" is pronounced and either flicker strongly or go out when "pack" is pronounced.

  One other difference between the same sounds is that "b" is voiced while "p" is voiceless: if the vocal chords vibrate during the articulation of a sound such sound is said to be voiced, and if not accompanied by vibrations of the vocal chords a sound is said to be voiceless. If the word "his" is pronounced and the final sound lengthened, vibrations in the voice box can be felt by putting the fingers against the throat. If "hiss" is pronounced, however, there will be no such vibrations during the articulation of the final consonant.

Spanish [b] and [p] are distinguished mainly by the presence or absence of accompanying vibrations of the vocal chords. There is not, as there is in English, a great difference in the accompanying puff of air, which for both Spanish [p] and [b] approximates closely the aspiration occurring with the initial sound in English "back," not as in the initial sound of "pack."

The consonants [p] and [b] are pronounced by momentarily bringing the two lips together, as also in English and as shown in diagram 1.

1

Speakers of English encounter no great difficulty in hearing Spanish [p] and [b] as different sounds, but in producing them tend to overdifferentiate by strongly aspirating an initial [p].

In these examples, observe and practice the contrast between [p] and [b], taking care not to aspirate strongly the initial [p].

póka	poca		bóka	boca
pála	pala		bála	bala
péka	peca		béka	beca
páka	paca		báka	vaca
píno	pino		bíno	vino
péso	peso		béso	beso
poléa	polea		boléa	bolea
polár	polar		bolár	volar

2a 2b

Spanish [t] and [d] are pronounced by cutting off momentarily the passage of air through the mouth by pressing the tip of the tongue against the inside surface of the upper front teeth, with the sides of the tongue against the molars, as in diagram 2a. The most similar English sounds are heard initially in the words "tip" and "dip." In the pronunciation of the English "t" and "d," however, the tip of the tongue presses against the alveoles, as in diagram 2b. Also, as in the case of "p" and "b," the English "t" is much more strongly aspirated than "d," while in Spanish there is little difference except that [t] is voiceless and [d] voiced.

In these examples, observe and practice the contrast between [t] and [d], being careful not to aspirate heavily Spanish [t].

tán	tan	dán	dan
téxa	teja	déxa	deja
tílo	tilo	dílo	dilo
tóma	toma	dóma	doma
toráđa	torada	doráđa	dorada
tós	tos	dós	dos
túna	tuna	dúna	duna

Spanish [k] and [g] are, respectively, voiced and voiceless velar consonants. As in the initial consonants of English "coat" and "goat," the back of the tongue presses against the velum (soft palate), momentarily stopping the passage of air, as in diagram 3.

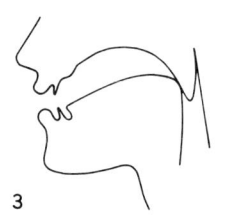

3

The Spanish [k] is, like [p] and [t], not heavily aspirated.

In these examples, observe and practice the contrast between [k] and [g], taking care not to aspirate strongly the [k].

kála	cala	gála	gala
kánas	canas	gánas	ganas
káčo	cacho	gáčo	gacho
kóđo	codo	góđo	godo
kolóso	coloso	golóso	goloso
kíso	quiso	gíso	guiso
keđéxa	que deja	geđéxa	guedeja

Spanish [ƀ] is a voiced fricative pronounced by bringing the two lips together without completely stopping the passage of the air. The lips do not completely close at the center of the mouth, as seen in diagram 4.

4

English-speaking persons may hear the Spanish [β] as the "v" sound which is the initial consonant of the English word "vine." The English "v," however, is pronounced by putting the lower lip against the bottom of the upper front teeth. Although no problem in communication arises from using the English "v" sound for Spanish [β], it is not the normal Spanish pronunciation.

The Spanish [β] is somewhat similar to the initial "w" sound in the English word "way," in that the air leaves the mouth through a narrow opening of the lips. Unlike [β], though, in the pronunciation of the "w" the lips are rounded, as shown in diagram 5a, and the back of the tongue is very close to the velum as for the vowel "u" or slightly closer, as shown in diagram 5b, thereby producing friction as the air passes between the back of the tongue and velum.

Spanish [w] is also voiced and is not significantly different from English "w."

5a   5b

In these examples, observe and practice the contrast between Spanish [w] and [β].

lawérta	la huerta	laβérta	la Berta
lawéka	la hueca	laβéka	la beca
lawélga	la huelga	laβélga	la belga
lawáska	la huasca	laβáska	la vasca

Spanish [b] and [β] are not significantly different, since substitution of one for the other cannot produce a different meaning, but they should not be confused, so that the resulting Spanish will sound authentic. Spanish [b] occurs initially—not necessarily at the beginning of a word but at the start of a phrase or after a pause. It occurs also after a nasal consonant, for example, [m] (in writing *m* or *n*). Otherwise [β] is pronounced.

In these examples, observe and practice the different pronunciations of [b] and [β].

bóla	bola	laβóla	la bola
báka	vaca	laβáka	la vaca
báta	bata	laβáta	la bata
béta	beta	laβéta	la beta
búla	bula	laβúla	la bula
bóka	boca	laβóka	la boca

Spanish [đ] is a voiced fricative in the pronunciation of which the tip of the tongue is against the inner surface of the upper front teeth but does not completely stop the passage of the air. The Spanish [đ] is very similar to the initial consonant, the "th" sound, in the English word "this" (as opposed to the "th" sound of "think," which is voiceless). In the English consonant, however, the tip of the tongue often protrudes beyond the bottom of the upper front teeth. With Spanish [đ] the tip of the tongue may touch but not protrude past the bottom of the upper front teeth, as shown in diagram 6.

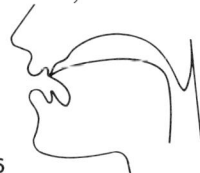

In order to speak Spanish well, [d] and [đ] should be pronounced differently although, as in the case of [b] and [b̸], substitution of one for the other cannot produce a difference of meaning. Spanish [d] occurs initially after a pause and occurs after [n] or [l]. Otherwise [đ] is the correct sound.

In these examples, observe and practice the different pronunciations of [d] and [đ].

dáma	dama	ladáma	la dama
dékađa	década	ladékađa	la década
demánda	demanda	lademánda	la demanda
díča	dicha	ladíča	la dicha
dósis	dosis	ladósis	la dosis
dukésa	duquesa	ladukésa	la duquesa

Spanish [ǥ] is a voiced fricative which is pronounced with the back of the tongue close to the velum, as shown for [w] in diagram 5b. Unlike [w], however, the lips are open in the pronunciation of [ǥ].

In these examples, observe and practice the difference between [ǥ] and [w]—open lips for [ǥ] and close, rounded lips, as shown in diagram 5a, for [w] and [b̸].

| áǥa | haga | áwa
áǥwa | agua[1] | ált̸a | haba |

---

[1] Notice that in pronouncing the blend [ǥw], the back of the tongue moves close to the velum, causing friction at that point; the lips are open for [ǥ], and the tongue retains the same position while the lips come close together and are rounded for [w]. The difference between [w] and [ǥw] or [w] and [gw] is stylistic; there is no change of meaning involved in substituting one for the other in Spanish. Many speakers tend to use [w] when the corresponding spelling is *hu* and [ǥw] or [gw] when the spelling is *gu*.

Spanish [g] occurs initially after a pause and is pronounced after [ŋ] (in writing *ng*). Otherwise [ǥ] occurs. Substitution of one for the other would not cause a difference of meaning, but for accurate pronunciation they should be distinguished.

In these examples, observe and practice the difference in pronunciation of [g] and [ǥ].

góma	goma	laǥóma	la goma
gúla	gula	laǥúla	la gula
gáyta	gaita	laǥáyta	la gaita
góta	gota	laǥóta	la gota
gía	guía	laǥía	la guía
gér̄a	guerra	laǥér̄a	la guerra

LECCION 6 | SENTENCE ADJUNCTS

You can use various prepositional phrases expressing place, manner, time, instrument and other circumstances in the sentence.

PREPOSITIONAL EXPRESSIONS—Vive en España.

Place:

Estudia *en casa*.
Vive *en Madrid*.   He/she lives in Madrid.
Enseña *en la escuela*.
Canta *en el teatro*.   He/she sings in the theater.
Come *en el restorán*.   He/she eats in the restaurant.

Manner:

Estudia *con interés*.   He/she studies with interest.
Vive *con modestia*.   He/she lives modestly.
Enseña *con arte*.   He/she teaches with art.
Come *con apetito*.   He/she eats with good appetite.
Canta *con estilo*.   He/she sings in good style.

Time:

Estudia *a las cinco*.
Vive *en el siglo pasado*. He/she lives in the past century.
Enseña *por la mañana*. He/she teaches in the morning.
Come *a las dos*.
Canta *de noche*. He/she sings at night.

Instrument:

Estudia *con lentes*. He/she wears glasses to study.
Vive *con medicinas*. He/she lives on medicines.
Enseña *con películas*. He/she teaches with films.
Canta *con micrófono*. He/she sings through a microphone.

Práctica 1 Answer the following questions.

¿Estudia Juan en casa?
¿Dónde estudia?
¿Vive en casa?
¿Dónde vive?
¿Vive en Madrid?
¿Dónde vive?
¿Enseña en la escuela?
¿Dónde enseña?
¿Come en el restorán?
¿Dónde come?
¿Come con apetito?
¿Cómo come?
¿Canta en el teatro?
¿Dónde canta?
¿Canta con estilo?
¿Cómo canta?
¿Enseña en la universidad?
¿Dónde enseña?
¿Enseña con arte?
¿Cómo enseña?
¿Estudia en casa?
¿Dónde estudia?
¿Estudia con interés?
¿Cómo estudia?
¿Estudia a las cinco?

¿Cuándo estudia?
¿Enseña en Madrid?
¿Dónde enseña?
¿Enseña por la mañana?
¿Cuándo enseña?
¿Come en casa?
¿Dónde come?
¿Come de noche?
¿Cuándo come?
¿Enseña con películas?
¿Con qué enseña?
¿Vive con medicinas?
¿Con qué vive?

These sentences have two circumstantial expressions:

Estudia	*en casa*	*a las cinco.*
Vive	*en Madrid*	*con modestia.*
Enseña	*en la escuela*	*por la mañana.*
Come	*en el restorán*	*a las dos.*
Canta	*en el teatro*	*de noche.*
Habla	*en la escuela*	*por la mañana.*

Práctica 2 Substitute each new expression in the sentence.

Estudiamos en casa a las cinco.
_____ por la mañana.
_____ en la escuela _____.
Enseñamos _____.
_____ a las dos.
Comemos _____.
_____ en el restorán ___.
_____ de noche.
Cantamos _____.
_____ en el teatro _____.
_____ con modestia.
_____ en Madrid _____.
Vivimos _____.
_____ en Chile _____.
_____ con estilo.
Cantamos _____.
_____ en el teatro _____.

POSITION WITH COMPLEMENTS—Llaman a María a las dos.

These expressions can be used in addition to direct and indirect objects.

Estudia la lección *en la clase.*
Escribe la carta *en casa.*
Habla español *en el laboratorio.*
~~Conoce a Juan *en Madrid.*~~ meets
~~Ve a María *a las dos.*~~
Llama a Vicente *por teléfono.*
Invita a los amigos *a casa.*

Práctica 3 Substitute the objects and expressions in the sentence.

Invitan a los amigos a casa.
_____ a la fiesta.
_____ a Vicente _____.
Llaman _____.
_____ por teléfono.
_____ a María _____.
_____ a las dos.
Ven _____.
_____ a Juan _____.
_____ la carta _____.
Leen _____.
_____ la lección _____.
_____ en casa.
Estudian _____.
_____ español _____.
Hablan _____.

Two objects and a complement occur sometimes.

Le enseña	la lección	a Juan	en la clase.
Le escribe	una carta	a María	a las dos.
Le habla	español	al estudiante	en clase.
Le canta	una canción	a María	con estilo.
Le abre	la puerta	a Vicente	de noche.
~~Le da~~	~~la mano~~	~~a mi amigo~~	~~en la puerta.~~
~~Le hace~~	~~una mesa~~	~~al niño~~	~~en la casa.~~
Le indica	el camino	al turista	en Madrid.
Le lleva	los libros	a María	en la escuela.

50 CONTEMPORARY SPANISH

Práctica 4 Substitute the expressions in the sentence.

Le lleva los libros a María en la escuela.
_____ en Madrid.
_____ al maestro _____.
Le indica _____.
_____ el camino _____.
_____ al turista _____.
_____ al niño _____.
_____ la mesa _____.
_____ en casa.
Le hace _____.
Le da _____.
_____ la mano _____.
_____ en la puerta.
_____ a mi amigo _____.
_____ a Vicente _____.
_____ de noche.
_____ el libro _____.
Le abre _____.
_____ la puerta _____.
_____ a María _____.
_____ con estilo.
_____ la carta _____.
Le enseña _____.

PRONUNCIACION

In the pronunciation of the English "ch" initial in "churn," the tip of the tongue rests against the alveolar ridge and the front of the tongue rests against the hard palate. This English sound is recognizable if used for Spanish [č] (written *ch*) but will not sound authentic. In the articulation of Spanish [č], the tip of the tongue rests against the inner surface of the lower front teeth while the blade of the tongue rests against the hard palate, cutting off momentarily the passage of air through the mouth. Then, as in the English "ch," air begins to pass over the center of the tongue. Also as in English, the vocal chords are open, that is, do not vibrate, during the articulation of Spanish [č]. The English "ch" is accompanied by a heavier aspiration than Spanish [č]. The tongue position for [č] is shown in diagram 1.

1

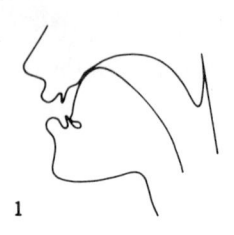

Spanish [y] is usually pronounced quite like the English "y" sound which is initial in "yes." For Spanish [y] the tip of the tongue rests against the inner surface of the lower front teeth and the center of the tongue is very close to the hard palate, closer than for the vowel [i] and also closer than is usual for English "y." The tongue position for Spanish [y] is shown in diagram 2.

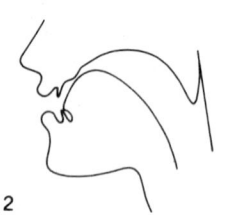

2

Many speakers of Spanish always pronounce Spanish [y] as described above. Others, however, use for [y] at the start of a syllable a sound similar to the initial consonant in English "gem," "jump," "jaw," except that the Spanish sound has the tongue position shown in diagram 1. The tendency to pronounce [y] with the "j" sound is stronger if [y] is at the beginning of a word and stronger still if preceded by pause. Other speakers pronounce Spanish [y] without cutting off the passage of air through the mouth but by raising the sides of the tongue so that air escapes across the center of the tongue, a sound much like the internal consonant in English "azure," "pleasure."

In these examples, observe and practice the pronunciation of Spanish [č] and [y].

čápa	chapa	yápa	yapa
čéma	Chema	yéma	yema
čéko	checo	yéko	yeco
čáyo	chayo	yáyo	yayo
čáto	chato	yáto	hiato

Continue practice of [č].

mučáčo	muchacho
číko	chico
ačičářa	achicharra
báče	bache
káčo	cacho

Continue practice of [y].

yélo	hielo
yéna	hiena
bayámos	vayamos
čayóte	chayote
yéso	yeso
payáso	payaso
yódo	yodo

Spanish [λ] (written *ll*) is pronounced by many speakers just as they pronounce [y]. For others, however, it is pronounced by placing the tongue as shown in diagram 1, with the center of the blade of the tongue against the hard palate but with air continuing to escape over one or both sides of the tongue. The vocal chords vibrate during the pronunciation of [λ]. This sound must not be confused with a sequence of an [l] sound followed by a [y] sound. Spanish [l] as the initial sound of a syllable is not significantly different from the English "l" sound which is initial in "like," "leg." The tip of the tongue touches the alveolar ridge, cutting off the passage of air at the center of the mouth while air continues to flow over one or both sides of the tongue; the vocal chords vibrate and the front and blade of the tongue are flat and approximately even with the tip.

In these examples, observe and practice the contrast between [λ] and [ly]. Remember that in those pronunciations in which [λ] is identical to [y], the difference between [λ] ([y]) and [ly] is the absence versus the presence of [l] before [y].

aλáđo	hallado	alyáđo	aliado
gáλo	gallo	gályo	galio
póλo	pollo	pólyo	polio
kaméλa	camella	kamélya	camelia

Speakers of English will tend to place a syllable division between [l] and [y], a tendency which should be carefully avoided. The syllable division of [alyáđo], for example, is [a-lyá-đo]; [ly] plus the following vowel belong to one syllable.

Continue practice of [λ].

káλa	calla
máλa	malla
séλo	sello

PRONUNCIACION

Continue practice of [ly]. Remember that [l], [y] and the following vowel are pronounced in one syllable: [lyé-b̸re].

s̸élya	Celia
amélya	Amelia
lyéb̸re	liebre
lyás̸a	liaza

Spanish [ñ] is pronounced with the tongue as shown in diagram 1. The passage of air through the mouth is completely cut off by the blade of the tongue against the hard palate, while air continues to flow out the nose. The vocal chords vibrate. This Spanish sound [ñ] must not be pronounced as the "n" plus "y" sequence in such English words as "canyon" and "opinion," a sequence which is similar to Spanish [ny]. Spanish [n] initial in a syllable is, like the English "n" sound in "no," "never" and "nine," pronounced by placing the tip of the tongue against the alveolar ridge and the sides of the tongue against the upper teeth, cutting off the passage of air through the mouth, while air continues to flow out the nose and the vocal chords vibrate.

In these examples, observe and practice the contrast between the consonant [ñ] and the sequence [ny].

káña	caña		kánya	cania
míño	miño		mínyo	minio
xúño	juño		xúnyo	junio

Speakers of English must take care not to end one syllable with [n] and begin the following syllable with [y]; [ny] plus the following vowel belong to one syllable: [ká-nya].

Continue practice of [ñ].

máña	maña
kompañéro	compañero
péña	peña
léña	leña
mañána	mañana

Continue practice of [ny]. Carefully observe syllable division: [si-nyés-tro].

antónyo	Antonio
bonyáto	boniato
sinyéstro	siniestro
domínyo	dominio
xényo	genio

The syllables [čwe], [ñwe] and [λwe] must be carefully practiced, for speakers of English usually find these sequences very difficult and often incorrectly add a vowel [u] between [č], [ñ] or [λ] and [we].

Practice carefully these examples, always pronouncing [čwe], [ñwe] or [λwe] as one syllable.

čwéko	chueco
tačwéla	tachuela
eñčwéko	enchueco
eñčwekámos	enchuecamos
mučačwélo	muchachuelo
pañwélo	pañuelo
señwélo	señuelo
buñwélo	buñuelo
peñwéla	peñuela
kastañwéla	castañuela
λwéb̸e	llueve
λwéb̸a	llueva

DIALOGO 3. UN MENSAJE PARA JUAN

Pedro y Vicente:

—Buenos días, Vicente. ¿Dónde está Juan?

—En el café. Está con un amigo extranjero.

—¿De dónde es el amigo?

—De Madrid. Es profesor de español.

—¿En dónde enseña?

—En la universidad. Vive en la casa de Juan.

—Bueno, dale un mensaje a Juan, por favor.

—Con mucho gusto. ¿Qué le digo?

—Que mañana no hay clase de español.

Cultural note *In Latin America and in Spain there are coffeehouses everywhere. Where the climate permits, they are even on the sidewalks. Usually only men go there. They pass the time of day or conduct business affairs.*

Dialog Expansion:

¿Está en el café Juan? *Sí, Juan está en el café.*
¿Dónde está Juan? *Juan está en el café.*
¿Está con un amigo Juan? *Vicente está con un amigo Juan.*
¿Es extranjero el amigo? *Sí, el amigo es extranjero.*
¿Es de Madrid el amigo? *Sí, el amigo es de Madrid.*
¿De dónde es el amigo? *El amigo es de Madrid.*
¿Es profesor el amigo? *Sí, profesor es el amigo.*
¿Qué es el amigo? *Vicente es el amigo.*
¿Enseña el profesor? *Sí, el profesor enseña.*
¿Enseña el amigo extranjero? *El amigo extranjero no enseña.*
¿Enseña el amigo en la universidad? *Sí, el amigo enseña en la univ—*
¿En dónde enseña el amigo extranjero? *El amigo extranjero enseña*
¿Vive en la casa de Juan el amigo? *Sí, el amigo vive en la casa de Juan.*
¿Dónde vive el amigo? *El amigo vive en la casa Juan.*
¿Hay clase de español mañana? *Clase de español es por mañana. en la clase*
¿Cuándo no hay clase de español? *No hay clase de español por mañana.*

LECCION 7 | STATEMENTS, QUESTIONS, ANSWERS

Each interrogative word or expression elicits specific kinds of information from a statement.

WHO? WHOM?—¿Quién es? ¿A quién llama? ¿Con quién habla?

Subject:

Es Pedro.
—¿Quién es?
—Pedro.

Antonio está en la clase.
—¿Quién está en la clase?
—Antonio.

María estudia la lección.
—¿Quién estudia la lección?
—María.

Pedro le enseña la lección a Juan.
—¿Quién le enseña la lección a Juan?
—Pedro.

El maestro habla español en la clase.
—¿Quién habla español en la clase?
—El maestro.

Direct or Indirect Object:

Pedro llama a María por teléfono.
—¿A quién llama Pedro por teléfono?
—A María.

Antonio le escribe una carta a Rosa.
—¿A quién le escribe una carta Antonio?
—A Rosa.

Rosa le lee la carta a Ana.
—¿A quién le lee la carta Rosa?
—A Ana.

Prepositional Object:

Víctor estudia la lección con Antonio.
—¿Con quién estudia la lección Víctor?
—Con Antonio.

Ana va a la biblioteca con Rosa.
—¿Con quién va a la biblioteca Ana?
—Con Rosa.

Roberto canta en el coro con Juan.   Robert sings in the
—¿Con quién canta en el coro Roberto?   choir with John.
—Con Juan.

Práctica 1   Answer the following questions with any response that is appropriate.

¿Quién está en la clase? *Estudiantes están en la clase.*
¿Quién habla? *Juan habla.*
¿Quién es el profesor? *Señor Black es el profesor.*
¿Quién come en el restorán? *Juan come en el restorán*
¿Quién estudia? *Juan estudia.*
¿Quién toma agua helada? *Juan toma agua helada.*
¿Quién abre el libro? *Juan abre el libro.*
¿Quién cierra la puerta? *Pedro cierra la puerta*
¿Quién enseña? *El maestro enseña.*
¿Quién vive en la casa de Juan?
Víctor vive en la casa de Juan.

¿A quién llama María? *Juan llama María.*
¿A quién le escribe Elena? *María escribe a Elena.*
¿A quién le lee la carta Juan? *Carlos lee la carta Juan.*
¿A quién le da un mensaje Carlos? *Juan dar un mensaje a Carlos.*
¿A quién le da el agua helada Tomás? *Juan dar el agua helada a Tomás.*
¿A quién le enseña el profesor? *El profesor enseña los estudiantes.*
¿A quién le habla Antonio? *Antonio habla a Juan.*
¿Con quién estudia Elena? *Elena estudia con Juan.*
¿Con quién está Carlos? *Carlos está con Juan.*
¿Con quién canta María? *María canta con Elena.*
¿Con quién vive Carlos? *Carlos vive con Elena.*
¿Con quién va Carmen? *Carmen va con Juan.*

WHAT?—¿Qué está cerrada? ¿Qué estudia María? ¿Con qué se toma el café?

Subject:

El clima es frío.
—¿Qué es frío?
—El clima.

The climate is cold.

La escuela está cerrada.
—¿Qué está cerrada?
—La escuela.

School is closed.

El papel es malo.
—¿Qué es malo?
—El papel.

The paper is bad.

Impersonal Object:

María estudia la lección.
—¿Qué estudia María?
—La lección.

El maestro habla español en la clase.
—¿Qué habla el maestro en la clase?
—Español.

Pedro contesta las preguntas en español.
—¿Qué contesta en español Pedro?
—Las preguntas.

Prepositional Object:

Roberto rompe las nueces con la mano. Robert cracks nuts with
—¿Con qué rompe las nueces Roberto?   his hand.
—Con la mano.

Se corta el pan con cuchillo. Bread is cut with a
—¿Con qué se corta el pan?   knife.
—Con cuchillo.

El café se toma con leche en España. In Spain, people have
—¿Con qué se toma el café en España?   their coffee with milk.
—Con leche.

Complement:

Pedro enseña español.
—¿Qué hace Pedro?
—Enseña. —Enseña español.

Antonio estudia la lección.
—¿Qué hace Antonio?
—Estudia. —Estudia la lección.

Juan escribe inglés bien.
—¿Qué hace Juan?
—Escribe. —Escribe inglés bien.

El maestro no está en la clase.
—¿Qué pasa?   What happens?
—El maestro no está en la clase.

Pedro canta en voz alta.
—¿Qué pasa?
—Pedro canta en voz alta.

María llama a Antonio.   María calls Antonio.
—¿Qué pasa?
—María llama a Antonio.

Práctica 2   Answer the following questions using the cued response.

¿Qué está cerrada? (la puerta) *La puerta está cerrada.*
¿Qué está helada?   (el agua)   *El agua está helada.*

¿Qué es malo?　　　(el papel)
¿Qué está en la biblioteca?　　(el libro)
¿Qué estudia María?　　(la lección)
¿Qué habla Carlos?　　(chino)
¿Qué repite el estudiante?　　(la oración)
¿Qué toma Tomás?　　(agua helada)
¿Qué cierra Anita?　　(la puerta)
¿Con qué se corta el pan?　　(cuchillo)
¿Con qué se toma el café?　　(leche)
¿Con qué enseña el profesor?　　(libros)
¿Con qué escribe María?　　(la pluma)
¿Qué hace el profesor?　　(enseña)
¿Qué hace el estudiante?　　(estudia)
¿Qué hace María?　　(escribe una carta)
¿Qué hace el niño?　　(abre la puerta)

WHERE?—¿Dónde está? ¿Adónde va? ¿De dónde es?

Location:

  Pedro está en la escuela.
  —¿Dónde está Pedro?
  —En la escuela.

  El teléfono está en la mesa.　　　　　　　　The telephone is on the
  —¿Dónde está el teléfono?　　　　　　　　　　table.
  —En la mesa.

  Juan escribe en el pizarrón.　　　　　　　　John writes on the
  —¿Dónde escribe Juan?　　　　　　　　　　　　blackboard.
  —En el pizarrón.

Destination:

  Antonio va a la biblioteca.　　　　　　　　Anthony goes to the
  —¿Adónde va Antonio?　　　　　　　　　　　　library.
  —A la biblioteca.

  El maestro manda a Juan a la biblioteca.　　The teacher sends John
  —¿Adónde manda a Juan el maestro?　　　　　　to the library.
  —A la biblioteca.

Pedro sube a la torre.
—¿Adónde sube Pedro?
—A la torre.

Peter climbs to the tower.

Origin:

María es de Lima.
—¿De dónde es María?
—De Lima.

El maestro llega de casa.
—¿De dónde llega el maestro?
—De casa.

Los estudiantes vienen de la biblioteca.
—¿De dónde vienen los estudiantes?
—De la biblioteca.

Práctica 3 Answer the following questions according to the cue.

¿Dónde está José? (la escuela) *José está en la escuela.*
¿Dónde está María? (la biblioteca) *María está en la biblioteca.*
¿Dónde enseña el profesor? (la universidad) *El profesor enseña en la universidad.*
¿Dónde está el teléfono? (la mesa) *El teléfono es en la mesa.*
¿Dónde estudia Carmen? (casa) *Carmen estudia en la casa.*
¿Dónde escribe Tomás? (el pizarrón) *Tomás escribe en el pizarrón.*
¿Dónde vive Carlos? (Chile) *Carlos vive en Chile.*
¿Dónde está Teresa? (Madrid) *Teresa está en Madrid.*
¿Adónde va Carmen? (la biblioteca) *Carmen va a la biblioteca.*
¿Adónde va Pepe? (casa) *Pepe va a la casa.*
¿Adónde va José? (Madrid) *José va a Madrid.*
¿De dónde es Carmen? (México) *Carmen es de México.*
¿De dónde es el estudiante? (España) *El estudiante es de España.*
¿De dónde llega el profesor? (la universidad) *El profesor llega en la universidad.*
¿De dónde viene Elena? (la biblioteca) *Elena viene en la biblioteca.*

WHEN?—¿Cuándo son las vacaciones?

La clase es a las dos.
—¿Cuándo es la clase?
—A las dos.

64 CONTEMPORARY SPANISH

La clase termina a las tres.
—¿Cuándo termina la clase?
—A las tres.

Las clases empiezan en septiembre.
—¿Cuándo empiezan las clases?
—En septiembre.

Las vacaciones son de junio a septiembre.
—¿Cuándo son las vacaciones?
—De junio a septiembre.

HOW?—¿Cómo enseña el maestro?

Roberto está bien.   Robert is well.
—¿Cómo está Roberto?
—Bien.

El maestro enseña bien.
—¿Cómo enseña el maestro?
—Bien.

Los estudiantes estudian en voz alta.
—¿Cómo estudian los estudiantes?
—En voz alta.

Victoria de los Angeles canta como los ángeles.   Victoria . . . sings like
—¿Cómo canta Victoria de los Angeles?   the angels.
—Como los ángeles.

HOW MUCH?—¿Cuánto es el pasaje?

El libro cuesta seis pesos.   The book costs six
—¿Cuánto cuesta el libro?   pesos.
—Seis pesos.

El pasaje de Madrid a Lima es trescientos dólares.
—¿Cuánto es el pasaje de Madrid a Lima?
—Trescientos dólares.

Práctica 4 Answer the following questions according to the cue.

¿Cuándo es la clase?   (a las dos)   *La clase es a las dos.*
¿Cuándo termina la clase?   (a las tres)   *La clase termina a las tres.*
¿Cuándo viene Antonio?   (hoy)   *Antonio viene hoy.*

¿Cuándo empiezan las clases? (en septiembre) *Las clases empiezan en septiembre.*
¿Cuándo llega el profesor? (pronto) *El profesor llega pronto.*
¿Cómo está Roberto? (bien) *Roberto está bien.*
¿Cómo está Paco? (cansado) *Paco está cansado.*
¿Cómo enseña el maestro? (bien) *El maestro enseña bien.*
¿Cómo hablan los niños? (en voz alta) *Los niños hablen en voz alta.*
¿Cómo está el tiempo? (bueno) *El tiempo está bien.*
¿Cuánto cuesta el libro? (seis pesos) *El libro cuesta seis pesos.*
¿Cuánto es el pasaje? (cien dólares) *El pasaje es cien dólares.*
¿Cuánto come el niño? (mucho) *El niño come mucho.*

Práctica 5 Using the statements as reference, ask as many questions as possible about each. Supply the answer to each question.

Antonio está en la clase.
—¿Qué pasa?
—Antonio está en la clase.
—¿Quién está en la clase?
—Antonio.
—¿Dónde está Antonio?
—En la clase.

María estudia la lección.
Pedro le enseña la lección a Juan.
Pedro quiere aprender la lección.
El maestro habla español en la clase.
La escuela está cerrada.
El papel es malo.
María estudia la lección.
Pedro contesta las preguntas en español.
Pedro enseña español.
Juan escribe inglés bien.
El maestro no está en la clase.
Pedro canta en voz alta.
María llama a Antonio.
Pedro llama a María por teléfono.
Antonio le escribe una carta a Rosa.
Rosa le lee la carta a Ana.
El teléfono está en la mesa.
Juan escribe en el pizarrón.
Antonio va a la biblioteca.
El maestro manda a Juan a la biblioteca.

Pedro sube a la torre.
María es de Lima.
El maestro llega de casa.
Los estudiantes vienen de la biblioteca.
La clase es a las dos.
La clase termina a las tres.
Las clases empiezan en septiembre.
Las vacaciones son de junio a septiembre.
Roberto está bien.
Victoria de los Angeles canta como los ángeles.
El libro cuesta seis pesos.
El pasaje de Madrid a Lima es trescientos dólares.
Víctor estudia la lección con Antonio.
Ana va a la biblioteca con Rosa.
Roberto canta en el coro con Juan.
Roberto rompe las nueces con la mano.
Se corta el pan con cuchillo.
El café se toma con leche en España.

LECCION 8 | NOUNS AND ARTICLES: GENDER AND NUMBER

NAMES—¿Cómo se llama? —Juan. Juan Alvarez. Juan Alvarez García.

In Spanish-speaking countries a full name consists of (1) the given name or names, (2) the father's family name and (3) the mother's family name. However, the primary family name is the father's name; it is the only one a parent passes on to his or her children.

    Juan Alvarez García
    Vicente García Pérez
    Margarita Muñoz Castro

If the father's name is *Juan Alvarez García* and the mother's name *Lucía Martínez Castro*, their child whose given name is *Juan* would have the full name *Juan Alvarez Martínez*.

Práctica 1   Form the proper complete name by adding to the given name(s) shown for the son (*hijo*) or daughter (*hija*) the paternal family names of the father (*padre*) and mother (*madre*).

    Padre: Manuel Castillo Díaz
    Madre: Margarita Fuentes Valle
    Hijo: Pedro Antonio → Pedro Antonio Castillo Fuentes

    Padre: Alberto Alvarez García
    Madre: Rosario Cortés Domínguez
    Hijo: Pedro

Padre: Carlos Gómez Solís
Madre: Emilia Solís Preciado
Hija: Ana María

Padre: Ramón Pérez Fernández
Madre: Yolanda Valdés Pérez
Hijo: Juan

Padre: Camilo Vega García
Madre: Lucía Mendoza Campos
Hija: María del Carmen

A married woman's complete name consists of her own given name and father's family name plus *de* followed by her husband's father's family name.

Maiden name: María Pérez Castro
Husband: Félix Alvarez García
Married name: María Pérez de Alvarez

GENDER—La amiga. El amigo.

A Spanish noun must belong to one of the two agreement classes called masculine and feminine. Some Spanish nouns referring to human beings, as well as to some of the larger animals, have separate masculine and feminine forms. In many cases the two are identical except that the masculine form ends in *–o* and the feminine in *–a*. The nouns below are preceded by the proper form of the definite article: *el* for masculine and *la* for feminine.

Feminine	*Masculine*		
la abuela	el abuelo	grandmother	grandfather
la niña	el niño	little girl	little boy
la hermana	el hermano	sister	brother
la amiga	el amigo	friend	
la gata	el gato	cat	
la mona	el mono	monkey	
la perra	el perro	dog	

Práctica 2 Complete the following sentences with the correct form of the definite article.

El niño come.
___ abuela ___.
___ hermano ___.
___ perro ___.

NOUNS AND ARTICLES: GENDER AND NUMBER

La mona *come*.
El gato *come*.
La niña *come*.

Some pairs differ from each other in various ways, and some show no similarity at all between their forms.

Feminine	*Masculine*		
la profesora	el profesor		
la reina	el rey	queen	king
la madre	el padre		
la mamá	el papá		
la mujer	el hombre	woman	man
la nuera	el yerno	daughter-in-law	son-in-law
la vaca	el toro	cow	bull

Práctica 3   In the blank at the end of the sentence, add the article plus noun corresponding to the opposite gender of the noun preceding *sino*.

Víctor no habla con el profesor sino con _____. → Víctor no habla con el profesor sino con la profesora.

No llega la nuera sino _____.
Juan no estudia con el amigo sino con _____.
No habla el rey sino _____.
No viene la abuela sino _____.
No lo come el gato sino _____.
No es la hermana sino _____.
No va con la niña sino con _____.
No hablan con el papá sino con _____

Inanimate nouns must also belong to the masculine or feminine agreement class.

Most nouns ending in *–a* are feminine.

la casa	la ventana	
la silla	la carta	
la mesa	la camisa	shirt

Práctica 4   Substitute the cued noun in the original sentence.

Aquí está la casa.
_____ mesa.

70   CONTEMPORARY SPANISH

```
_____ ventana.
_____ puerta.
_____ carta.
_____ escuela.
_____ biblioteca.
_____ (película.)                                    film
_____ camisa.
```

There are, however, a large number of masculine nouns which end in *–a*, especially in *–ma*. They have to be remembered individually.

| el clima | el programa | climate |
| el mapa | el día | |

Almost all nouns ending in *–o* are masculine.

el abanico	el río	fan	river
el pueblo	el almuerzo	town	lunch
el piso	el grito	floor	shout

Práctica 5 Substitute the cued nouns in the original sentences.

```
Aquí está el teléfono.
_____ teatro.
_____ micrófono.
_____ camino.
_____ pueblo.
_____ río.
```

Práctica 6 Complete the following sentences.

```
¿Dónde está el libro?
¿_____ carta?
¿_____ teatro?
¿_____ río?
¿_____ camisa?
¿_____ micrófono?
¿_____ casa?
¿_____ biblioteca?
¿_____ camino?
¿_____ mesa?
¿_____ silla?
¿_____ laboratorio?
```

¿_____ ventana?
¿_____ pueblo?
¿_____ puerta?

The principal exceptions to the last rule are *la mano* and a few shortened forms such as *la foto (la fotografía)*

Práctica 7 Complete the following sentences with the correct form of the definite article.

El niño es alto.
El hombre es médico.
La gata come mucho.
El perro es grande.
La mona es grande.
El laboratorio es pequeño.
El teléfono está en *la* mesa.
Habla con *el* micrófono.
Abre *la* ventana.
Cierra *la* puerta.
Lee *el* libro.
El teatro es grande.
El libro está en *la* biblioteca.
El empleado habla.
Escribe *la* carta a *la* amiga.

Nouns ending in *–ción* and most nouns ending in *–d*, especially *–dad*, *–tad* or *–tud*, are feminine.

la canción	la actitud	
la lección	la calidad	
la oración	la amistad	friendship
la acción	la sociedad	society
	la ciudad	city

Práctica 8 Complete the following sentences.

La canción es fantástica.
La pronunciación _____.
La intonación _____.
La institución _____.
La lección _____.
La universidad _____.

72 CONTEMPORARY SPANISH

___ calidad _____.
___ cantidad _____.
___ variedad _____.
___ ciudad _____.
___ amistad _____.

Nouns which do not refer to human beings and which end in –e tend to be masculine.

el accidente	el coche		car
el nombre	el parque	name	
el cine	el viaje	movie	trip
el aire	el paisaje		countryside

Práctica 9 Complete the following sentences.

El accidente es terrible.
El viaje es fantástico.
El coche es grande.
El parque es pequeño.
El cine es grande.

Some nouns ending in –e, especially –nte, may refer to people and take masculine or feminine gender according to the sex of the person referred to.

el estudiante	la estudiante
el cantante	la cantante

Some very common nouns ending in –e are feminine. The gender of these nouns, like that of many others which cannot be safely predicted, should be remembered individually.

la calle	la leche	street	
la nube	la noche	cloud	night
la fe	la llave	faith	key
la clase	la suerte		luck

Práctica 10 Use the proper form of the definite article with the cued nouns.

¿Cuál es la lección que discuten?
¿_____ calle _____?
¿_____ parque _____?
¿_____ sociedad _____?

¿———— canción ————?
¿———— clase ————?
¿———— nombre ————?
¿———— cine ————?
¿———— viaje ————?

Names of letters of the alphabet are feminine. Names of rivers, months, days of the week and languages are masculine.

  la o   el Amazonas, el octubre pasado, el jueves próximo, el español

PLURAL—El hombre. Los hombres.

  The masculine and feminine plural definite articles are *los* and *las*, respectively.

   los hombres   las mujeres
   los trenes   las ciudades

  The plural of nouns ending in an unstressed vowel is formed by adding –s.

   la casa   las casas
   el libro   los libros
   el perro   los perros
   la bandera   las banderas   flag

Práctica 11 Change the object of each sentence to the plural.

   Ve la casa.
   Lee el libro.
   Cierra la puerta.
   Abre la ventana.
   Ve la película.
   Escribe la carta.
   Usa el micrófono.
   Da el ejemplo.

  Nouns which in the singular end in a consonant other than –s preceded by an unstressed vowel form the plural by adding –es.

   la ciudad   las ciudades
   el árbol   los árboles   tree
   el color   los colores
   el papel   los papeles

In writing, nouns which have an accent mark on the last syllable lose it in the plural; and nouns ending in –z change z to c before adding –es, but no pronunciation irregularity is involved.

la canción	las canciones	
el jardín	los jardines	garden
la luz	las luces	light
el lápiz	los lápices	pencil

Práctica 12 Change each sentence to the plural according to the model.

¿Dónde está el jardín? → ¿Dónde están los jardines?

¿Dónde está el árbol?
¿Dónde está la ciudad?
¿Dónde está el pueblo?
¿Dónde está el papel?
¿Dónde está la calle?
¿Dónde está el parque?
¿Dónde está el tren?
¿Dónde está la mujer?
¿Dónde está la lección?
¿Dónde está la universidad?
¿Dónde está el coche?
¿Dónde está la ventana?
¿Dónde está el lápiz?

Nouns which end in –s preceded by an unstressed vowel have the same form in singular and plural.

el lunes	los lunes	
el abrelatas	los abrelatas	can opener
el tocadiscos	los tocadiscos	record player
la dosis	las dosis	dose

Feminine nouns which begin with stressed *a* take *el* instead of *la* when immediately preceded by the singular definite article.

el alma	las almas	soul
el hada	las hadas	fairy
el agua	las aguas	

Práctica 13 Change from plural to singular.

las armas → el arma

NOUNS AND ARTICLES: GENDER AND NUMBER 75

las hachas axes
las águilas eagles
las alas wings
las áreas
las almas
las hadas
las armas

When the plural includes both feminine and masculine, the masculine form is used.

el niño y la niña   los niños
el rey y la reina   los reyes
el oso y la osa   los osos

Práctica 14 Give the combined plural.

el padre y la madre → los padres

el profesor y la profesora
el gato y la gata
el inglés y la inglesa
el mono y la mona
el tío y la tía   aunt and uncle
el hermano y la hermana
el abuelo y la abuela
el primo y la prima   cousin

The indefinite article is used when the noun refers to someone or something not previously identified.

	Masculine	*Feminine*
Singular	un	una
Plural	unos	unas

Práctica 15 Change the singular indefinite article plus noun to plural.

Hay un gato en el jardín. → Hay unos gatos en el jardín.

Hay un libro en la biblioteca.
Hay un estudiante en la clase.
Hay una mujer en el tren.
Hay un papel en la mesa.
Hay un árbol en el parque.

Hay una calle en la ciudad.
Hay un hombre en la escuela.
Hay una ventana en la casa.
Hay un mapa en la casa.
Hay un río en California.
Hay una oración en el pizarrón.
Hay un cantante en el concierto.
Hay un actor en el teatro.

PRONUNCIACION

Spanish [f] is usually pronounced as the English "f"; the lower lip presses lightly against the bottom surface of the upper front teeth, allowing air to escape between the lips and teeth. The vocal chords do not vibrate.[1]

Observe and practice the Spanish [f] in these examples.

fáma	fama
feróś	feroz
fíno	fino
fumó	fumó
fóka	foca

Speakers of English may encounter difficulty with Spanish [f] when followed by [y] or [w]. English "f" may be followed by "y" only before the high back vowel plus glide: "f" plus "y" occurs in "fuse" as opposed to "ooze," which is identical to the segment of "fuse" which follows "fy."

In these examples, observe and practice Spanish [fy].

fyéra	fiera
fyésta	fiesta
fyáron	fiaron
fyámbre	fiambre

In these examples, observe and practice Spanish [fw], taking care to pronounce [fw] plus the following vowel in one syllable.

fwéra	fuera
fwí	fui
fwégo	fuego
fwéte	fuete

[1] Many speakers, however, pronounce Spanish [f] like Spanish [b], but voiceless.

Spanish [s] has variant pronunciations corresponding to some of the different Spanish-speaking areas. It is commonly pronounced with the tip of the tongue behind the lower front teeth and the blade of the tongue close to the alveoles. The sides of the tongue are relatively high and the middle of the tongue relatively low, with the sides of the tongue pressed against the inner surface of the upper molars. The vocal chords do not vibrate.

Diagram 1 illustrates the tongue position for [s].

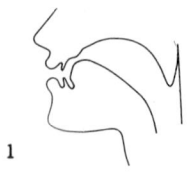

1

Notice that English "s" is pronounced with the tip of the tongue at the alveoles.

In these examples, observe and practice Spanish [s].

sála	sala
sóla	sola
súmo	sumo
síno	sino
sáno	sano
séko	seco
sé	sé
sakará	sacará
solár	solar
súḍa	suda

Spanish [sw] is, as is the English "sw" in "sweet," "suede," "swear," pronounced in one syllable with the following vowel.

swéko	sueco
swiṡo	suizo
swélo	suelo
swéter	suéter
xosué	Josué
swáƀe	suave
swiṡíḍyo	suicidio
swéro	suero

Spanish [sy] is a combination of [s] and [y]. As the tongue moves from the [s] position to the [y] position, the sides of the tongue are lowered in relation to the center of the tongue so that on reaching [y] position, the height is approximately the same all across the tongue. The vocal chords, which are silent for [s], begin to vibrate at approximately the same time that the tongue reaches [y] position.

Speakers of English must be careful not to pronounce Spanish [sy] either by adding a vowel between [s] and [y] and pronouncing [sy] as a complete syllable, as English "see," or by substituting the "sh" sound heard initially in English "shoe," "shake," "ship."

In these examples, observe and practice Spanish [sy].

syéte	siete
syér̄a	sierra
syésta	siesta
asyátiko	asiático
ásya	Asia
afásya	afasia

Spanish [z] is pronounced with the tongue position shown in diagram 1, but it is accompanied by vibrations of the vocal chords. It resembles the English consonant which is initial in "zone." Spanish [z] only occurs immediately before a voiced consonant ([ƀ], [đ], [ǥ], [m], [n], [ñ], [l], [λ], [r̄]).

mízmo	mismo
ízla	isla
laznóčes	las noches
lozƀímos	los vimos
lozmízmos	los mismos

Although the difference between [s] and [z] in Spanish does not distinguish one word from another, for the sake of authenticity care should be taken never to substitute [z] for [s] between vowels.

| presénte | presente |
| r̄esúmen | resumen |

When and only when [t] occurs immediately after [s], the [t] may be articulated by pressing the blade of the tongue, which was raised toward the alveoles for [s], against the alveoles, cutting off momentarily the passage of air through the mouth at that point, rather than by pressing the tip of the tongue against the inner surface of the upper front teeth.

pásto	pasto
éste	este
ásta	hasta, asta

PRONUNCIACION

tésto	texto
testámos	téstamos
ustéd̮	usted

Spanish [l] and [n] are articulated normally by the tip of the tongue at the alveoles, but immediately following [z] may, like [t], be pronounced by the blade of the tongue against the alveoles.

ízla	isla
ázno	asno
lozlágos	los lagos
laznóčes	las noches

Spanish [s̪] is pronounced in some areas of Spain much like the English initial "th" sound in "think," "thought," "thimble," except that in English the tip of the tongue may protrude past the teeth. In the Spanish [s̪] the tip of the tongue does not normally protrude beyond the bottom of the upper front teeth, as shown in diagram 2.

2

The tongue is relatively flat and the vocal chords do not vibrate.

Throughout Spanish America and in some areas of Spain, [s̪] is identical to [s] as described previously.

ká s̪a	caza
s̪éro	cero
s̪íma	cima
gos̪ó	gozó
s̪úmo	zumo
kas̪wéla	cazuela

Spanish [x] is similar to [g̬], as described in Lesson 5, except that for [x] the vocal chords do not vibrate. The [x] is frequently pronounced, however, with the back of the tongue less close to the velum (when followed by [a], [o] or [u]) and also with the center of the tongue less close to the hard palate (when followed by [i] or [e]) than in the pronunciation of [g̬]. The tongue must be close enough to the velum or hard palate to produce friction. Spanish [x] must not be pronounced as English [h], which is an aspirate, voiceless vowel in which the tongue position is approximately the same as that of the following vowel.

xála	jala
xíƀaro	jíbaro
xénte	gente
xóta	jota
xúǥo	jugo
xwéǥo	juego
xwíşyo	juicio
xwéş	juez
xáyƀa	jaiba
xéfe	jefe

LECCION 9 | DESCRIPTIVE ADJECTIVES: AGREEMENT AND NUMBER

AGREEMENT—La casa blanca. El libro nuevo.

Adjectives agree in gender and number with the nouns they modify.

La casa blanca es bonita.
El coche negro cuesta mucho dinero.

Dictionaries show adjectives in the masculine singular form. It is useful, therefore, to practice "deriving" other forms from the masculine singular.

Masculine adjectives ending in –o change o to a in the feminine.

blanco	blanca
vieja	vieja
nuevo	nueva
argentino	argentina

Práctica 1 Substitute the cued word and make the necessary changes.

El laboratorio es nuevo.
La biblioteca *es nueva*
El libro *es nuevo*
La escuela *es nueva*
El micrófono *es nuevo*
La universidad *es nueva*
El coche *es nuevo*

82 CONTEMPORARY SPANISH

El teatro es viejo.
La escuela *es vieja.*
El hombre *es viejo.*
La profesora *es vieja.*
El árbol *es viejo.*
La ciudad *es vieja.*

La casa es pequeña.
El gato *es pequeño.*
La clase *es pequeña.*
El pueblo *es pequeño.*
La ciudad *es pequeña.*
El cine *es pequeño.*
El teatro *es pequeño.*
La ventana *es pequeña.*
La puerta *es pequeña.*
El árbol *es pequeño.*
El parque *es pequeño.*
El jardín *es pequeño.*
La niña *es pequeña.*
La perra *es pequeña.*

<u>Masculine adjectives ending in a consonant which refer to nationality add –*a* for the feminine.</u> Note that the stressed syllable no longer needs an accent.

inglés	inglesa
irlandés	irlandesa
alemán	alemana

Práctica 2 Substitute the cued word and make the necessary changes.

Carlos es irlandés.
María *es irlandesa.*
El hombre *es irlandés.*
La mujer *es irlandesa.*

María es inglesa.
El niño *es inglés.*
Guillermo *es inglés.*
La profesora *es inglesa.*

El estudiante es francés.
La estudiante *es francesa.*

DESCRIPTIVE ADJECTIVES: AGREEMENT AND NUMBER 83

Pedro _es francés_.
María _es francesa_.

Carmen es española.
Enrique _es español_.
El profesor _es español_.
La señora _es española_.

Other adjectives are the same for both genders.

<u>feliz</u>   <u>dulce</u>   happy   sweet
<u>grande</u>   azul

Práctica 3   Substitute the cued word.

Ana María es feliz.
Paco _es feliz_.
El hombre _es feliz_.
La mujer _es feliz_.
El abuelo _es feliz_.
La abuela _es feliz_.
El gato _es feliz_.
La perra _es feliz_.
El niño _es feliz_.
La niña _es feliz_.

El cielo es azul.
_El_ libro _es azul_.
_El_ papel _es azul_.
_La_ camisa _es azul_.
_La_ casa _es azul_.

La escuela es grande.
_La_ biblioteca _es grande_.
_El_ niño _es grande_.
_El_ gato _es grande_.
_La_ universidad _es grande_.
_El_ teatro _es grande_.
_La_ ciudad _es grande_.
_El_ laboratorio _es grande_.
_La_ clase _es grande_.
_El_ coche _es grande_.

Práctica 4 Complete the sentence with the feminine singular form of the adjective shown.

(nuevo) Compran una casa _nueva_. → Compran una casa nueva.
(blanco) Lleva una blusa _blanca_.
(chileno) Lee una novela _chilena_.
(feliz) Es una persona _feliz_.
(grande) La ciudad es _grande_.
(español) Rosita es _española_.
(difícil) La lección es _difícil_.
(pequeño) Vive en una ciudad _pequeña_.
(alemán) Lee una novela _alemana_.

NUMBER—Las casas blancas. Los libros nuevos.

The same rules given for the pluralization of nouns apply to adjectives.

Singular	Plural
nuevo	nuevos
blanca	blancas
azul	azules
inglés	ingleses
feliz	felices

Práctica 5 Substitute the cued word and make the necessary changes.

Los teatros son nuevos.
Las escuelas _son nuevas_.
Los libros _son nuevos_.
Las bibliotecas _son nuevas_.
Las calles _son nuevas_.
Las casas _son nuevas_.
Los parques _son nuevos_.
Los coches _son nuevos_.
Los laboratorios _son nuevos_.

Las clases son pequeñas.
Los libros _son pequeños_.
Los micrófonos _son pequeños_.
Las niñas _son pequeñas_.
Las plumas _son pequeñas_.
Las ventanas _son pequeñas_.
Los teatros _son pequeños_.
Los coches _son pequeños_.

Las calles son grandes.
Los teatros son grandes.
Las bibliotecas son grandes.
Las camisas son grandes.
Los libros son grandes.
Los pueblos son grandes.
Las ciudades son grandes.
Los parques son grandes.
Los lápices son grandes.

Las lecciones son difíciles.
Los libros son difíciles.
Las novelas son difíciles.
Los ejemplos son difíciles.
Las explicaciones son difíciles.

Los niños son ingleses.
Las niñas son inglesas.
Los estudiantes son ingleses.
Los profesores son ingleses.
Las profesoras son inglesas.
Los hombres son ingleses.
Las señoras son inglesas.

Práctica 6 Substitute the noun shown and make any necessary changes in the article and adjective.

Hablo con un amigo mexicano. (amiga) → Hablo con una amiga mexicana.

Estudia con un profesor español. (profesora) Estudia con una profesora española.
Come en un restorán viejo. (casa) Come es una casa vieja.
Abre la puerta nueva. (libros) Abre los libros nuevos.
Lee el libro alemán. (novela) Lee el novela alemana.
Habla con el turista español. (amigas) Habla con las amigas turistas.
Lee un libro fabuloso. (novelas) Lee unas novelas fabulosas.

Práctica 7 Change the masculine singular adjective shown in parentheses, if necessary, so that it will agree with the subject.

(viejo) Los coches son _____. → Los coches son viejos.
(rojo) La mesa es roja.
(feo) Las casas son feas. ugly
(nuevo) El restorán es nuevo.

(triste) La canción es _triste_. sad
(negro) Las blusas son _negras_.
(grande) Las puertas son _grandes_.
(inglés) La profesora es _inglesa_.
(irlandés) Los profesores son _irlandeses_.
(feliz) La niña es _feliz_.
(feo) Los caminos son _feos_.
(triste) Las películas son _tristes_.
(amarillo) El lápiz es _amarillo_.

Práctica 8 Substitute the noun shown in parentheses for the noun following *qué* (what), and make any necessary changes in the adjective.

¡Qué poema tan hermoso! (cortinas) → ¡Qué cortinas tan hermosas!

¡Qué casa tan grande! (casas) _¡Qué casas tan grandes!_
¡Qué restorán tan feo! (película) _¡Qué película tan fea!_
¡Qué coche tan bonito! (escuelas) _¡Qué escuelas tan bonitas!_
¡Qué canción tan triste! (canciones) _¡Qué canciones tan tristes!_
¡Qué medicina tan fea! (poema) _¡Qué poema tan feo!_
¡Qué teatro tan grande! (escuela) _¡Qué escuela tan grande!_
¡Qué casa tan bonita! (teatros) _¡Qué teatros tan bonitos!_
¡Qué lecciones tan fáciles! (lección) _¡Qué lección tan fácil!_
¡Qué libro tan pequeño! (casas) _¡Qué casas tan pequeñas!_
¡Qué muchachos tan altos! (muchachas) _¡Qué muchachas tan altas!_
¡Qué médico tan inteligente! (profesor) _¡Qué profesor tan inteligente!_

Práctica 9 Pluralize the direct objects.

Quiere un vestido nuevo. → Quiere unos vestidos nuevos. dress

Quiere la blusa amarilla. _Quiere las blusas amarillas._
Lee una novela peruana. _Lee unas novelas peruanas._
Come una manzana roja. _Come unas manzanas rojas._ apple
Habla con una amiga portuguesa. _Habla con unas amigas portuguesas._
Lee el libro amarillo. _Lee los libros amarillos._
Lee el poema argentino. _Lee los poemas argentinos._
Quiere una falda azul. _Quiere unas faldas azules._ skirt
Tiene una blusa blanca. _Tiene unas blusas blancas._
Escribe una carta larga. _Escribe unas cartas largas._
Compra un gato pequeño. _Compra unos gatos pequeños._
Hay un libro nuevo en la biblioteca. _Hay unos libros nuevos en la biblioteca._
Tiene una hermana bonita. _Tiene unas hermanas bonitas._
Quiere un micrófono pequeño. _Quiere unos micrófonos pequeños._

DESCRIPTIVE ADJECTIVES: AGREEMENT AND NUMBER

PRONUNCIACION

When followed by a vowel, Spanish [m] and [n] are not significantly different from English "m" and "n." When followed by a nonnasal consonant, the point of articulation of the nasal consonant is the same as that of the following consonant. For example, the cardinal number and indefinite article *un*, which is [un] when followed by a vowel, becomes [um] when followed by [p] or [b].

umbáso	un vaso
umpéso	un peso
umbáño	un baño
umboletín	un boletín
umpárke	un parque

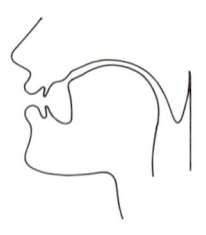

When followed by [f], the nasal consonant is labiodental, as is the [f]. However, to avoid overcomplicating the special alphabet, we shall use the same symbol [m].

umfáro	un faro
emférmo	enfermo
umfuégo	un fuego
ámfora	ánfora
simfálta	sin falta

Spanish [n] becomes dental—pronounced with the tip of the tongue behind the inner surface of the upper front teeth—when followed by [t] or [d].

tánto	tanto
dónde	donde

untaþíke	un tabique
contínta	con tinta
sindeskwénto	sin descuento

Speakers who use the [s] described in Lesson 8 frequently pronounce [ns] by placing the tip of the tongue behind the lower front teeth and raising the front of the tongue to the alveoles. The tongue is then lowered slightly to assume the [s] position.

gánso	ganso
konswérte	con suerte
ensaláđa	ensalada
insufiθyénte	insuficiente
unsoþre	un sobre

Speakers who pronounce interdental [θ], similar to English "th" of "think," also pronounce an interdental [n]. Speakers who do not pronounce [θ] and [s] differently pronounce [nθ] in the same way as [ns].

enθíma	encima
inθyérto	incierto
unθagál	un zagal
unθírkulo	un círculo
sinθesár	sin cesar

Spanish [ñ] is the nasal consonant which occurs before [č]. The [ñ] is articulated as described in Lesson 6 except that it is not released; the release of the oral stop occurs after [č].

kóñča	concha
uñčíko	un chico
uñčayóte	un chayote
eñčína	en China
siñčíste	sin chiste

The sequence [ñy] occurs in a few words in which [ñ] is pronounced as in [ñč] and [y] is pronounced much like English "j" in "jump." This [y], however, has the tongue position described for [č] in Lesson 6; in other words, this [y] is like [č] except that [y] is voiced and [č] is voiceless.

iñyekθyón	inyección
koñyuǥál	conyugal

Syllable-initial [ny] should not be confused with [ñy], in which syllable-final [ñ] is followed by syllable-initial [y].

Spanish [ŋ], a velar nasal consonant much like the final sound of English "sing," "long," "hang," occurs before [k], [g] and [x].

téŋgo	tengo	siŋkwiđáđo	sin cuidado
póŋga	ponga	uŋxwégo	un juego
koŋgústo	con gusto	eŋxalápa	en Jalapa
uŋkóče	un coche	fíŋxe	finge

Observe the different pronunciations of the final nasal consonant of *un* when followed by different consonants.

umpéso	un peso
umbáso	un vaso
umfíltro	un filtro
untamál	un tamal
undéđo	un dedo
unsíglo	un siglo
unşérđo	un cerdo
uñčáñčo	un chancho
uŋkámpo	un campo
uŋgáñčo	un gancho
uŋxényo	un genio

Many speakers of American English do not distinguish between the vowels which distinguish the words "pit" and "pet" or "hid" and "head" when those vowels are followed by a nasal consonant in the same syllable. Those speakers who pronounce "pen" and "pin" or "send" and "sinned" alike should take special care to distinguish between Spanish [i] and [e] when followed by a nasal consonant in the same syllable.

| témpano | témpano | tímpano | tímpano |
| şéñča | cencha | şíñča | cincha |

emfórma	en forma	imfórma	informa
loṟéndo	lo horrendo	loṟíndo	lo rindo
téŋka	tenca	tíŋka	tinca

pyénsanempeḓírlo   piensan en pcdirlo
pyénsanimpeḓírlo   piensan impedirlo

DIALOGO 4. INVITACION A LA PLAYA

Pedro y Jaime:

—¿Cuándo llega tu familia?

—Mi papá y mi mamá llegan mañana.

—¿Tus hermanos vienen después?

—Sí, ellos tienen amigos en Acapulco.

—¿Tienen casa en la playa?

—Sí, y también hay un bote.

—¿Vas a la playa con frecuencia?

—Claro. ¿Cuándo vienes con nosotros?

—¿Me invitas? Pues voy con mucho gusto.

Dialog Expansion:

¿Cuándo llega tu familia?
¿Cuándo llega tu mamá?
¿Cuándo llega tu papá?
¿Cuándo llegan tu mamá y tu papá?
¿Vienen mañana tus hermanos?
¿Cuándo vienen tus hermanos?
¿Dónde tienen amigos tus hermanos?
¿Tienen casa los amigos?
¿Dónde tienen casa los amigos?
¿Tienen un bote los amigos?
¿Van los amigos a la playa?
¿Vas a la playa?

LECCION 10 — PRESENT TENSE: REGULAR VERBS, PRONOUNS AND SUBJECT NOUNS

—¿*Hablas* mucho en la clase?
—No. No *hablo* mucho.
—¿Quién *habla* mucho?
—Ana y Juan *hablan* bastante.
—¿Es cierto, Ana?
—Sí, *hablamos* un poco.

REGULAR —AR VERBS—¿Quién habla?

Study *hablar* as the key example for the regular *–ar* verbs.

HABLAR

yo	habl-o	[áblo]		nosotros	habl-amos	[ablámos]
tú	habl-as	[áblas]		(vosotros	habl-áis	[abláys])[1]
Ud. Ana él ella	habl-a	[ábla]		Uds. Ana y Juan ellos ellas	habl-an	[áblan]

[1] The second person plural informal style, used in Spain.

Notice that:

the *yo* form ends in *–o*:	hablo
the *tú* form ends in *–as*:	hablas
the *Ud.–él* form ends in *–a*:	habla
the *nosotros* form ends in *–amos*:	hablamos
the *Uds.–ellos* form ends in *–an*:	hablan

Notice also the shift of stress to the ending in the *nosotros* form:

[áblo áblas ábla] → [ablámos]

Práctica 1 Substitute the cued words and adjust the form of the verb.

Yo hablo mucho en la escuela.
Tú → Tú hablas mucho en la escuela.

Yo hablo mucho en la escuela.
Tú _hablas_.
Nosotros _hablamos_.
Uds. _hablan_.
Tú _hablas_.
Ella _habla_.
Ellos _hablan_.
Víctor _habla_.
María y Juan _hablan_.
Yo _hablo_.
Tú _hablas_.
Nosotros _hablamos_.
Antonio _habla_.

Práctica 2 Substitute the cued words and adjust the form of the verb.

No hablo inglés en la clase.
Tú _hablas_.
María _habla_.
Nosotros _hablamos_.
Ella _habla_.
Tú _hablas_.
Ellos _hablan_.
Uds. _hablan_.
Víctor _habla_.
Nosotros _hablamos_.
El profesor _habla_.
Antonio _habla_.

Yo _hablo_.
Tú _hablas_.
Nosotros _hablamos_.

Other common –*ar* verbs that follow the pattern of *hablar* are:

contestar	necesitar	to answer	to need
esperar	trabajar	to wait	to work
cantar	enseñar	to sing	to teach
nadar	estudiar	to swim	to study
llamar	acabar	to call	to finish

Práctica 3 Substitute the cued words and adjust the form of the verb.

Juan espera el tren.
Carmen _espera_.
Juan y Carmen _esperan_.
Yo _espero_.
Nosotros _esperamos_.
Tú _esperas_.
Ella _espera_.
Ellos _esperan_.
Ud. _espera_.
Uds. _esperan_.

María canta una canción mexicana.
Yo _canto_.
Tú _cantas_.
Ellos _cantan_.
Juan _canta_.
Juan y Tomás _cantan_.
Nosotros _cantamos_.
Ud. _canta_.
Ella _canta_.
Uds. _cantan_.

Nosotros trabajamos mucho.
Yo _canto_.
Ellos _cantan_.
Tú _cantas_.
Tú y yo _cantamos_.
El _canta_.
María _canta_.

El estudiante _trabaja_.
El profesor _trabaja_.
Los hombres _trabajan_.
Uds. _trabajan_.

María llama a Teresa.
El _llama_.
Yo _llamo_.
Tú _llamas_.
Nosotros _llamamos_.
Paco _llama_.
Ud. _llama_.
Uds. _llaman_.
Ellos _llaman_.

Nosotros nadamos en Acapulco.
Ellos _nadan_.
Yo _nado_.
Tú _nadas_.
Jaime _nada_.
Nosotros _nadamos_.
Ud. _nada_.
Los niños _nadan_.
El niño _nada_.
Yo _nado_.
Uds. _nadan_.

Práctica 4 Answer the following questions.

¿Contesta Juan la pregunta? _Sí, Juan contesta la pregunta._
¿Habla María en voz alta? _María no habla en voz alta._
¿Habla español tu padre? _No habla español tu padre._
¿Espera Carlos el tren? _Sí, Carlos espera el tren._
¿Llama por teléfono Enrique? _Sí, Enrique llama por Enrique._
¿A quién llama Enrique por teléfono? _Enrique llama a María por teléfono._
¿Canta bien María? _Sí, María canta bien._
¿Necesita trabajo Guillermo?
¿Enseña el profesor? _Sí, el profesor enseña._
¿Dónde enseña el profesor? _El profesor enseña en la clase._
¿Estudia Carlos? _Sí, Carlos estudia._
¿Estudia español Carmen? _Sí, Carlos estudia español._
¿Nada Carlota en Acapulco? _Sí, Carlota nada en Acapulco._
¿Trabaja mucho tu hermano? _Sí, tu hermano trabaja mucho._

Sí, los hermanos Gómez cantan con estilo.

¿Contestan las preguntas los estudiantes? *Sí, los estudiantes contestan las preguntas.*
¿Cantan con estilo los hermanos Gómez?
¿Llaman al maestro los niños? *Sí, los niños llaman al maestro.*
¿Trabajan mucho los estudiantes? *Los estudiantes no trabajan mucho.*
¿Nadan en Acapulco los mexicanos? *Sí, los mexicanos nadan en Acapulco.*
¿Contesta Ud. la pregunta? *Sí, contesto la pregunta.*
¿Espera Ud. el tren? *Sí, espero el tren.*
¿Canta Ud. bien? *Yo no canto bien.*
¿Nada Ud. cuando hace calor? *Sí, nado cuando hace calor.*
¿Llama Ud. por teléfono? *Sí, llamo por teléfono.*
¿Necesita Ud. trabajo? *Sí, yo necesito trabajo.*
¿Trabaja Ud. mucho? *Sí, trabajo mucho.*
¿Enseña Ud.? *Sí, enseño.*
¿Estudia Ud. en la universidad? *Sí, estudio en la universidad.*
¿Acaba Ud. la lección? *Sí, acabo la lección.*
¿Acaban Uds. las lecciones? *Sí, acabo las lecciones.*
¿Trabajan Uds. de noche? *No, trabajo de noche.*
¿Llaman Uds. a casa? *Sí, llamo a casa.*
¿Nadan Uds. en julio? *Sí, nado en julio.*
¿Esperan Uds. el tren? *Sí, espero el tren.*
¿Contestan Uds. al profesor? *Sí, contestamos al profesor.*
¿Enseñan Uds.? *Sí, enseñamos.*
¿Estudian Uds. por la mañana? *No estudiamos por la mañana.*
¿Toman Uds. agua helada cuando hace calor? *Sí, tomamos agua helada cuando hace calor.*

Práctica 5 Construct each sentence with the *yo* form of an appropriate verb.

español → Hablo español.

Como la comida.
Vivo en mi casa.
Es a las tres.
Canto canciones mexicanas.
Contesto las preguntas.
Espero el tren.
Llamo a casa por teléfono.
Tengo muchas cosas.
Trabajo en la fábrica.   factory
Abro en la puerta.
Escribo una carta.
Hablo español.
Bebo agua helada.

REGULAR –ER VERBS—Tú comes.

Study *comer* as the key example for the regular *–er* verbs.

COMER

yo	com-o	[kómo]	nosotros	com-emos	[komémos]
tú	com-es	[kómes]	(vosotros	com-éis	[koméys])
Ud. }			Uds. }		
Ana }	com-e	[kóme]	Ana y Juan }	com-en	[kómen]
él }			ellos }		
ella }			ellas }		

The endings which had an *a* in the *–ar* verbs have an *e* in these.

    the *tú* form: hab*las* → com*es*
    the *Ud.–él* form: hab*la* → com*e*
    the *nosotros* form: hab*lamos* → com*emos*
    the *Uds.–ellos* form: hab*lan* → com*en*

Práctica 6   Substitute the cued words and adjust the form of the verb.

    Yo como comida mexicana.
    Tú *comes*.
    Ana *come*.
    Nosotros *comemos*.
    Uds. *comen*.
    Tú *comes*.
    Ella *come*.
    Ellos *comen*.
    Víctor *come*.
    Ana y Juan *comen*.
    Yo *como*.
    Nosotros *comemos*.
    Tú *comes*.
    Antonio *come*.

Práctica 7   Substitute the cued words and adjust the form of the verb.

    Yo no como comida española.
    Tú *no comes*.
    Ana *no come*.
    Ellos *no comen*.

Tú _no comes_.
Ellos _no comen_.
María _no come_.
Nosotros _no comemos_.
Antonio _no come_.
Víctor _no come_.
Nosotros _no comemos_.
Tú _no comes_.
Ellos _no comen_.
Ana _no come_.
Ana y Juan _no come_.

Other common *-er* verbs that follow the same pattern as *comer* are:

correr	vender	to run	to sell
comprender	beber	to understand	to drink
aprender	romper	to learn	to break

Práctica 8 Substitute the cued words and adjust the form of the verb.

Juan comprende la lección.
Nosotros _comprendemos_.
Ella _comprende_.
Yo _comprendo_.
Ellos _comprenden_.
Ud. _comprende_.
Los estudiantes _comprenden_.
Tú _comprendes_.
Uds. _comprenden_.

Nosotros vendemos el coche.
El _vende_.
Jaime _vende_.
Nosotros _vendemos_.
Uds. _venden_.
Ellos _venden_.
Tú _vendes_.
Yo _vendo_.
Los empleados _venden_.

Mi madre bebe café.
Yo _bebo_.
Ellas _beben_.

Ellos _beben_.
Tú _bebes_.
Uds. _beben_.
Ud. _bebe_.
Nosotros _bebemos_.
Carmen _bebe_.
Ella _bebe_.
José y Carmen _beben_.

Práctica 9 Answer the following questions.

¿Comprende el estudiante la lección? _Sí, el estudiante comprende la lección._
¿Aprende mucho Carlos? _Sí, Carlos aprende mucho._
¿Vende María el coche? _Sí, María vende el coche._
¿Rompe el niño el juguete? _El niño rompe el juguete._ toy
¿Bebe café Tomás? _Tomás bebe café._
¿Come en el restorán Elena? _Elena come en el restorán._
¿Comprenden la lección los estudiantes? _Los estudiantes comprenden la lección._
¿Rompen los juguetes los niños? _Los niños rompen los juguetes._
¿Beben café Juan y Carlos? _Juan y Carlos beben café._
¿Corren los perros? _Los perros corren._
¿Comprende Ud. la lección? _Yo comprendo la lección._
¿Aprende Ud. español? _Sí, aprendo español._
¿Bebe Ud. café? _Sí, bebo café._
¿Come Ud. en el restorán? _Sí, como en el restorán._
¿Aprenden Uds. mucho? _Sí, aprendo mucho._
¿Beben Uds. leche? _Sí, bebemos leche._
¿Comprenden Uds. la lección? _Sí, comprendo la lección._
¿Comen Uds. en el restorán? _Sí, comemos en el restorán._

Práctica 10 Complete the following sentences with the *tú* form of the verb.

(Correr) _Corres_ a la escuela.
(Comprender) _comprendes_ la lección.
(Aprender) _aprendes_ español.
(Vender) _vendes_ el coche.
(Romper) _rompes_ la ventana.
(Comprender) _comprendes_ la carta.
(Vender) _vendes_ un regalo.   gift
(Romper) _rompes_ el juguete.
(Beber) _bebes_ agua helada.
(Comer) _comes_ comida española.
(Aprender) _aprendes_ el vocabulario.

Práctica 11 Construct each sentence with the *ellos* form of an appropriate verb.

¿_Estudian_ en la escuela?
¿_Corren_ como un galgo?   greyhound
¿_comprenden_ el problema?
¿_Comen_ mucho?
¿_Tienen_ casas?
¿_aprenden_ la lección?
¿_Tienen_ un regalo?
¿_____ el vocabulario?
¿_Beben_ mucha agua?
¿_Comen_ comida colombiana?

REGULAR –IR VERBS—Uds. viven

Study *vivir* as the key example for the regular *–ir* verbs.

VIVIR

yo	viv-o	[bíbo]	nosotros	viv-imos	[bibímos]
tú	viv-es	[bíbes]	(vosotros	viv-ís	[bibís])
Ud. ⎫			Uds. ⎫		
Ana ⎬	viv-e	[bíbe]	Ana y Juan ⎬	viv-en	[bíben]
él ⎪			ellos ⎪		
ella ⎭			ellas ⎭		

The endings of the *–ir* verbs are the same as those of the *–er* verbs, except the *nosotros* form, which is *–imos* instead of *–emos*.

Práctica 12 Substitute the cued words and adjust the form of the verb.

Yo vivo en Madrid.
Tú _vives_.
Ana _vive_.
Nosotros _vivimos_.
Uds. _viven_.
Tú _vives_.
Ella _vive_.
Ellos _viven_.
Yo _vivo_.
Nosotros _vivimos_.

La familia _vive_.
María y José _viven_.
Tú _vives_.
Antonio _vive_.

The *Ud.–él* and the *Uds.–ellos* forms of the *–er* and the *–ir* verbs are the same.

| Ud.–él → –e | comer → come | vivir → vive |
| Uds.–ellos → –en | comen | viven |

Other common *–ir* verbs that follow the same pattern as *vivir* are:

| abrir | recibir | to open | to receive |
| escribir | subir | to write | to go up |

Práctica 13 Substitute the cued words and adjust the form of the verb.

Juan abre la puerta.
Yo _abro_.
Tú _abres_.
Ellos _abren_.
Ud. _abre_.
Nosotros _abrimos_.
Los estudiantes _abren_.
Ella _abre_.
Nosotros _abrimos_.

Yo escribo una carta.
Ella _escribe_.
Nosotros _escribimos_.
Carlos _escribe_.
Ud. _escribe_.
Tú _escribes_.
Nosotros _escribimos_.
Uds. _escriben_.

Los niños reciben regalos.
Yo _recibo_.
El _recibe_.
Nosotros _recibimos_.
Ud. _recibe_.
Tú _recibes_.
Uds. _reciben_.

Juan y María _reciben_.
Nosotros _recibimos_.

Práctica 14 Answer the following questions.

¿Vive Enrique en Madrid? _Sí, Enrique vive en Madrid._
¿Sube Carlos la escalera? _Sí, Carlos sube la escalera._
¿Escribe María una carta? _Sí, María escribe una carta._
¿Recibe Carlos regalos? _Sí, Carlos recibe regalos._
¿Abre Tomás la ventana? _Tomás abre la ventana._
¿Viven María y Carmen en México? _Sí, María y Carmen viven en México._
¿Escriben en el pizarrón los estudiantes?
¿Suben la escalera los niños? _Sí, los niños suben la escalera._
¿Dónde vive Ud.? _Vivo en Broomfield._
¿Abre Ud. el libro? _No abro el libro._
¿Sube Ud. la escalera? _No subo la escalera._
¿Recibe Ud. regalos? _Sí, recibo regalos._
¿Viven Uds. en los Estados Unidos? _Sí, vivimos en los Estados Unidos._
¿Suben Uds. la escalera? _Sí, subimos la escalera._
¿Abren Uds. la ventana? _Sí, abrimos la ventana._
¿Reciben Uds. regalos? _Sí, recibimos regalos._
¿Escriben Uds. cartas? _Sí, escribimos cartas._

Práctica 15 Substitute the cued word and adjust the form of the verb.

Ud. corre. Ellas _corren_.
Nosotros comprendemos. El _comprende_.
Yo aprendo mucho. Ud. _aprende_.
Nosotros vendemos casas. Uds. _venden_.
Uds. abren la puerta. Nosotros _abrimos_.
Yo escribo una carta. Tú _escribes_.
Tú recibes un regalo. Yo _recibo_.
Nosotros subimos la escalera. Ellos _suben_.
María bebe mucha agua. Uds. _beben_.
Nosotros comemos comida colombiana. El _come_.
Yo vivo en la escuela. Ellos _viven_.

LECCION 11 | PRESENT TENSE: STEM-CHANGING VERBS

Pienso sin pensar,
duermo sin dormir,
pido sin pedir
y conozco sin conocer.
Si además leo sin leer
¿quién soy?
—la computadora electrónica.

STEMS WHICH CHANGE E TO IE—Pensar. Pienso.

The endings are as in regular *–ar, –er* and *–ir* verbs.

PENSAR

yo	piens-o	[pyénso]	nosotros	pens-amos	[pensámos]
tú	piens-as	[pyénsas]	(vosotros	pens-áis	[pensáys])
Ud. Ana él ella }	piens-a	[pyénsa]	Uds. Ana y Juan ellos ellas }	piens-an	[pyénsan]

The *e* of the stem becomes *ie* when stressed:

[pensár] → [pyénso]

In the *nosotros* form, the *e* is not stressed and does not change:

[pensár] → [pensámos]

Práctica 1 Substitute the cued word and adjust the form of the verb.

Enrique piensa.   think
Tú → Tú piensas.

Enrique piensa.
Tú _piensas_.
Ud. _piensa_.
Nosotros _pensamos_.
Yo _pienso_.
Ana _piensa_.
Juan y Ana _piensan_.
Tú _piensas_.
Juan _piensa_.
Nosotros _pensamos_.
El _piensa_.
Ellos _piensan_.
Ella _piensa_.
Yo _pienso_.

The same changes that occur in the verb *pensar* apply to the following verbs. Remember, however, that the endings are those of the regular *–ar*, *–er* and *–ir* verbs.

cerrar	comenzar	to close	
despertar	negar	to wake up	to deny
empezar	querer	to begin	to want
entender	perder		to lose
preferir	sentir		to regret

Práctica 2 Substitute the cued word and adjust the form of the verb.

Tomás cierra la puerta.
El _cierra la puerta_.
Yo _cierro la puerta_.
Nosotros _cerramos la puerta_.
Tú _cierras la puerta_.

Carlos _cierra la puerta_.
Ellos _cierran la puerta_.
Ud. _cierra la puerta_.
Nosotros _cerramos la puerta_.
Ellas _cierran la puerta_.

Los estudiantes empiezan el trabajo.
Yo _empiezo el trabajo_.
Nosotros _empezamos el trabajo_.
Carlos _empieza el trabajo_.
Ellas _empiezan el trabajo_.
Nosotros _empezamos el trabajo_.
Uds. _empiezan el trabajo_.
Tú _empiezas el trabajo_.
Ud. _empieza el trabajo_.

Juan quiere hablar.
Yo _quiero hablar_.
Los padres _quieren hablar_.
Nosotros _queremos hablar_.
Carmen _quiere hablar_.
Tú _quieres hablar_.
Nosotros _queremos hablar_.
Uds. _quieren hablar_.
El _quiere hablar_.

Yo prefiero la música española.
Ellos _prefieren la música española_.
Ella _prefiere la música española_.
Nosotros _preferimos la música española_.
Tú _prefieres_.
Ud. _prefiere_.
Nosotros _preferimos_.
Carlos y María _prefieren_.

Práctica 3   Complete the following sentences.

El prefiere esa lección.
Yo _prefiero_.
Queremos estudiar.
El _quiere_.
Lo siento mucho.
Nosotros _sentimos_.

108   CONTEMPORARY SPANISH

Entiendo la lección.
Tú _entiendes_.
Cierro la ventana.
Juan _cierra_.
Comenzamos el libro.
María _comienza_.
Yo pienso mucho.
Nosotros _pensamos_.
Despiertas a Carlos.
Los niños _despiertan_.
El lo niega.
Yo _niego_.
Ellos no piensan.
Nosotros _pensamos_.
Siempre perdemos.
El _pierde_.
Quiero leer.
Pedro _quiere_.

STEMS WHICH CHANGE O TO UE—Volver. Vuelvo.

VOLVER

yo	vuelv-o [bwélbo]	nosotros	volv-emos
tú	vuelv-es	(vosotros	volv-éis)
Ud. }		Uds. }	
Ana }	vuelv-e	Ana y Juan }	vuelv-en
él }		ellos }	
ella }		ellas }	

The *o* of the stem becomes *ue* when stressed:

[bolbér] → [buélbo]

In the *nosotros* form, the *o* is not stressed and does not change:

[bolbér] → [bolbémos]

Práctica 4 Substitute the cued word and adjust the form of the verb.

Yo vuelvo a casa.   return
Ud. _____.

PRESENT TENSE: STEM-CHANGING VERBS 109

Nosotros _____.
Yo _____.
Ana _____.
Ellos _____.
Tú _____.
Juan _____.
El _____.
Juan y Ana _____.
Nosotros _____.
Tú _____.
Ellas _____.

The same changes apply to the following verbs. Remember that the endings are those of regular *–ar*, *–er* and *–ir* verbs.

mover	dormir	to move	to sleep
recordar	morir	to remember	to die
acordar	encontrar	to remember	to meet
contar	mostrar	to tell	to show
jugar (*u → ue*)		to play	

Práctica 5 Substitute the cued word and adjust the form of the verb.

Juan recuerda la lección.
Nosotros _____.
El _____.
Juan y María _____.
Yo _____.
Tú _____.
Uds. _____.
Los estudiantes _____.
El estudiante _____.

Los niños juegan en el parque.
Yo _____.
Nosotros _____.
Ud. _____.
Tú _____.
María _____.
Ellos _____.
Uds. _____.
Ella _____.

El gato mueve.
Yo _____.
Ella _____.
Nosotros _____.
Tú _____.
Ud. _____.
Uds. _____.
Nosotros _____.

Yo duermo mucho.
El niño _____.
Tú _____.
Ud. _____.
Ellos _____.
José _____.
Nosotros _____.
Los niños _____.
Nosotros _____.
Yo _____.

José encuentra a María.
Yo _____.
Nosotros _____.
Carlos _____.
Carlos y Elena _____.
Tú _____.
Nosotros _____.
Uds. _____.

Práctica 6 Complete the following sentences.

Carlos juega en el parque.
Yo _____.
Juan recuerda la canción.
Nosotros _____.
¿Qué cuenta Juan?
¿_____ tú?
Enrique mueve.
El perro _____.
Mostramos el libro.
El _____.
Carlos muere.
Ellos _____.

PRESENT TENSE: STEM-CHANGING VERBS 111

Yo duermo mucho.
Nosotros _____.
Juan y María vuelven a México.
Tú _____.
Tomás encuentra a María.
Yo _____.
Nosotros recordamos mucho.
Yo _____.

STEMS WHICH CHANGE E TO I—Seguir. Sigo.

SEGUIR

yo	sig-o	nosotros	segu-imos
tú	sigu-es[1]	(vosotros	segu-ís)
Ud.		Uds.	
Ana	sigu-e	Ana y Juan	sigu-en
él		ellos	
ella		ellas	

The *e* of the stem becomes *i* when stressed:

[segír] → [sígo]

In the *nosotros* form the *e* remains; it is not stressed.

[segír] → [segímos]

Práctica 7 Substitute the cued word and adjust the form of the verb.

El profesor sigue.
Ud. _____.
Tú _____.
Ana y Juan ____.
Yo _____.
Ellos _____.
Tú _____.
Ella _____.
Ellas _____.
María _____.

[1] Notice that to retain the hard *g* sound of the infinitive, a *u* must be added before an *e* or *i*.

El estudiante ___.
Yo _____.
Tú _____.

The same changes apply to the following verbs. All of these verbs belong to the –*ir* class.

servir	pedir	to serve	to ask for
reír	repetir	to laugh	
conseguir	impedir	to obtain	
sonreír		to smile	

Práctica 8 Substitute the cued word and adjust the verb form.

María sirve el café.
Yo _____.
El _____.
Nosotros _____.
Ellas _____.
Tú _____.
Yo _____.
Ud. _____.
Nosotros _____.
Uds. _____.

Los niños ríen mucho.
Yo _____.
Nosotros _____.
Tú _____.
Ud. _____.
Uds. _____.
María _____.
Ellos _____.
Nosotros _____.

Ellos piden un favor.
Ud. _____.
Tú _____.
Nosotros _____.
Juan _____.
Yo _____.
Uds. _____.
Nosotros _____.

Práctica 9 Complete the following sentences.

María sirve la cena. dinner
Yo _____.
El profesor sonríe.
Tú _____.
Carlos consigue permiso.
Uds. _____.
Nosotros reímos.
Yo _____.
Ellos piden la dirección.
Yo _____.
Yo repito la oración.
El profesor _____.

Práctica 10 Substitute the cued word and adjust the verb form.

Los niños piensan en la playa.
Nosotros _____.
El papá prefiere café.
Yo _____.
La mamá quiere té. tea
Ellas _____.
Juan recuerda la dirección.
Nosotros _____.
La criada sirve la cena. maid
María Teresa _____.
Los niños juegan en el jardín.
Pablo _____.
El alumno repite la oración.
Los niños _____.
El extranjero pierde sus documentos.
La pareja _____. couple
Los niños no entienden la lección.
Yo _____.
El señor Martínez cierra la ventana.
Nosotros _____.
María duerme hasta las seis.
Los padres de María _____.
Las clases comienzan en septiembre.
El juego _____.
El bebé sonríe dulcemente. sweetly
Los hermanos de Pedro ____.

114 CONTEMPORARY SPANISH

PRONUNCIACION

Spanish [l], at the beginning of a syllable, is not significantly different from the English initial "l" in "lake," "lime," "lot."

láɗo	lado
léŋgwa	lengua
limón	limón
lóƀo	lobo
lúna	luna

Spanish [l] and the English "l" in syllable-initial position are both pronounced with the tongue relatively high, as illustrated in diagram 1a. In syllable-final position, however, English "l" is formed with the tongue low, as illustrated in diagram 1b.

1a   1b

Observe the low-tongue "l" in English "ball," "school," "sell." Except as will be described below, speakers of English should take special care to pronounce [l] in Spanish with the tongue high in both syllable-initial and syllable-final position.

sál	sal
kól	col
aṣúl	azul
sutíl	sutil
myél	miel

Spanish [l] is usually alveolar as in English, but when immediately followed by [t] or [d] it is pronounced with the tip of the tongue at the inner surface of the upper front teeth; it has the same point of articulation as [t] and [d]. The dental [l] is illustrated in diagram 2. Observe that the tongue is high.

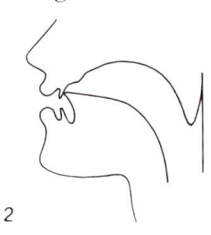

2

pálta	palta
búlto	bulto
eltapón	el tapón
toltéka	tolteca
píldora	píldora
eldédo	el dedo
mólde	molde
sálda	salda

In the combination [ls], the tip of the tongue slides rapidly from the alveoles for [l] position to behind the lower front teeth for [s].

bólsa	bolsa
elsánto	el santo
malsáno	malsano
elsúr	el sur

Speakers of Spanish who pronounce [θ] similar to the "th" sound of English "think" also pronounce the [l] of the combination [lθ] as an interdental consonant. For those speakers who pronounce [θ] and [s] alike, [lθ] is pronounced exactly like [ls].

álθa	alza
dúlθe	dulce
kálθa	calza

When followed immediately by a syllable beginning with [č] or [y], [λ] rather than [l] occurs.

kólča	colcha
elčíste	el chiste
elyáŋki	el yanqui
alčarlár	al charlar
elčaléko	el chaleco
elyúgo	el yugo

When immediately followed by [k], [g] or [x], frequently the [ł] (as illustrated in diagram 1b) occurs instead of [l].

béłga	belga
sáłga	salga
púłga	pulga
ełkóko	el coco
ełxwégo	el juego
ełgáto	el gato

Low-tongue [ɫ] also occurs when immediately followed by [w]. In the sequence [ɫw], the lips may be rounded for [ɫ] in anticipation of [w], which facilitates the pronunciation of [ɫw] plus the following vowel in one syllable. English speakers must take special care not to pronounce [w] as a vowel.

ɫwégo	luego
ɫwís	Luis
siɫwéta	silueta
ɫwísa	Luisa

English-speaking persons must also be careful to pronounce [rw] and [r̄w] plus a following vowel as one syllable. As in [ɫw], the lips may be rounded for the pronunciation of [r] or [r̄] followed by [w].

pirwéta	pirueta
norwégo	noruego
şirwéla	ciruela
r̄wégo	ruego
r̄wéda	rueda
mar̄wékos	Marruecos
r̄wín	ruin
r̄wána	ruana
r̄wiseñór	ruiseñor

LECCION 12 | PRESENT TENSE: IRREGULAR VERBS

FIRST PERSON SINGULAR—Dar. Doy.

The following verbs are irregular in the *yo* form; the other forms follow the regular *–ar, –er, –ir* verb endings.

DAR, CABER and SALIR

yo	*doy*	nosotros	d-amos
tú	d-as	(vosotros	d-ais)
Ud.		Uds.	
él	d-a	ellos	d-an
ella		ellas	
	quepo		cab-emos
	cab-es		(cab-éis)
	cab-e		cab-en
	salgo		sal-imos
	sal-es		(sal-ís)
	sal-e		sal-en

The verb *ir* follows the same pattern as *dar* (*voy*).

118 CONTEMPORARY SPANISH

Práctica 1 Substitute the cued word and adjust the form of the verb.

María y Teresa salen de casa.   leave
Nosotros _____.
Yo _____.
Tú _____.
Ellos _____.
Juan _____.
Uds. _____.
María y Teresa _____.
Yo _____.
El _____.

Carlos le da la dirección a Juan.   gives
Yo _____.
Nosotros _____.
Tú _____.
María _____.
Ella _____.
Yo _____.
Uds. _____.

Tomás cabe en el tren.   fits
Nosotros _____.
Yo _____.
Uds. _____.
Ella _____.
Yo _____.
Ellos _____.
Tú _____.

Práctica 2 Complete the following sentences.

Juan sale de la clase.
Yo _____.
Yo le doy el regalo a Tomás.
Nosotros _____.
El cabe en el autobús.
Yo _____.
¿Qué le da Roberto al profesor?
¿_____ tú _____?
Juan y Pedro salen a las tres.
Nosotros _____.

Other verbs of the same pattern are:

–ar	yo	
estar	estoy	

–er		
hacer	hago	to do, make
poner	pongo	to put
saber	sé	to know (a fact)
traer	traigo	to bring
valer	valgo	to be worth

–ir		
oír[1]	oigo	to hear

Práctica 3   Answer the following questions.

¿Vale Ud. mucho? → Sí, valgo.

¿Da Ud. el libro al profesor?
¿Cómo está Ud?
¿Hace Ud. la tarea?   assignment
¿Pone Ud. el libro en la mesa?
¿Sabe Ud. inglés?
¿Trae Ud. la ropa?   clothing
¿Va Ud. al cine?
¿Cabe Ud. en el asiento?   seat
¿Sale Ud. temprano?   early
¿Oye Ud. esa música?

Práctica 4   Complete the following sentences.

Nosotros cabemos en el autobús.
Yo _____.
Tú das el regalo a Juan.
Ella _____.
Uds. hacen el trabajo en casa.
Yo _____.
Ellos van a España.
Yo _____.

[1] In conjugation of *oír*, the *i* changes to *y* between vowels.

Yo pongo el libro en la mesa.
Juan y María _____.
Ellos saben la lección.
Juan _____.
El trae el libro.
Yo _____.
El niño vale mucho.
Los niños _____.
Carlos da el libro al profesor.
Nosotros _____.
María cabe en el asiento.
Yo _____.
El pone la cena en la mesa.
Yo _____.
Yo hago un sándwich.
El _____.
Yo voy con Juan.
Ellos _____.
¿Qué traes tú?
¿_____ Ud.?
El sabe la canción.
Yo _____.
Yo quepo en el asiento.
Tú _____.
El da el papel a María.
Yo _____.
Nosotros hacemos mucho trabajo.
Ellos _____.
Juan va a Chile.
Yo _____.

Some verbs with irregular *yo* forms are also stem-changing verbs except in the *nosotros* form: $e \rightarrow i, e \rightarrow ie$.

DECIR and TENER

yo	*digo*	nosotros	dec-imos
tú	dic-es	(vosotros	dec-ís)
Ud.		Uds.	
él	dic-e	ellos	dic-en
ella		ellas	

PRESENT TENSE: IRREGULAR VERBS 121

tengo   ten-emos
tien-es   (ten-éis)
tien-e   tien-en

Práctica 5   Substitute the cued word and adjust the form of the verb.

Ellas dicen la verdad.   tell the truth
Ellos _____.
Juan _____.
Nosotros _____.
Tú _____.
Juan y María _____.
Yo _____.
Ud. _____.

Mi hermano tiene diecinueve años.
María _____.
Yo _____.
Uds. _____.
Nosotros _____.
Tú _____.
Ellos _____.
Yo _____.

Práctica 6   Complete the following sentences.

Yo lo digo en español.
Nosotros _____.
Carlos tiene el libro.
Tú _____.
Uds. dicen la verdad.
Juan _____.
El tiene veinte años.
Nosotros _____.
Ellos tienen un bote.
Yo _____.
Carlos dice la oración.
Yo _____.
Nosotros tenemos amigos en Acapulco.
El profesor _____.

REVIEW OF SER—Soy chileno.

Remember to make the adjective agree with the word it modifies.

Práctica 7 Complete the following sentences.

      Yo soy chileno.
      Ud. _____.
      Pablo y Juan __.
      Tú _____.
      María _____.
      Yo _____.
      Ellas _____.
      Ellos _____.
      Uds. _____.
      Nosotros _____.

Práctica 8 Give the *yo* form of the following sentences.

      El profesor pone el libro en la mesa. → Yo pongo el libro en la mesa.

      María cabe en el asiento.
      El profesor da muchos deberes.
      Los niños están en la playa.
      Juan juega con la pelota.   ball
      Teresa y Carmen salen muy temprano.
      Ellas oyen música clásica.
      Carmen es la hermana de Teresa.
      Ella tiene dieciocho años.
      Las niñas quieren ir a México.
      Ellas hacen muchos planes.
      La criada trae el mapa.
      Las muchachas prefieren visitar Guadalajara.
      Pedro no sabe inglés.
      El entiende un poco de francés.

Práctica 9 Give the negative form for these substitutions.

      María vale mucho.
      Yo → Yo no valgo mucho.

      Carmen está cansada.
      Nosotros _____.
      Yo salgo temprano.
      La criada _____.   maid

PRESENT TENSE: IRREGULAR VERBS

Los estudiantes dan mucho trabajo.
Paquito _____.
Mamá hace la comida esta noche.
Yo _____.
Josefina trae los platos.
Ellos _____.
¿Van Uds. al cine hoy?
¿____ él _____?
El niño pone atención a la clase.
Los alumnos _____.
Ese muchacho es muy joven.
Yo _____.
¿Sales tú con papá hoy?
¿____ nosotros _____?
Paquito cabe en esa silla.
Tú _____.

PRONUNCIACION

The Spanish sequence [ry] or [fy] plus vowel is pronounced in one syllable. Speakers of English tend to pronounce the one syllable as two and should take special care not to substitute a vowel for [y]. Observe that, for example, the syllable division of [férya] is [fé] plus [rya].

férya	feria
árya	aria
séryo	serio
oryénte	oriente
oryúndo	oriundo
iryó	hirió
aryéte	ariete
káryes	caries
se r̄yó	se rio
se r̄yéron	se rieron
r̄yénda	rienda
r̄yégo	riego
r̄yéndo	riendo
r̄yéles	rieles
r̄yézgo	riesgo

The sequence [ry] may also be preceded by another consonant in the same syllable.

pryóra	priora
pryoridád	prioridad
pryéto	prieto
apryéta	aprieta
pryádo	priado
pryóste	prioste
apryorístiko	apriorístico
abryó	abrió
ébryo	ebrio
kubryó	cubrió
bryóso	brioso
deskubryó	descubrió
embryága	embriaga
kubryéndo	cubriendo
fryaldád	frialdad
fryuláno	friulano
tryédro	triedro
tryángulo	triángulo
tryúmfo	triunfo
tryumfál	triunfal
pátrya	patria
átryo	atrio
tryóksido	trióxido
adryátiko	adriático
adryáno	Adriano
bídryo	vidrio
bidryéra	vidriera
bidryóso	vidrioso
kryáda	criada
kryadéro	criadero
kryánsa	crianza
małkryádo	malcriado
kryóλo	criollo

gryégo	griego
gryál	grial
gryéta	grieta
gryetádo	grietado
gryetóso	grietoso
ágryo	agrio
agryetamyénto	agrietamiento

The sequence [rw] may also be preceded in the same syllable by a consonant.

prwéƀo	pruebo
aprwéƀa	aprueba
komprwéƀa	comprueba
frwiꞩyón	fruición
frwír	fruir
trwéno	trueno
trwéne	truene
trwéna	truena
trwéko	trueco
trwéke	trueque
krwél	cruel
krweldáɖ	crueldad
krwénto	cruento
grwéso	grueso
grwésa	gruesa
koŋgrwénte	congruente
koŋgrwénꞩya	congruencia

The sequences [ly] and [lw] may also be preceded in the same syllable by a consonant.

klyénte	cliente
klyentéla	clientela
plyégo	pliego
plyége	pliegue
plyegeꞩílo	plieguecillo

klwéko   clueco
klwéka   clueca

aflwénte   afluente
imflwénsya   influencia

komflwénte   confluente
komflwénsya   confluencia

DIALOGO 5. LA FIESTA

Roberto y Antonio:

—¿Qué te pasó ayer? No viniste a la fiesta.

—No pude. Mi papá se iba para Chile.

—¡Ah! ¡Qué lástima! Estuvo animada.

—¿Para quién era la fiesta?

—Para Cecilia Medina.

—¿Estudia en la universidad?

—Estudió hasta el año pasado. Ya se graduó.

—Yo no la conocí, ¿verdad?

—No, estaba en el Perú. Llegó ayer.

Dialog Expansion:

¿Vino Antonio a la fiesta?
¿Para dónde se iba el padre de Antonio?
¿Cómo estuvo la fiesta?
¿Para quién era la fiesta?
¿Estudia Cecilia en la universidad?
¿Hasta cuándo estudió ella en la universidad?
¿Se graduó Cecilia?
¿Cuándo se graduó ella?
¿La conoció Antonio?
¿Dónde estaba Cecilia?
¿Cuándo llegó ella del Perú?

LECCION 13 — PERFECTIVE AND IMPERFECTIVE PAST: REGULAR FORMS

Spanish structure has two aspects of the past tense. They are used differently and have distinct meanings.

PERFECTIVE PAST—Yo hablé. Ella habló.

Regular –AR Verbs:

Study *hablar* as the key example for the perfective past of regular *–ar* verbs.

HABLAR

yo	habl-é	[aβlé]	nosotros	habl-amos	[aβlámos]
tú	habl-aste	[aβláste]	(vosotros	habl-asteis	[aβlásteys])
Ud. Ana él ella	habl-ó	[aβló]	Uds. Ana y Juan ellos ellas	habl-aron	[aβláron]

Notice that the *nosotros* form for present tense and perfective past is the same, ending in *–amos*, for regular *–ar* verbs.

Observe that:

    the *yo* form ends in *–é*:   hablé
    the *tú* form ends in *–aste*:   hablaste

> the *Ud.–él* form ends in *–ó*:   habló
> the *Uds.–ellos* form ends in *–aron*:   hablaron

Práctica 1   Substitute the cued words and adjust the form of the verb.

> Yo hablé toda la tarde.
> Tú → Tú hablaste toda la tarde.
>
> Yo hablé toda la tarde.
> Nosotros _____.
> Alicia _____.
> Ellos _____.
> Ella _____.
> Uds. _____.
> Ana y Pedro _____.
> Tú _____.
> Yo _____.
> Juan _____.
> Nosotros _____.
> El _____.
> Tú _____.

Práctica 2   Change the form of the verb to agree with each cued subject but omit the subject in your response.

> Yo canté con el coro.
> Víctor _____.
> Nosotros _____.
> Ella _____.
> Tú _____.
> Alicia _____.
> Tú _____.
> El médico _____.
> Nosotros _____.
> Uds. _____.
> Ellas _____.
> Pedro _____.
> Tú _____.

Usage:

> Use the perfective past when a specific time of duration or point of termination is expressed.

Práctica 3 Repeat the sentences without the subject.

Tú cantaste canciones españolas toda la mañana.
Ellos esperaron el tren tres horas.
Nosotros trabajamos cinco años en la fábrica.
Ella habló español hasta la hora de cenar.
Yo esperé a Juan todo el día.
Tú contaste chistes durante el concierto.
Nosotros cantamos hasta las cuatro.
El trabajó en España algunos meses.
Ellas hablaron con Juan hasta la hora de comer.
Tú estudiaste biología hasta mediodía.
Ella nos contó cuentos colombianos durante la reunión.
Nosotros buscamos esa novela toda la semana.
Tú hablaste mucho.
El buscó el diccionario.

Práctica 4 Substitute the cued form for the grammatically equivalent form in the sentence immediately preceding it, making the necessary adjustments in the new sentence.

Alicia habló español todo el día.
_____ durante la fiesta.
Yo _____.
_____ conté chistes _____.   told jokes
_____ toda la tarde.
Nosotros _____.
_____ hasta la hora de cenar.
_____ estudiamos historia _____.
_____ cantamos canciones _____.
María _____.
Tú _____.
_____ tres horas.
_____ toda la mañana.
_____ esperaste a Celia _____.
Nosotros _____.
Juan y Ana _____.
_____ una hora entera.
_____ contaron chistes _____.
Yo _____.
_____ busqué tu libro _____.
María _____.
_____ hasta la hora de clase.

Regular —ER and —IR Verbs:

Study *comer* as the key example for *–er* and *–ir* verbs.

COMER

yo	com-í	[komí]	nosotros	com-imos	[komímós]
tú	com-iste	[komíste]	(vosotros	com-isteis	[komísteys])
Ud. Ana él ella	com-ió	[komyó]	Uds. Ana y Juan ellos ellas	com-ieron	[komyéron]

Notice that the *nosotros* form for present and perfective past is the same, ending in *–imos*, for regular *–ir* verbs. The *nosotros* ending is different for *–er* verbs; *–emos* in the present and *–imos* in the perfective past.

Observe, too, that:

the *yo* form ends in *–í*:	comí, viví
the *tú* form ends in *–iste*:	comiste, viviste
the *Ud.–él* form ends in *–ió*:	comió, vivió
the *Uds.–ellos* form ends in *–ieron*:	comieron, vivieron

Práctica 5 Substitute the cued subjects and adjust the form of the verb.

Yo comí huevos con jamón.   eggs with ham
Uds. _____.
El _____.
Alicia _____.
Nosotros _____.
Yo _____.
Ellos _____.
Pedro _____.
Ellas _____.
Tú _____.
Juan y Carlos _____.
Ella _____.
Ana y María _____.
Juan y yo _____.
María y Ud. _____.
Paco y Uds. _____.

Práctica 6 Change the form of the verb to agree with the subject but omit the subject in your response.

    Yo recibí la carta.
    Ella _____.
    Uds. _____.
    Nosotros _____.
    María _____.
    Ud. _____.
    El profesor _____.
    Ana y Carlos _____.
    Nosotros _____.
    Tú _____.
    Yo _____.
    El _____.
    Ud. _____.

Usage:

Use the perfective past when the number of times the action occurred is indicated: *una vez, diez veces, mil veces, varias veces.*

Práctica 7 Repeat the sentences without the subject.

    Ella comió conmigo varias veces.
    Uds. abrieron la ventana dos veces.
    Juan subió a la azotea tres o cuatro veces.   roof terrace
    Tú recibiste paquetes más de diez veces.
    El pintor exhibió sus cuadros seis veces.
    Ella abrió la puerta varias veces.
    Yo comí enchiladas dos o tres veces.
    Ana nos escribió desde México una sola vez.
    Nosotros subimos por la escalera dos veces.
    Ud. metió la pata varias veces.   put your foot into it
    Ellos sólo recibieron el periódico diez veces.   newspaper
    Tú comiste en el café mexicano tres veces.

Práctica 8 Substitute the cued form for a grammatically equivalent form in the sentence immediately preceding it and make the necessary adjustments.

    Yo metí la pata dos veces.
    Uds. _____.
    ___ comieron aquí _____.

Tú _____.
_____ varias veces.
— les escribiste _____.
_____ cuatro o cinco veces.
Nosotros _____.
_____ varias veces.
Ud. _____.
— abrió la tienda _____.
_____ una sola vez.
— subió la escalera _____.
Yo _____.
_____ dos veces.

Comparison of Endings:

Among regular verbs the patterns shown below are valid.

	If present ends	*Perfective past ends*
tú forms	–as	–aste
	–es	–iste
Ud.–*él* forms	–a	–ó
	–e	–ió
nosotros forms	–amos	–amos
	–emos, –imos	–imos
Uds.–*ellos* forms	–an	–aron
	–en	–ieron

Práctica 9 Substitute *ayer* for *siempre* and change the verb form from present to perfective past.

Siempre comemos en casa. → Ayer comimos en casa.

Siempre subes por la escalera.
Siempre estudian en la biblioteca.
Siempre canta canciones sudamericanas.
Siempre lees novelas policíacas.
Siempre hablamos español con el profesor.

Siempre comen comida española.
Siempre abrimos la tienda a las nueve.
Siempre nos manda un regalo. send
Siempre come con nosotros.
Siempre metemos la pata.
Siempre lo llamas por teléfono.
Siempre preparan bien la lección.

Práctica 10 Respond to the cued sentence by omitting *siempre* and adding *ayer* at the end; change the subject to *yo* and adjust the form of the verb.

María siempre estudia con Alicia. → Yo estudié con Alicia ayer.

Carlos siempre recibe varias cartas.
Ella siempre canta canciones populares.
Juan siempre cena en el restorán.
Pedro siempre come paella.
Ana siempre pasa por aquí.

IMPERFECTIVE PAST—Yo hablaba. Ella hablaba.

Regular —AR Verbs:

Study *hablar* as the key example for the imperfective past of *–ar* verbs.

HABLAR

yo			nosotros	habl-ábamos	[aβláβamos]
Ud.	habl-aba	[aβláβa]	(vosotros	habl-abais	[aβláβays])
Ana			Uds.		
él			Ana y Juan	habl-aban	[aβláβan]
tú	habl-abas	[aβláβas]	ellos		

Notice that *–ar* verbs add *–aba* to the stem to form the imperfective past:

the *yo–Ud.–él* form adds nothing more: hablaba
the *tú* form adds *–s*:   hablabas
the *nosotros* form adds *–mos*:   hablábamos
the *Uds.-ellos* form adds *–n*:   hablaban

Práctica 11 Substitute the cued subjects and adjust the form of the verb.

Antes yo trabajaba todos los días.
Tú → Antes tú trabajabas todos los días.

Antes yo trabajaba todos los días.
_____ tú _____.
_____ nosotros _____.
_____ ellos _____.
_____ tú _____.
_____ ella _____.
_____ Juan y Carlos _____.
_____ yo _____.
_____ nosotros _____.
_____ ellas _____.

Regular –ER and –IR Verbs:

Study *comer* as the key example for the imperfective past of regular *–er* and *–ir* verbs.

COMER

yo Ud. Ana él	comía [komía]	nosotros (vosotros Uds. Ana y Juan ellos	comíamos [komíamos] comíais [komíais]) comían [komían]
tú	comías [komías]		

Notice that regular *–er* and *–ir* verbs add *–ía* to the stem to form the imperfective past. The same additional endings are added as for *–ar* verbs.

Práctica 12 Substitute the cued subject and adjust the form of the verb.

Antes yo comía pescado cada semana.   fish
_____ tú _____.
_____ ellos _____.
_____ Ana _____.
_____ nosotros _____.
_____ yo _____.
_____ ellas _____.
_____ tú _____.

138 CONTEMPORARY SPANISH

_____ ella _____.
_____ nosotros _____.
_____ tú _____.
_____ yo _____.
_____ ellos _____.

Usage:

Use the imperfective as the past form when accompanied by an expression indicating regular or irregular intervals of time. One of the uses of the imperfective past is to indicate habitual past action.

Práctica 13 Substitute the cued word for a grammatically equivalent form in the sentence immediately preceding it and adjust the sentence as necessary.

Ana comía con Carlos de vez en cuando.   from time to time
_____ todos los días.
Nosotros _____.
_____ a menudo.   often
_____ le escribíamos _____.
_____ cada semana.
Tú _____.
_____ todas las noches.
_____ estudiabas inglés _____.
Ellos _____.
Yo _____.
_____ tres veces por semana.
_____ recibía una carta de Alicia _____.

Práctica 14 Substitute the cued time expression for the one in the sentence immediately preceding it and adjust the tense of the verb accordingly.

Comieron aquí dos veces.
　　　　　　dos veces por semana → Comían aquí dos veces por semana.

Comieron aquí dos veces.
_____ tres veces por semana.
_____ varias veces.
_____ de vez en cuando.
_____ todos los días.
_____ más de diez veces.
_____ a menudo.
_____ cuatro o cinco veces.

LECCION 14 — PERFECTIVE AND IMPERFECTIVE PAST: IRREGULAR FORMS

PERFECTIVE PAST—El estuvo. Ellos estuvieron.

Study the perfective past of *andar* as the key example for irregular perfective past forms.

ANDAR

yo	anduv-e	[andúbe]	nosotros	anduv-imos	[andubímos]
tú	anduv-iste	[andubíste]	(vosotros	anduv-isteis	[andubísteys])
Ud. Ana él	anduv-o	[andúbo]	Uds. Ana y Juan ellos	anduv-ieron	[andubyéron]

Among irregular verbs of this group:

    the *yo* form ends in *–e*:   anduve
    the *Ud.–él* form ends in *–o*:   anduvo
    all other forms have the same endings as regular *–er* and *–ir* verbs.

Orthographic Changes:

When the perfective past stem ends in *–j* [x], the *Uds.–ellos* form ends in *–eron* instead of *–ieron*:

    él dijo   ellos dijeron
    Ud. trajo   Uds. trajeron

Práctica 1 Substitute the cued subjects and adjust the form of the verb.

Ayer yo anduve por el parque.
___ él _____.
___ nosotros _____.
___ tú _____.
___ Juan _____.
___ Ud. _____.
___ Uds. _____.
___ nosotros _____.
___ yo _____.

El otro día nosotros no cupimos en el tren.
_____ yo _____.
_____ él _____.
_____ ellos _____.
_____ Juan _____.
_____ nosotros _____.
_____ Uds. _____.
_____ tú _____.
_____ Ud. _____.

Ellos estuvieron en España el año pasado.
Yo _____.
Nosotros _____.
Tú _____.
Juan _____.
María y Carmen _____.
Ud. _____.
Uds. _____.

Ellos lo dijeron ayer.
Yo _____.
Nosotros _____.
Tú _____.
Carlos _____.
Ud. _____.
Uds. _____.
Yo _____.
Ellas _____.
Los estudiantes _____.
El estudiante _____.

Due to another spelling peculiarity of Spanish, when [s] is written *c* before *e* and *i*, it must be changed to *z* before *a, o* and *u* to preserve the sound of the infinitive.

Note therefore that the *Ud.–él* form of *hacer* is written *hizo*.

Práctica 2 Change *hoy* or *siempre* to *ayer* and change the verb to perfective past.

Siempre ando con mucho cuidado. → Ayer anduve con mucho cuidado.

Hoy andan muy preocupados.	nervous
Siempre andas con Alicia.	
Hoy anda María muy contenta.	
Siempre andamos buscando ayuda.	looking for help
Siempre andan con cuidado.	
Hoy ando trabajando.	
Siempre anda Pedro rápidamente.	

Hoy no caben en el cajón. → Ayer no cupieron en el cajón.

Hoy yo no quepo en este asiento.	
Hoy no cabe en la maleta.	suitcase
Siempre cabemos todos en el salón.	
Hoy no cabes en esa silla.	
Siempre caben todos en un coche.	
Hoy no cabemos aquí.	

Siempre estamos estudiando. → Ayer estuvimos estudiando.

Siempre estás triste.
Hoy están en el centro.
Hoy estamos en la escuela.
Siempre está muy contento.
Hoy yo estoy trabajando.
Siempre están aquí.
Siempre estoy presente.

Siempre lo digo todo. → Ayer lo dije todo.

Siempre me lo dicen.
Hoy dices que no.
Siempre decimos que sí.
Hoy no nos dice por qué.
Siempre se lo dices a Carlos.
Hoy se lo digo al profesor.

Hoy hace mucho frío. → Ayer hizo mucho frío.

Siempre nos hacen gestos.
Siempre se hace el tonto.   fools around
Hoy me hace daño la leche.   harms
Siempre lo hago yo.
Siempre lo haces mal.
Hoy los hacemos repetir la lección.

Hoy no puedo cantar. → Ayer no pude cantar.

Hoy puedes traerlo.   bring
Hoy no podemos con el trabajo.
Siempre pueden entrar gratis.
Hoy puedo ir a tu casa.
Siempre pueden encontrar algunos.   some
Siempre puede hablar con el profesor.

Siempre se ponen tristes. → Ayer se pusieron tristes.

Siempre se pone el mejor vestido.
Siempre los ponemos a secar.   to dry
Hoy se ponen de acuerdo.   agree
Siempre me pongo a leer cuentos.   begin
Hoy te pones a trabajar.
Hoy las ponemos en el correo.   mail

Hoy no quiere venir. → Ayer no quiso venir.

Siempre queremos verlos.
Hoy quieren café.
Siempre quiere pasear.   to walk
Hoy quieres ayuda.
Siempre quiero lo mismo.   the same
Hoy queremos dos iguales.   two the same

Hoy sé la lección. → Ayer supe la lección.

Siempre sabemos cómo explicarlo.
Hoy sabe qué hacer.
Siempre sabes resolver los problemas.
Hoy saben la respuesta.   answer
Siempre sé arreglarlo.   to arrange
Hoy lo sabemos con seguridad.

Siempre tenemos correspondencia. → Ayer tuvimos correspondencia.

Hoy tiene calentura.
Siempre tienen invitaciones.
Hoy tienen que estudiar.
Siempre tengo hambre.
Hoy tienes que trabajar.
Hoy tenemos que llegar temprano.

Siempre traigo los refrescos. → Ayer traje los refrescos.

Hoy traen los libros nuevos.
Hoy trae el vestido corto.   short
Siempre traemos los mismos.
Siempre traes a tu hermana.
Siempre traen buenas noticias.
Hoy traigo otros.
Siempre traes cosas interesantes.

Hoy vengo tarde. → Ayer vine tarde.

Hoy vienen todos.
Siempre venimos contentos.
Hoy viene con su mamá.
Hoy vienen a la biblioteca.
Siempre vienes en tren.
Siempre venimos a las siete.

Irregular Perfective Past Stems:

Infinitive	*Perfective Past Stems*
andar	anduv–
caber	cup–
decir	dij–
estar	estuv–
hacer	hic–
poder	pud–
poner	pus–
querer	quis–
saber	sup–
tener	tuv–
traer	traj–
venir	vin–

The verb *haber* has the irregular perfective past stem *hub-* but most of the forms are not used. The form *hubo* is the perfective past form which corresponds to the present *hay*.

    Hoy hay mucho que hacer.
    Ayer hubo mucho que hacer.

Orthographic Changes:

Verbs with infinitives ending in *–ducir* have perfective past stems ending in *–duj–*.

    traducir   Lo traduje al inglés.

Due to another spelling irregularity in written Spanish, the *Ud.–él* and *Uds.–ellos* endings in the perfective past are written respectively *–yó* and *–yeron* when the stem ends in a vowel.

Infinitive	*Ud.–él form*	*Uds.–ellos form*	
oír	oyó	oyeron	
caer	cayó	cayeron	to fall
huir	huyó	huyeron	to flee

Additional spelling irregularities:

    verbs ending in *–car* change *c* to *qu* before *–é*.
    verbs ending in *–gar* change *g* to *gu* before *–é*.
    verbs ending in *–guar* change *gu* to *gü* before *–é*.
    verbs ending in *–zar* change *z* to *c* before *–é*.

Infinitive	*Yo form*	
buscar	busqué	to seek, search
cargar	cargué	to load
averiguar	averigüé	to ascertain
rozar	rocé	to graze

Unique Irregularities:

The verbs *dar*, *ir* and *ser* have irregular perfective past forms. The same forms are used for *ir* and for *ser*.

DAR

yo	d-i	[dí]	nosotros	d-imos	[dímos]
tú	d-iste	[díste]	(vosotros	d-isteis	[dísteys])
Ud. Ana él	d-io	[dyó]	Uds. Ana y Juan ellos	d-ieron	[dyéron]

Notice that *dar* is irregular in that it takes the perfective past endings corresponding to regular *–er* and *–ir* verbs rather than to *–ar* verbs.

IR and SER

yo	fu-i	[fwí]	nosotros	fu-imos	[fwímos]
tú	fu-iste	[fwíste]	(vosotros	fu-isteis	[fwísteys])
Ud. Ana él	fu-e	[fwé]	Uds. Ana y Juan ellos	fu-eron	[fwéron]

Práctica 3 Change the verb from present to perfective past.

Me dan el libro. → Me dieron el libro.

Le doy las botellas a Carlos.
Le damos la nota al profesor.
Te das cuenta de la situación.   realize
Juan nos da la carta.
Nos dan la comida.

Es interesante. → Fue interesante.

Soy el profesor de Juan.
Somos los primeros en llegar.
Eres el último.
Son muy difíciles.
Es imposible detenerlos.   stop

Va al cine. → Fue al cine.

Voy a la biblioteca.
Vamos primero al circo.
Vas con Alicia.

Van caminando al centro.
Va con ellos.
Van en coche.

Radical Changes:

The *–ir* verbs which change stem vowel *e* to *i* (such as *seguir*) or to *ie* (such as *sentir*) when the stem is stressed also change the stem vowel *e* to *i* before the endings *–ió* and *–ieron*.

SENTIR

yo	sent-í	[sentí]	nosotros	sent-imos	[sentímos]
tú	sent-iste	[sentíste]	(vosotros	sent-isteis	[sentísteys])
Ud. Ana él	sint-ió	[sintyó]	Uds. Ana y Juan ellos	sint-ieron	[sintyéron]

Práctica 4 Substitute the cued subjects and adjust the form of the verb.

Yo lo sentí mucho.
Carlos ——————.
Ellos ——————.
Tú ——————.
Nosotros ——————.
Ud. ——————.
María ——————.
Juan y María ——————.
Uds. ——————.

Teresa sirvió la comida.
La criada ——————.
Yo ——————.
Nosotros ——————.
Ellos ——————.
Uds. ——————.
Tú ——————.

Ellos pidieron un favor.
Yo ——————.
Uds. ——————.
Tú ——————.

Juan _____.
Carlos y Anita _____.
Nosotros _____.
Ud. _____.
Ella _____.

El consiguió trabajo.
Yo _____.
María _____.
Uds. _____.
Tú _____.
Ellos _____.
Ella _____.
Nosotros _____.

IMPERFECTIVE PAST—Yo iba al cine. El era médico.

The verbs *ir, ser* and *ver* are the only verbs which are irregular in the imperfective past.

Infinitive	*Yo–Ud.–él form*
ir	iba
ser	era
ver	veía

The *tú, nosotros* and *Uds.–ellos* endings are the same as for regular imperfective past forms.

Written accents occur only on the *nosotros* forms of the imperfective past of *ir* and *ser*, just as in the *–ar* conjugation.

Yo iba al cine.   Nosotros íbamos al cine.
Yo era médico.   Nosotros éramos médicos.

Práctica 5 Change *ahora* to *antes* and change the verb form from present to imperfective past.

Ahora vamos al teatro cada ocho días. → Antes íbamos al teatro cada ocho días.

Ahora siempre van juntos.
Ahora voy a las nueve.
Ahora vas con ellos.
Ahora va ganando.   winning

Ahora vamos temprano.
Ahora van a la tienda cada semana.

Ahora soy director. → Antes era director.

Ahora es socio del club.
Ahora somos los jefes.
Ahora son metodistas.
Ahora eres más estudioso.
Ahora son felices.
Ahora soy capitán.

Ahora nos ven todos los días. → Antes nos veían todos los días.

Ahora vemos a María de vez en cuando.
Ahora veo mejor.   better
Ahora ves a Juan a menudo.
Ahora las ve cada quince días.
Ahora lo ven con más claridad.
Ahora la veo por la tarde.

USAGE—Salí ayer. Salía cada vez que él entraba.

The perfective past refers to a past action viewed as a single unit or repeated a specific number of times. The imperfective past may refer to habitual past actions.

Práctica 6   Change *cuando* to *cada vez que* and change both verbs from the perfective past to the imperfective past forms.

Yo salí cuando entró Juan. → Yo salía cada vez que entraba Juan.

Salimos cuando llamaron.
Cantaron cuando oyeron la música.
Gritaste cuando ganó Alicia.
María no estuvo cuando Carlos llegó tarde.
El niño lloró cuando se cayó.
Se despertó cuando tomó café.   woke up
Salí cuando él entró.
Viajaron cuando no trabajaron.

When two verbs, one the main verb of the sentence and the other the verb of a clause introduced by *cuando,* are in different aspects of past tense, both

PERFECTIVE AND IMPERFECTIVE PAST: IRREGULAR FORMS   149

refer to a single unit of action but the imperfective past indicates an action which coexists with and is of greater duration than the action indicated by the perfective past.

Juan leía el periódico cuando entró María.
María entró cuando Juan leía el periódico.

The action of entering is shown to occur within the time which elapses between the beginning and end of the action of reading.

PRONUNCIACION

The vowels [e], [i], [o] and [u] are often pronounced slightly more closed, with the tongue slightly higher in the mouth, when followed by a consonant in the same syllable.[1] Only when the following consonant is [r], however, do these Spanish vowels approximate the closed quality of the English vowels in "bet," "bit," "bought" and "book," respectively.

In open syllable			*In closed syllable*	
		[e]		
péla	pela		pérla	perla
éso	eso		ésto	esto
bréka	breca		bréska	bresca
defína	defina		delfína	delfina
pésa	pesa		péska	pesca
		[i]		
písa	pisa		písta	pista
síma	sima		sígma	sigma
ṣíta	cita		ṣínta	cinta
líso	liso		lísto	listo
kíse	quise		kíste	quiste
			fírma	firma
		[o]		
kósa	cosa		kósta	costa
kóro	coro		kórto	corto

[1] It has not seemed necessary, however, to introduce separate symbols for such open and closed vowels.

fóro	foro	fórmo	formo
tóro	toro	tórḅo	torvo
tóko	toco	tósko	tosco

[u]

búlo	bulo	búlto	bulto
múla	mula	múlta	multa
búke	buque	búske	busque
púso	puso	púlso	pulso
kúḅre	cubre	kúmbre	cumbre
		úrna	urna

The [e], [i], [o] or [u] immediately followed by [r̄] is also open, much like vowels followed by [r] in the same syllable. The vowel immediately succeeding [r̄] may be slightly more closed than vowels in other open syllables.

Followed by [r̄]   *Followed by* [r]

pér̄a	perra	péra	pera
ṣér̄o	cerro	ṣéro	cero
mír̄a	mirra	míra	mira
kúr̄a	curra	kúra	cura
kór̄o	corro	kóro	coro

Some speakers also pronounce a slightly more closed [e], [i], [o] or [u] when it is immediately followed by [x].

The vowel [a] may be very slightly higher and more to the front when followed by a palatal consonant.

págₐ	paga
páka	paca
páxa	paja
ágₒ	hago
táko	taco

There is no contrast in Spanish between [p] and [b] or [ḅ], nor between [t] and [d] or [ḍ], nor between [k] and [g] or [ġ]. Rather than introduce new symbols to indicate a free choice, it has seemed preferable to suggest a choice. This is true only in syllable-final position.

The [ḅ] usually occurs rather than [p] when succeeded by any consonant other than a voiceless stop, in which case [p] commonly occurs.

| aḅdómen | abdomen |
| aḅdikó | abdicó |

aḅsolúto	absoluto
adíḅsya	adipsia
aḅnéa	apnea
áḅside	ápside
eklíḅsis	eclipsis
exíḅsyo	egipcio
eupéḅsya	eupepsia
káḅsula	cápsula
oḅxéto	objeto
oḅxetíḅo	objetivo
oḅsékyo	obsequio
oḅsesyón	obsesión
oḅserḅó	observó

ápto	apto
aptitúd	aptitud
eklíptiko	eclíptico
exípto	Egipto
eupéptiko	eupéptico
aḅrúpto	abrupto
optenér	obtener
optúso	obtuso

The [k] commonly occurs before a voiceless stop or fricative; [g] before a nasal sound.

adíkto	adicto
ákto	acto
aktwál	actual
aktitúd	actitud
ikteríṣya	ictericia
oktáḅo	octavo
ektodérmo	ectodermo
eksákto	exacto
eksaxeraṣyón	exageración
eksaltaṣyón	exaltación
eksámen	examen
ekṣéma	eczema
akṣidénte	accidente
akṣyón	acción
akṣéso	acceso

agnóstiko	agnóstico
agnominaşyón	agnominación
agnişyón	agnición
ignişyón	ignición
ignoránte	ignorante

The [d̪] commonly occurs except before [l], where [t] occurs.

ad̪xetíƀo	adjetivo
ad̪xúnto	adjunto
ad̪ministraşyón	administración
ad̪miráble	admirable
ad̪mósfera	atmósfera
r̃íd̪mo	ritmo
ad̪mosfériko	atmosférico
ad̪kiryó	adquirió
ad̪ƀentísta	adventista
ad̪ƀérƀyo	adverbio
ad̪ƀérso	adverso
ad̪ƀertíd̪o	advertido

The sequence [tl] is commonly pronounced by forming [t] as described before and by simply releasing the air behind the tongue over the sides of the tongue. The tongue tip does not move from the teeth to the alveolar ridge, which is the usual point of articulation for syllable initial [l].

átlas	atlas
atlántiko	atlántico
atléta	atleta

Lectura Dialogada
Arquitectura

José Antonio y Juan Carlos:

—¿Qué estudió Pablo Miguel?

—Arquitectura. Por eso estuvo en el Perú el año pasado.

—¿Trabajó allá?

—No, a él le interesa mucho la arquitectura de la América Latina por su variedad y contraste.

—Ya veo, y tienes razón; desde el punto de vista de la arquitectura, es interesante un paseo por una de las ciudades de la América Latina.

—Hay toda clase de estilos: desde el estilo colonial español, hasta los estilos modernos.

—Sí, hay calles dónde parece que el tiempo no pasa: casas coloniales de paredes altas y gruesas, y calles estrechas de piedra.

—Pero al mirar hacia arriba, se ve por encima de los tejados la forma moderna de un rascacielos.

—Especialmente en México, donde el estilo barroco tuvo su apogeo, hay contrastes entre la simplicidad de las estructuras modernas y los edificios barrocos.

gruesas thick; **tejados** tile roofs; **rascacielos** skyscraper

Preguntas:

¿Qué estudió Pablo Miguel?
¿Dónde estuvo Pablo Miguel?
¿Trabajó en el Perú?
¿Qué le interesa mucho?
¿Qué tiene la arquitectura de la América Latina?
¿Por qué es interesante un paseo por una de las ciudades latinoamericanas?
¿Qué clase de estilos hay en la arquitectura?
¿Qué tienen las casas coloniales?
¿Cómo son algunas calles?
¿De qué son algunas calles?
¿Por qué parece que el tiempo no pasa en algunas calles?
¿Qué se ve encima de los tejados?
¿Dónde tuvo su apogeo el estilo barroco?
¿Es simple el estilo barroco?
¿Qué estructuras tienen simplicidad?

PRONUNCIACION

Spanish distinguishes two degrees of stress: strong and weak. Strongly stressed syllables are frequently referred to as "accented" or "stressed" and weakly stressed syllables as "unaccented" or "unstressed."

Many words are distinguished in Spanish exclusively by the occurrence of strong stress on different syllables. The *yo* form of the present and *Ud.–él* form of the perfective past of regular *–ar* verbs are so distinguished.

áblo	hablo	abló	habló
kánto	canto	kantó	cantó
estúdyo	estudio	estudyó	estudió
enséño	enseño	enseñó	enseñó
imbíto	invito	imbitó	invitó
míro	miro	miró	miró

Constructions consisting of the feminine singular adjective plus *–mente* are written as one word. Both the adjective and *–mente*, however, retain their strongly stressed syllable.

difísilménte	difícilmente
parsyálménte	parcialmente
indibidwálménte	individualmente
kwidadósaménte	cuidadosamente

    aḃsolútaménte   absolutamente
    únikaménte   únicamente

Otherwise, no Spanish words have more than one strongly stressed syllable.

Many Spanish words have no strongly stressed syllable:

Articles
  lozlíḃros   los libros
  lanóče   la noche
  laskártas   las cartas
  elágwa   el agua

Possessive Adjectives
  mikása   mi casa
  tulíḃro   tu libro
  nwestrodinéro   nuestro dinero
  suspapéles   sus papeles
  sukaḃéṣa   su cabeza
  mispyés   mis pies

Prepositions
  konkwidádo   con cuidado
  entukása   en tu casa
  porlatárde   por la tarde
  denóče   de noche
  astalasóčo   hasta las ocho
  paranwestrakasíta para nuestra casita

Verbal Object Pronouns
  melokontáron   me lo contaron
  lasenkontré   las encontré
  sozλeḃarán   se los llevarán
  nozlodyéron   nos lo dieron
  lesayudámos   les ayudamos
  teloḃendí   te lo vendí

Conjunctions
  siselodixéramos   si se lo dijéramos
  kwandoḃéngan   cuando vengan
  dondelosenkontré   donde los encontré
  porkemelodixíste   porque me lo dijiste
  komosilostuḃyéra   como si los tuviera

In Spanish writing, object pronouns are inconsistently written as a part of the same word with the verb form when they follow the verb and as separate words when they precede the verb. If two object pronouns follow a verb in which the next to the last syllable carries the strong stress, the last three syllables of the written word are weakly stressed.

tráyganozlo	tráiganoslo
ponyéndoselas	poniéndoselas
dígamelo	dígamelo
kontándonozlos	contándonoslos
kítatela	quítatela

Otherwise, not more than two syllables may occur in a Spanish word after the strong stress.

látigo	látigo
fonétika	fonética
katóliko	católico
álamo	álamo
r̄éximen	régimen
r̄esúmenes	resúmenes

If the singular form of a noun ends in a consonant and has two weakly stressed syllables following the strong stress, it is necessary to move the strong stress forward one syllable when adding the –*es* plural ending.

| espéçimen | espécimen | espeçímenes | especímenes |
| r̄éximen | régimen | r̄exímenes | regímenes |

The word [karákter] *carácter* has the irregular plural *caracteres* [karaktéres].

A false accent mark is often written on *e* or *i* followed by *o* or *a* and an additional syllable.

oçeáno	océano
alḇeólos	alvéolos
awstryáko	austríaco
poliçyáko	policíaco
peryódo	período
olimpyádas	olimpíadas

The false accent mark is very commonly written on the ending –*íaco* [yáko]. The accent mark is not false, however, in the imperfect past: *veíamos, comíamos, vivíamos.*

PRONUNCIACION 157

DIALOGO 6. LA HORA DEL ALMUERZO

María Teresa y su mamá:

—Mamá, ¿ya está el almuerzo?

—No, tarda un poco. Tenemos invitados.

—Ah, ¿sí? ¿Quién?

—Gente de la oficina de tu papá.

—¿Qué hay de almuerzo?

—Carne al horno y papas con mantequilla.

—¿No hay verduras?

—Sí, ensalada de lechuga con aguacate.

—¡Qué rico! ¡Y mangos con crema de postre!

Cultural note In Latin America, lunch is not the light meal it is in the United States. People usually have a longer lunch hour, and they eat a full meal. For some people, it is the main meal of the day and they have a light supper. In other places, both lunch and dinner are full meals which even include a soup course. In this case, however, dinner is at eight or nine o'clock at night.

Dialog Expansion:

¿Es la hora del almuerzo?
¿Quiénes hablan?
¿Está el almuerzo?
¿Tarda mucho el almuerzo?
¿Hay invitados para el almuerzo?
¿Quiénes son los invitados?
¿Qué hay para el almuerzo?
¿Hay verduras?
De postre, ¿qué hay?
¿Comes carne al horno?
¿Te gusta la carne al horno?
¿Comes papas?
¿Las comes con mantequilla?
¿Te gustan las papas?
¿Comes verduras?
¿Comes ensalada?
¿Qué hay en una ensalada?
¿Comes postre?
¿Comes mangos?

LECCION 15 | POSSESSION AND REFERENCE

CONTRACTIONS—Vi al médico. Me acuerdo del profesor.

The preposition *a* plus the masculine singular article *el* combine to form *al*; in other words, the initial *e* of *el* is lost when immediately preceded by the preposition *a* and the combination is written as one word.

Conozco al profesor.
Vi al médico.
Encontré al alumno.

Práctica 1 Change the direct object from plural to singular.

Encontramos a los profesores. → Encontramos al profesor.

Conocen a los alumnos. *Conocen al alumno*
Busqué a los hombres. *Busqué al hombre*
Todos los días veíamos a los médicos. *Todos los días veíamos al médico.*
Encontró a los jóvenes varias veces. *Encontró al jóven varias veces.*
Vimos a los alumnos mexicanos. *Vimos al alumno mejicano*
Conocían antes a los profesores. *Conocían antes al profesor*
Trajiste a los jóvenes dominicanos. *Trajiste al jóvenes dominicano.*
Vio a los muchachos. *Vió al muchacho*
Buscamos a los estudiantes. *Buscamos al estudiante*
Encontré a los profesores argentinos. *Encontré al profesor argentino.*
Trajeron a los médicos. *Trajeron al médico*
Conozco muy bien a los niños. *Conozco muy bien al niño*

The preposition *de* plus an immediately following article *el* are combined orthographically as *del*. Although *de el* could represent the same sound sequence, care should be taken to follow the established spelling habit of writing *de* plus *el* as one word.

Práctica 2   Change the noun phrase following *de* from plural to singular. (Remember from Lesson 8 that the singular definite article immediately preceding a feminine noun beginning with stressed [a], written *a* or *ha*, is *el*. The problem involved here is a spelling irregularity, so this exercise should be done not only orally but also in writing.)

   Juan no sabe nada de los alumnos. → Juan no sabe nada del alumno.

María nos habló de los estudiantes.
Nos acordamos de los profesores.   remember
Ella siempre nos habla de los amigos.
Siempre lees de las hadas madrinas.   fairy godmothers
Ana habla mucho de los muchachos.
Me acuerdo de los amigos venezolanos.
No sabíamos de las armas.
No les hablaste de los programas.

POSSESSION—El perro de los niños es bonito.

Possession of nouns can be shown in Spanish by placing the preposition *de* after the possessed noun and in front of the possessor noun or noun phrase. The possessed noun is preceded by a determiner, such as an article.

Determiner	*Possessed Noun*	*Preposition*	*Possessor*
	libro		Juan
	amigo		la profesora
	lápiz		la muchacha
el	coche	de	mi amigo mexicano
	alumno		Ana
	perro		Carlos
	gato		las profesoras
	diccionario		Ana y Juan

Práctica 3   Rephrase the statements into one, according to the model.

   Ana hizo unas preguntas. Las preguntas fueron interesantes. →
   Las preguntas de Ana fueron interesantes.

La muchacha tiene una casa. La casa es grande. *La casa de muchacha es grande.*
Los niños tienen un perro. El perro es bonito. *El perro de niños es bonito.*
Juan tiene dinero. El dinero llegó por correo. *El dinero de Carlos llegó por correo.*
Carlos tiene un amigo. El amigo es chileno. *El amigo de Carlos es chileno.*
Ana y Celia tienen un gato. El gato es muy juguetón.   playful
El gato de Ana y Celia es muy juguetón.
María hizo una fiesta. La fiesta estuvo muy animada. *La fiesta de María estuvo muy animada.*
Alicia preparó una comida. La comida estuvo sabrosa.   tasty
La comida Alicia estuvo sabrosa.
Pedro tomó una decisión. La decisión nos gustó. *La decisión Pedro nos gustó.*
Celia escribió una carta. La carta llegó pronto. *La carta de Celia llegó pronto.*
El profesor tiene un libro. El libro es interesante. *El libro del profesor es interesante.*
El profesor escribió un libro. El libro es interesante.

REFERENCE—Un mapa de Colombia. Un helado de chocolate.

The preposition *de* is used to indicate the topic or subject matter of which a person or thing treats. The same preposition is also used to indicate the material or principal ingredient from which something is made. The combination *de* plus expression of topic or material may immediately follow another noun, which it then modifies.

un libro de historia
un programa de música
un mapa de Colombia

un dulce de almendras   almonds
un helado de chocolate   ice cream
una ensalada de frutas

Práctica 4 Combine the two statements into one expression.

El programa es de música popular. Siempre lo oímos. →
Siempre oímos el programa de música popular.

Topic

La clase es de literatura. Ayer la empecé.
La lección es de historia. Siempre la preparas.
El mapa es de Colombia. Nos lo regalaron.
El juego es de fútbol. Lo oyeron.
El libro es de sicología. Nosotros lo estudiamos.
El diccionario es de modismos. Varias veces lo consulté.   idioms
La revista es de deportes. La compramos.   magazine, sports
El programa es de baile español. No lo vieron.

POSSESSION AND REFERENCE   163

Material

El dulce es de higo. Ayer lo hicieron.	fig
El vestido es de lana. Yo lo diseñé.	wool
El sillón es de cuero. Lo importaron.	leather
La colcha es de satín. Alicia la hizo.	bedspread
El helado es de vainilla. Tú lo preparaste.	
La muñeca es de trapo. María la compró.	doll, rag
La moneda es de plata. La encontró.	silver
El refresco es de fresa. Elena me lo trajo.	strawberry

Práctica 5 Change *enseña* and *estudia* to *es profesor de* and *estudiante de*, respectively. If the subject is feminine, use *profesora* instead of *profesor*.

La señora Gómez enseña historia. → La señora Gómez es profesora de historia.

Juan estudia medicina.
El doctor López enseña sicología.
El señor Pérez enseña geografía.
María enseña música.
Alicia estudia filosofía.
El señor García enseña matemáticas.
La señorita Martínez estudia biología.
Ana enseña inglés.
El señor García enseña literatura.
Carlos estudia ingeniería.
Celia estudia antropología.
El doctor Benítez enseña antropología.

POSSESSIVE ADJECTIVES—Tu chiste fue muy bueno.

The possessive adjectives corresponding to *yo* and *tú* are *mi* and *tu*, respectively, both of which add *–s* when the noun modified is plural.

mi libro   mis libros
tu libro   tus libros

Práctica 6 Rephrase the two statements into one, using *mi* or *tu* and adding the suffix *–s* to the possessive adjective if the noun described is plural.

Yo tengo unas manzanas. Están maduras. →
Mis manzanas están maduras.

Tú tienes una casa. Es grande.
Tú contaste un chiste. Fue muy bueno.

Yo tengo una hermana. Es muy guapa.
Yo preparé un desayuno. Tuvo éxito.   It was successful.
Tú escribiste una carta. Llegó tarde.
Yo tengo unos libros. Están en inglés.
Yo tengo papel. Es muy delgado.

The possessive adjective corresponding to *nosotros* is *nuestro* with a masculine noun or *nuestra* with a feminine noun. Again, add –s if the noun modified is plural.

nuestro libro   nuestros libros
nuestra pelota nuestras pelotas

Práctica 7 Form a single sentence by using the possessive adjective, according to the example.

Tenemos una pelota. Es pequeña. →
Nuestra pelota es pequeña.

Tenemos una hermana. Es estudiosa.
Tenemos unas primas. Van a Guadalajara.
Tenemos boletos. Son de ida y vuelta.   tickets, round trip
Tomamos una decisión. Les pareció apropiada.
Tenemos una vaca. Da mucha leche.
Tenemos un coche. No tiene gasolina.
Tenemos unos amigos. Se fueron ayer.
Tenemos un hijo. Está en la universidad.

The possessive adjective corresponding to *Ud.–él–ella* as well as to *Uds.–ellos–ellas* is *su*, which also adds –s if the noun modified is plural.

Práctica 8 Construct one sentence from the two given. Use the possessive adjective to modify the noun.

Uds. tienen una casa. Es de ladrillo. →   brick
Su casa es de ladrillo.

El escribió una novela. Es una sátira.
Ud. tenía un coche. Estuvo en un accidente.
Ellas tienen teléfono. Está en la cocina.   kitchen
Uds. hicieron un viaje. Duró tres semanas. lasted
Ella tiene unos perros. Ladran mucho.   bark
Ellos tienen ropa. Es de lana.
Ud. tiene unas amigas. Cantan muy bien.
El da una clase. Es a las diez.

Práctica 9 Form a new sentence by substituting the appropriate form of the possessive adjective corresponding to the unexpressed subject of the verb of the first sentence.

Tienes zapatos. Son blancos. →
Tus zapatos son blancos.

Tengo dinero. Está en el banco.	
Hicieron una pregunta. Nos sorprendió.	
Tienes unos plátanos. Son muy grandes.	bananas
Hicimos una fiesta. Duró hasta la una.	
Tenemos unas naranjas. Están muy jugosas.	juicy
Tiene una casa. Es de dos pisos.	floors (height)
Tienes un regalo. Costó cuarenta pesos.	
Tengo unos alumnos. Estudian mucho.	
Tenemos un libro. Es de biología.	
Tienen un disco. Es de música clásica.	record
Tiene joyas. Son muy finas.	jewels
Tenemos planes. No son muy buenos.	

LECCION 16 — EXPANDED NOUN PHRASES

DEMONSTRATIVE ADJECTIVES—Esa mesa. Estos libros.

Spanish uses the demonstrative *este* when referring to something which the speaker views as near him and the demonstrative *ese* to refer to something the speaker views as neither close nor far and which may or may not be close to the person spoken to.

Demonstrative Root	*Singular Endings*		*Plural Endings*	
	Masculine	Feminine	Masculine	Feminine
est–	–e	–a	–os	–as
es–				

Referring to things close to the speaker:

    este libro   estos libros
    esta mesa   estas mesas

Referring to things which are neither very close nor at a remote distance from the speaker:

    ese libro   esos libros
    esa mesa   esas mesas

Práctica 1 Substitute the cued word.

Ese tren es grande.
Ese edificio _____.
Ese niño _____.
Ese plato _____.
Ese avión _____.

Esa señora es elegante.
Esa tienda _____.
Esa blusa _____.
Esa sala _____.

Esos cuadros son interesantes.
Esos monumentos _____.
Esos planes _____.
Esos bailes _____.
Esos libros _____.

Me gustan esas camisas.
_____ blusas.
_____ pinturas.
_____ estatuas.
_____ novelas.
_____ revistas.

Práctica 2 Substitute the cued word.

Este libro es interesante.
Este edificio _____.
Este museo _____.
Este parque _____.
Este niño _____.
Este profesor _____.

Esta casa es bonita.
Esta ciudad _____.
Esta flor _____.
Esta blusa _____.
Esta tienda _____.

Estos libros son interesantes.
_____ edificios _____.
_____ museos _____.

168 CONTEMPORARY SPANISH

_____ parques _____.
_____ niños _____.
_____ profesores _____.

Estas casas son bonitas.
_____ ciudades _____.
_____ blusas _____.
_____ tiendas _____.
_____ flores _____.

Práctica 3 Complete the sentence with each cued word.

¿Qué piensas de ese día?
¿_____ *ese* calle?
¿_____ *esas* frases? — *phrase*
¿_____ *esos* bailes?
¿_____ *ese* toro?
¿_____ *esas* clases?
¿_____ *esos* niños?
¿_____ *esos* árboles?
¿_____ *esas* canciones?

Práctica 4 Use the proper endings with *est–*.

Prefiero estos coches.
_____ *esta* leche.
_____ *estas* casas.
_____ *este* clima.
_____ *esta* carta.
_____ *esta* película.
_____ *este* teatro.
_____ *estas* lecciones.
_____ *este* teléfono.
_____ *estos* gatos.

Spanish uses *aquel* when referring to something which the speaker views as far away (in either space or time).

aquel libro   aquellos libros
aquella mesa   aquellas mesas

esta mesa: close to the speaker
esa mesa: neither very close nor very far away
aquella mesa: a considerable distance away

Práctica 5 Use *esta*, *esa* or *aquella* in accordance with the indication given in the sentence.

Mira por _esa_ ventana (al otro lado del salon).
_____ escuela (en que estamos) es bonita.
_____ ciudad (que acabamos de ver) es interesante.   have just seen
aquella ciudad (que está al otro lado del mar) me fascina.
_____ lección (que estudiamos ahora) es fácil.   the lesson that we are studying now.
_____ canción (que ella acaba de cantar) es magnífica.
Esta taza (que tengo en la mano) es bonita.
aquella mujer (allí lejos) es la madre de Tomás.

NOUN OMISSION—Me gustan estos dulces. Me gustan éstos.

Demonstrative Pronouns:

The demonstratives may be used alone, with the noun modified omitted, if the noun is understood. If the noun is omitted, an accent mark is often written over the stressed vowel of the demonstrative, but this is not done by all writers.

Quiero ese libro pero éste no.
No me gusta esa corbata pero ésta sí.

Práctica 6 Form a new sentence by joining the two sentences with *pero* according to the model. Omit the noun of the second sentence only if it is the same noun as that in the first sentence.

Me gustan estos dulces. No me gustan esos helados. →
Me gustan estos dulces pero esos helados no.

Me gustan estos dulces. No me gusta ese dulce. →
Me gustan estos dulces pero ése no.

Compraron esa blusa. No compraron esta blusa.
Vendí estas cajas. No vendí esas mesas.
Quiero esas corbatas. No quiero esta corbata.
Les gustó ese helado. No les gustó este helado.
Quieren estos libros. No quieren esos papeles.
Compraste esas uvas. No compraste estas uvas.
Compré esta caja. No compré esas cajas.
Me gustan estas novelas. No me gustan esas poesías.
Me gustan estas novelas. No me gusta esa novela.
Queremos esos lápices. No queremos estos lápices.
Te vendí este vestido. No te vendí esos vestidos.
Quiere esas camisas. No quiere estas camisas.

Possessive Pronouns:

Omission of the noun modified by a possessive adjective entails certain other changes.

If a noun modified by a form of *nuestro* is omitted, the appropriate form of the definite article is placed before the possessive word and the *e* of *nuestr-* becomes strongly stressed: [é].

nuestro coche → el nuestro
nuestros coches → los nuestros
nuestra mesa → la nuestra
nuestras mesas → las nuestras

If a noun modified by the *yo, tú* or *Ud.–él–Uds.–ellos* possessive adjective is omitted, the appropriate form of the definite article is placed before the possessive word, and *mí–, tuy–* and *suy–* are substituted respectively for *mi, tu* and *su*. The appropriate ending is added, and the roots *mí–, tuy* and *suy–* carry strong stress.

mi libro → el mío
mis libros → los míos
mi carta → la mía
mis cartas → las mías

tu carta → la tuya
tus cartas → las tuyas
su carta → la suya
sus cartas → las suyas

The noun modified by a possessive adjective can therefore be omitted when it is understood and the appropriate possessive pronoun substituted.

Práctica 7 Substitute each cued word in the sentence preceding it.

Le gusta el mío.
_____ el nuestro.
_____ el tuyo.
_____ el suyo.

La mía es bonita.
La nuestra _____.
La tuya _____.
La suya _____.

Le gustan los míos.
_____ los nuestros.
_____ los tuyos.
_____ los suyos.

Las mías son bonitas.
Las nuestras _____.
Las tuyas _____.
Las suyas _____.

Práctica 8 Omit the second noun, add the appropriate article and make all necessary adjustments to the possessive word.

Le gustó tu carta pero no le gustó nuestra carta. →
Le gustó tu carta pero no le gustó la nuestra.

Sus amigos están aquí pero nuestros amigos no están.
Tus corbatas son negras pero mis corbatas son verdes.
Mi libro es aburrido pero su libro es interesante.
Mi coche es nuevo pero tu coche es viejo.
Tu traje es nuevo pero mi traje es viejo.
Mis hermanas son estudiantes pero tus hermanas son secretarias.
Mis regalos son pequeños pero sus regalos son grandes.
Tu casa es de estilo moderno pero mi casa es de estilo colonial.
Mis perros ladran mucho pero tus perros ladran poco.

Prepositional Modifiers:

A noun modified by a possessive *de*-plus-noun phrase may be omitted when it is understood, but its article remains.

Me gusta el coche de Juan pero el de María no.

Práctica 9 Substitute the cued items.

Me gusta la blusa de María, pero la de Teresa no.
_____ falda _____.
_____ casa _____.
_____ idea _____.

Veo el coche de Elena, pero el de Carmen no.
_____ libro _____.
_____ traje _____.
_____ sombrero _____.

Me gustan las blusas de Anita, pero las de Elena no.
_____ joyas _____.
_____ faldas _____.
_____ pinturas _____.

Veo los cuadernos de José, pero los de Carlos no.
_____ cuadros _____.
_____ libros _____.
_____ papeles _____.

Práctica 10 Form a new sentence by joining the two given sentences with *pero* according to the model.

No quiero el libro de Ana. Quiero los libros de Alicia. →
No quiero el libro de Ana pero los de Alicia sí.

No entiendo el español de Jaime. Entiendo el español de José.
No me vienen los zapatos de mi hermano. Me vienen los zapatos de mi primo.
No visitaste la escuela de Felipe. Visitaste la escuela de Jorge.
No les interesa la historia de Europa. Les interesa la historia de América.
No leyeron la carta de Marta. Leyeron las cartas de Carlos.
No se llevaron el equipaje de mis tíos. Se llevaron el equipaje de mis primos.
No conocemos la casa de los García. Conocemos la casa de los Méndez.
No encontró los cuadernos de Juan. Encontró el cuaderno de Ana.
No busco los regalos de Martín. Busco los regalos de Paco.
No abrí la puerta de la casa. Abrí la puerta de la escuela.
No quiero el traje de Miguel. Quiero el traje de Juan.

Práctica 11 Form a new sentence by joining the two given sentences with *sino* according to the model. Omit the repetitious noun of the second sentence and make any necessary adjustments.

No fui con mis amigos. Fui con los amigos de Pedro. →
No fui con mis amigos sino con los de Pedro.

No llegaron esos libros. Llegaron los libros de Alicia.
No pensaba en la filosofía de Platón. Pensaba en la filosofía de Unamuno.
No vi a la amiga de María. Vi a la amiga de Celia.
No buscábamos los papeles de Juan. Buscábamos los papeles de Marta.
No buscan este cuaderno. Buscan el cuaderno de Felipe.
No le gusta esa corbata. Le gusta la corbata de Juan.

AMBIGUOUS MODIFIERS—Fueron en su coche. Fueron en el coche de él.

Since *su* can refer to possessors *Ud.*, *él*, *ella*, *Uds.*, *ellos* or *ellas*, it is sometimes necessary to avoid ambiguity by using the same construction as with nouns.

Article—Noun—*de* | Ud.
él
ella
Uds.
ellos
ellas

Carlos y Alicia salieron en el coche de él.

If we said *su coche* instead of *el coche de él*, it would be understood as *el coche de Carlos y Ana* rather than as *el coche de Carlos*.

The same ambiguity extends to *suy–*.

Carlos y Alicia fueron a los toros. El coche de él estaba en el taller y fueron en el de ella.

If we said *el suyo* instead of *el de ella* it would not clearly specify the possessor.

Práctica 12 Change the following sentences according to the model.

Carlos y Anita fueron en el coche de él. → Carlos y Anita fueron en el de él.

Buscaban el libro de ella. *They were looking for her book.*
Vendieron la casa de ellos. *We sold their house.*
Leímos los artículos de él. *We read his articles.*
Recibimos las cartas de ella. *We received his letters.*
Entendieron la explicación de él. *We understand his explanation.*
Vimos los cuadros de ellas. *We see their rooms.*
Observamos la clase de ella. *We observed her class.*
Compré el coche de él. *We sold his car.*
Nos gustan las joyas de ella.

COLOR—Blusa amarilla. Blusa amarillo oscuro.

Adjectives of color used alone with a noun agree with the noun modified in gender and number, as shown in Lesson 9.

vestido amarillo
vestidos amarillos
blusa amarilla
blusas amarillas

vestido azul
vestidos azules
blusa azul
blusas azules

However, when an adjective of color is itself modified by an adjective such as *oscuro, claro* or *pálido,* both adjectives are used as invariables in the masculine singular form.

vestido amarillo oscuro
vestidos amarillo oscuro
blusa amarillo oscuro
blusas amarillo oscuro

Adjective phrases of color formed by *color de* plus noun (the common example is *color de rosa*) are also invariable.

vestido color de rosa
vestidos color de rosa
blusa color de rosa
blusas color de rosa

Práctica 13 Fill in the blank with the adjective or adjective phrase of color shown in the masculine singular in parentheses, making any necessary adjustments for agreement.

pantalones _____ (negro)
camisas _____ (azul)
ojos _____ (verde)
faldas _____ (azul claro)
blusas _____ (color de rosa)
flores _____ (amarillo)
libros _____ (rojo)
zapatos _____ (blanco)
trajes _____ (verde pálido)
bufandas _____ (color de rosa)   scarves
bata _____ (azul oscuro)   gown
corbata _____ (rojo)
árboles _____ (verde claro)
cuadernos _____ (blanco)

PRONUNCIACION

When two different vowels occur together across a word boundary, they should be pronounced in one syllable.

e–a

    espere a Marta   es-pé-rea-már-ta
    le aconsejo   lea-kon-sé-xo
    el presidente Alonzo   el-pre-si-đén-tea-lón-ƀo
    los de Alicia   loz-đea-lí-ƀya
    hable alemán   á-ƀlea-le-mán
    caminé a la tienda   ka-mi-néa-la-tyén-da
    avíseme antes   a-ƀí-se-meán-tes

o–a

    quiero agua   kyé-roá-gwa
    otro asunto   ó-troa-sún-to
    aplaudió a María   a-plaw-đyóa-ma-ría
    tanto arroz   tán-toá-r̄óƀ
    camino a la tienda   ka-mí-noa-la-tyén-da
    duermo acostado   dwér-moa-kos-tá-đo
    nuestro amigo   nwes-troa-mí-go
    vino anoche   bí-noa-nó-če

i–a

    pan y agua   pá-nyá-gwa
    mi abuelo   mya-ƀwé-lo
    si hablan   syá-ƀlan

u–a

    su abuela   swa-ƀwé-la
    tu amigo   twa-mí-go
    su atención   swa-ten-ƀyón

a–e

    cada escala   ká-đaes-ka-la
    para esperar   pa-raes-pe-rár
    la encontramos   laen-kon-trá-mos
    ojalá estén   o-xa-láes-tén

pida esos	pí-daé-sos
buena escuela	bwé-naes-kwé-la
la entrada	laen-trá-ɖa
la española	laes-pa-ñó-la

o–e

quiero espinacas	kyé-roes-pi-ná-kas
otro escritor	ó-troes-kri-tór
lo esencial	loe-sen-ɸyál
lo mandó encuadernar	lo-man-dóen-kwa-ɖer-nár
quiso estos	kí-soés-tos
tanto esperar	tán-toes-pe-rár
frijoles o elotes	fri-xó-le-soe-ló-tes
lo encontré	loen-kon-tré

i–e

mi escuela	myes-kwé-la
colegios y escuelas	ko-lé-xyo-syes-kwé-las
si escuchan	syes-kú-čan

u–e

su espejo	swes-pé-xo
tu empeño	twem-pé-ño
su edad	swe-ɖáɖ

a–o

la otra	laó-tra
para olvidar	pa-raol-ƀi-ɖár
otra opinión	ó-trao-pi-nyón
la orilla	lao-rí-ʎa
ojalá obedezcan	o-xa-láo-ƀe-ɖéɸ-kan
novela holandesa	no-ƀé-lao-lan-dé-sa
hasta ochenta	ás-tao-čén-ta

e–o

me obedecen	meo-ƀe-ɖé-ɸen
qué olvidó	kéol-ƀi-ɖó
este oficio	es-teo-fí-ɸyo
de oro	deó-ro
la mar de orgulloso	la-már-ɖeor-gu-ʎó-so

PRONUNCIACION 177

se oponen	seo-pó-nen
se le olvidó	se-leol-ƀi-đó
páseme otro	pá-se-meó-tro

i–o

vacas y ovejas	ƀá-ka-syo-ƀé-xas
mi opinión	myo-pi-nyón
si olvidan	syol-ƀí-đan

u–o

su oficio	swo-fí-ȿyo
tu oficina	two-fi-ȿí-na
su opinión	swo-pi-nyón

a–i

la historia	lays-tó-rya
pida higos	pí-đaí-ǥos
letra impresa	lé-traym-pré-sa
persona ilustre	per-só-nay-lús-tre
cada hilera	ká-đay-lé-ra
ojalá improvisen	o-xa-láym-pro-ƀí-sen

e–i

café y té	ka-féy-té
le importó	leym-por-tó
me interesa	meyn-te-ré-sa
entre islas	en-treíz-las or en-tríz-las[1]
verde y rojo	bér-đey-r̄ó-xo
se indignó	seyn-diǥ-nó

o–i

queso y mantequilla	ké-soy-man-te-kí-λa
lo interesante	loyn-te-re-sán-te
lo mandó instalar	lo-man-dóyns-ta-lár
otro higo	ó-troí-ǥo

[1] When one word ends in unstressed [o] and the following word begins with stressed [ú] or one word ends in unstressed [e] and the following word begins with stressed [í], the unstressed [o] or [e] is frequently dropped: *Se hizo mucho humo* [*sí-so-mú-cú-mo*].

178 CONTEMPORARY SPANISH

lo invertimos loym-ber-tí-mos
lo importante loym-por-tán-te

a–u

la universidad law-ni-ƀer-si-đáđ
la única laú-ni-ka
ojalá utilicen o-xa-láw-ti-lí-ꞩen
para usted pa-raws-téđ
cada unidad ká-đaw-ni-đáđ

e–u

qué uniforme kéw-ni-fór-me
entre usted en-tréws-téđ
pide uvas pí-đeú-ƀas
de unidad dew-ni-đáđ
me uní mew-ní
de humor dew-mór

o–u

lo único loú-ni-ko or lú-ni-ko
tanto uranio tán-tow-rá-nyo
lo mandó humear lo-man-dów-meár
lo universal low-ni-ƀer-sál
lo uniformó low-ni-for-mó
lo usual low-swál

Lectura Narrativa
PERIODICOS HISPANOAMERICANOS

¿Son los periódicos hispanoamericanos distintos de los periódicos norteamericanos? Sí, son distintos. ¿Existe una diferencia fundamental? No, no hay una diferencia excesivamente marcada.

Es fácil probar esto último. Supongamos que se reúnen periodistas de los Estados Unidos y de Hispanoamérica. Entre los primeros hay, por ejemplo, representantes del *Times*, de Nueva York; del *Sun*, de Báltimore; del *Christian Science Monitor*, de Boston; del *Post*, de Wáshington. Entre los segundos puede haber periodistas provenientes de *Excélsior*, de México; de *El Tiempo* de Bogotá; de *El Comercio*, de Lima; de *El Mercurio*, de Santiago; de *La Nación*, de Buenos Aires; de *La Mañana*, de Montevideo; de *La Prensa*, de Managua. Y bien: ¿de qué hablan entre sí estos periodistas provenientes de lugares tan distantes? No hay misterio en ellos: hablan siempre de lo mismo. Hablan, por ejemplo, de cuáles fueron las noticias más importantes que publicaron durante el último año; de la relación...siempre delicada...entre la redacción y el taller; de la diagramación que permite tener una primera plana de éxito; de algún editorial al que se asigna especial importancia o parece digno de recordación. Hablan, en suma, de cosas del oficio.

Si la reunión a la que nos referimos parece improbable, repárese en que muy probablemente este encuentro, u otro muy similar, se produce todos los años en las periódicas asambleas de la Sociedad Interamericana de Prensa, que en Hispanoamérica todo el mundo conoce como «la SIP.» Allí se comprueba siempre lo que decimos más arriba: entre el periodista de los Estados Unidos y el de un país hispanoamericano sólo hay una diferencia de importancia menor.

¿En qué consiste esa diferencia? En primer lugar, en un factor material: el precio del papel de impresión, que es muy alto en Hispanoamérica, obliga a que la edición diaria de un periódico tenga relativamente pocas páginas.

En segundo lugar, en esas páginas el espacio tiene que aprovecharse al máximo, lo que obliga a una presentación gráfica estrictamente utilitaria.

Tercero, por estar geográficamente situados lejos de muchos centros mundiales, los periódicos hispanoamericanos parecen dedicar más espacio a las noticias del exterior que los periódicos estadounidenses de importancia similar.

Cuarto, faltan muchas secciones que el lector norteamericano está acostumbrado a ver en su periódico, pero generalmente hay una a la que se atribuye importancia en Hispanoamérica: es la sección literaria...generalmente dominical...que reúne cuentos, poemas y ensayos cortos, de autores célebres y de otros que tal vez lo serán alguna vez.

Pero a pesar de estas diferencias superficiales, los periódicos hispanoamericanos cumplen las mismas funciones que los de los Estados Unidos: ponen al lector en contacto con el mundo, le informan sobre los problemas del día y hacen de él un ciudadano más capaz de desempeñar un papel responsable en su comunidad.

¿Cómo puede establecerse una comparación entre periodistas norteamericanos e hispanoamericanos?

¿Se diferencian por el tema de conversación?

¿Cuándo puede lograrse este encuentro entre los dos mundos periodísticos?

¿En qué radica la diferencia entre estos periodistas?
¿Por qué este factor material crea una diferencia entre los dos mundos periodísticos?
¿Qué otra diferencia crea este factor material?

¿Qué otro factor crea una diferencia periodística entre los dos mundos?
¿Cómo crea este factor una diferencia?

En el periódico, ¿a qué sección se le atribuye importancia?

A pesar de estas diferencias superficiales, ¿los periódicos cumplen las mismas funciones que los de los Estados Unidos?
¿Cuáles son estas funciones?

periodistas journalists
provenientes coming, originating
lugares places
noticias news
redacción editorial office
taller (print) shop
repárese en notice, consider
se comprueba is proved, verified
lograrse to obtain, happen
precio price
papel de impresión newsprint
tenga may have (*subjunctive*)
radica resides
crea creates
aprovecharse to make use of, be made use of
dominical Sunday (*adj.*)
ensayos essays
serán will be (*future*)
a pesar de in spite of
cumplen carry out, perform
lector reader
desempeñar to perform, fulfill
papel role

Lectura Dialogada
Platos típicos

María del Carmen y Ana Mercedes:

—Esta noche vamos a un restorán español.

—¡Qué bueno! Nunca he comido paella. Todo el que va a España me habla de ese plato. ¿Tú lo comiste allá?

—Sí. ¿No ves cómo estoy? ¡Aumenté diez kilos! Es un plato de arroz con varias clases de carnes, mariscos y verduras: pollo, cerdo, camarones, cangrejo, de todo.

—Suena sabroso. A mí me gustan mucho los platos típicos. Por ejemplo, los tacos mexicanos son ricos.

—¿Cómo son los tacos?

—Son tortillas, enrolladas, que tienen por dentro distintas carnes y salsas. A veces son picantes; yo los como con un litro de agua al lado.

—En la América Latina hay varios platos con arroz. Casi todos los paises tienen arroz con pollo, pero todos tienen distinto sabor. En las costas tienen además arroz con camarones y arroz con ostras.

—En la costa de Colombia comí arroz con coco. Es delicioso. Hay de dos clases, de sal, y otro que es casi dulce. El dulce me gustó mucho; lo hacen con uvas.

—Sí, en la América Latina sirven arroz con casi todas las comidas, pero lo preparan de maneras tan variadas que siempre es un plato distinto.

carnes meats; **mariscos** shellfish; **cerdo** pork; **camarones** shrimp; **cangrejo** crab; **arroz** rice; **uvas** grapes

Preguntas:

¿Adónde van María del Carmen y Ana Mercedes?
¿Cuándo van al restorán?
¿Ha comido paella Ana Mercedes?
¿Quiénes le hablan de este plato?
¿De qué país es la paella?
¿Ha comido paella María del Carmen?
¿Dónde la comió?
¿Cuántas libras aumentó ella en España?
¿Qué ingredientes lleva la paella?
¿Qué platos le gustan a Ana Mercedes?
¿Cómo son los tacos mexicanos?
¿Qué tienen por dentro los tacos?
¿Cómo son los tacos a veces?
¿Qué llevan muchos platos en la América Latina?
¿Qué tiene cada plato?
¿Qué tienen en las costas?
¿Con qué preparan el arroz en la costa de Colombia?
¿Por qué es siempre un plato distinto el arroz?

DIALOGO 7. LA COMEDIA

Miguel y Camilo:

—¡Oye! ¡Apura! La comedia empieza a las ocho.

—¿Qué hora es?

—Ya son las siete y media.

—Hay tiempo, no te preocupes.

—Pero no tenemos asientos numerados.

—¡Pero nadie llega a tiempo!

—Sí, pero yo quiero asiento en la segunda fila.

—Vamos, pues; ya estoy listo.

Cultural note *People in Latin America and Spain have the reputation of rarely being on time for anything, particularly for social events. Often, if they are on time, they may have a long wait because the event well may not start on time. Exceptions are bullfights which usually start exactly on time and concerts which start almost on time! Because North Americans have the reputation of being punctual, it is possible to have a misunderstanding caused by switching roles: then the Hispanic person conscientiously appears on time for an appointment with a North American, and the North American appears late because he expects the Hispanic person to be late.*

Dialog Expansion:

¿Adónde van Miguel y Camilo?
¿A qué hora empieza la comedia?
¿Tienen tiempo los chicos?
¿Tienen asientos numerados?
¿Llega a tiempo todo el mundo?
¿Dónde quiere Miguel asiento?
¿Está listo Camilo?

LECCION 17 | CARDINAL NUMBERS

CARDINAL NUMBERS—Diez, cien, mil, un millón, un billón.

Learn to count from 0 to 29.

0	cero	ɕéro		15	quince	kínɕe
1	uno	úno		16	dieciséis	dyeɕiséys
2	dos	dós		17	diecisiete	dyeɕisyéte
3	tres	trés		18	dieciocho	dyeɕyóčo
4	cuatro	kwátro		19	diecinueve	dyeɕinwébe
5	cinco	ɕíŋko		20	veinte	béynte
6	seis	séys		21	veintiuno	beyntyúno
7	siete	syéte		22	veintidós	beyntidós
8	ocho	óčo		23	veintitrés	beyntitrés
9	nueve	nwébe		24	veinticuatro	beyntikwátro
10	diez	dyéɕ		25	veinticinco	beyntiɕíŋko
11	once	ónɕe		26	veintiséis	beyntiséys
12	doce	dóɕe		27	veintisiete	beyntisyéte
13	trece	tréɕe		28	veintiocho	beyntyóčo
14	catorce	katórɕe		29	veintinueve	beyntinwébe

Numbers from 16 to 19 and 21 to 29 are single compound words.

diez y seis → dieciséis   [dyéɕ i séys] → [dyeɕiséys]
veinte y uno → veintiuno   [béynte i úno] → [beyntyúno]

Práctica 1 Count to 29 without looking at the book. Count in odd numbers to 29. Count in even numbers to 28.

Práctica 2   Add the following problems as quickly as possible.

>dos y dos → cuatro
>once y cuatro → quince
>quince y siete → veintidós

3 + 4	7 + 7
12 + 6	12 + 7
1 + 1	4 + 1
6 + 3	7 + 15
15 + 6	9 + 2
2 + 1	11 + 5

Práctica 3   Subtract as quickly as possible.

>dos menos dos → cero
>cuatro menos dos → dos
>quince menos cuatro → once

4 − 3	29 − 20
12 − 6	28 − 21
15 − 1	25 − 3
17 − 9	25 − 4
5 − 1	18 − 9
7 − 6	17 − 12

Compound numbers from 30 to 99 are written as separate elements.

30	treinta	tréynta		uno
40	cuarenta	kwarénta		dos
50	cincuenta	θiŋkwénta		tres
60	sesenta	sesénta	y	cuatro
70	setenta	seténta		cinco
80	ochenta	očénta		seis
90	noventa	novénta		siete
				ocho
				nueve

Notice that *y* connects the tens and the units. Also observe that these numbers are pronounced as one compound word.

treinta y uno	[tréynta i úno] → [treyntayúno]
treinta y dos	[tréynta i dós] → [treyntaydós]
cuarenta y tres	[kwarénta i trés] → [kwarentaytrés]

Práctica 4 Count in tens by adding 10 to each preceding number.

cinco → quince, veinticinco, treinta y cinco, cuarenta y cinco, ... noventa y cinco

dos	seis
siete	ocho
tres	uno

From 100 to 999, numbers are further compounded.

100	ciento[1]	[syénto]		
200	doscientos			uno
300	trescientos			doce
400	cuatrocientos			dieciséis
500	quinientos[2]		+	veintitrés
600	seiscientos			treinta y dos
700	setecientos[2]			setenta y ocho
800	ochocientos			noventa y nueve
900	novecientos[2]			

The conjunction *y* is used only between the tens and unit digits; as is the rule in English, it is not repeated after the hundreds.

Práctica 5 Read the following numbers aloud.

888 → ochocientos ochenta y ocho
953 → novecientos cincuenta y tres

535	204
781	149
934	696
248	821
373	550
602	719
467	105

---

[1] Used to mean simply "one hundred" or to modify adjectives, *ciento* is shortened to *cien* [syén].
[2] Note the irregular stems: *quin–* [kin], *sete–* [sete] and *nove–* [noβe].

Numbers from 1,000 to 999,999 are constructed according to the diagram below. The number of thousands is expressed before the word *mil*.

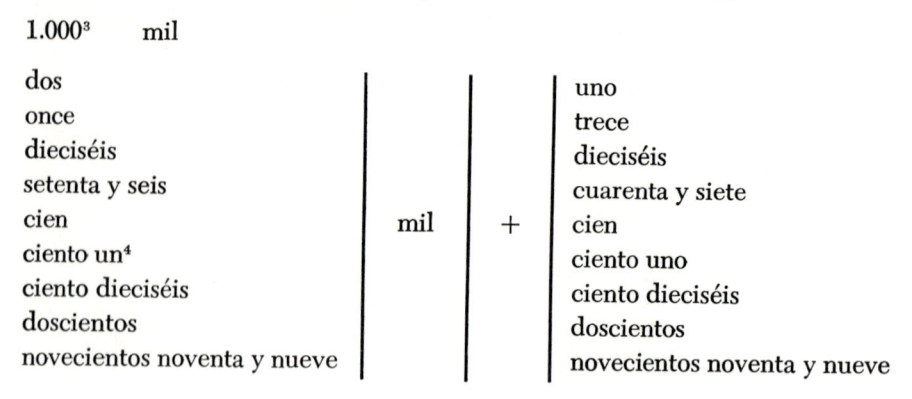

1.000[3]   mil

dos		uno
once		trece
dieciséis		dieciséis
setenta y seis		cuarenta y siete
cien	mil +	cien
ciento un[4]		ciento uno
ciento dieciséis		ciento dieciséis
doscientos		doscientos
novecientos noventa y nueve		novecientos noventa y nueve

Práctica 6   Repeat these numbers aloud and write them in figures.

diecisiete mil quinientos diecisiete → 17.517

cuarenta y ocho mil doscientos
cincuenta y cuatro mil trescientos
cincuenta y cuatro mil trescientos seis
veinte mil quinientos cuarenta y cinco
dieciséis mil setecientos diecinueve
tres mil ochocientos dos
catorce mil ciento uno
trescientos mil diecinueve

Learn the variations in number from 1,000,000 to 1,000,000,000,000.

1.000.000	un millón
2.000.000	dos millones[5]
1.001.001	un millón mil uno
2.002.002	dos millones dos mil dos
1.100.100	un millón cien mil cien
2.200.200	dos millones doscientos mil doscientos
1.000.000.000	mil millones[6]
1.000.000.000.000	un billón[6]

[3] In many countries, periods are used instead of commas to separate each three digits. (Conversely, commas are used for decimal points.)
[4] Before another unit, *uno* becomes *un*.
[5] *Millón* and *ciento* change to plural *millones* and *cientos*, but *mil* remains constant.
[6] A billion in English is *mil millones* in Spanish. *Un billón* in Spanish is a trillion in English.

VARIATIONS OF UNO AND CIENTO—Veintiún hombres. Doscientas pesetas.

Uno, –uno shortens to *un, –ún* with a masculine noun and before *mil, millón, millones, billón, billones.*

un hombre, un buen hombre
veintiún mil, un millón, un billón

It remains *uno, –uno* when the noun is omitted.

un hombre → uno
un hombre bueno → uno bueno
un buen hombre → uno bueno
veintiún hombres → veintiuno
ciento un hombres → ciento uno

In reference to feminine nouns, present or implied, it changes to *una, –una.*

una muchacha
una muchacha bonita
una bonita muchacha
una bonita
una
veintiuna muchachas
veintiuna
ciento una muchachas bonitas
ciento una

In numbers larger than 199, the hundreds factor must agree in gender with the noun described.

doscientas toneladas
doscientos kilómetros

quinientas yardas
quinientos metros

seiscientas mil pesetas
seiscientos mil dólares

Práctica 7 Read the following sentences.

Hay 1 muchacho rubio en la clase.
Hay 21 muchachas en la clase.
Tenemos 600 dólares.

Tengo 700 pesetas.
Hay 31.
En total hay 101 muchachas en la escuela.

Práctica 8 Read the sentence, frame a question to elicit the fact and answer it.

$1.000.000 son Pts. 60.000.000 aproximadamente. →
Un millón de dólares son sesenta millones de pesetas aproximadamente. →
¿Cuántas pesetas son un millón de dólares? →
Sesenta millones aproximadamente.

Colón descubrió América en 1492.
Velázquez nació en 1599.
Cervantes murió en 1616.
México, la capital, tiene 5.000.000 habitantes.
El Perú tiene 1.378.000 kilómetros cuadrados (kms).
1.000 millas son 1.760.000 yardas.
El presidente Kennedy murió en 1963.
La revolución francesa tuvo lugar en 1789.
La independencia de los EE.UU. fue en 1776.
La Paz, Bolivia, está a 12.000 pies de altura.

LECCION 18 | DATES, ORDINAL NUMBERS, TIME AND QUANTIFICATION

MONTHS—Es septiembre.

Learn the months in Spanish.

enero	enéro	julio	xúlyo
febrero	febréro	agosto	agósto
marzo	márṣo	septiembre	septyémbre
abril	abríl	octubre	oktúḅre
mayo	máyo	noviembre	noḅyémbre
junio	xúnyo	diciembre	diṣyémbre

Notice that in Spanish they are not capitalized.

Práctica 1   Recite the months of the year.

ORDINAL NUMBERS—Octubre es el décimo mes.

Learn the first ten ordinal numbers.

primero	priméro	sexto	sésto
segundo	segúndo	séptimo	séptimo
tercero	terṣéro	octavo	oktávo
cuarto	kwárto	noveno	noḅéno
quinto	kínto	décimo	déṣimo

Ordinal numbers may appear before or after the noun they modify.

Primero and *tercero* are shortened to *primer* and *tercer* before a masculine singular noun, with or without another modifier.

el *primer* mes, el *primero*
el *tercer* mes del año, el *tercero*

El primer mes del año es enero: enero es el primero.
El segundo es febrero, y el tercero es marzo . . . el tercer mes.
El cuarto es abril y el quinto, mayo.
Junio y julio son sexto y séptimo, y agosto es el octavo.
Septiembre es el noveno, y octubre el décimo.
Faltan noviembre y diciembre,
que son el undécimo y duodécimo,
o simplemente el once y el doce.

Práctica 2 Answer the questions using short reply form.

¿Cuál es el primer mes del año? → Enero.
¿Qué mes es junio? → El sexto.

¿Cuál es el segundo mes del año?
¿Qué mes es agosto?
¿Cuál es el cuarto mes del año?
¿Qué mes es enero?
¿Cuál es el octavo mes del año?
¿Qué mes es diciembre?
¿Cuál es el tercer mes del año?
¿Qué mes es marzo?

The feminine form of the ordinals ends in *–a*.

primera	cuarta	séptima
segunda	quinta	octava
tercera	sexta	novena
		décima

Práctica 3 Substitute the cued word in the sentence preceding it.

Vivo en el primer piso.
_____ quinto ____.
_____ avenida.
_____ tercera _____.
_____ parque.

_____ segundo ____.
_____ calle.
_____ primera ___.
_____ cuarta ___.
_____ casa.
_____ edificio.
_____ cuadra.   block (of a street)
_____ quinta ____.
_____ barrio.   (political) ward
_____ tercer ____.

After *décimo*, the cardinal numbers are more commonly used.

el once	el dieciséis
el doce	el veinte
el trece	el veintisiete
el catorce	el treinta
el quince	el cuarenta

DAYS—¿Qué día es viernes?

Memorize the days of the week.

domingo	domíŋgo
lunes	lúnes
martes	mártes
miércoles	miérkoles
jueves	xwéves
viernes	b̸yérnes
sábado	sáb̸ad̸o

They are usually written with a small initial letter in Spanish.

Práctica 4 Recite the days of the week from memory.

Práctica 5 Answer the questions using short reply form.

¿Cuál es el segundo día de la semana? → Lunes.
¿Qué día es domingo? → El primero.

¿Cuál es el primer día de la semana?
¿Qué día es viernes?

DATES, ORDINAL NUMBERS, TIME AND QUANTIFICATION

¿Cuál es el tercer día de la semana?
¿Qué día es domingo?
¿Cuál es el séptimo día de la semana?
¿Qué día es martes?
¿Qué día es domingo?
¿Cuál es el sexto día de la semana?

DATES—Es el tres de octubre.

In expressing dates in Spanish the cardinal numbers are used, with the exception of *primero*.

Es el primero de enero.
Es el primero de junio.
Es el dos de mayo.
Es el cuatro de julio.

Práctica 6   Answer the questions.

¿Cuál es la fecha de hoy?
¿Cuál es la fecha del día de la Independencia de los Estados Unidos?
¿Qué día descubrió Colón el Nuevo Mundo?
¿Cuál es el primer día del año?
¿Cuál es la fecha de su cumpleaños?   birthday

TIME—Son las once.

The general pattern for telling time is shown below. Note that reference to the hour of the day is a plural idea in Spanish except naturally for one o'clock.

Es la una de la tarde.
Son las dos.
Son las tres.
Son las cuatro.
Son las cinco.
Son las seis.
Son las siete.
Son las ocho.
Son las nueve de la noche.
Son las diez.
Son las once.
Son las doce.

Es la una y cinco.
Son las dos y diez.

Son las tres y veinte.
Son las cuatro y veinte y cinco.

Son las cinco y quince de la mañana.
Son las cinco y cuarto.
Son las seis y quince.
Son las seis y cuarto.

Es la una y media.
Son las dos y media.
Son las tres y media.

Son las cuatro menos cinco.
Son las cinco menos diez.
Son las seis menos veinte.
Son las siete menos veinte y cinco.

Son las ocho menos quince.
Son las ocho menos cuarto.
Son las nueve menos quince.
Son las nueve menos cuarto.

You will also hear this form.

Faltan cinco para las dos.
Faltan diez para las tres.
Faltan veinte y cinco para las doce.

Práctica 7   Give the time.

12:00	8:15	8:10
1:00	5:15	8:50
6:30	1:45	7:20
9:30	4:45	7:40

QUANTIFICATION—La casa tiene bastantes ventanas.

The following nonspecific quantifiers usually precede the noun they modify and agree in number and gender with it.

mucho tiempo	a lot of time
poca gente	a few people
demasiados años	too many years
bastantes personas	enough persons

Práctica 8 Give an appropriate quantifier. Do not repeat one in sequence.

    Tengo _____ dinero. → Tengo *mucho* dinero.   money

    Hay _____ libros en la mesa.
    _____ estudiantes vienen a la clase.
    No tengo _____ dinero.
    ¿Hay _____ gente en el parque?
    La casa tiene _____ ventanas.
    ¿Tienes _____ hambre?
    ¿El profesor tiene _____ paciencia?
    Hay _____ universidades en este país.
    Carlos quiere comprar _____ autos.
    Los niños gastaron _____ dinero.

PRONUNCIACION

Speakers of Spanish make no pause between words and, except for *n* and *s* in some dialects, no sounds are pronounced differently at the end of a word. Some examples of homophony are:

mal agente mala gente	málaxénte
sincera sin cera	sinséra
contrabajo con trabajo	kontraḅáxo
subida su vida	suḅíḍa
sintáctica sin táctica	sintáktika
locura lo cura	lokúra
queso poroso qué soporoso	késoporóso

When a word ends in a weakly stressed vowel and the following word begins with the same one, a single weakly stressed vowel results.

come espinacas	kómespinákas
manda azúcar	mándaṡúkar
pido orquídeas	pídorkíđeas
casi imposible	kasimposíɓle
su unidad	suniđáđ

The *Uds.–ellos* form of the present of *–er* and *–ir* verbs and the *Ud.–él* forms of the same tense and conjugation plus the preposition *en* are homophonous.

| comen | |
| come en | kómen |

| vienen | |
| viene en | byénen |

| se venden cajas | |
| se vende en cajas | seɓéndenkáxas |

Some additional cases of homophony involving [e] are:

| defecto | |
| de efecto | defékto |

| despacio | |
| de espacio | despáṡyo |

| destilo | |
| de estilo | destílo |

| levita | |
| le evita | leɓíta |

| de lado | |
| de helado | deláđo |

It should be remembered that when *me, te, se, le* and *de* are followed by a word beginning with weakly stressed [e], only one [e] occurs between the two words.

When *la*, article or pronoun, is followed by a word beginning with weakly stressed [a], only one [a] occurs between the two words.

| la paga | |
| la apaga | lapága |

PRONUNCIACION 199

| la larga | lalárga |
| la alarga | |

| la cera | laṡéra |
| la acera | |

| la clara | laklára |
| la aclara | |

| la firma | lafírma |
| la afirma | |

| la dora | laḍóra |
| la adora | |

| la fea | laféa |
| la afea | |

| la floja | laflóxa |
| la afloja | |

When *lo* is followed by a word beginning with a weakly stressed [o], only one weakly stressed [o] occurs between the two words.

| lo pone | lopóne |
| lo opone | |

| lo puesto | lopwésto |
| lo opuesto | |

When *sino* is followed by a word beginning with a weakly stressed [o], only one weakly stressed [o] occurs between the two words. Therefore, *sino* and *sin* followed by a word beginning with a weakly stressed [o] produce homophonous sequences.

sin oponer	
sino oponer	sinoponér
sino poner	

| sin oportunidad | sinoportuniḍáḍ |
| sino oportunidad | |

Speakers of Spanish do not react to a difference of vowel length in the absence of strong stress. If the person addressed requests clarification or gives other indications of not having understood, the meaning can only be clarified by offering a synonym or other explanation of the meaning or by using each of the words as citation forms, each form pronounced as a phrase.

Quiero decir «de» «estilo.»   kyéroḍeṡír dé estílo

When a weakly stressed vowel at the end of a word is followed by an identical strongly stressed vowel at the beginning of the next word, the result is a long strongly stressed vowel.

lancha	lánča	la ancha	lá:ñča
lata	láta	la ata	lá:ta
suba	súb̸a	su uva	sú:b̸a
surca	súrka	su urca	sú:rka
silo	sílo	si hilo	sí:lo
sinóptica sin óptica	sinóptika	sino óptica	sinó:ptika
sin horno	sinórno	sino horno	sinó:rno

When a strongly stressed vowel at the end of a word is followed by an identical strongly stressed vowel at the beginning of the next word, the result is an extra long strongly stressed vowel.

| compresa | komprésa | compré esa | kompré::sa |

When a strongly stressed vowel at the end of a word is followed by an identical weakly stressed vowel at the beginning of the next word, the result is usually a short strongly stressed vowel identical to the absence of the vowel at the beginning of the second word.

| está pagado
está apagado | estápaǵád̸o |
| está firmado
está afirmado | estáfirmád̸o |

However, in the presence of strong stress speakers of Spanish do react to a difference of vowel length, so it is possible to distinguish between absence and presence of the short weakly stressed vowel at the beginning of the second word when the speaker is aware of possible ambiguity.

| está pagado | estápaǵád̸o | está apagado | está:paǵád̸o |
| está firmado | estáfirmád̸o | está afirmado | está:firmád̸o |

When a word ends in a consonant and the following word begins with an identical consonant, the result is usually a single consonant.

n plus n

| un hombre
un nombre | unómbre |

son aves son naves	sónáb̸es
sin horma sin norma	sinórma

l plus l

helado el lado	eláđo
el acero el lacero	elas̸éro
el acre el lacre	elákre
el áureo el láureo	eláwreo
helecho el hecho el lecho	eléčo
el ogro el logro	elógro
el oro el loro	elóro

s plus s

las alas las salas	lasálas
las aves la sabes las sabes	lasáb̸es
la sacas las sacas	lasákas
lo sacude los sacude	losakúđe

Notice that the singular and plural object pronouns *le* and *les*, *lo* and *los*, *la* and *las* are identical when followed by a verb beginning with *s*. The same is also true, except in the perfective past, of the *tú* and *Ud.–él* forms of the verb.

quiere sacarlo quieres sacarlo	kyéresakárlo

202 CONTEMPORARY SPANISH

quiere sacudirlo
quieres sacudirlo   kyéresakudírlo

A long consonant [n:], [l:] or [s:] sometimes is heard. However, to consistently pronounce a double consonant is unnatural.

son aves	sónáƀes	son naves	són:áƀes
helado	eládo	el lado	el:ádo
las alas	lasálas	las salas	las:álas

When one word ends in [r] and the following word begins with [r̄], the result is one [r̄]. Therefore, in regular –ir verbs, the *yo* form of the perfective past and the infinitive are homophonous when followed by a word beginning with [r̄].

pedí rosas
pedir rosas   pedír̄ósas

Lectura Narrativa
EL HEROISMO

Las palabras cambian de contenido ideológico al paso del tiempo y adquieren significados o pierden los antiguos según la filosofía de la época. Así ha pasado con la palabra *heroísmo,* o sea, la capacidad de decidirse a una acción valerosa, aún a costa de la vida, por un ideal noble y sublime.

En otras épocas, el heroísmo abundaba en los campos de batalla, en peregrinaciones a la Tierra Santa, en viajes hacia horizontes desconocidos. Es difícil analizar los motivos para ese heroísmo de las grandes acciones, si es delirio, virtud, odio, miedo, ambición o fanatismo.

El heroísmo es materia prima de la épica. Como virtud, floreció en España de manera notable. Ejemplos son el noble Cid Campeador; la gloriosa aventura de Colón; el heroísmo de los conquistadores: de Cortés, de Pizarro, de Jiménez de Quesada. Heroíca también es la locura idealista del caballero de la Mancha.

El mundo moderno no es mundo de héroes... con la excepción quizá de las trágicas guerras de nuestro siglo, que han hecho surgir individuos extraordinarios que han llegado a grandes actos heroícos.

El método racional, el espíritu positivo de la ciencia requieren individuos mediocres que se adapten a la disciplina y al trabajo regular y sin brillo.

El héroe de hoy es el héroe cotidiano... el que se alza sobre la mezquindad y se mantiene intacto ante la mediocridad y el materialismo y mantiene vivas las luces de su espíritu inmortal.

¿Por qué cambian de contenido ideológico las palabras?

¿Qué es el heroísmo?

¿Cómo se manifiesta el heroísmo?

¿Por qué es difícil analizar los motivos para el heroísmo?

¿En qué género abunda el heroísmo?

Dé ejemplos de este heroísmo en España.

¿En el mundo moderno abunda el heroísmo del tipo descrito en esta lectura?

¿Cuál es el héroe de hoy?

o sea   that is

peregrinaciones   pilgrimages

odio   hate
miedo   fear
floreció   flourished
género   *genre*

surgir   to come to the foreground

brillo   splendor
cotidiano   everyday
se alza   rises
mezquindad   pettiness

Lectura Dialogada
La zarzuela

Camilo y Luis Carlos:

—Hola, Camilo. ¿Qué hiciste anoche? Te llamé, pero no estabas.

—Fui a la zarzuela con Miguel.

—¡Ah! ¿Te gusta la zarzuela?

—Pues sí, es un género pintoresco y bonito, y hay unas que tienen unos diálogos chistosos.

—¿Estuvo buena la de anoche?

—La cantante principal estaba mala de la garganta, y tosía a cada rato.

—Y qué tal la voz, ¿horrible?

—Bueno, no del todo, aunque no llegaba a las notas altas. Pero tú sabes; en la zarzuela el argumento es interesante, y la música es fácil y ligera; no es como la ópera.

—¡Por fortuna! Pero de todas maneras, la función de anoche parece que fue especial.

—Pues . . . no digo que fue un éxito rotundo.

chistosos funny; **garganta** throat; **tosía** cough; **a cada rato** once in a while; **argumento** plot; **ligera** light; **rotundo** great, round

Preguntas:

¿Quién llamó a Luis Carlos?
¿Cuándo lo llamó?
¿Estaba Luis Carlos?
¿Adónde fue?
¿Con quién fue a la zarzuela?
¿A Luis Carlos le gusta la zarzuela?
¿Cómo son las zarzuelas?
¿Qué tienen?
¿Cómo estuvo la de anoche?
¿Qué hacía la cantante principal?
¿Por qué tosía?
¿Llegaba a las notas altas?
¿Cómo es el argumento de una zarzuela?
¿Cómo es la música?
¿Fue un éxito rotundo la función de anoche?

DIALOGO 8. PASEO AL RIO

Mamá y Ana María:

—¿Ya están listos? Papá está en el coche.

—Dale las maletas con los trajes de baño.

—¿Ya sacaste las cosas del almuerzo?

—No, está todo en la cocina.

—Acuérdate de llevar papel y fósforos.

—Sí, y la parrilla para la carne.

—¿Llevas salvavidas para Juan Manuel?

—No lo encuentro; estaba en esta silla.

—Yo vi que papá tenía algo amarillo.

—Ese es. Bueno, estamos todos listos.

Cultural note *People in Latin America rarely take sandwiches and prepared food on picnics. They take food, build a fire and cook it on the spot. In Spain, they often take food prepared at home, but not sandwiches.*

Dialog Expansion:

¿Adónde va la familia de Ana María?
¿Dónde está el papá?
¿A quién da Ana María las maletas?
¿Qué contienen las maletas?
¿Dónde están las cosas del almuerzo?
¿Cuáles son tres cosas que tienen que llevar?
¿Dónde van a preparar la carne?
¿Llevan salvavidas?
¿Para quién llevan salvavidas?
¿Dónde estaba el salvavidas?
¿De qué color es el salvavidas?
¿Lo encuentran?
¿Están listos todos?

LECCION 19 — DIRECT AND INDIRECT OBJECTS

DIRECT OBJECT—Compró papel.

Many verbs may be used with a direct object.

¿Qué compró Teresita? Compró *papel*.
¿Qué escribió? Escribió *una carta*.
¿Qué cerró? Cerró *la carta*.
¿Qué puso al correo? Puso *la carta* al correo.
¿Qué recibió la amiga? La amiga recibió *la carta*.
¿Qué leyó? Leyó *el contenido*.

Some verbs may be used with or without a direct object.

Teresita escribió. Escribió una carta.
La amiga leyó. Leyó el contenido.
Todos estudiaron. Estudiaron la lección.

Some verbs are not normally used with a direct object.

José *nació* en 1952.   was born
Vive en Guatemala.
Llegó ayer.
No *ha muerto* todavía.   yet
Salió.
Juega con nosotros.
Meditó.

More examples:

Juan abrió la puerta.
Llamó a los estudiantes.
Pedro escuchó.
María Teresa pensó un momento.
No entró.
Pedro salió.
Juan cerró la puerta.
Leyó la lista.

Práctica 1 Substitute the word given in parentheses, and if the object may not be used as a direct object in the new sentence, omit it.

Juan abrió la puerta. (pensar) → Juan pensó.
Abrió la ventana. (libro) → Abrió el libro.

Leyó un cuento.	(contar)	story, to tell
La clase oyó el cuento.	(estudiar)	
El héroe ganó la batalla.	(perder)	won
Nadie mató a nadie.	(morir)	killed
Todos recibieron algo.	(aplausos)	
María hizo la comida.	(cocinar)	to cook
El profesor exige mucho.	(los deberes)	demands
José leyó la lista.	(llegar)	
Teresita puso la carta al correo.	(salir)	

The preposition *a* is used before direct objects referring to specific persons.

¿A quién entiende Teresita? Entiende *a* la amiga.
¿Qué entiende Teresita? Entiende la lección.
¿A quién visitó Juan? Visitó *a* su hermana.
¿Qué visitó Juan? Visitó la universidad.
¿A quién esperan? Esperamos *a* Juan.
¿A quién invitaron? Invitamos *a* Teresita.
¿A quién buscaron? Buscamos *a* mi amigo.
¿Qué compraron? Compramos un cuadro.
¿Qué vio tu amigo? Vio algo bueno.
¿Qué compró Antonio? Compró otro libro.

Práctica 2 Replace the direct object with the new one in parentheses. Insert or delete *a* as necessary.

Buscamos el museo. (mi amigo) → Buscamos *a* mi amigo.
Encontramos *a* mi amigo. (el cuadro) → Encontramos el cuadro.

Llamó a Pedro.   (los amigos)
Vieron la tienda.   (Juan)
Pedro compró algo.   (un libro)
El profesor explicó la lección. (la gramática)
Juan vendió la casa.   (la guitarra)
El papá conoció el lugar. (la profesora)   place
Espero a Elena.   (una carta)
Pagó la cuenta.   (el hotel)   bill
No cambian cheques.   (moneda extranjera)   foreign
Ayuda a los pobres.   (los enfermos)
Mis hermanos conocieron a Juan. (los padres)   parents
Conoce a Teresita.   (la gramática)
Quiero un descanso.   (mi mamá)   a rest

INDIRECT OBJECT—Le escribió una carta a su amiga.

Some verbs may be used with both a direct and an indirect object.

Le tiró   la pelota   a Pedro.
El maestro les leyó   un cuento   a los estudiantes.
María le escribió   una carta   a Gloria.
Rosario les sirvió   la comida   a los invitados.
Teresita le mandó   un regalo   a su mamá.

Singular: Le leyó el cuento al estudiante.
Plural: Les leyó el cuento a los estudiantes.
Singular: Le sirvió la comida a la invitada.
Plural: Les sirvió la comida a las invitadas.

Práctica 3   Substitute the cued phrase for the comparable object in the original sentence.

Roberto le trajo el abrigo a su papá.   (el sombrero) →
Le trajo el sombrero a su papá.
Le pidió unas pesetas a su mamá.   (sus padres) →
Les pidió unas pesetas a sus padres.
Antonio le pidió un pañuelo a José.   (a María)
Pedro les explicó la lección a los estudiantes. (el problema)
Los estudiantes le abrieron la puerta al profesor. (a la profesora)
No le dieron la tarea al profesor.   (las tareas)
Juan les enseñó la lección a sus amigos. (a Teresa)
Le pidió ayuda a Pedro.   (una hoja de papel)   sheet of paper
Pablo le dio dos hojas de papel a su amigo. (a Juan)

Pablo le escribió ~~una carta~~ a su hermano. (unas líneas)
unas líneas

Les ~~Le~~ manda recuerdos de Pedro ~~a la familia~~. (a sus hermanas)
a sus hermanas

Teresita le leyó la carta ~~a la abuela~~. (a los abuelos)
les *a los abuelos*

Some verbs may be used with an indirect object only.

Le abrió al profesor.
Le escribió a su hermano.

Práctica 4
Substitute the new object given in parentheses, and eliminate the subject of the verb where possible.

Ana le trajo un vaso de agua a José. (a su mamá) →
Le trajo un vaso de agua a su mamá.
El profesor le mandó una tarjeta a Juan. (una carta) →
Le mandó una carta a Juan.
¿Quién ~~le~~ leyó el cuento ~~a la clase~~? (a los estudiantes) *los a los estudiantes*
~~Juan~~ le abrió la puerta al ~~perro~~. (al gato) *gato*
~~María~~ le da la comida al gato. (a los perritos)
El papá les lleva ~~algo~~ a los sobrinos. (unos pañuelos) *unos pañuelos* nephews
¿Le compraste la ~~cartera~~ a ~~Lolita~~? (a tu hermana) *a tu hermana* purse
Les ~~Le~~ leímos la carta a ~~Luisita~~. (a todos) *a todos*
No le dice ~~nada~~ a su mamá. (la verdad) *la verdad*
Le dio el libro a ~~un amigo~~. (al señor Morelos) *al señor Morelos*
Mamá le compró unos zapatos a ~~Roberto~~. (a mi hermano) *mi hermano*
Les traigo caramelos ~~a todos~~. (a los niños) *a los niños*

The preposition *para* is sometimes used to indicate the recipient or beneficiary.

Compré unos caramelos *para Juan.*
Traje noticias *para todos.*
Tengo la reservación *para el grupo.*

Práctica 5
Answer the following questions.

For whom
¿(Para quién) es el salvavidas? Es el salvavidas para Juan.
¿Para quién trajiste noticias? Yo traje noticias para Juan.
¿Para quién tienes reservación? Yo tengo reservación para Juan.
¿Para quién compraste la falda? Yo compré la falda para María.
¿Para quiénes es el regalo? Es el regalo para niños.
¿Para quiénes quieres los juguetes? Yo quiero los juguetes para los niños.
¿Para quiénes sacaste los billetes? Yo saqué los billetes para los niños. tickets
¿Para quiénes compraste los zapatos? Yo compré los zapatos para los niños.

LECCION 20 | DIRECT AND INDIRECT OBJECT PRONOUNS

OBJECT PRONOUN AND POSITION—Juan la invitó, pero no le dio la dirección.

The forms of personal object pronouns vary as follows, depending on whether they are used as direct or indirect objects or objects of prepositions.

Juan *me* invitó (a mí), y *me* dio la dirección.
Juan *te* invitó (a ti), y *te* dio la dirección.
Juan *lo* invitó (a Ud., él), y *le* dio la dirección.
Juan *la* invitó (a Ud., ella), y *le* dio la dirección.
Juan *lo* compró (el perro), y *le* puso el collar.

Juan *nos* invitó (a nosotros, nosotras), y *nos* dio la dirección.
Juan *los* invitó (a Uds., ellos), y *les* dio la dirección.
Juan *las* invitó (a Uds., ellas), y *les* dio la dirección.

	Direct Object	*Indirect Object*
a mí form	me	me
a ti form	te	te
a Ud.–él–ello form	lo	le
a ella form	la	le
a nosotros, –as form	nos	nos
a Uds.–ellos form[1]	los	les
a ellas form	las	les

[1] The *vosotros* form is *os*.

DIRECT AND INDIRECT OBJECT PRONOUNS 215

Práctica 1 Substitute the cued direct objects.

Juan me invitó.
___ te ___.
___ nos ___.
___ la ___.
___ lo ___.
___ los ___.
___ las ___.

Práctica 2 Substitute the cued indirect objects.

Carlos me escribe.
___ nos ___.
___ te ___.
___ les ___.
___ le ___.
___ les ___.

More examples:

¿Quién *los* invitó *a Uds.*?[2]
Juan *me* invitó *a mí*, y yo *la* invité *a ella*.
¿Quién llevó a Víctor a la escuela hoy?
Yo *lo* llevé y *le* preparé la comida.
María *le* preparó la comida, y doña Lucía *la* llevó.
¿Cuándo visité a los Teruño?
Yo *lo* vi *a él* en julio, y Lucía y yo *los* vimos a los dos y *les* dimos recuerdos en mayo.

Práctica 3 Change the direct object pronoun according to the cue in parentheses.

Juan nos llevó a la escuela.
Juan me llevó a la escuela. (a mí)
Juan nos llevó a la escuela. (a nosotros)
Juan te llevó a la escuela. (a ti)
Juan los llevó a la escuela. (a Uds., masculine)
Juan las llevó a la escuela. (a ellas)
Juan lo llevó a la escuela. (a él)
Juan la llevó a la escuela. (a ella)
Juan me llevó a la escuela. (a mí)

[2] Both forms—the verbal object and the prepositional object—are often used in the same sentence for added emphasis or to avoid ambiguity.

Juan las llevó a la escuela (a Uds., feminine)
Juan lo llevó a la escuela (a Ud., masculine)
Juan la llevó a la escuela (a Ud., feminine)

Práctica 4 Substitute for each direct object noun the correct direct object pronoun.

El niño tiró la pelota. El niño la tiró. — ball
Carlos leyó el libro. Carlos lo leyó.
Goya pintó los cuadros. Goya los pintó.
María compró las blusas. María las compró.
Angel encontró el salvavidas. Angel lo encontró.
Carmen preparó el almuerzo. Carmen lo preparó.
Papá puso la canasta en el coche. Papá la puso en el coche. — basket
Carlos comió los tacos. Carlos los comió.
Preparé la paella. La preparé.
Compramos las verduras. Las compramos. — greens
Vi a Carlos. Lo vi.
Encontré a María. La encontré.
Conocí a los chicos. Los conocí.
Vimos a las chicas. Las vimos.

Práctica 5 Change the indirect object pronoun according to the cue in parentheses.

Juan me habla en español.
Juan nos habla en español. (a nosotros)
Juan les habla en español. (a Uds.)
Juan te habla en español. (a ti)
Juan le habla en español. (a él)
Juan les habla en español. (a ellos)
Juan le habla en español. (a ella)
Juan les habla en español. (a ellas)
Juan me habla en español. (a mí)
Juan le habla en español. (a Ud.)
Juan nos habla en español. (a nosotros)

Práctica 6 Answer the following questions. [write in english / answer in spanish] — homework

¿Le habló a Ud. María? — No — Sí, María le habló a Ud.
¿Le dio la dirección Tomás? Tomás le dio la dirección.
¿Le escribió Carmen? Sí, Carmen le escribió.
¿Le compró un regalo su madre? Sí, mi madre me compró un regalo. — before object
¿Le mandó los paquetes su amigo? Sí, mi amigo me mandó los paquetes.
¿Le devolvió el papel el profesor? Sí, el profesor le devolvió el papel.

¿Les habló a Uds. Carmen?
¿Les mandó los paquetes el empleado?
¿Les escribió Teresa?
¿Les compró un regalo Tomás?
¿Les dio los informes Roberto?
¿Les dijo la verdad el niño?
¿Les devolvió el papel el profesor?

FORM AND POSITION OF DOUBLE OBJECTS—Juan me la dio.

The direct and indirect object pronouns precede the verb except with the infinitive and in affirmative commands. Notice that the indirect object precedes the direct object.

The indirect object pronoun *se* is used instead of *le, les,* when it appears together with the direct object pronouns *lo, los, la, las.*

Juan *me la* dio.
Juan *te la* dio.
Juan *se la* dio.

Juan *nos la* dio.
Juan *se*[1] *la* dio.

More examples:

La mamá *le* compró un reloj a Juan.
La mamá *se lo* compró.
Se lo va a regalar el día de su santo.
Le voy a decir un secreto.
Se lo voy a decir.
¿Cuándo *me lo* va a decir?
Si *me lo* dice, no *se lo* cuento a nadie.
Nos lo dijo Juan.
¿No *me lo* cree?
No *se lo* creo.

Práctica 7 Substitute the cued objects.

Juan me la dio.
____ nos lo ____
____ te la ____
____ se la ____

[1] The *a vosotros* form is *Juan os la dio.*

218 CONTEMPORARY SPANISH

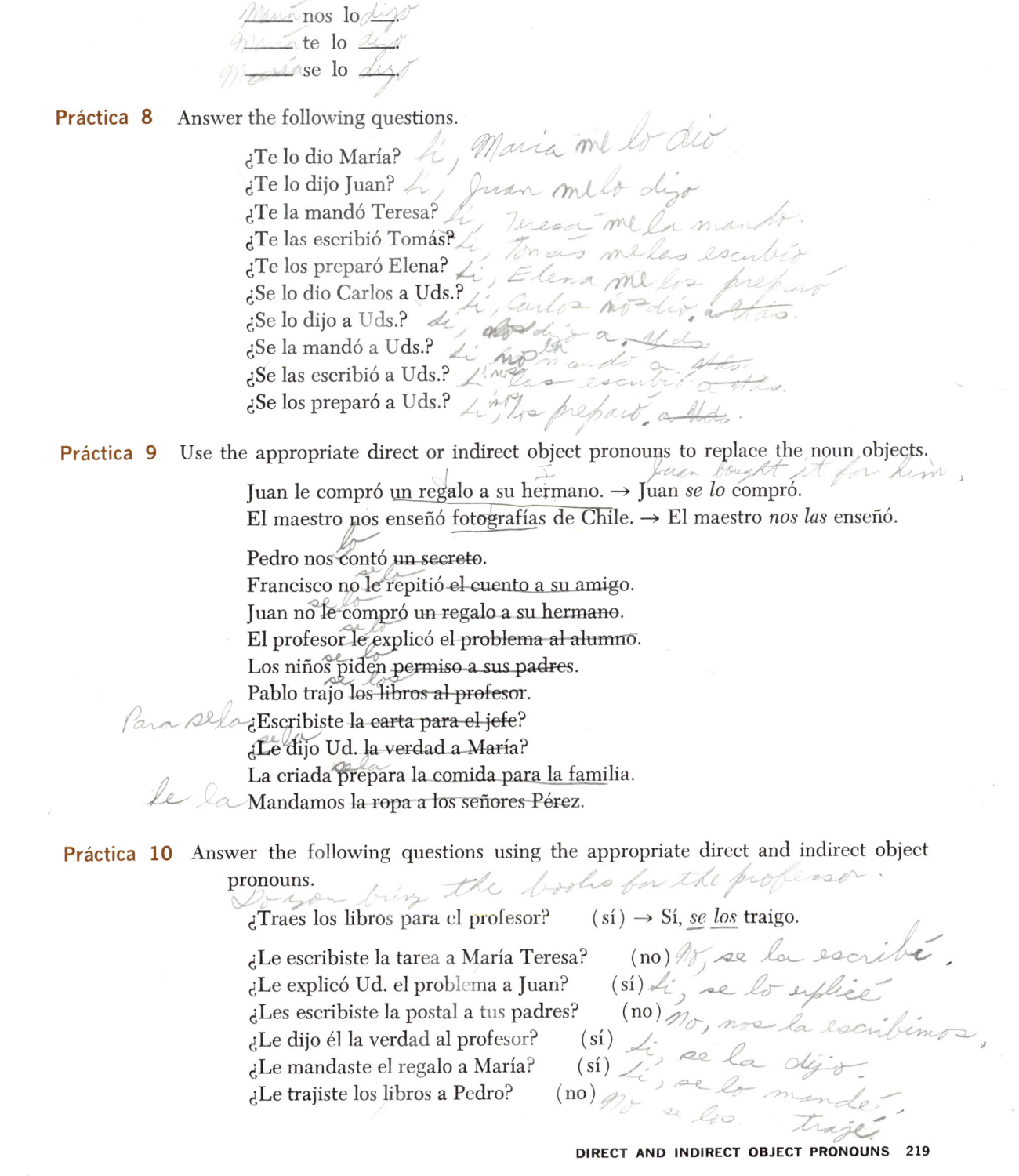

María me lo dijo.
_____ nos lo _____
_____ te lo _____
_____ se lo _____

Práctica 8 Answer the following questions.

¿Te lo dio María?
¿Te lo dijo Juan?
¿Te la mandó Teresa?
¿Te las escribió Tomás?
¿Te los preparó Elena?
¿Se lo dio Carlos a Uds.?
¿Se lo dijo a Uds.?
¿Se la mandó a Uds.?
¿Se las escribió a Uds.?
¿Se los preparó a Uds.?

Práctica 9 Use the appropriate direct or indirect object pronouns to replace the noun objects.

Juan le compró un regalo a su hermano. → Juan *se lo* compró.
El maestro nos enseñó fotografías de Chile. → El maestro *nos las* enseñó.

Pedro nos contó un secreto.
Francisco no le repitió el cuento a su amigo.
Juan no le compró un regalo a su hermano.
El profesor le explicó el problema al alumno.
Los niños piden permiso a sus padres.
Pablo trajo los libros al profesor.
¿Escribiste la carta para el jefe?
¿Le dijo Ud. la verdad a María?
La criada prepara la comida para la familia.
Mandamos la ropa a los señores Pérez.

Práctica 10 Answer the following questions using the appropriate direct and indirect object pronouns.

¿Traes los libros para el profesor?   (sí) → Sí, *se los* traigo.

¿Le escribiste la tarea a María Teresa?   (no)
¿Le explicó Ud. el problema a Juan?   (sí)
¿Les escribiste la postal a tus padres?   (no)
¿Le dijo él la verdad al profesor?   (sí)
¿Le mandaste el regalo a María?   (sí)
¿Le trajiste los libros a Pedro?   (no)

DIRECT AND INDIRECT OBJECT PRONOUNS 219

¿Me compraste los libros?   (sí)
¿Nos contaron el secreto?   (no)
¿Hiciste la comida para la familia? (sí)
¿Me prestas tu libro?   (sí)
¿Me buscaste el salvavidas?   (sí)
¿Le preparaste el arroz?   (no)
¿Les vendiste la casa?   (no)
¿Me diste la dirección?   (sí)
¿Les explicaste la lección?   (sí)
¿Les serviste la comida?   (no)

POSITION WITH THE INFINITIVE—No quiero hablarle.

Object pronouns may follow the infinitive, or may precede the auxiliary verb.

With Infinitive

Quiero contar*le* un cuento.
Quiero contár*selo*.
¿Quieres contár*selo*?
No quiero contár*selo*.
No quiero hablar*le*.

With Other Forms

Le quiero contar un cuento.
Se lo quiero contar.
Sí, *se lo* quiero contar.
¿*Se lo* quieres contar?
No *le* quiero hablar.

More examples:

¿Tienes que mandar*le* algo?
Sí, tengo que mandar*le* un telegrama.
Pues a mandár*selo* ahora mismo.
Ahora no podemos ir*nos* de aquí.
Hay que avisar*le* a Juan.
¿Quieres quedar*te* aquí y cuidar*le* el niño a mamá?
Sí, puedo quedar*me*, y puedo avisar*le* a mamá si pasa algo.

Práctica 11 Substitute the direct object pronoun which agrees with the cued noun.

Voy a ponerlo en el coche.

_____ (maletas)
_____ (trajes de baño)
_____ (almuerzo)
_____ (papel)
_____ (fósforos)
_____ (parrilla)
_____ (salvavidas)

Tenemos que discutirlo.

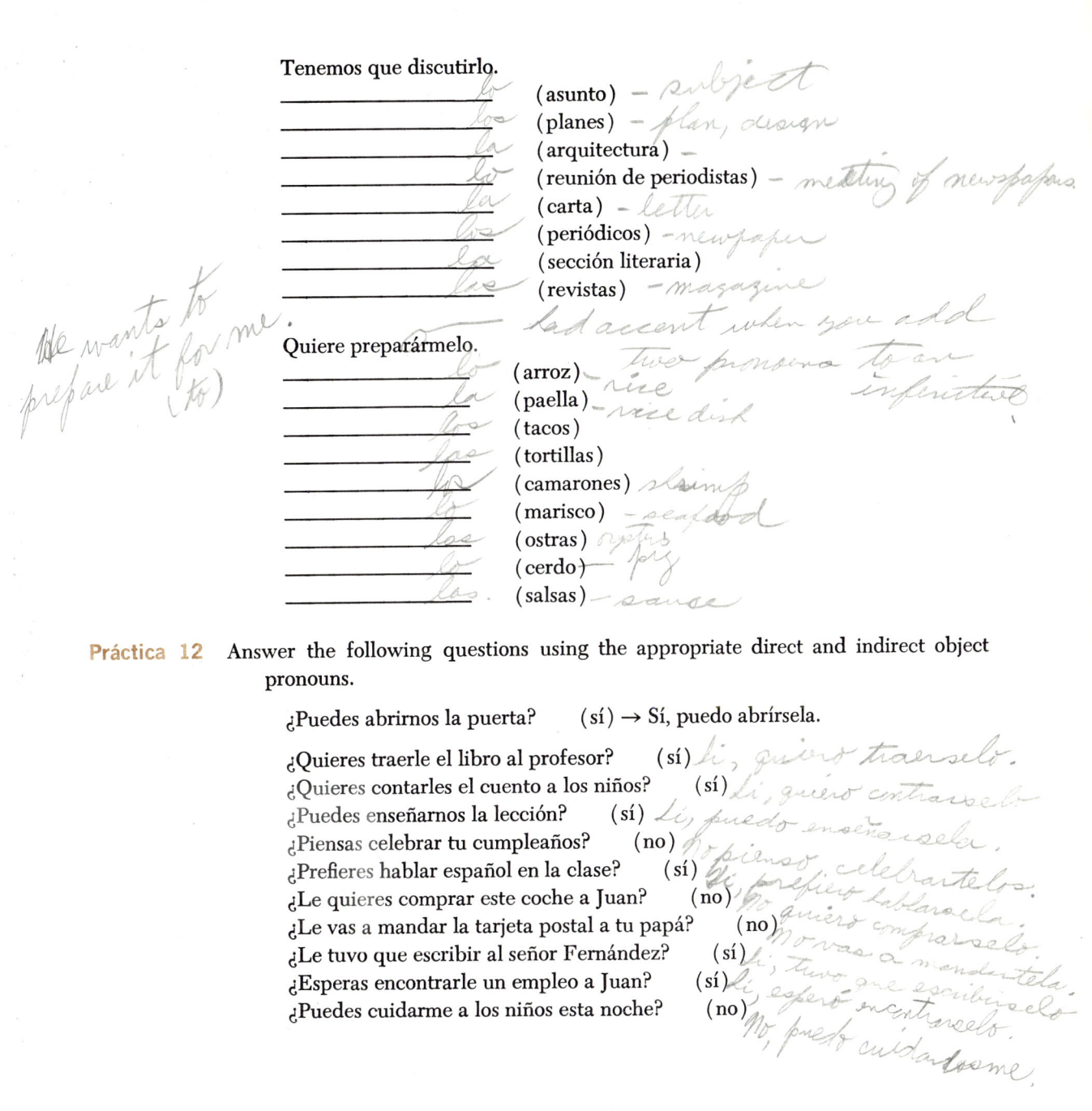

____lo____ (asunto)
____los____ (planes)
____la____ (arquitectura)
____la____ (reunión de periodistas)
____la____ (carta)
____los____ (periódicos)
____la____ (sección literaria)
____las____ (revistas)

Quiere prepararmelo.

____lo____ (arroz)
____la____ (paella)
____los____ (tacos)
____las____ (tortillas)
____los____ (camarones)
____lo____ (marisco)
____las____ (ostras)
____lo____ (cerdo)
____las____ (salsas)

Práctica 12 Answer the following questions using the appropriate direct and indirect object pronouns.

¿Puedes abrirnos la puerta?   (sí) → Sí, puedo abrírsela.

¿Quieres traerle el libro al profesor?   (sí)
¿Quieres contarles el cuento a los niños?   (sí)
¿Puedes enseñarnos la lección?   (sí)
¿Piensas celebrar tu cumpleaños?   (no)
¿Prefieres hablar español en la clase?   (sí)
¿Le quieres comprar este coche a Juan?   (no)
¿Le vas a mandar la tarjeta postal a tu papá?   (no)
¿Le tuvo que escribir al señor Fernández?   (sí)
¿Esperas encontrarle un empleo a Juan?   (sí)
¿Puedes cuidarme a los niños esta noche?   (no)

Lectura Narrativa
LA FAMILIA EN LA AMERICA HISPANA

En grandes regiones de la América Hispana se conserva todavía sin mayores alteraciones una antigua estructura familiar. La autoridad paterna se ejerce por largos años, aún más allá de la mayoría de edad de los hijos. Muchos de ellos tienen una posición estable o influyente dentro del conglomerado social y se conservan, sin embargo, su calidad de hijos de familia y viven con sus padres hasta que se casan y siguen en cierto modo, sometidos a la disciplina hogareña, obedeciendo y respetando la voluntad paterna.

El parentesco se reconoce aún en las ramas más alejadas y con frecuencia se oye hablar de tíos, primos, familiares en «segundo grupo» y de parientes políticos. Es claro que estos rasgos se conservan más vivos entre la población de los campos y de las ciudades pequeñas donde el impacto del mundo moderno y del desarrollo económico no han hecho tambalear todavía las primitivas estructuras sociales.

Dentro de los altos círculos sociales, la ascendencia juega un gran papel como factor de unión familiar. Las familias son celosas de la conservación de su linaje, de sus tradiciones, de su estirpe, y en el trato social se conservan vigentes estrictas normas de etiqueta desaparecida ya en otras latitudes.

Este marco de estabilidad familiar, con su efecto y su calor, marca sus influencias benéficas en el individuo, en la estabilidad de su carácter y en su identidad sicológica.

¿Qué se conserva todavía en la familia de la América Hispana?
¿Qué caracteriza esta estructura?

¿Es muy limitado el parentesco?

¿Dónde se conservan más vivos estos rasgos?

¿Qué hace desaparecer esta fuerte unión familiar?

¿Qué rasgos caracterizan a las familias de altos círculos sociales?

¿A quién favorece este fuerte marco de estabilidad familiar?

más allá beyond
conglomerado group

hogareña of the home

parentesco relatives
ramas branches
parientes políticos in-laws
rasgos features, traits
desarrollo development
tambalear to shake

linaje ancestry
estirpe origin
vigentes alive

Lectura Dialogada
En el río

Mamá y José Felipe:

—Mamá, tengo hambre. ¿Cuándo almorzamos?

—Primero necesitamos leña para el fuego. Recoge un poco por ahí.

—Yo no puedo. Dejé mis zapatos en el coche.

—Pues sin fuego no hay carne. Llama a tus hermanos. Entre todos recogen la leña.

—¿Y quién cuida a Juan Manuel? Se tira al agua, cada vez que puede.

—¿Está con el salvavidas? ¿Dónde está?

—Está con Ana María. Yo me cansé de él.

—Bueno, no recoges leña ni cuidas a Juan Manuel. ¿Acaso eres un príncipe?

—No, yo cuido la comida aquí, mis hermanos recogen leña y tú cuidas a Juan Manuel. ¿Qué te parece?

—Nada de eso. Yo cuido a Juan Manuel y la comida al mismo tiempo. Tú recoges leña con tus hermanos. ¡Deja la pereza al lado o no hay almuerzo!

leña firewood; **se tira** dives; **pereza** laziness

Preguntas:

¿Quiénes hablan?
¿Qué tiene José Felipe?
¿Qué necesita la mamá?
¿Para qué necesita leña?
¿Puede recoger leña José Felipe?
¿Por qué no puede?
¿A quiénes tiene que llamar?
¿Quién cuida al hermanito?
¿Qué hace Juan Manuel?
¿Con quién está?
¿Por qué no cuida José Felipe a su hermanito?
¿Por qué es José Felipe acaso un príncipe?
¿Qué quiere hacer José Felipe?
Según la mamá, ¿qué va a hacer José Felipe?

DIALOGO 9. LA CACERIA

Papá y Luis Felipe:

—¿No tienes sueño? Son las cuatro de la mañana.

—Sí, pero se nos quita con el aire fresco.

—No encuentro mi escopeta.

—¿No te acuerdas que la limpiaste ayer?

—Sí, pero no sé dónde la puse después.
—Búscala rápido. Ya casi amanece.
—Bueno. ¿Llamaste los perros?
—No, primero me pongo las botas.
—Ya encontré la escopeta. Voy por los perros.

Dialog Expansion:

hunting

¿Quiénes van de cacería? *Papá y Luis van de cacería,*
¿Qué hora es? *Son las cuatro*
¿Tiene sueño el papá? *No, papá no tiene sueño.*
¿Qué no encuentra Luis Felipe? *Luis Felipe no encuentra la escopeta.*
¿Cuándo limpió la escopeta? *Limpió la escopeta ayer.*
¿Dónde la puso después de limpiarla?
¿Llamó los perros el papá? *No, Luis llamó los perros.*
¿Qué se pone el papá? *Papá pone sus botas.*
¿Encontró Luis Felipe la escopeta? *Sí, Luis encontró la escopeta.*
¿Quién va por los perros? *Luis va por los perros.*

LECCION 21 — NEGATION

SIMPLE NEGATION—No compraron los libros.

Simple negation is expressed in Spanish by placing *no* before the verb.

Affirmative: Compraron el coche.
Negative: No compraron el coche.

Only object pronouns intervene between *no* and the verb.

Affirmative: Juan me los trajo.
Negative: Juan no me los trajo.

Práctica 1 Make the sentences negative by placing *no* before the verb and object pronouns, if any.

Te traje el cheque. → No te traje el cheque.

Compraron los libros.
Cerraste la puerta.
La leímos.
Abrí la ventana.
Visitó a Cecilia.
Lo buscan.
Oyeron el disco.
Entró a la tienda.
Lo conocemos.
Pagó el vestido.

SPECIFIC NEGATIVES—No llegó nadie a tiempo.

If negatives other than *no* occur after the verb, *no* is retained. If another negative precedes the verb, *no* is omitted.

No los vemos nunca.	never
Nunca los vemos.	
No llegó nadie a tiempo.	no one
Nadie llegó a tiempo.	
No vimos a María tampoco.	neither
Tampoco vimos a María.	
No me gustó ninguno.	none
Ninguno me gustó.	

Práctica 2 Change *a veces* to *nunca*, placing *nunca* immediately after the verb and *no* before the verb.

A veces nos llevan al cine. → No nos llevan nunca al cine.

A veces comen en el campo.
A veces viajan en invierno.
A veces van a los desfiles.   parades
A veces les escribimos en inglés.
A veces trabajo los domingos.
A veces guardamos los periódicos viejos.
A veces comemos en el jardín.
A veces toma leche caliente.
A veces vamos a la playa.
A veces prefiero agua helada.
A veces comemos en aquel restorán.

Práctica 3 Move *nunca* to the position occupied by *no* and omit *no*.

No hablan nunca conmigo. → Nunca hablan conmigo.

No llegamos tarde nunca.
No paseamos nunca por el parque.
No oye nunca el juego.
No lees nunca el periódico.
No practican nunca el español.
No van nunca a la iglesia.
No toma nunca bebidas heladas.
No tengo hambre nunca.
No vamos nunca en avión.

Práctica 4 Make the following sentences negative by changing the subject *alguien* to *nadie*.

> Alguien leyó la carta. → Nadie leyó la carta.

Alguien vino ayer.
Alguien le ofreció empleo.   work
Alguien tiene una copia.
Alguien vendió los boletos.
Alguien los encontró.
Alguien buscaba a Marta.
Alguien le pegó a Pedro.   hit
Alguien habló por teléfono.

Práctica 5 Place the subject *nadie* immediately after the verb and add *no* before.

> Nadie vino. → No vino nadie.

Nadie llegó a tiempo.
Nadie comió aquí.
Nadie va al cine.
Nadie nos llamó.
Nadie está en la escuela.
Nadie salió de la tienda.
Nadie entró conmigo.
Nadie los vio.

Práctica 6 Transpose *tampoco* to the position occupied by *no*.

> Tus amigos no conocen a Carlos tampoco. → Tus amigos tampoco conocen a Carlos.

Juan no comió postre tampoco.
No compraste los libros tampoco.
No fuimos al cine tampoco.
No vi a Marta tampoco.
Jorge no habla francés tampoco.
No teníamos sueño tampoco.
No les di la carta tampoco.
No buscaron a Cecilia tampoco.

In the direct object, *nadie* is preceded by *a*. In writing, *a* is normally shown also before *alguien* in the direct object. In speech, however, the long stressed *a* normally occurs. This corresponds to the written form *a alguien*.

Práctica 7   Change the sentences from affirmative to negative by placing *no* before the verb and substituting *nadie* for *alguien*.

    Juan trajo a alguien a la fiesta. → Juan no trajo a nadie a la fiesta.

    Vimos a alguien en el museo.
    Los García visitaron a alguien el domingo.
    Llevaron a alguien al hospital.
    Contrataron a alguien para el trabajo.
    Carlos buscaba a alguien.
    María esperaba a alguien.
    Ayudamos a alguien con la lección.
    Ana conoce a alguien en México.

The negative counterpart of *algo* is *nada*.

    Trajeron algo para nosotros.
    No trajeron nada para nosotros.

Práctica 8   Make the following sentences negative by placing *no* before the verb and changing *algo* to *nada*.

    Encontré algo para mi hermana. → No encontré nada para mi hermana.

Compraron algo en el centro.	
Tiene algo debajo del brazo.	arm
Necesitamos algo para la cena.	
María dejó algo en la escuela.	left
Carlos comió algo.	
Tengo algo para Uds.	
Nos regalaron algo.	
Encontramos algo en el suelo.	floor

VARIATIONS—No tengo nada de paciencia.

    Both nouns and adjectives preceded by *nada* carry a stronger negative connotation.

Práctica 9   Reinforce the negation in the following sentences by placing *nada de* before the noun.

    No tengo sed. → No tengo nada de sed.

    No hace frío.
    No compraron arroz.

No recibiste dinero.
No tenemos dinero.
No tengo paciencia.
No trajo azúcar.
No me hace gracia. — It's not funny to me.
No tienen hambre.

Práctica 10 Reinforce the negation in the following sentences by placing *nada* before the adjective.

Alicia no es guapa. → Alicia no es nada guapa.
No me parece difícil. → No me parece nada difícil.

Juan no es estudioso.
El café no está caliente.
Ese trabajo no es fácil.
Este sillón no es cómodo.
Esa película no les pareció divertida.   film, amusing
Su hermano no es gordo.   fat
No somos formales.
Pepe no es llorón.   cry-baby

The negative adjective *ningún* is not commonly used in the plural, although the corresponding affirmative, *algún*, is.

Práctica 11 Make the following sentences negative by adding *no* in its usual position and substituting *ningún* and *ninguna* for *algunos* and *algunas*, respectively. Make the noun and any other adjective modifying it singular.

Tenemos algunos libros interesantes. → No tenemos ningún libro interesante.

Le mandé algunos papeles.
Vimos algunas comedias.
Compraron algunos discos.
Nos dio algunas recetas.   recipes
Tenemos algunas noticias buenas.
Necesitamos algunos vestidos nuevos.
Tienen algunos problemas.
Encontró algunas revistas viejas.

If the noun modified is omitted, *ningún* must become *ninguno* just as *algún* becomes *alguno*.

NEGATION 233

Práctica 12 Answer the following questions in the negative. Substitute *ninguno* and *ninguna*, respectively, for the masculine and feminine plural nouns in the direct object. Add an additional *no* before the negative clause.

¿Trajeron discos? → No, no trajeron ninguno.
¿Recibieron cartas? → No, no recibieron ninguna.

¿Leyeron novelas?
¿Compraron libros?
¿Pagaron cuentas?
¿Llevaron refrescos?
¿Necesitan periódicos?
¿Reciben revistas?
¿Trajeron lápices?
¿Escribieron poemas?

If *siquiera* is placed between the negative and the verb, *ni* must be used instead of *no*.

Práctica 13 Change *no* to *ni* and transpose *siquiera* from final position to immediately follow *ni*.

No me trajeron el cenicero siquiera. → Ni siquiera me trajeron el cenicero.   ashtray, not even

No lo vi de lejos siquiera.
No me llevaste al cine siquiera.
No está cansado siquiera.
No nos esperaron diez minutos siquiera.
No me dieron el recado siquiera.   message
No les dio un consejo siquiera.   advice
No vino un rato siquiera.
No me avisaron siquiera.

If *de ninguna manera* precedes the verb, *no* is omitted.

Práctica 14 Substitute *de ninguna manera* for *decididamente no* in the following sentences.

Decididamente no vamos con ellos. → De ninguna manera vamos con ellos.

Decididamente no cambió de opinión.   changed his mind
Decididamente no nos parece bien.
Decididamente no te conviene.
Decididamente no suspenden el viaje.

Decididamente no compramos esa casa.
Decididamente no es poeta.
Decididamente no quieren ayuda.
Decididamente no los lleva al circo.

In a negative sentence, after *muy* or *mucho* or *tan* or *tanto*, *que digamos* may be added at the end.

Práctica 15 Omit *en realidad* and add *que digamos* at the end of the sentence.

En realidad Pedro no es muy estudioso.→ Pedro no es muy estudioso que digamos.
En realidad no hace mucho calor.
En realidad el paseo no fue muy divertido.
En realidad los deportes no me gustan mucho.   sports
En realidad Justo no llegó tan tarde.
En realidad no tengo mucha hambre.
En realidad el pasto no está muy seco.
En realidad no está tan lejos.
En realidad no habló tanto tiempo.

LECCION 22 | MINOR PATTERNS

GUSTAR—A mí me gusta Madrid.

Notice the use of the prepositional phrase plus Spanish indirect object (*a mí me*) with *gustar*.

    (A mí) me gusta la música.   I like
    (A mí) me gusta Madrid.
    (A mí) me gusta estudiar.

    (A mí) me gustan los libros.   I like
    (A mí) me gustan las flores.
    (A mí) me gustan los bailes.

The verb *gustar* takes both a subject and an indirect object.

    Me encanta la ópera.
    Me interesa la arquitectura.
    Me parece muy bueno este cuadro.
    Me agradan las exposiciones de pintura.
    Me aburren los discursos largos.   bore

Práctica 1   Substitute the cued words in the sentence immediately preceding them.

    Me gusta la película.
    ——— encanta ———.
    ——————— la clase de filosofía.

___ aburre _____.
_____ los libros de historia.
___ interesan _____.
___ fascinan _____.
_____ la música clásica.
___ cansa _____.
_____ los gritos de los niños.
___ encantan _____.
_____ estudiar de noche.
_____ las flores.

The prepositional phrase is used either for emphasis or to clarify a vague indirect object. Study below the ways in which the subject-verb agreement is maintained while the *Spanish* objects vary in person and number.

Singular Subject

(A mí) me gusta mucho el campo.
(A ti) te gusta jugar béisbol.
(A Ud., él, ella) le gusta la bailarina española.
(A nosotros) nos gusta ir de vacaciones.
(A Uds., ellos, ellas) les gusta la música clásica.

(A mí) me gustas (tú) cuando ríes.   you laugh
(A él, ella) le gustaste (tú) mucho.

(A nosotros) nos gustas (tú) cuando te enojas.   you get annoyed
(A ellos, ellas) les gustas (tú) cuando cantas.

Plural Subject

(A mí) me gustaban los libros clásicos.
(A ti) te gustan las competencias peligrosas.   dangerous
(A Ud., él, ella) le gustan los automóviles de carrera.   racing cars

(A nosotros) nos gustaban las poesías de Darío.
(A Uds., ellos) les gustaron las chicas rubias.   blonde

Práctica 2 Substitute the cued words in the sentence immediately preceding them.

A mí me gusta ir a la ópera.
– él _____.
– ti _____.

_____ el libro de español.
— ellas _____.
_____ los parques de Madrid.
— nosotros _____.
_____ tocar piano.
— mí _____.
— Ud. _____.
_____ los bailes chilenos.
— los señores Smith _____.

Práctica 3 Answer the following questions both affirmatively and negatively.

¿Te gusta hablar español? → Sí, me gusta. No, no me gusta.

¿Les gusta la nueva profesora de física?
¿Te gustó el café que sirvieron ayer?
¿A Juan le interesa la física?
¿A mi hermana y a mí nos cansan las peleas?   battles
¿A ti y a mí nos aburrió la fiesta de Cristina?
¿A nosotras nos encantan los platos típicos?
¿A ellas les importa acompañarnos a la biblioteca?
¿A ti te agrada hablar alemán?
¿Te parecen buenas las películas extranjeras?
¿Te incomoda mucho el desorden?

TENER AND DAR—¿Tienes suerte? Me das suerte.

To express sensations such as hunger, fear, thirst, pity, sleepiness, etc., Spanish uses *tener* and *dar*. However, *dar* implies a cause, whereas *tener* simply indicates a fact. Notice that *dar* is structured like *gustar* rather than like *tener*.

Tengo hambre.
Me da hambre a las seis de la tarde.
¿Tienes sed?
¿Te da sed cuando comes pescado?   fish
Teníamos ganas de ir a la playa.   anxious, beach
No nos dieron ganas de ir a la playa.
Tenemos calor.
Nos da calor cuando trabajamos en el sol.
Me da lástima ver a ese pobre hombre.
Siempre que juego contigo tengo suerte.
Tú me das suerte.

Práctica 4 Substitute the cued words in the sentence immediately preceding them.

Juan tiene mucha hambre.
_____ frío.
Nosotros _____ mucho _____.
_____ calor.
Los niños _____.
_____ fiebre.
_____ ganas de jugar.
Paquito _____.
_____ razón.
El profesor _____.
_____ sed.
María _____.

Al profesor le dan ganas de leer un libro.
___ nosotros _____.
_____ ir a la playa.
_____ miedo _____.
___ mí _____.
_____ llegar tarde.
___ ti _____.
_____ vergüenza _____.
___ cualquiera _____.   anyone
_____ ver tanta pobreza.
_____ lástima _____.
___ todos _____.

Práctica 5 Change the cued sentence to another using the verb *tener*, omitting any part of the sentence which is not appropriate in a construction with *tener*.

Me da hambre de ver esos postres. → Tengo hambre.
¿Te da sueño por la noche? → ¿Tienes sueño?

¿Les da vergüenza llegar tarde?   shame
¿No te da calor ese sobretodo grueso?   overcoat, heavy
Me dio gripe por salir desabrigada.   without an overcoat
Me da frío verte sin sobretodo.
Me da lástima ver como sufre.
Les da miedo salir solas.
Con esta lluvia no me dan ganas de ir.
Nos da afán dejarlos solos.   worry
Le da pereza levantarse temprano.   tired

MINOR PATTERNS 239

Práctica 6 Answer the following questions using the indicated verb.

Juan, ¿tienes mucha sed? → No, no tengo mucha sed.

¿Tienes ganas de comer ya?
¿A qué hora les da sueño a Uds.?
¿Tienes ganas de ir al cine?
¿Te da pereza ir a la biblioteca?
¿Te da frío por las mañanas?
¿Tienes sed?
¿Te da miedo salir de noche?
¿No les da lástima con el pobre perro?

Other uses of *tener:*

¿Qué edad tiene tu hermano?	age
Tenga cuidado de no romper nada.	care, to break
No tiene la culpa de ser tan bobo.	his fault, dumb
¿Cuantos años tiene Juan Camilo?	
Tienes toda la razón.	
Tiene razón.	

Práctica 7 Substitute the cued words in the sentence immediately preceding them.

María tiene quince años.
_____ suerte.
Nosotros _____.
_____ la culpa.
Uds. _____.
_____ toda la razón.
Tú _____.
_____ mucho cuidado.
El profesor _____.
Ud. _____.
_____ razón.
Yo _____.
_____ miedo.
Mi hermana _____.
Tú _____.
_____ pereza.
Ellos _____.
_____ dieciocho años.
Ella _____.

HACER—Hace tres días que no hace sol.

Spanish uses *hacer* for expressions involving weather and temperature, where English uses "to be."

Hizo mucho frío anoche.
Vamos a la playa cuando hace calor.

Práctica 8 Substitute the cued words in the sentence immediately preceding them.

Hizo noventa grados ayer.
_____ mucho frío _____.
_____ esta mañana.
_____ calor _____.
_____ por la noche.
_____ viento _____.

Hacer is also used to show the passage of time.

Hace cuatro años que vive en Chile.   He has been living in Chile for four years.

Hace dos semanas que no me escribe.

Práctica 9 Answer the following questions.

¿Cuánto tiempo hace que Juan vive en Chile?
¿Cuánto tiempo hace que María está enferma?
¿Cuánto tiempo hace que ellos están en la playa?
¿Cuánto tiempo hace que se reúnen los periodistas?
¿Cuánto tiempo hace que ella estudia en la universidad?
¿Cuánto tiempo hace que ellos lo saben?
¿Cuánto tiempo hace que Carlos conoce a María?

Note the difference in meaning caused by changing the tense of the subordinate verb.

Hace cuatro años que Juan vive en Chile.   John has been living in Chile *for four years.*

Hace cuatro años que Juan vivió en Chile.   John lived in Chile *four years ago.*

When *hace* plus a time expression is used with the present tense, it takes on the meaning "for." When *hace* plus a time expression is used with the perfective past, *hace* means "ago."

Práctica 10 Substitute the cued words in the sentence immediately preceding them.

    Hace tres años que murió.
    _____ cinco días _____.
    _____ llegamos aquí.
    _____ dos horas _____.
    _____ empezó la clase.
    _____ cinco minutos _____.

Hacer has many other idiomatic and semi-idiomatic uses that can best be learned through examples:

Gracias a Dios que nos *hizo* caso a tiempo.	Thank heaven that he obeyed on time.
Me *hace* falta un botón.	I need a button.
Nos *hizo* ver que tenía razón.	
Le *hizo* creer que no tenía la culpa.	

Práctica 11 Change the pronoun object according to the cued phrase and make any other necessary adjustments.

    No me hizo caso.
    _____ (a nosotros)
    _____ (a ti)
    _____ (a él)
    _____ (a ellos)
    _____ (a mí)

    Me hace falta un libro.
    _____ (a nosotros)
    _____ (a Carlos)
    _____ (a María)
    _____ (a ti)
    _____ (a los estudiantes)
    _____ (a mí)

    Nos hizo ver la realidad.
    _____ (a ti)
    _____ (a ellos)
    _____ (a mí)
    _____ (a ella)
    _____ (a Ud.)
    _____ (a nosotros)

El nos hizo creer que era honrado.
_____ (a él)
_____ (a ellos)
_____ (a ti)
_____ (a mí)
_____ (a nosotros)

Lectura Narrativa
DOS PALABRAS SOBRE LA HISTORIA DE HISPANOAMERICA

No es fácil describir en pocas palabras la marcha de la historia de los países hispanoamericanos, ni siquiera en sus rasgos más salientes. En todo caso, conviene advertir que desde el comienzo hay en esa historia tantos factores de *diversidad* como fuerzas que trabajan por la *unidad*.

Tiende a la unidad el hecho de que la influencia española se dejó sentir, desde la Conquista, sobre un vastísimo territorio, que hoy corresponde a un número muy elevado de naciones independientes. Además, la semejanza entre la cultura de España y la de Portugal produjo, similarmente, ciertos rasgos comunes entre los países americanos de habla española y el Brasil. Pero también hay factores que debían inducir naturalmente a la diversidad.

En primer lugar, la conquista europea se produce en relación con numerosos pueblos americanos que estaban, en esos momentos, en grados muy diversos de evolución política, social y cultural. Entre ellos había desde imperios perfectamente estructurados, como el de los aztecas de México y el de los incas en el Perú, hasta tribus nómadas de rudimentaria organización, como los charrúas del Uruguay o los pueblos errantes que poblaban las pampas argentinas. Muchas diferencias en el desarrollo de las distintas regiones hispanoamericanas durante los siglos coloniales...desde el XVI hasta principios del XIX...tienen su origen en este hecho.

Por otra parte, aunque la emancipación de la mayor parte de los países hispanoamericanos se produce durante el primer tercio del siglo XIX, son diferentes los períodos que cada uno de esos países necesita para afirmar sus instituciones, darse una organización más o menos definitiva y, con frecuencia, eliminar los factores de disensión civil y de guerra interior que se presentan después del período de la emancipación.

Finalmente, la mayor o menor cantidad de emigración europea y los períodos en que ésta se produce son factores que también pueden explicar algunas diferencias entre ciertos países hispanoamericanos. A pesar de la identidad de lengua y de algunos otros rasgos comunes...y también a pesar de que hay un perceptible movimiento en dirección a cierto tipo de integración futura...hay claras diferencias entre un mexicano de Guanajuato y un peruano de Lima, entre un colombiano de Bogotá y un chileno de Valparaíso, entre un argentino de Tucumán y un cubano de La Habana.

Volviendo a la historia, puede decirse que, en rasgos generales, todos los países hispanoamericanos tienen una historia común: un largo período colonial; una agitada época en que las energías del país se concentran en el movimiento de emancipación; un período de luchas interiores que culmina en la organización nacional; y la historia de una nacionalidad consolidada, de ahí en adelante. Pero para comprender la realidad de cada país hay que ver esta historia más o menos similar en relación con aquellos factores que introducen elementos de diversidad; y así, de este juego de fuerzas contrastantes, surge en cada caso la personalidad nacional.

¿Por qué no es fácil describir la marcha de la historia de los países hispanoamericanos?

¿A qué tiende la unidad?

¿Qué produjo ciertos rasgos comunes entre los países de habla española y el Brasil?

¿Cuál es el primer factor que causó una diversidad entre los países hispanoamericanos?
¿Cuáles fueron los imperios más estructurados que encontraron los españoles?
¿Cuál fue una de las tribus más rudimentarias?

¿Cuáles fueron los siglos coloniales?

hecho fact

¿Cuál fue el siglo de la emancipación?

disensión disorder

¿Cuál fue otro factor que favoreció la diversificación en la historia de Hispanoamérica?

En rasgos generales, ¿se puede decir que los países hispanoamericanos tienen una historia común?

¿Qué hay que ver para comprender la realidad de cada país hispanoamericano?

hay que it is necessary

surge emerges

DOS PALABRAS SOBRE LA HISTORIA DE HISPANOAMERICA

Lectura Dialogada
Los discos

Jorge Miguel y Margarita:

—Jorge Miguel, ¿por qué no vamos a comprar unos discos?

—Ya está. Precisamente estaba pensando que es lo único que me falta.

—¿Te gustaría conseguir unas rancheras mexicanas?

—Sí. Y bambucos, joropos, marineras, tangos. Toda la música latinoamericana.

—No pensé que te gustara tanto nuestra música.

—Eso es lo que más falta me va a hacer cuando regrese a los Estados Unidos.

—¿Y antes de venir no la conocías?

—En parte. Lo único que había oído eran los ritmos antillanos.

Preguntas:

¿Qué van a comprar Jorge Miguel y Margarita?
¿Qué tipo de música va a comprar Jorge Miguel?
¿A Jorge le gusta mucho la música latinoamericana?
¿Qué le va a hacer más falta cuando regrese a los Estados Unidos?
¿Conocía la música latinoamericana antes de ir a Hispanoamérica?
¿Qué había oído antes?

DIALOGO 10. EL CUMPLEAÑOS DE PAPA

María Cristina y Miguel:

—¿Fuiste por el regalo de papá?

—Sí. Lo tengo afuera para que no lo vea.

—¿Quieres que lo distraiga mientras lo escondes?

—Sí, pero que no vea el pastel en la cocina.

—No. Voy por la sala, para que entres por la cocina.

—Está bien. Que Juan me ayude con el regalo.

—Cuando estés listo, avísame.

—Que no mire por la ventana.

—¡No hables más! Si nos oye, descubre todo. ¡Corre!

Dialog Expansion:

¿Fue Miguel por el regalo del papá?
¿Dónde tiene el regalo?
¿Para qué lo tiene afuera?
¿Quién va a distraer al papá?
¿Qué va a hacer Miguel mientras María Cristina distrae al papá?
¿Qué es lo que María no quiere que vea el papá?
¿Dónde está el pastel?
¿Por dónde va María Cristina?
¿Por dónde no quiere que entre el papá?
¿Por qué no quiere que el papá entre por la cocina?
¿Quién ayuda a Miguel con el regalo?
Si el papá oye, ¿qué va a descubrir?

LECCION 23 | PRESENT SUBJUNCTIVE: REGULAR VERBS

MOOD—Cantan canciones. Quizá canten canciones.

Spanish verbs have two moods: indicative and subjunctive. We have previously spoken of the present tense in referring to the present tense indicative mood. We shall refer to the present tense subjunctive mood as the present subjunctive.

In general, the choice between the two moods is grammatically predetermined. In a few cases either of the two moods can be chosen, usually with a difference in meaning. In those cases where both moods are possible, and only in those cases, is a question about the difference in meaning between the indicative and subjunctive a valid one.

Regular —AR Verbs:

Study *hablar* as the key example for the present subjunctive of regular *–ar* verbs.

HABLAR

yo			nosotros	habl-emos	[aβlémos]
Ud.	habl-e	[áβle]	(vosotros	habl-éis	[aβléys])
Ana			Uds.		
él			Ana y Juan	habl-en	[áβlen]
tú	habl-es	[áβles]	ellos		

Notice that *–ar* verbs add *–e* to the stem to form the present subjunctive.

As in the imperfect past tense:

the *yo–Ud.–él* form adds nothing more:	hable
the *tú* form adds *–s*:	hables
the *nosotros* form adds *–mos*:	hablemos
the *Uds.–ellos* form adds *–n*:	hablen

Note also that in the *nosotros* form the strong stress is moved from the stem to the vowel *e* immediately preceding *–mos*.

Orthographic Changes:

The regular *–ar* verbs which are irregularly spelled in the *yo* form of the perfective past have the same orthographic change in all forms of the present subjunctive.

Verbs ending in *–car* change *c* to *qu*.
Verbs ending in *–gar* change *g* to *gu*.
Verbs ending in *–guar* change *gu* to *gü*.
Verbs ending in *–zar* change *z* to *c*.

Infinitive	*Present Subjunctive Forms*
buscar	busque, busques, busquemos, busquen
cargar	cargue, cargues, carguemos, carguen
averiguar	averigüe, averigües, averigüemos, averigüen
rozar	roce, roces, rocemos, rocen

Usage:

The subjunctive is commonly used in independent clauses when *quizá* (perhaps) precedes the verb, to express a possibility.

Quizá acaben pronto.
Quizá hablen bien el español.
Quizá esperen el tren.

Práctica 1 Substitute the cued word and make the necessary verb change.

Quizá ella cante bien.
____ tú _____.
____ nosotros _____.
____ yo _____.
____ ellos _____.
____ Uds. _____.

Quizá él no estudie bastante.
_____ yo _____.
_____ nosotros _____.
_____ Carlos _____.
_____ ellos _____.
_____ Ud. _____.
_____ Uds. _____.

Práctica 2   Add *quizá* at the beginning of the following sentences and change the verb from present indicative to present subjunctive.

Cantan canciones mexicanas. → Quizá canten canciones mexicanas.
A Marta le gustan los dulces. → Quizá a Marta le gusten los dulces.

Nos llama por teléfono.
Contesto yo la pregunta.
Le echamos más sal a la sopa.
Toma el café bien caliente.
Apagamos el radio temprano.   turn off
Estudian por la mañana.
Pagan su coche en abonos.   on installment
Toca el piano en las fiestas.

Regular –ER and –IR Verbs:

Study *comer* as the key example for the present subjunctive of regular *–er* and *–ir* verbs.

COMER

yo			nosotros	com-amos	[komámos]
Ud.	com-a	[kóma]	(vosotros	com-áis	[komáys])
Ana			Uds.		
él			Ana y Juan	com-an	[kóman]
tú	com-as	[kómas]	ellos		

Notice that *–er* and *–ir* verbs add *–a* to the stem to form the present subjunctive. All additional endings are the same as for *–ar* verbs, including the change of the strong stress to the vowel immediately preceding *–mos* in the *nosotros* form.

PRESENT SUBJUNCTIVE: REGULAR VERBS   253

Orthographic Changes:

The regular *–er* and *–ir* verbs which are irregularly spelled in the *yo* form of the present indicative tense have the same orthographic change in all forms of the present subjunctive.

Verbs ending in *–cer* or *–cir* change *c* to *z*.
Verbs ending in *–ger* or *–gir* change *g* to *j*.

Infinitive	*Present Subjunctive Forms*	
zurcir	zurza, zurzas, zurzamos, zurzan	to darn
escoger	escoja, escojas, escojamos, escojan	

Usage:

The subjunctive is used after *ojalá* or *ojalá que* (oh that, would that) to express a strong desire.

Ojalá que coman con nosotros.
Ojalá que reciban la carta.
Ojalá que abran la ventana.

Práctica 3 Substitute the cued words.

Ojalá que él no beba mucho.
_____ suba.
_____ coma demasiado.
_____ escriba la carta.
_____ venda el coche.

Práctica 4 Add *ojalá que* to the beginning of the following sentences and change the verb from present indicative to present subjunctive.

Aprendemos mucho. → Ojalá que aprendamos mucho.
Juan nos escribe. → Ojalá que Juan nos escriba.

Comemos juntos.	together
Cumplen su promesa.	
No suben mucho los precios.	
Estela cose la ropa.	sews
Bebe poco.	
No discuten con el profesor.	
Ana no tose mucho.	cough
Vendemos el coche.	

SUBORDINATE CLAUSES—Quiero que él estudie más.

The verbs *esperar, preferir* and *querer* may take a subordinate clause as direct object. If both the main verb and the verb of the subordinate clause have the same subject, the verb of the subordinate clause will be an infinitive; if the two verbs have different subjects, the subordinate clause will be introduced by *que* and the verb will be the appropriate subjunctive form.

All regular *yo* present indicative forms end in *–o*. Knowledge of this form alone, therefore, is no indication to which verb class the form belongs. Given the verb form *vivo*, we must also know *vivir, vives, vivimos* or some other form in order to know that the present subjunctive forms are *viva, vivas, vivamos, vivan*.

Quiero hablar con el profesor.
Quiero que ellos hablen con el profesor.

Espero estudiar en la biblioteca.
Espero que ellos estudien en la biblioteca.

Prefiero comer comida española.
Prefiero que ellos coman comida española.

Práctica 5 Substitute the cued expression.

Quiero que él estudie más.
_____ hable español.
_____ prepare la cena.
_____ coma aquí.
_____ lea el libro.
_____ escriba la carta.

Quiere que estudiemos más.
_____ hablemos español.
_____ preparemos la cena.
_____ comamos aquí.
_____ leamos el libro.
_____ escribamos la carta.

Prefiero que ellos lo busquen.
_____ preparen.
_____ beban.
_____ coman.
_____ lean.
_____ escriban.

Esperamos que estudies.
_____ trabajes.
_____ ayudes.
_____ comas bien.
_____ leas mucho.
_____ vivas cerca.
_____ escribas la carta.

Práctica 6 Substitute the cued word and make the necessary verb change.

Quiero que él estudie más.
_____ tú _____.
_____ ellos _____.
_____ Ud. _____.
_____ Uds. _____.

Quieren que yo lo prepare.
_____ Uds. _____.
_____ nosotros _____.
_____ tú _____.
_____ María _____.
_____ ellos _____.

Preferimos que Uds. lo lean.
_____ él _____.
_____ tú _____.
_____ ellos _____.
_____ Teresa _____.

Espera que yo viva en Madrid.
_____ ellos _____.
_____ Uds. _____.
_____ tú _____.
_____ nosotros _____.
_____ Ud. _____.
_____ ella _____.

Práctica 7 Make the full sentence object of the verb of the independent clause given after it. If both verbs have the same subject, the subordinate clause derived from the first sentence will have the infinitive as its verb form. If the two verbs have the same form, assume the subjects to be the same unless different subjects are expressed. If the two verbs have different subjects, the subordinate clause will be introduced by *que* and the verb will be changed from indicative to subjunctive.

Recibimos muchos regalos. Queremos →
Queremos recibir muchos regalos.

Recibimos muchos regalos. Juan quiere →
Juan quiere que recibamos muchos regalos.

Estudiamos más. El profesor prefiere
María viaja a menudo. Mi tío quiere
Compran un coche nuevo. Prefieren
Vence nuestro candidato. Esperamos
Alicia canta en un concierto. Juan espera
No tardan mucho. Prefiero
Olvidamos el altercado. Quieren   disagreement
Olvidamos el altercado. Queremos
Cenan en un buen restorán. Prefiere
Los admiten en la universidad. Quiero
Permite la publicación. Esperan
Lavo todos los uniformes. Quiere   wash
Lavo todos los uniformes. Prefiero
No llegan temprano. Esperamos
No llegamos temprano. Esperamos

The subjunctive is used in a subordinate clause which functions as direct object of the verb *pedir*. The subjunctive form then agrees with the indirect object of *pedir* and no subject is expressed in the subordinate clause.

tú form:	*Te* pido que me ayud*es*.
Ud.–él form:	*Le* pido que me ayud*e*.
Uds.–ellos form:	*Les* pido que me ayud*en*.

Práctica 8 Substitute the cued word.

Te pido que me hables.
_____ acompañes.
_____ escribas.
_____ escuches.

Les pido que me ayuden.
_____ hablen.
_____ escriban.
_____ escuchen.
_____ acompañen.

Me piden que les hable.
_____ escriba.
_____ ayude.

Práctica 9 Substitute the cued object and make the necessary adjustments.

Te pido que me ayudes.
(a él) _____.
(a ella) _____.
(a ti) _____.
(a Uds.) _____.
(a Ud.) _____.
(a ellas) _____.

Me piden que les escriba.
(a ti) _____.
(a él) _____.
(a nosotros) _____.
(a mí) _____.
(a ella) _____.

Práctica 10 Make the subject of the verb in the full sentence the indirect object of the form of *pedir* shown after it. Add *que* after the form of *pedir* and add the remainder of the first sentence, changing its verb form from present indicative to present subjunctive.

Yo les ayudo. Piden →
Me piden que les ayude.

Tú estudias inglés. Pedimos →
Te pedimos que estudies inglés.

Nosotros los llevamos al parque. Piden
Ellos estudian en la biblioteca. Pide
Ella me corta las uñas. Pido   cuts, nails
Yo hablo más despacio. Piden   slowly
Ellos sacan las sillas al jardín. Pedimos   take, chairs
El no golpea la puerta. Pides   bang on

A subordinate clause functioning as object of *creer* in an affirmative sentence is followed by the indicative, but when the sentence is negative the present subjunctive is used instead.

Creo que hablan español.
No creo que hablen español.

Práctica 11 Substitute the cued expression.

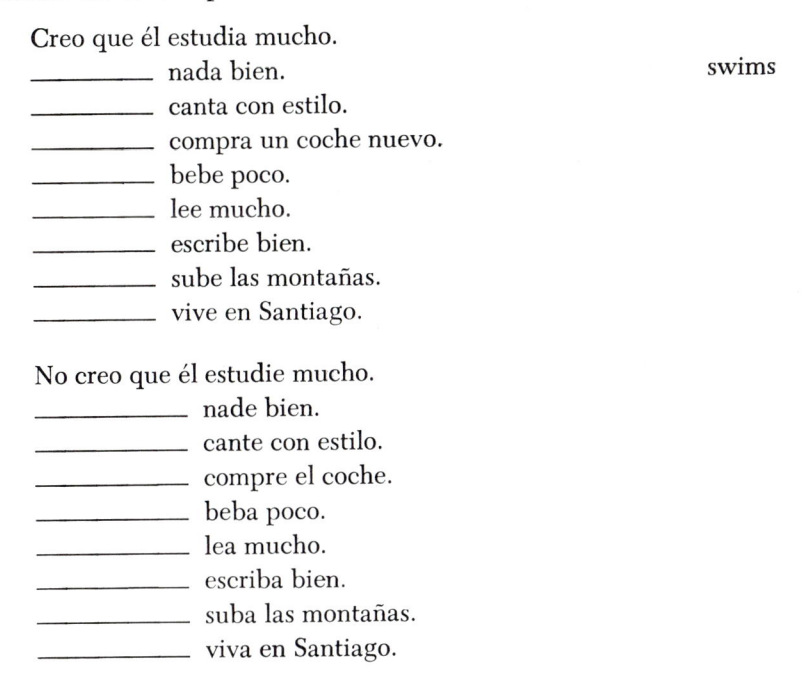

Creo que él estudia mucho.
_____ nada bien.   swims
_____ canta con estilo.
_____ compra un coche nuevo.
_____ bebe poco.
_____ lee mucho.
_____ escribe bien.
_____ sube las montañas.
_____ vive en Santiago.

No creo que él estudie mucho.
_____ nade bien.
_____ cante con estilo.
_____ compre el coche.
_____ beba poco.
_____ lea mucho.
_____ escriba bien.
_____ suba las montañas.
_____ viva en Santiago.

Práctica 12 Change *no* from its position preceding the verb of the subordinate clause to the position preceding the form of *creer*. Change the present indicative verb form in the subordinate clause to present subjunctive.

Creo que no estudian francés. → No creo que estudien francés.

Creo que no vence tu equipo.   team
Creen que no sufre mucho.
Crees que no viven a gusto.   contentedly
Creo que no usan ladrillo rojo.   brick
Creemos que no temen una represalia.   reprisal
Creemos que no surge un conflicto.
Creen que no cobras demasiado.   charge, too much

A subordinate clause may function as subject of the verbs *convenir* (to be agreeable to, to suit), *gustar* and *importar* (to matter), the latter normally used in the negative: *no importar*. If the subject of the verb of the subordinate clause is the same as the indirect object of the main verb, the verb of the subordinate clause is an infinitive; otherwise, it is the subjunctive.

Me conviene estudiar aquí.
(Estudio aquí. Me conviene.)

Me conviene que estudies aquí.
(Estudias aquí. Me conviene.)

Me gusta comer con ellos.
Me gusta que comas con ellos.

No me importa trabajar mucho.
No me importa que trabajes mucho.

Práctica 13 Place the full sentence after the independent clause. If the subject of the full sentence is the same as the indirect object of the new main verb, use the infinitive as verb in the subordinate clause; otherwise, use the present subjunctive and put *que* in the initial position of the subordinate clause. If the verbs and pronouns correspond to the same form (*e.g., gastan* and *les*), assume the referent to be the same.

Cantas canciones populares. Me gusta →
Me gusta que cantes canciones populares.

Canto canciones populares. Me gusta →
Me gusta cantar canciones populares.

Gastan mucho dinero. No les conviene	spend
Compras por mayor. Les conviene	wholesale
Usas su ropa. No le importa	
Viajo mucho. Me conviene	
Hablan mucho. No nos importa	
Ensayamos todos los días. Les gusta	rehearse
Termino pronto. Me gusta	
Vivimos lejos. No nos gusta	

The verb *bastar* (to suffice) may be constructed with *con* plus a subordinate clause. If *bastar* is constructed also with an indirect object, the infinitive is used if the subject of the verb of the subordinate clause is the same as the object; and if the subject of the verb of the subordinate clause and the indirect object of *bastar* are different, the subordinate clause is introduced by *que* and the verb is subjunctive.

Me basta con hablar español.
(Hablo español. Me basta.)

Me basta con que hables español.
(Hablas español. Me basta.)

Práctica 14 Add *con* plus the full sentence to the independent clause. If the subject of the verb of the full sentence is the same as the indirect object of *bastar*, change the verb to the infinitive; otherwise, use the present subjunctive.

    Aprendes inglés. Te basta. →
    Te basta con aprender inglés.

    Comen la mitad. Me basta. →
    Me basta con que coman la mitad.

Estudias dos horas. Le basta	
Entendemos un poco. Les basta	
Gano poco dinero. Me basta	earn
Practican dos veces por semana. Nos basta	
Practicamos dos veces por semana. Nos basta	
Trabajas medio día. Le basta	
Recibe unas cartas. Le basta	
Quemamos las hojas. Les basta	burn, leaves

The subject of the verbs *extrañar* and *sorprender* (to surprise) may be a subordinate clause containing a subjunctive verb form.

Práctica 15 Add *que* plus the full sentence to the clause, changing the verb of the full sentence to the present subjunctive.

    Hablas tres idiomas. Me sorprende →
    Me sorprende que hables tres idiomas.

Cantamos canciones populares. Les extraña	
Les molesta el ruido. Me extraña	noise
No cumplen sus promesas. Nos sorprende	
Tocamos el piano. Les sorprende	
No bebes vino. Le extraña	
Comen eso con cuchara. Me sorprende	spoon
Lo imitan tan bien. Le sorprende	
Tira basura en la calle. Nos extraña.	throws, garbage

LECCION 24 | PRESENT SUBJUNCTIVE: IRREGULAR VERBS

STEM-CHANGING VERBS—¡Lástima que no lo encuentren!

The –*ar* and –*er* verbs which change the strongly stressed stem vowels *e* to *ie* and *o* to *ue* in the present indicative make the same changes in the present subjunctive. The *nosotros* form, which is not strongly stressed on the stem, retains the simple vowel.

PENSAR and ENTENDER

yo, Ud., él	piense [pyénse]	nosotros	pensemos [pensémos]
		(vosotros	penséis [penséys])
tú	pienses [pyénses]	Uds., ellos	piensen [pyénsen]

yo, Ud., él	entienda [entyénda]	nosotros	entendamos [entendámos]
		(vosotros	entendáis [entendáys])
tú	entiendas [entyéndas]	Uds., ellos	entiendan [entyéndan]

262 CONTEMPORARY SPANISH

ENCONTRAR and VOLVER

yo, Ud., él	encuentre [enkwéntre]	nosotros	encontremos [enkontrémos]
		(vosotros	encontréis [enkontréys])
		Uds., ellos	encuentren [enkwéntren]
tú	encuentres [enkwéntres]		

yo, Ud., él	vuelva [bwélḅa]	nosotros	volvamos [bolḅámos]
		(vosotros	volváis [bolḅáys])
		Uds., ellos	vuelvan [bwélḅan]
tú	vuelvas [bwélḅas]		

Práctica 1 Substitute the cued expression.

¡Lástima que ellos no lo encuentren!
¡——————— piensen así!
¡——————— vuelvan temprano!
¡——————— lo entiendan!
¡——————— jueguen bien!

¡Lástima que no lo encontremos!
¡——————— pensemos así!
¡——————— volvamos mañana!
¡——————— lo entendamos!
¡——————— juguemos bien!

Práctica 2 Substitute the cued subject and make the necessary verb change.

¡Lástima que él pierda tanto tiempo!
¡——————— tú ———————!
¡——————— ellos ———————!
¡——————— Uds. ———————!
¡——————— nosotros ———————!
¡——————— ella ———————!
¡——————— yo ———————!

Práctica 3 Add *lástima que* at the beginning of the following sentences and change the verb form from indicative to subjunctive. Write the new sentence as an exclamation and pronounce it with pitch 3 on the initial syllable *lás–* and with gradually falling intonation down to pitch 1 at sentence end.

Piensan así. → ¡Lástima que piensen así!   What a pity...!

No nos despertamos temprano.   wake up
Ya comienza el verano.
Pierdes tanto el tiempo.
Cierran muy tarde.
Entiende poco.
No quieres ayudar.
Lo niega.   denies
No lo ascienden.

The *–ir* verbs which change the strongly stressed stem vowel *e* to *ie* in the present indicative make the same changes in the present subjunctive. In addition, in the *nosotros* form the stem vowel *e* becomes *i*.

SENTIR

yo, Ud., él	sienta	[syénta]	nosotros	sintamos	[sintámos]
			(vosotros	sintáis	[sintáys])
tú	sientas	[syéntas]	Uds., ellos	sientan	[syéntan]

The verbs *dormir* and *morir* change the stem vowel *o* to *u* in the *nosotros* form. When the stem is strongly stressed, *o* becomes *ue*.

DORMIR

yo, Ud., él	duerma	[dwérma]	nosotros	durmamos	[durmámos]
			(vosotros	durmáis	[durmáys])
tú	duermas	[dwérmas]	Uds., ellos	duerman	[dwérman]

Práctica 4 Substitute the cued subject and make the necessary verb change.

¡Qué lástima que ellos no prefieran salir!
¡——————— yo ———————!
¡——————— tú ———————!
¡——————— Ud. ———————!
¡——————— ella ———————!
¡——————— Uds. ———————!
¡——————— nosotros ———————!

¡Qué lástima que la niña no duerma bien!
¡_____ ellos _____!
¡_____ tú _____!
¡_____ nosotros _____!
¡_____ yo _____!
¡_____ Uds. _____!
¡_____ Ud. _____!

Práctica 5 Add *qué lástima que* to the following sentences and change the verb to the present subjunctive.

Dormimos poco. → ¡Qué lástima que durmamos poco!

No hierven la leche.	boil
Prefieren quedarse en casa.	to remain
Duermen en el suelo.	
Las mariposas mueren pronto.	butterflies
Mentimos tanto.	lie
Se requiere mucha práctica.	
Presiente una catástrofe.	
Se sienten enfermos.	

IRREGULAR VERBS—Quiere que Ud. lo diga.

With the exception of verbs which change a simple vowel to a diphthong when strong stress occurs on the stem, for all other verbs in which the *yo* form of the present indicative ends in *–o* deletion of the *–o* provides the stem for the present subjunctive. The strong stress, however, occurs on the vowel immediately preceding *–mos* in the *nosotros* form.

Infinitive	Yo Form of Present Indicative	Present Subjunctive
caber	quepo	quepa, quepas, quepamos, quepan
caer	caigo	caiga, caigas, caigamos, caigan
conocer	conozco	conozca, conozcas, conozcamos, conozcan
decir	digo	diga, digas, digamos, digan
huir	huyo	huya, huyas, huyamos, huyan
hacer	hago	haga, hagas, hagamos, hagan
oír	oigo	oiga, oigas, oigamos, oigan
pedir	pido	pida, pidas, pidamos, pidan
salir	salgo	salga, salgas, salgamos, salgan

tener	tengo	tenga, tengas, tengamos, tengan
traducir	traduzco	traduzca, traduzcas, traduzcamos, traduzcan
traer	traigo	traiga, traigas, traigamos, traigan
valer	valgo	valga, valgas, valgamos, valgan
venir	vengo	venga, vengas, vengamos, vengan
ver	veo	vea, veas, veamos, vean

Práctica 6 Substitute the cued expression.

Espero que él quepa en el tren.
_____ no caiga.
_____ me lo diga.
_____ lo ponga en el coche.
_____ lo oiga.
_____ salga en seguida.
_____ haga un viaje.
_____ tenga suerte.
_____ la conozca.
_____ me lo traduzca.   translates

Quiere que nosotros se lo digamos.
_____ vengamos.
_____ hagamos el viaje.
_____ salgamos con él.
_____ traigamos los refrescos.
_____ conozcamos a María.
_____ lo traduzcamos.

Práctica 7 Substitute the cued subject and make the necessary verb change.

Quiere que yo lo diga.
_____ Juan ____.
_____ nosotros _.
_____ tú _____.
_____ Uds. ____.
_____ Ud. ____.

María prefiere que Antonio salga.
_____ ellos _____.
_____ tú _____.
_____ nosotros ____.
_____ Uds. _____.
_____ yo _____.

No cree que María venga.
_____ ellos _____.
_____ Uds. _____.
_____ tú _____.
_____ nosotros _____.
_____ yo _____.

Es una lástima que Ud. no lo conozca.
_____ yo _____.
_____ ellos _____.
_____ María _____.
_____ nosotros _____.
_____ tú _____.
_____ Uds. _____.

Práctica 8 Add *es una lástima que* at the beginning of each sentence and change the verb to the present subjunctive to agree with the subject shown in parentheses.

Salgo tarde.   (Uds.) → Es una lástima que salgan tarde.

No quepo en el coche.   (nosotros)
Traduzco literalmente.   (ellos)
No conozco a su familia.   (tú)
No oigo el programa todos los días.   (ella)
No digo siempre la verdad.   (Uds.)
Veo la casa mal arreglada.   (él)   arranged
No salgo de viaje.   (nosotros)
Traigo poco dinero.   (tú)
No vengo a la fiesta.   (yo)
Tengo mucho sueño.   (tú)
Huyo del trabajo.   (Uds.)   flee
Hago muchos errores.   (nosotros)

The verbs *dar, estar, ir, saber* and *ser* have the following forms in the present subjunctive:

Infinitive	Present Subjunctive
dar	dé, des, demos, den
estar	esté, estés, estemos, estén
ir	vaya, vayas, vayamos, vayan
saber	sepa, sepas, sepamos, sepan
ser	sea, seas, seamos, sean

The present subjunctive *haya* corresponds to the present indicative *hay*.

Práctica 9 Add *tal vez* (perhaps), which is synonymous with *quizá*, in initial position and change the verb from present indicative to present subjunctive.

Son de Guadalajara. → Tal vez sean de Guadalajara.

No les da trabajo.
Están en la biblioteca.
Vamos de excursión.
Sabe algunos detalles.
Hay muchos.
Es de la mejor calidad.   best quality
No está muy enojada.   annoyed
Le damos un regalo.
Saben taquigrafía.   stenography
Son puntuales.
No hay suficiente tiempo.
No van al concierto.

Usage:

The direct object of the verb *necesitar* may be a subordinate clause. The verb will be the infinitive if its subject is the same as the subject of *necesitar;* otherwise, the subordinate clause will be introduced by *que* and the verb will be a subjunctive form.

Necesito llevarle los libros a Juan.
Necesito que le lleves los libros a Juan.

Práctica 10 Make the full sentence the direct object of the form of *necesitar* shown. If the two verbs have the same subject, change the verb of the full sentence to the infinitive; otherwise, use *que* and change the verb to the present subjunctive. If both verbs have the same ending, assume here that the subjects are the same.

Traes el cenicero. Necesitas → Necesitas traer el cenicero.   ashtray
Traes el cenicero. Necesito → Necesito que traigas el cenicero.

Voy al mercado. Necesito
Les compras una guitarra. Necesitan
Sacas una copia. Necesitas
Te ayudo con el trabajo. Necesitas
Nos traen los libros. Necesitamos

Estudian todos los días. Necesitan
Me sirven una copa. Necesito   drink
Toma medicina. Necesita

The verb *dejar* (to allow, to let) is constructed with a clausal complement in which the dependent verb may be an infinitive or a subjunctive form preceded by *que*. The subjunctive form agrees with a personal direct object of *dejar* or, in the absence of such object, a subject of the dependent verb may be expressed.

Dejo a Juan leerlo.
Dejo a Juan que lo lea.
Dejo que lo lea Juan.

La dejamos trabajar aquí.
La dejamos que trabaje aquí.
Dejamos que (ella) trabaje aquí.

Nos deja leerlo.
Nos deja que lo leamos.
Deja que lo leamos (nosotros).

Práctica 11   Change the dependent verb from the infinitive to the appropriate form of the present subjunctive, adding *que* at the beginning of the subordinate clause.

Te dejo llegar tarde. → Te dejo que llegues tarde.

Te dejamos manejar.   to drive
Nos dejan nadar dos horas.
La dejamos comprar un vestido.
Los dejamos observar la clase.
Te dejo descansar.   to rest
¿Nos dejas visitar el museo?
Me dejan usar el coche.
Los dejamos ayudar.

The verbs *permitir* and *prohibir* may have a subordinate clause as direct object with an infinitive or a subjunctive preceded by *que* which agrees with the indirect object of the main verb.

Te permitimos cantar eso.
Te permitimos que cantes eso.

Les prohibo comer este pan.
Les prohibo que coman este pan.

Práctica 12   Change the dependent verb from the infinitive to the appropriate form of the present subjunctive form, adding *que* at the beginning of the subordinate clause.

Le permito ir al cine. → Le permito que vaya al cine.

Les permitimos traer a sus amigos.	
Me permite volver tarde.	
¿Les permites ver el juego?	
Te permito entrar a la conferencia.	lecture
Les permite empezar otro capítulo.	chapter
No nos permite entregar el trabajo tarde.	turn in
Le permiten montar a caballo.	to ride horseback
No te permiten andar sin zapatos.	without shoes

A subordinate clause with a subjunctive verb may be the subject of a linking verb, usually *ser,* when combined with certain predicate adjectives including *difícil, extraño, fácil, inútil, lógico, natural, necesario, posible, preciso, probable, raro.*

Es difícil que lleguemos a tiempo.
Es extraño que no escriban.
Es inútil que lo manden a la escuela.
Es natural que juegue con gusto.

Práctica 13   Add *que* plus the full sentence to the independent clause after it and change the verb of the full sentence to the present subjunctive.

Estudia en la cocina. Es raro →
Es raro que estudie en la cocina.

Tiene tanto trabajo. Es extraño	so much
Repiten el curso. Es inútil	course
Sirves el café sin azúcar. Es necesario	
No saluda a sus vecinos. Es raro	neighbors
Viajan en coche. Es posible	
Nos quieren ayudar. Es difícil	
Salimos siempre de noche. Es natural	
Nos hablas de obligaciones. Es inútil	

The indicative is also used in subordinate clauses. The verbs *admitir, creer, pensar, reconocer, saber, suponer* and others, usually used affirmatively and in some cases only when used affirmatively, may take as direct object a subordinate clause with an indicative verb form.

Supongo que no estudian mucho.
Creo que no lo quieren.
Pienso que es muy flojo.   weak
Admito que eso me asusta.   scares
Reconozco que tiene méritos.
Sé que trabajan con gusto.

Lectura Narrativa
INDOAMERICA

Para agrupar bajo un solo nombre común a los países al sur del Río Grande, se han formado nombres diversos: Latinoamérica, Iberoamérica, Hispanoamérica y Sudamérica están entre los nombres más corrientes. Cada uno de ellos hace alusión a un factor étnico, lingüístico, histórico o simplemente geográfico.

En momentos en que el continente sudamericano se despierta de su apatía de siglos y adquiere conciencia de la importancia de su unidad, como lo soñó y ambicionó Bolívar, es interesante examinar cada uno de estos nombres. Además, la independencia de los territorios que en inglés todavía conservan el nombre de «West Indies,» incluídos en el contorno americano aunque ajenos a él por razones de idioma y raza, plantea otro problema digno de consideración, especialmente por la aceptación de estas naciones en la Organización de Estados Americanos.

La voz Latinoamérica es muy popular actualmente. Pero si consideramos los territorios antes mencionados, cuya lengua no proviene del latín, quedarían incluídos por el significado evidente de la palabra. También ignoraríamos el elemento indígena autóctono. Lo mismo ocurriría con Haití y con el Brasil si adoptamos el nombre de Hispanoamérica, pues estos territorios fueron descubiertos y colonizados por franceses y portugueses. De la misma manera Iberoamérica tiene una significación excluyente y no es popular en el Brasil. En cuanto a Sudamérica, dejaríamos por fuera a todas las naciones de la América Central.

Nos parece entonces que hay necesidad de adoptar un nuevo vocablo que corresponda a la realidad de las cosas.

«Indoamérica» es un término inventado por el eminente dirigente peruano, Víctor Raúl Haya de la Torre. Es usado por escritores de la autoridad de Gabriela Mistral. Este término nos parece ser de significación más amplia y conviene a todos los países que constituyen los territorios de las Indias Occidentales.

El vocablo considera en primer lugar el factor geográfico; el nombre dado originalmente a las tierras del nuevo mundo. Alude al hecho importante de la mezcla de razas de todos estos pueblos. No ignora tampoco la gran contribución de las lenguas habladas en el suelo americano.

Otros factores históricos que refuerzan la pertinencia del vocablo son: las leyes que gobernaron estas provincias fueron conocidas como «Leyes de Indias.» La oficina en Sevilla donde hay cantidades de documentos americanos se llama todavía «Archivo de Indias.» Los reyes sucesores de Carlos V llevaron el título de «rey y reina de España e Indias.»

¿Cuáles han sido los nombres con que se han designado los países al sur del Río Grande?

¿Qué dificultades presenta la selección del nombre «Latinoamérica»?

¿«Hispanoamérica»?

¿«Iberoamérica»?
¿«Sudamérica»?

¿Quién inventó el término «Indoamérica»?

¿Por qué conviene más este término?

¿Qué considera en primer lugar el vocablo «Indoamérica»?

¿Qué otro factor refuerza la pertinencia de este vocablo?

corrientes common

apatía apathy

contorno surroundings
ajeno foreign
digno worthy

voz term
cuya whose
quedarían would remain
autóctono pertaining to origin
excluyente exclusive

vocablo word, term

amplia wide

alude aludes
mezcla mixture

INDOAMERICA 273

No ocurrió así con los ingleses que dieron desde muy temprano el nombre de América a las regiones colonizadas por ellos en la América del Norte.

Una última razón que sustenta el uso de este vocablo es la analogía con formaciones léxicas de otras zonas geográficas tales como el Indostán, la Indochina y la Indonesia.

Debemos reconocer, sin embargo, que no es la razón la que decide estos puntos, sino el uso, y que quizá hay quienes encuentren argumentos de peso contra el uso de este nombre.

¿Qué otra razón sustenta el uso de este vocablo? **sustenta** sustains

¿Qué decide la aceptación de un vocablo?

de peso strong

Lectura Dialogada
En un pueblito elevado de los Andes

María Clara y Rosario:

—Este es el mercado donde te dije que vienen los indios a vender sus productos.

—Me encantaría verlos de cerca. ¿Quieres que entremos?

—Claro. Para eso estamos aquí.

—Y fuera de papas y cebollas, ¿qué otras cosas traen al pueblo?

—Artículos de lana y algodón tejidos en telar.

—¿Cómo hago para conseguirme un poncho (una ruana)?

—Pregúntale a la india que está hilando en el rincón del patio.

—¿En qué idioma le hablo?

—Pues en castellano. Ellos son completamente bilingües.

—¡Qué vestidos tan pintorescos tienen!

—La lástima es que ya empiezan a ponérselos con zapatos de caucho.

—Para el turista tal vez sea lástima. Pero te aseguro que son más cómodos que las alpargatas (sandalias de cabuya).

cebollas onions; **algodón** cotton; **tejidos** woven; **telar** loom; **ruana** cape; **hilando** spinning; **rincón** corner; **caucho** rubber; **alpargatas** hemp shoes

Preguntas:

¿Dónde tiene lugar esta conversación?
¿Quiénes vienen a este mercado?
¿Para qué vienen los indios a este mercado?
¿Entran las dos chicas al mercado?
¿Le interesan a Rosario las papas y cebollas?
¿Qué más traen los indios al mercado?
¿Qué quiere Rosario?
¿Qué está haciendo una india?
¿Dónde está hilando la india?
¿En qué idioma habla la india?
¿Cuántos idiomas habla ella?
¿Cómo son los vestidos?
¿Qué tipo de zapatos llevan?
¿Para quiénes es lástima que lleven zapatos de caucho?
¿Qué llevaban antes?
¿Cuáles son más cómodos?

DIALOGO 11. CONVERSACION TELEFONICA

Luis Carlos y María Paulina:

—¿Con quién hablo?

—Con María Paulina. ¿Y yo, con quién?

—Hola, habla Luis Carlos. ¿Cómo estás?

—Bien, gracias. Qué lindo día está haciendo, ¿no?

—Eso te iba a decir. ¿Quieres ir a pasear?

—¡Encantada! ¿Adónde iremos?

—A un lago cerca de aquí.

—¡Magnífico! Estaré lista en media hora.

—Nosotros llevaremos la comida.

Dialog Expansion:

¿Quiénes hablan por teléfono?
¿Cómo está María Paulina?
¿Qué tiempo hace?
¿Qué quiere hacer Luis Carlos?
¿Quiere ir a pasear María?
¿Adónde van?
¿Dónde está el lago?
¿Cuándo estará lista María Paulina?
¿Llevarán la comida?

LECCIÓN 25 — VERB PHRASES: COMPOUND TENSES

PRESENT PROGRESSIVE—María está estudiando.

If an action is viewed as going on at the present time rather than as a habitual action, the present tense of *estar* plus the present participle is used.

Estoy leyendo un cuento.
Estamos estudiando.
Juan está hablando con el profesor.

Regular —AR Verbs:

The present participle of *–ar* verbs consists of the verb root plus *–ando*.

hablar	hablando	[ablándo]
cantar	cantando	[kantándo]
estudiar	estudiando	[estudyándo]

Práctica 1 Substitute the cued words.

María está hablando.
_____ estudiando.
_____ cantando.
_____ bailando.
_____ nadando.
_____ trabajando.
_____ limpiando.

Práctica 2 Substitute the cued subjects and make the necessary verb changes.

Carlos está trabajando mucho.
Yo _estoy_ .
Nosotros _estamos_ .
Ellos _están_ .
Tú _estás_ .
Ud. _está_ .
Los estudiantes _están_ .
Uds. _están_ .

Práctica 3 Change the verb to the present progressive.

Trabajan mucho. → Están trabajando mucho.

Lavan los platos.
Cambio los cheques.
¿Tomas agua helada?
Gritamos a los niños.
Piensa en el asunto.
Llaman a sus padres.
¿Trabajas en la fábrica?   factory
Espero a Miguel.

Regular –ER and –IR Verbs:

The present participle of –er and –ir verbs consists of the verb root plus –iendo.

beber	bebiendo	[beḅyéndo]
comer	comiendo	[komyéndo]
vivir	viviendo	[biḅyéndo]
salir	saliendo	[salyéndo]

Due to an orthographic inconsistency in writing Spanish, if [yéndo] is not preceded by a consonant at the end of the verb root, it is written –yendo.

ir	yendo	[yéndo]
oír	oyendo	[oyéndo]
leer	leyendo	[leyéndo]

Práctica 4 Substitute the cued words.

Ellos están comiendo.
_____ bebiendo.
_____ saliendo.

282 CONTEMPORARY SPANISH

    _____ subiendo.
    _____ aprendiendo.
    _____ corriendo.

Práctica 5   Substitute the cued subjects and make the necessary verb change.

    Los niños están comiendo.
    Carlos _____.
    Yo _____.
    Uds. _____.
    Tú _____.
    Nosotros _____.

Práctica 6   Change to the present progressive.

    ¿Adónde corres?
    Vivimos en el centro.
    Aprendo la lección.
    Come en la cocina.
    Suben a las montañas.
    El niño crece un poco cada día.
    Oímos las noticias.
    Abro el paquete.

Stem-Changing Verbs:

The *–ir* verbs which change the stem vowel *e* to *ie* (such as *sentir*) or to *i* (such as *pedir*) when the root is strongly stressed change stem vowel *e* to *i* in the present participle. Similarly, the verbs *dormir, poder* and *morir* change stem vowel *o* to *u*.

venir	viniendo	[binyéndo]
sentir	sintiendo	[sintyéndo]
decir	diciendo	[disyéndo]
pedir	pidiendo	[pidyéndo]
dormir	durmiendo	[durmyéndo]

Práctica 7   Substitute the cued words.

    Estoy pidiendo.
    _____ repitiendo.
    _____ sirviendo.
    _____ siguiendo.
    _____ durmiendo.

Práctica 8 Substitute the cued subjects and make the necessary verb change.

> Estoy repitiendo la oración.
> Los estudiantes _____.
> Ud. _____.
> Nosotros _____.
> Ella _____.
> Uds. _____.
> Tú _____.
> Yo _____.

Práctica 9 Change to the present progressive.

> María hierve el agua.
> Seguimos los consejos de él.
> Duermen arriba.
> ¿Qué mides?   measure
> El dice la verdad.
> Sirven la comida.
> Dormimos poco.
> Los estudiantes repiten la oración.

Usage:

The *estar* plus present participle construction does not always imply that an action is actually taking place at the moment, but may indicate something which occurs from time to time, although not as a permanent habit. Therefore, *estoy estudiando francés* does not necessarily imply that an act of studying French is occurring at the moment but may mean that the study of French has been undertaken and has not been discontinued.

Está estudiando filosofía.	He is taking a course in philosophy or he is at the moment dedicating his attention to the study of philosophy.
Estudia filosofía.	He is, or is studying to be, a philosopher.

Whether this construction indicates action taking place at the moment or an action which takes place at intervals is sometimes clarified by the context.

Está estudiando en la sala.	He is now there in the process of studying.
Está estudiando en la universidad.	He is during the present term taking courses.
Estudia en la universidad.	He is a student there.
Estudia en la sala.	That is where he habitually studies.

Práctica 10 Change *generalmente* to *en este momento* and the simple present indicative to the present progressive.

> Generalmente hablan por teléfono. → En este momento están hablando por teléfono.

Generalmente oyen el programa.
Generalmente tomamos café.
Generalmente lava el coche.
¿Generalmente limpias la casa?
Generalmente hago postre.
Generalmente abren las ventanas.
Generalmente cuida a los niños.
Generalmente discuten sobre la política.

The object pronouns which accompany the verb usually precede the verb *estar* when it is followed by the participle: *Los están buscando*. The pronouns may, however, follow the participle, in which case in writing they are attached to it and an accent is written on the vowel preceding *–ndo*: *Están buscándolos*.

Práctica 11 Substitute the cued words.

El me lo está diciendo.
_____ escribiendo.
_____ repitiendo.
_____ leyendo.
_____ pagando.
_____ sirviendo.
_____ contando.
_____ devolviendo.
_____ enseñando.
_____ explicando.

Práctica 12 Substitute the present progressive for the simple verb. Place the object pronouns before the form of *estar*.

> Me los quitan. → Me los están quitando.

Las leen.
Me habla.
¿Lo ves?
Nos lo enseñan.
Les paga.

Se lo contamos.
Los oigo.
Te sirven.

The verb *ir* uses the simple present form of the verb to indicate an action in progress.

COMPOUND PAST TENSE—Hemos estudiado.

The forms of the present tense of *haber* which are constructed with the past participle are given below:

HABER

yo	he	[e]		nosotros	hemos	[emos]
tú	has	[as]		(vosotros	habéis	[aḅéys])
Ud. ⎱ él ⎰	ha	[a]		Uds. ⎱ ellos ⎰	han	[an]

These forms of *haber* are never used alone, but must occur with the participle—or some other elements such as *de* plus infinitive—and nothing occurs normally between these forms of *haber* and the participle.

Regular —AR Verbs:

The past participle of *–ar* verbs is formed by adding *–ado* to the verb stem.

hablar	hablado	[aḅláḍo]
estudiar	estudiado	[estuḍyáḍo]
cantar	cantado	[kantáḍo]

Usage:

The present tense of *haber* plus past participle is used to indicate an action occurring at some unspecified time in the past and the possibility of repeating an action stated affirmatively or of carrying out in the future an action stated negatively.

| He estudiado alemán. | Studied at some time in the past and it is no longer happening at present but could again in the future. |
| No he estudiado alemán. | But it might possibly happen in the future. |

Práctica 13 Substitute the cued words.

>Hemos viajado.
>_____ estudiado.
>_____ hablado.
>_____ nadado.
>_____ esperado.
>_____ caminado.
>_____ paseado.
>_____ trabajado.
>_____ bailado.
>_____ cantado.

Práctica 14 Substitute the cued subjects and make the necessary verb change.

>Hemos viajado por España.
>Carlos _____.
>Ellos _____.
>Ud. _____.
>Yo _____.
>Uds. _____.
>Tú _____.
>Nosotros _____.

Práctica 15 Change the perfective past forms to the present of *haber* plus past participle.

>Canté en la iglesia. → He cantado en la iglesia.

Tomaste las pastillas.	pills
Cenó con tu hermana.	
Estudiamos en su casa.	
Viajaron en avión.	
Caminé a la tienda.	
¿Visitaste el convento?	
Trabajaron toda la noche.	
¿Lavó esas cortinas?	curtains

Regular –ER and –IR Verbs:

The participle of a regular *–er* or *–ir* verb is formed by adding *–ido* to the verb root.

comer	comido	[komído]
entender	entendido	[entendído]

salir salido [salído]
ir ido [ído]

Práctica 16 Substitute the cued words.

Ellos han comido.
_____ bebido.
_____ comprendido.
_____ salido.
_____ ido.
_____ decidido.

Práctica 17 Substitute the cued subjects and make the necessary verb change.

Ellos han comido en ese restorán.
Yo _____.
Uds. _____.
María _____.
Mis padres _____.
Nosotros _____.
Ud. _____.
Tú _____.

He vivido en México.
Carlos _____.
Carlos y María ___.
Tú _____.
Ud. _____.
Nosotros _____.
Uds. _____.
Yo _____.

Práctica 18 Change the perfective past forms to the compound past and omit the time expression.

Recibí un regalo ayer. → He recibido un regalo.

Comimos mangos anoche.
Fue a Italia el año pasado.
Vivieron en París hace tres años.
¿Oíste el concierto anteayer?
Subieron los precios hace poco.
Pulí los pisos ayer.   polished
Perdiste tu dinero anoche.
Aprendí a nadar hace años.

Irregular Verbs:

Some verbs such as the following have irregular past participles:

abrir	abierto	[aβyérto]	
cubrir	cubierto	[kuβyérto]	to cover
decir	dicho	[díčo]	
escribir	escrito	[eskríto]	
freír	frito	[fríto]	to fry
hacer	hecho	[éčo]	
morir	muerto	[mwérto]	
poner	puesto	[pwésto]	
romper	roto	[r̄óto]	
resolver	resuelto	[r̄eswélto]	
ver	visto	[bísto]	
volver	vuelto	[bwélto]	

Most other verbs which have irregular past participles are compounds of *cubrir, decir, –scribir, hacer, poner, –solver, ver* and *volver*, such as *describir, contradecir* (to contradict), *descubrir, deshacer* (to undo), *componer* (to compose, repair), *disolver, prever* (to foresee) and *devolver* (to return, give back).

Práctica 19 Substitute the cued subjects and make the necessary verb change.

He visto el monumento.
Tú _____.
Ellos _____.
Ella _____.
Nosotros _____.
Ud. _____.
Los turistas _____.
Yo _____.
El _____.

Carlos ha hecho un viaje.
Mi familia _____.
Uds. _____.
Yo _____.
Ellas _____.
Ud. _____.
Tú _____.
Nosotros _____.
Ella _____.

Ellos han escrito la carta.
Yo _____.
Tomás _____.
Uds. _____.
Tú _____.
Juan y María _____.
Ud. _____.
Nosotros _____.

Hemos dicho la verdad.
Ellos _____.
Uds. _____.
Yo _____.
Teresa _____.
Ud. _____.
Tú _____.
Nosotros _____.

Práctica 20   Change the perfective past forms to the compound past.

    Me escribieron una carta. → Me han escrito una carta.

    Resolvió el problema.
    Volvieron a la ciudad.
    Rompí el florero.   flowerpot, vase
    ¿Freíste las papas?
    Dijo que no.
    No hizo caso.
    Descubrimos el error.
    Lo describiste muy bien.

Note that object pronouns precede the form of *haber*.

PROGRESSIVE ACTION WITH HACER—Carlos está aquí desde hace dos horas.

If an action started in the past a certain amount of time ago and at the present time has not yet stopped, it is expressed by the present tense plus *desde hace* plus an expression of time.

    Estoy estudiando desde hace dos horas.
    Estamos aquí desde hace cuatro días.
    Carlos enseña historia desde hace años.

An alternate construction is *hace* plus an expression of time plus *que* plus a dependent clause.

Hace dos horas que estoy estudiando.
Hace cuatro días que estamos aquí.
Hace años que Carlos enseña historia.

Práctica 21 Substitute the cued words.

Estudio desde hace mucho tiempo.
Trabajo _____.
Enseño _____.
Hablo _____.
Pinto _____.

Hace mucho tiempo que Juan está aquí.
_____ trabaja aquí.
_____ habla francés.
_____ conoce a María.
_____ me hace caso.
_____ le escribe.
_____ lo dice.

Práctica 22 Invert the sentences according to the model.

Tienen coche desde hace tres años. → Hace tres años que tienen coche.

Los conocemos desde hace meses.
Compro en esa tienda desde hace cinco años.
Saben inglés desde hace muchos años.
Doy clases desde hace varios años.
Viene diario desde hace cuatro semanas.
Están viendo televisión desde hace media hora.
Trabajo en esa oficina desde hace ocho meses.
Están estudiando desde hace dos horas.

Práctica 23 Answer the following questions.

¿Hace mucho tiempo que Ud. está aquí?
¿Cuánto tiempo hace que Ud. estudia español?
¿Cuánto tiempo hace que Ud. asiste a esta universidad?
¿Cuánto tiempo hace que Ud. trabaja aquí?
¿Cuánto tiempo hace que Ud. conoce a María?
¿Cuánto tiempo hace que Ud. lo sabe?
¿Cuánto tiempo hace que Ud. espera a Teresa?

LECCION 26 | FUTURE TENSE

REGULAR VERBS—Comeremos allí mañana.

The future tense of regular verbs is formed in Spanish by adding the endings of the present tense of *haber* to the full infinitive. The *-ar*, *-er* and *-ir* verbs employ identical endings in this tense.

CANTAR

yo	cantar-é	[kantaré]	nosotros	cantar-emos	[kantarémos]
tú	cantar-ás	[kantarás]	(vosotros	cantar-éis	[kantaréys])
Ud. }	cantar-á	[kantará]	Uds. }	cantar-án	[kantarán]
él			ellos		

Note that the stress shifts to the endings. The letter *h* which is written initially in the conjugation of *haber* is not written in the future tense endings.

Práctica 1 Substitute the cued subjects and make the necessary verb change. Omit the subject.

Paco hablará español.
Paco y María ―――――.
Ella ―――――.
Yo ―――――.
Nosotros ―――――.
Ud. ―――――.
Uds. ―――――.
Tú ―――――.

Ellos trabajarán aquí.
Yo _____.
Uds. _____.
Carmen _____.
Nosotros _____.
Ud. _____.
Tú _____.

Comeremos allí mañana.
José _____.
Yo _____.
José y María _____.
Tú _____.
Uds. _____.
Nosotros _____.
Ud. _____.

Ellos venderán la casa.
Enrique _____.
Yo _____.
Uds. _____.
Nosotros _____.
Ud. _____.
Ellos _____.
Tú _____.

Viviré en Bolivia.
Mi familia _____.
Carlos y María _____.
Nosotros _____.
Ud. _____.
Tú _____.
Yo _____.
Uds. _____.

Domingo le escribirá una carta.
Teresa _____.
Ellos _____.
Yo _____.
Uds. _____.
Nosotros _____.
Tú _____.
Ud. _____.

Práctica 2 Change the present to the future tense.

    Comen mucho. → Comerán mucho.

    Hablamos español.
    Contestas la carta.
    Escribe la tarea.
    Recibo el paquete.
    Abren la puerta.
    Aprendes español.
    Rompes el juguete.
    Vendemos el coche.
    Rompen la silla.
    Comprendo la lección.
    Subes a la torre.
    Toma un refresco.

IRREGULAR VERBS—¿Harán Uds. el almuerzo?

The following verbs have irregular future stems which are substituted for the infinitive.

Infinitive	*Singular*	*Plural*
caber	cabré, cabrás, cabrá	cabremos, cabrán
decir	diré, dirás, dirá	diremos, dirán
hacer	haré, harás, hará	haremos, harán
poder	podré, podrás, podrá	podremos, podrán
poner	pondré, pondrás, pondrá	pondremos, pondrán
querer	querré, querrás, querrá	querremos, querrán
saber	sabré, sabrás, sabrá	sabremos, sabrán
salir	saldré, saldrás, saldrá	saldremos, saldrán
tener	tendré, tendrás, tendrá	tendremos, tendrán
valer	valdré, valdrás, valdrá	valdremos, valdrán
venir	vendré, vendrás, vendrá	vendremos, vendrán

The future form *habrá* corresponds to the present tense form *hay*.

Práctica 3 Answer the following questions.

    ¿Dirás la verdad?
    ¿Harás un viaje a Madrid?
    ¿Podrás salir?
    ¿Vendrás mañana?

¿Tendrás bastante tiempo?
¿Saldrás a tiempo?
¿Lo sabrás mañana?
¿Pondrás las maletas en el coche?
¿Vendrán Uds. la semana que viene?
¿Tendrán Uds. la oportunidad?
¿Se lo dirán Uds. a Guillermo?
¿Harán Uds. el almuerzo?
¿Podrán Uds. salir mañana?

Práctica 4   Change the present to the future tense.

Tienes suerte. → Tendrás suerte.

Cabe en el tren.
Dicen la verdad.
Hago un viaje.
Podemos salir.
Quiero estudiar.
Sales a tiempo.
Saben la respuesta.
Hay mucho ruído.
Vale un dineral.
Venimos a las ocho.
Haces mucho trabajo.
Ponen la mesa.

USAGE—¿Llegarán a tiempo?

The future tense may be used to assert that an action will take place at some time, specified or unspecified, in the future.

Iremos al cine.
Mañana vendrán.
Lo traerán dentro de tres días.

Práctica 5   Change *ayer* to *mañana* and the perfective past form of the verb to the future.

Ayer hablaste con ella. → Mañana hablarás con ella.

Ayer fueron al cine.
Ayer llamamos por teléfono.
Ayer saliste con ellos.
Ayer recibieron una carta.

Ayer comí comida china.
Ayer vimos a Cecilia.
Ayer dijiste que no.
Ayer cantó bien.

The future tense also substitutes for the present tense in questions when the speaker does not know for sure, or strongly suspects, that the person spoken to knows the answer.

¿Tendrán hambre?
¿Por qué estarán cantando?
¿Dónde vivirán?

Práctica 6 Change the verb from present tense to future.

¿Está estudiando? → ¿Estará estudiando?

¿Ya lo saben?
¿Quién es?
¿Dónde estamos?
¿Están trabajando?
¿Cabe en la caja?
¿No vale la pena?   Isn't it worthwhile?
¿No lo quieren?
¿Las conoce?

The future forms of *haber* are:

HABER

yo	habré	[aβré]	nosotros	habremos	[aβrémos]
tú	habrás	[aβrás]	(vosotros	habréis	[aβréys])
Ud. él	habrá	[aβrá]	Uds. ellos	habrán	[aβrán]

The future of *haber* plus past participle is used to assert that an action will take place not later than some particular time in the future and is frequently preceded by *ya*.

A las nueve ya habrán cenado.   They will have already dined.
Para mañana ya habremos acabado.   by tomorrow
La semana que viene ya lo habré aprendido.

Práctica 7   Change the present tense form shown in parentheses to *ya* plus the future of *haber* plus past participle.

         Para pasado mañana (llegan). → Para pasado mañana ya habrán llegado.

         El lunes (llegamos).
         Para el jueves (sale).
         A esas horas (terminamos).
         Para mañana (empiezo).
         Al rato (descansa).
         Dentro de una hora (vuelve).
         En unos minutos (acaban).
         Para entonces (nace).

The future of *haber* plus past participle substitutes in questions for the perfective past and for the present of *haber* plus participle under the same circumstances in which the simple future substitutes for the present—when the speaker may doubt that the person addressed knows the answer.

         ¿Habrán llegado a tiempo?
         ¿Los habremos perdido?
         ¿Habrá visto a Juan?

Práctica 8   Change the verb from perfective past to the future of *haber* plus past participle.

         ¿Trajeron los libros? → ¿Habrán traído los libros?

         ¿Encontró los libros?
         ¿Nos lo mandaron?
         ¿Fueron al cine?
         ¿Rompimos el vaso?
         ¿Hizo el viaje?
         ¿Oyeron el programa?
         ¿No recibió la tarjeta?
         ¿Nos entendieron?

FUTURE TENSE WITH IR A—Voy a traer el helado.

The present tense of *ir a* plus infinitive is more commonly used in speech to assert that an action will take place in the future than is the future tense.

         Voy a recoger mis cartas.
         Mañana los vamos a llamar.
         Van a comer aquí.

Object pronouns may be attached to the infinitive, requiring a stress mark to be written on the final vowel of the infinitive when both a direct object and indirect object pronoun occur. Perhaps more commonly, however, the object pronouns precede the form of *ir*.

Voy a decírselo.
Se lo voy a decir.

Práctica 9 Substitute the cued expression.

Voy a hablar.
_____ nadar.
_____ bailar.
_____ comer.
_____ leer.
_____ subir.
_____ escribir.
_____ volver.

Van a hablar español.
_____ estudiar la lección.
_____ llegar mañana.
_____ comer aquí.
_____ vender la casa.
_____ subir a las montañas.
_____ vivir en Caracas.
_____ volver temprano.
_____ salir esta noche.
_____ decírmelo.

Práctica 10 Change the future tense forms to the present of *ir a* plus infinitive.

Hablaré con el ingeniero. → Voy a hablar con el ingeniero.   engineer

Traerán la leche.
Les escribiremos desde Cuenca.
Contestaré su pregunta.
Tendrá mucho cuidado.
Comerás en la escuela.
Cantaremos esa canción.
Pasado mañana veré a José.
Mañana se lo dirán.
El año que viene haremos un viaje.
Mañana estará aquí.

Estudiaremos más la semana que viene.
Limpiaré la casa pasado mañana.
Mañana por la mañana saldrás temprano.
Pronto hablarán con Juan.
Me lo dirán mañana.

The future tense of *ir a* plus infinitive is used in questions instead of the simple future tense or the present tense of *ir a* plus infinitive when the speaker doubts that the person addressed knows the answer.

¿Irán a comer con nosotros?
¿A qué hora iremos a llegar?
¿Le irán a gustar los dulces?

Práctica 11 Substitute the future tense of *ir a* plus infinitive for the simple future tense forms.

¿Cómo lo solucionará? → ¿Cómo lo irá a solucionar?

¿Qué les dirá?
¿Los encontraremos?
¿Dónde lo dejarán?
¿Traerán las fotos?
¿Llamará temprano?
¿Acabaremos esto?
¿Cómo lo hará?
¿No limpiará la casa?

FUTURE WITH DEBER—Debemos llevárselo a Celia.

The present tense of the verb *deber* plus infinitive is used to show that there is a very strong expectation that the subject will perform the action indicated by the following infinitive.

Debemos traer los boletos.
Debo ir a la biblioteca.
Deben ayudarnos.

Práctica 12 Substitute the cued expressions.

Debemos estudiar más.
_____ practicar.
_____ esperar aquí.
_____ leerlo en seguida.
_____ comer mejor.

FUTURE TENSE 299

_____ escribirle una carta.
_____ salir en seguida.
_____ saberlo para mañana.
_____ volver pronto.
_____ viajar al Perú.

Práctica 13 Omit *se supone que* and change the present subjunctive verb form to the present indicative of *deber* plus infinitive. Attach any object pronouns to the end of the infinitive, and omit any subject pronouns.

Se supone que se lo llevemos a Celia. → Debemos llevárselo a Celia.

Se supone que compremos el helado.
Se supone que pasen por nosotros.
Se supone que pagues pronto.
Se supone que cantemos el himno.
Se supone que estudies más.
Se supone que hagan las maletas.
Se supone que yo arregle la casa.
Se supone que te los comas.
Se supone que él nos la entregue.
Se supone que te esperen en el centro.

The verb *deber* plus infinitive, or *deber de* plus infinitive, is used to express a conjecture or guess by the speaker.

Deben ser las tres.
Debe estudiar mucho.
Debes estar cansado.

Práctica 14 Omit *supongo que* and change the future to the present indicative of *deber* plus infinitive. Attach any object pronouns to the end of the infinitive.

Supongo que tendrán sueño. → Deben tener sueño.

Supongo que estarán en la escuela.
Supongo que sabrá francés.
Supongo que le gustará la paella.
Supongo que trabajarán mucho.
Supongo que conocerás a mi primo.
Supongo que estarán estudiando.
Supongo que será muy sabroso.
Supongo que los tendrás.
Supongo que comerán el helado.

PRESENT USED IN FUTURE SENSE—Mañana llega mi tío.

The present indicative is often substituted for the future, especially when accompanied by an expression of future time.

Pasado mañana salgo para Quito.

El mes que viene compran el coche.

Práctica 15 Change the future form to the present indicative.

Mañana llegará mi tío. → Mañana llega mi tío.

Esta noche veremos a Paco.
Pasado mañana volverán.
La semana que viene irán al cine.
Mañana traeré las revistas.
Al rato vendrá el doctor.
Pasado mañana hablaremos con ellos.
Mañana lo haremos nosotros.
Dentro de poco pasará Marta.

The *yo* form and *nosotros* form of the present indicative are used to inquire whether the persons addressed approve of the action specified being performed by the speaker (*yo* form) or speaker and others (*nosotros* form).

¿Cómo cierro la puerta?
¿Salimos ahora?

Práctica 16 Omit *les parece que* and change the present subjunctive form to present indicative. Omit the subject pronoun.

¿Les parece que yo abra la ventana? → ¿Abro la ventana?

¿Les parece que compremos las toallas?   towels
¿Les parece que yo lo lleve al correo?
¿Les parece que yo prepare la cena?
¿Les parece que ayudemos a María?
¿Les parece que yo apague el radio?
¿Les parece que quememos la basura?
¿Les parece que yo anote los puntos?
¿Les parece que se lo digamos a Juan?

Lectura Narrativa
LAS VACACIONES DE LOS BUROCRATAS

La palabra «burócratas» se ha generalizado en México para designar a la multitud de empleados y empleadas que trabajan en las oficinas del gobierno. Todos los años durante el mes de marzo los burócratas tienen sus quince días de vacaciones anuales. Durante ese mes el clima es excelente y la estación de las lluvias aún no se presenta. Por eso los burócratas en su mayoría deciden salir de la gran metrópoli para dirigirse a lugares de descanso situados hacia los cuatro puntos cardinales.

Desde la mañana del lunes, enormes caravanas de automóviles abandonan la ciudad. Los autobuses duplican el número de unidades en servicio y los trenes añaden vagones o carros extra. La autopista de Cuernavaca, la de Puebla y otras importantes carreteras se transforman en ríos ininterrumpidos de pintorescos vehículos cargados hasta los topes de paquetes, maletas y bultos de todas clases.

Pero la mayor parte de los vacacionistas prefieren pasar su tiempo en Acapulco, el internacionalmente famoso puerto del Pacífico. Acapulco es sin duda uno de los lugares más hermosos y modernos de México. Los viajeros, después de despedirse de los pobres mortales que no quieren o no pueden acompañarlos, empiezan a salir desde muy temprano. Todos van alegres y desde luego con las ropas informales que tan cómodas caen. ¡Adios, corbatas molestas y sacos enfadosos! ¡Adios, uniformes apretados y fajas apretadas! Las camisas de colorines, los pantalones holgados y los sombreros y gorros de fantasía hacen su aparición.

Los autos se pasan unos a otros y los vacacionistas saludan a sus conocidos con el claxon. Los policías de tránsito no podrían impedir la anarquía que parece enseñorearse alegremente de las carreteras. La de Acapulco, hermosa y bien cuidada autopista de bastante anchura, serpentea entre hermosos paisajes y todo el mundo saluda desde el auto a los campesinos indios que con ojos admirados vienen de sus ranchos y pueblitos a contemplar el paso de los automóviles.

A las dos horas se llega a Cuernavaca aunque muchos presumen de haber llegado en una. Natural, traen un Mercedes o un Jaguar y...ni modo. Allí en Cuernavaca los que saben viajar se detienen a tomarse unas cervezas. ¡Cómo se apetecen después de la tensión del viaje!

Hacia el mediodía ya se han bajado más de dos mil metros de altitud y el calor del trópico se anuncia con sudor, cansancio y cocoteros. Los autobuses se tranquilizan y las canciones de los viajeros van muriendo desmayadamente mientras el señor antipático que en vano protestaba por los gritos durante todo el viaje disfruta unos minutos de silencio. Pero pocos en verdad, porque

¿Quiénes son los burócratas?

¿Cuándo tienen sus vacaciones?

¿Cómo son las carreteras?

¿Dónde prefieren pasar sus vacaciones la mayor parte de los vacacionistas?

Describa la ropa de los vacacionistas.

Describa la autopista de Acapulco.

¿Qué hacen los vacacionistas en Cuernavaca?

desmayadamente
faintly

de repente aparece tras la montaña el mar azul turquesa, los hoteles, los rascacielos y las villas elegantes de Acapulco. La última bajada.

Los que van por primera vez se apiñan en las ventanillas. Los veteranos explican siempre algo para presumir o sonríen desdeñosamente ante las exclamaciones de los novatos... Acapulco, diez, doce días de mar, a veces menos... Mañanas de La Caleta y La Caletilla... excursiones a la isla de la Roqueta para ver al burrito borracho que bebe cervezas... sol, mariscos, marimbas y hermosas mujeres tostándose al sol... Tardes de Hornos o de Puerto Marqués con el sol que se pone y la juventud que danza....

Y, por fin, la vuelta. Caras tristes, carteras vacías, deudas en perspectiva y cansancio de tanto descansar. Tal vez una amistad, tal vez un idilio. Y un lunes negro e implacable, el más triste de todos los lunes esperando a los burócratas en la oficina sin alma.

¿Qué hacen los novatos al llegar a Acapulco?

apiñan crowd around

¿Cómo vuelven todos a su trabajo?

Lectura Dialogada
Una aventura

Santiago y Pedro:

—¡Santiago! Casi no te reconozco. ¿Dónde has estado?

—En la playa. Por eso estoy tan bronceado. Pasamos dos semanas sensacionales en un sitio completamente salvaje.

—¿Y esto dónde?

—En la Bahía de Ladrilleros.

—¡Caramba! No sabía que hubiera carretera para ir allá.

—¡Si no hay! Fuimos en la avioneta de un amigo.

—Y, ¿dónde aterrizaron?

—En la playa. Hay que llegar eso sí, cuando la marea está baja.

—Pero, ¡qué peligro!

—Realmente fue toda una aventura; pero al menos fue algo distinto.

bronceado tan; **carretera** highway; **avioneta** small plane; **aterrizaron** land; **marea** tide; **peligro** danger

Preguntas:

¿Dónde ha estado Santiago?
¿Cómo está?
¿Por qué no lo reconoce Pedro?
¿Cuántas semanas pasó Santiago en la playa?
¿Dónde estaba la playa?
¿Cómo es la Bahía de Ladrilleros?
¿Hay carretera para ir allá?
¿Cómo fue Santiago?
¿Dónde aterrizaron?
¿Cuándo se puede aterrizar?

DIALOGO 12. EL EXAMEN

Fernando y Julio:

—Hola, Julio, ¿cómo te fue en el exámen?

—Divinamente. ¿A ti?

—A mí, no, desafortunadamente.

—¡No me digas! ¿Y eso por qué?

—No entendí bien dos de las preguntas.

—¿Le preguntaste al profesor?

—Sí, pero lo pensé mucho.

—Y él, ¿te las explicó?

—Sí, pero era tarde y no las acabé.

Dialog Expansion:

¿Cómo salió Julio en el examen?
¿Cómo salió Fernando?
¿Qué no entendió Fernando?
¿Le preguntó al profesor?
¿Se las explicó el profesor?
¿Acabó las preguntas Fernando?
¿Por qué no las acabó?

LECCION 27 | VERB AND SENTENCE ADJUNCTS

The verb, which is the nucleus of most sentences, gives a scant, basic idea of what that sentence is going to deal with. This verb may be enriched, or complemented, in various ways to give more information about it.

REVIEW OF DIRECT AND INDIRECT OBJECTS—Le enseñé la corbata.

You have already learned that a verb may be complemented by means of direct or indirect objects, both noun and pronoun. These objects are sometimes called direct and indirect complements of the verb.

María comió.
María comió el pan.
María lo comió.

Carlos habló.
Carlos le habló al profesor.
Carlos le habló.

Enseñé. . . .
Enseñé la corbata.
Le enseñé la corbata a Carlos.
Le enseñé la corbata.

CIRCUMSTANTIAL COMPLEMENTS OF THE VERB—Teresa habló con todos.

A verb may be complemented by telling the conditions or circumstances under which the action occurs. Complements which describe these circumstances are called circumstantial complements of the verb.

Such complements describe many circumstances among which are the time something occurs, the place where it occurs and the way in which it is done.

Teresa habló.
Teresa habló con todos.
Teresa habló en la esquina.
Teresa habló rápidamente.

Teresa habló rápidamente con todos en la esquina.

Juan corre.
Juan corre todos los días.
Juan corre desde la escuela.
Juan corre hasta su casa.

Juan corre todos los días desde la escuela hasta su casa.

Esperé.
Esperé pacientemente.
Esperé dos horas.
Esperé ayer.

Esperé pacientemente dos horas ayer.

Práctica 1 Build each basic sentence by sequentially adding to it each of the cued expressions. Follow the model.

Pablo estudió.   (en el laboratorio)→
Pablo estudió en el laboratorio.   (hasta las seis) →
Pablo estudió en el laboratorio hasta las seis.

Pablo estudió.   (en el laboratorio)
                 (hasta las seis)
                 (con un amigo)

Llegamos.   (de casa)
            (a la clase)
            (sin dificultad)

Me fui.   (en tren)
          (desde Madrid)
          (hasta Barcelona)

Vinimos.   (con el profesor)
           (inmediatamente)
           (para la clase)

Conseguí el regalo.   (para Virginia)
                      (fácilmente)
                      (en la ciudad)

Voy a comprar el pasaje.   (para La Paz)
                           (esta mañana)
                           (con un cheque)

Carlos contesta las preguntas.   (correctamente)
                                 (con paciencia)

Práctica 2   Give the various smaller sentences that can be derived from each of the following sentences.

Llegamos de casa a la clase sin dificultad.→
Llegamos. Llegamos de casa. Llegamos a la clase. Llegamos sin dificultad.

Me fui en tren desde Madrid hasta Barcelona.
Vinimos con el profesor inmediatamente para la clase.
Pablo estudió en el laboratorio hasta las seis con un amigo.
Conseguimos el regalo para Virginia fácilmente.
Voy a comprar el pasaje para La Paz esta mañana con un cheque.
Carlos contesta las preguntas correctamente con paciencia.

Study these examples:

¿Con quién vives?	Con mis padres.	Vivo con mis padres.
¿De dónde llegas?	De Madrid.	Llego de Madrid.
¿Adónde vas?	A la universidad.	Voy a la universidad.
¿Cómo contestas?	Correctamente.	Contesto correctamente.
¿Cuándo llegas?	Mañana.	Llego mañana.
¿Dónde estudias?	En casa.	Estudio en casa.
¿Hasta cuándo estudias?	Hasta las ocho.	Estudio hasta las ocho.
¿Por qué corres?	Porque tengo prisa.	Corro porque tengo prisa.

Práctica 3   Answer each of the following questions in a complete sentence incorporating the given cue in your answer.

¿Cuándo vas?   (mañana) → Voy mañana.

¿Dónde estudias?   (en la biblioteca)
¿En qué piensas?   (en un viaje)

¿De qué hablas?   (de una revista)
¿De quién hablas?   (de un amigo)
¿Para qué estudias? (para aprender bien)
¿Hasta cuándo estudias? (hasta las cinco)
¿Desde cuándo trabajas? (desde las nueve)
¿Por qué trabajas?   (porque es necesario)
¿Con qué pagas eso? (con un cheque)

Práctica 4 Form the appropriate question for each of the following statements. Use the familiar form of address in asking the questions.

Voy mañana. → ¿Cuándo vas?

Estudio en el laboratorio.
Vivo con mi hermano.
Pienso en un viaje.
Hablo de una revista.
Hablo de un amigo.
Estudio para aprender bien.
Estudio hasta las cinco.
Trabajo desde las nueve.
Trabajo porque es necesario.
Pago eso con un cheque.

Práctica 5 Answer each of the following questions using first an appropriate word or phrase, then a complete sentence.

¿Con quién almuerza Ud.? → Con Carlos. Almuerzo con Carlos.

¿Para qué va Ud. a la universidad?
¿Cómo contesta Ud.?
¿Hasta cuándo estudia Ud.?
¿Desde cuándo lee Ud.?
¿Adónde corre Ud.?
¿Para dónde se va Ud.?
¿De dónde llega Ud.?
¿A quién llama Ud.?
¿Para quién compra Ud. eso?
¿Por dónde va Ud.?
¿De qué habla Ud.?

Each sentence or verb adjunct answers a basic question such as how, why, where, when, from where, how long, until when, with whom, about what, about whom.

Práctica 6 Answer each of the following questions in a complete sentence using an appropriate circumstantial complement.

¿A quién le diste el libro? → Le di el libro a mi amigo.

¿Hasta cuándo te quedaste en Venezuela?
¿De quién hablaste?
¿Para qué estudiaste la lectura?
¿Para cuántos preparaste la comida?
¿Con qué problema empiezas?
¿Por cuánto tiempo te vas al extranjero?
¿Desde cuándo trabajas aquí?
¿A quién le das el mejor pedazo?

Adverbs Formed with –MENTE:

Certain verb or sentence adjuncts are words ending in –*mente*. These words are formed from singular adjectives: if the masculine singular adjective ends in –*o*, change the *o* to *a* and add –*mente*; if it ends in any other sound, simply add –*mente*.

Es un niño alegre.	Es una niña alegre.
El juega alegremente.	Ella juega alegremente.
Tengo el ejercicio correcto.	Tengo la frase correcta.
Lo escribí correctamente.	La escribí correctamente.
¡Qué hombre tan diligente!	¡Qué mujer tan diligente!
Trabaja diligentemente.	Trabaja diligentemente.

Práctica 7 Form a new adverb from each cued adjective.

Juan trabaja diligentemente. (lento) → Juan trabaja lentamente.

Juan trabaja diligentemente. (lento)
(triste)
(rápido)
(independiente)
(curioso)

El profesor llega a tiempo afortunadamente. (evidente)
(desgraciado)
(difícil)
(general)
(fácil)

Llegará mañana afortunadamente.   (desgraciado)
Vino corriendo desgraciadamente.   (rápido)
Hice los ejercicios rápidamente.   (correcto)
Resolvió el problema correctamente.   (inteligente)
Contestó las preguntas inteligentemente.   (fácil)
Encontré la dirección fácilmente.   (inmediato)
Llegará en tren inmediatamente.   (afortunado)

Práctica 8   Answer the question about the statement using a word ending in *–mente*.

Es un avión rápido. ¿Cómo va el avión? →
El avión va rápidamente.

Es un señor independiente. ¿Cómo vive el señor?
Es una niña perezosa. ¿Cómo trabaja la niña?
Es un muchacho alegre. ¿Cómo juega el muchacho?
Es una familia pobre. ¿Cómo vive la familia?
Es un tren lento. ¿Cómo va el tren?
Es una dirección fácil. ¿Cómo la encontró José?
Es un ejercicio difícil. ¿Cómo lo escribió María?

POR Versus PARA:

Por carries the meaning of going through a place, *para* the meaning of going to or setting out for a place.

Voy por el jardín.
Salgo por la puerta.
Me voy para el jardín.
Salgo para la ciudad.

Práctica 9   Complete the sentences with *por* or *para*.

Cuando yo vaya a España, voy a pasar _____ Lisboa.
Carmen se fue ayer _____ el Ecuador.
No quiero pasar _____ el centro de la ciudad.
Vinimos _____ el camino más largo.
Es necesario salir _____ esa puerta.
Nos vamos _____ las montañas.
Mañana me voy _____ Montevideo.

LECCION 28 LINKING VERBS

The two principal linking verbs in Spanish are *ser* and *estar*.

USAGE OF SER—Mi hermano es pintor.

Ser is used with a nominal complement.

Ignacio es poeta.
Vicente López es médico.
Juan Manuel es abogado.

Ignacio y José son poetas.
Vicente y Carlos son médicos.
Mis amigos son abogados.

An unmodified noun may stand alone as nominal complement in both the singular and plural, but when a following descriptive adjective modifies the noun head, an indefinite article is usually required unless a more specific determiner is present.

Mi amigo es ingeniero.
Mi amigo es un ingeniero muy bueno.

Mis amigos son ingenieros.
Mis amigos son unos ingenieros muy buenos.

Práctica 1 Substitute the cued expression.

    El señor López es profesor.
    ——————— un profesor fantástico.
    ——————— estudiante.
    ——————— un estudiante sobresaliente.
    ——————— médico.
    ——————— un médico conocido.
    ——————— ingeniero.
    ——————— un ingeniero famoso.
    ——————— poeta.
    ——————— un poeta célebre.

Práctica 2 Substitute the cued words and make any necessary changes in the preceding sentence.

    Mi hermano es pintor.
    ——————— un pintor famoso.
    ——————— son ———————.
    Su primo ———————.
    ——————— químico.
    Mis amigos ———————.
    ——————— es ———————.
    ——————— un escritor muy bueno.
    ——————— son ———————.
    Tu tío ———————.
    ——————— abogados.

Práctica 3 Answer the questions.

    ¿Es ese señor don Ignacio Gómez?
    ¿Es esa señora doña Carmen Iglesias?
    ¿Es ese señor el esposo de Antonia?
    ¿Es esa señora la esposa de don Francisco?
    ¿Es médico tu hermano?
    ¿Es pintor Enrique?
    ¿Es un buen químico el señor Salas?
    ¿Es Cervantes un famoso escritor?
    ¿Eres estudiante?
    ¿Son Uds. estudiantes?

    Ser is also used with a complement of possession.

    La bolsa es de Cristina.   (La bolsa pertenece a Cristina.)
    La camisa es de Juan.   (La camisa pertenece a Juan.)

Práctica 4 Substitute the cued words.

El sombrero es de Juan.
_____ Carlos.
_____ Enrique.
_____ María.
_____ Teresa.
_____ la señora Gómez.
_____ la profesora.

Práctica 5 Change the form of *pertenecer* to *ser* and change *a* to *de*.

Esos coches pertenecían a mi tío. → Esos coches eran de mi tío.

El sombrero pertenece a Paco.	
Estos libros pertenecen a Yolanda.	
El encendedor pertenece a Joaquín.	lighter
Las plumas pertenecen a la señora Gómez.	
La tinta pertenece a mis hermanos.	
El radio pertenecía a tu abuela.	
Esos relojes pertenecen a mis tíos.	watches
Ese lápiz pertenece a Carlos.	

A *de*-plus-noun phrase indicating a topic or material is also used as complement of *ser*.

La clase es de filosofía.   (La clase trata de filosofía.)
La moneda es de oro.   (La moneda está hecha de oro.)

Práctica 6 Substitute the cued words.

La camisa es de seda.	
_____ lana.	wool
_____ algodón.	cotton
_____ nilón.	
Las flores son de papel.	
_____ plástico.	
_____ cera.	wax

Práctica 7 Change the form of *estar hecho* to the corresponding form of *ser*.

Este helado está hecho de chocolate. → Este helado es de chocolate.

El dulce está hecho de coco.
Los tamales estaban hechos de pollo.
La ensalada está hecha de col.   cabbage
Las flores están hechas de cera.
Los vasos estaban hechos de plástico.
Las servilletas están hechas de papel.
Su vestido está hecho de lana.
Esta mesa está hecha de caoba.   mahogany

Para is used to introduce a recipient complement which is constructed with *ser*.

El regalo es para María Teresa.
Estos dulces son para la niña.

A complement of purpose introduced by *para* is also constructed with *ser*.

La pelota es para jugar fútbol.
El cuchillo es para cortar la carne.

Práctica 8 Substitute the cued words.

Este lápiz es para escribir.
_____ dibujar.   to draw
_____ calificar.

Práctica 9 Change the form of *servir* to the corresponding form of *ser*.

Este trapo sirve para secar los platos. → Este trapo es para secar los platos.

¿Para qué sirven estos adornos?
Esta tinta sirve para dibujar.
¿Para qué sirve esta máquina?
Este aceite sirve para ensaladas.   olive oil
Esta harina sirve para pasteles.   flour
Estas tazas sirven para medir.   cups
Este lápiz rojo sirve para calificar.
¿Para qué sirve este insecticida?

De plus a place noun functions as a complement of *ser*, indicating the origin of the subject.

Juan es de México.
El señor Moscoso es de Quito.
Los García son de la costa.

Práctica 10   Substitute the cued words.

> Juan es de México.
> _____ Caracas.
> _____ Salamanca.
> _____ la capital.
> _____ mi pueblo.
>
> Tomás y María son de Venezuela.
> _____ Bogotá.
> _____ Laredo.
> _____ la provincia.
> _____ Aragón.

Práctica 11   Substitute the cued words and make the necessary changes in the form of *ser*.

> María es de Honduras.
> Yo _____.
> _____ Cuenca.
> Nosotros _____.
> _____ Jalisco.
> Mis tíos _____.
> _____ Madrid.
> Carlos _____.
> _____ la capital.
> Ana y María _____.
> _____ mi pueblo.

Práctica 12   Answer the following questions according to the cue.

> ¿De dónde es tu tío?   (la Argentina)
> ¿De dónde es la novia?   (Bolivia)
> ¿De qué pueblo es ella?   (Guanajuato)
> ¿De qué nación son los soldados?   (Inglaterra)
> ¿De qué parte son los bailarines?   (Nicaragua)
> ¿De dónde es tu abuela?   (Sevilla)
> ¿De qué país es el cantante?   (Cuba)
> ¿De qué parte de España son los andaluces?   (el sur)

De plus a place noun is also used with *ser* when the subject is nonpersonal and the complement of *de* indicates where the subject was made, purchased, etc.

> Este reloj es de Suiza.
> Estos chocolates son del supermercado.

Práctica 13 Transform the sentences to employ *ser de*.

    Compré este reloj en la tienda de descuento. →   discount store
    Este reloj es de la tienda de descuento.

    Cosecharon ese café en Colombia.
    Hicieron este radio en el Japón.
    Compramos la mantequilla en la lechería.   butter
    Compré los melones en la plaza.
    Hicieron este casimir en Inglaterra.
    Compramos el pastel en la pastelería.
    Encontramos el jabón en la botica.   soap, drugstore
    Compré este tabaco en Jamaica.

When the subject refers to an event and the complement is of time or place, the linking verb is *ser*.

    La reunión es a las nueve.
    La reunión es en la escuela.

Práctica 14 Substitute the cued expression.

    La fiesta es mañana.
    ——————— a las nueve.
    ——————— temprano.
    ——————— en casa de María.
    ——————— en el salón.

Práctica 15 Transform the sentences to substitute use of *ser* for *haber*.

    Hubo una corrida el domingo pasado. → La corrida fue el domingo pasado.

    Hay reunión de profesores el martes.
    Habrá una representación mañana.
    Hay peleas de gallos a las diez.   cockfights
    Hubo fiesta ayer por la noche.
    Habrá una excursión el domingo.
    Hay conferencia esta tarde.
    Hubo desfile el día 16.   parade
    Habrá junta de padres en agosto.   meeting

Práctica 16 Change the form of *tener lugar* to *ser*.

    El baile tendrá lugar en el patio de la escuela. → El baile será en el patio de la escuela.

El espectáculo tendrá lugar en el estadio. — stadium
El concurso de belleza tuvo lugar en el teatro. — beauty contest
Las fiestas tienen lugar en el club.
La ceremonia tendrá lugar en el salón de actos.
El discurso inaugural tendrá lugar en el Palacio Nacional.
Las conferencias tienen lugar en la Universidad.
La junta tuvo lugar en la oficina del director.
El matrimonio civil tendrá lugar en la casa de la novia.

SER VERSUS ESTAR—Madrid es grande. Madrid está en España.

When the complement is of place but the subject is not an event, *estar* is the linking verb.

María está en la escuela.
La foto está en el cajón.
Madrid está en España.
El Ecuador está en Sudamérica.

Práctica 17 Substitute the subject or complement of place shown, making any necessary adjustments in the verb.

La blusa está en el cajón.
_____ encima de la mesa.
La máquina de escribir _____.
Las revistas _____.
_____ allí.
Los señores Rodríguez ___.
_____ en Santiago.
La pelirroja _____. — redhead
_____ cerca de la ventana.
Las plantas tropicales _____.
_____ en el sol.
Los bañistas _____. — bathers
_____ en la playa.

Práctica 18 Select the proper form of the present tense of *ser* or *estar* to join the subject and complement shown.

La tertulia, en el Café Colón → La tertulia es en el Café Colón.

El museo del Prado, en Madrid
Nuestra reunión, en la casa de tu prima

Yo, cerca del Hotel Gran Vía
El baile de los estudiantes, en el salón
La despedida, en aquel hotel
Los monos, en el parque zoológico
Los templos de los Incas, en Cuzco
Las guitarras clásicas, en el segundo piso

Both *ser* and *estar* are used with adjective complements. *Ser* indicates a characteristic viewed as more or less constant and invariant.

Enrique es gordo.
El libro es pequeño.
La chica es baja.

Estar indicates an accidental feature viewed as subject to variation.

Enrique está gordo (ahora).
La comida está caliente.

When a noun subject is used in a general or abstract sense, *ser* is used.

La comida mexicana es sabrosa.   Mexican food in general
Las lecciones de biología son difíciles.

When the subject does not refer to a total class but only to a particular sample, *estar* may be used.

La comida mexicana está sabrosa.   This particular sample
Esa lección de biología está difícil.

Some Spanish adjectives are used with a different meaning as complement of *ser* and as complement of *estar*. Some are shown below with synonyms or near synonyms when used with each linking verb.

Adjective	With Ser	With Estar
listo	inteligente	dispuesto
malo	malvado	enfermo
nuevo	recién hecho	poco usado
vivo	diligente y ágil, animado	no muerto

Práctica 19 Choose *ser* or *estar* so that the adjective complement will have a meaning similar to the term shown in parentheses.

(recién hecho)   Mi escritorio _____ nuevo. → Mi escritorio es nuevo.

324 CONTEMPORARY SPANISH

(inteligente) Ese niño _____ muy listo.
(enferma) María no vino porque _____ mala.
(dispuesto) Tu hermano _____ listo para acompañarte.
(diligente y ágil) Mi sobrino _____ muy vivo.
(recién hecha) Nuestra casa _____ nueva.
(malvado) Ese muchacho _____ malo.
(poco usado) Mi abrigo _____ nuevo todavía.
(no muerto) El perro de Julio _____ vivo todavía.

The participle of some verbs is used as complement of *estar* and the construction asserts a condition of the subject which has resulted from the performance of the action specified by the participle. The participle agrees with the subject in gender and number.

La carne está frita.
Las máquinas están arregladas.

Práctica 20 Make the direct object of the given sentence the subject of a new sentence followed by *estar* plus the proper form of the participle of the verb shown.

Ya abrieron la ventana. → La ventana está abierta.

Ya rompieron los vasos.
Ya plancharon la ropa.
Ya lavaron las tazas.
Ya apagaron la luz.
Ya compusieron las lámparas.
Ya rayaron el disco.
Ya cerraron las puertas.
Ya apagaron el radio.

Lectura Narrativa
EL CINE EN LOS PAISES HISPANICOS

Sin duda, el cine es la diversión preferida del público español e hispanoamericano. En algunos países... como España y México... seguramente disputa el primer lugar con los toros; en otros... como la Argentina y el Uruguay ... con el fútbol. Pero en todas partes el cine tiene numerosísimos seguidores. Para unos es un entretenimiento inofensivo; para otros, un motivo de interminables conversaciones críticas; para todos, el cine representa un elemento de la experiencia del que no se puede prescindir.

Tres son los países hispánicos... los mismos que se destacan por su producción de libros... en donde se cuenta con una industria cinematográfica más activa y poderosa: España, México y la Argentina. En los tres países, el cine ha seguido una trayectoria parecida. Al principio, los temas eran casi exclusivamente folklóricos o teatrales. Después esos temas han ido abarcando una gama cada vez más vasta, hasta alcanzar (como en *Viridiana*, de Luis Buñuel) algunos de los más complejos problemas de la conciencia contemporánea.

Además, las industrias cinematográficas locales han ido creciendo en importancia y en solidez económica. Ello se ha apoyado muchas veces sobre la actuación de figuras de muchísimo éxito popular. Esos actores y actrices, capaces de llenar las salas noche tras noche, tal vez no cuentan con el aplauso de los más entendidos; pero el público los ama y los sigue. El éxito de estos «taquilleros» ha servido de mucho para fortalecer económicamente las empresas para las cuales trabajan y, de paso, la industria cinematográfica del país. Entre ellos se encuentran Lola Flores, Fernando Fernán Gómez y, más recientemente, Sarita Montiel, en el cine español; Libertad Lamarque, primero en el cine argentino y luego en el mexicano; María Félix y Mario Moreno (Cantinflas), también en el de México; y Lolita Torres, Olga Zubarry, Tita Merello y Luis Sandrini, en el de la Argentina.

Tal vez no ha llegado aún el momento de reconocerlo, pero no cabe duda de que el éxito económico alcanzado por estas figuras ha hecho del cine «una buena inversión» en los países hispánicos. Los directores de intención artística más elevada y de controvertible contenido social, los expositores de puntos de vista filosóficos y los cultores del virtuosismo técnico han seguido por lo general los pasos de estos iniciadores.

¿Cuál es la diversión preferida del público español e hispanoamericano?
¿Con qué compite el cine en España y en México?
¿Con qué compite en la Argentina y el Uruguay?
Para algunos, ¿qué es el cine?

¿Cuáles son los tres países que se destacan más por sus producciones cinematográficas?

Al principio, ¿cuáles eran los temas?

Hoy, ¿cómo son los temas?

¿Cuál es un factor que ha influido favorablemente la solidez económica de la industria cinematográfica?

fútbol soccer
seguidores followers
entretenimiento entertainment
prescindir to dispense with
se destacan stand out
trayectoria path
abarcando embracing, comprising

se ha apoyado has leaned upon
llenar to fill

taquilleros performers with box office popularity
empresas enterprises, undertakings

inversión investment

EL CINE EN LOS PAISES HISPANICOS 327

Y así, el cine hispánico de hoy puede ofrecer no sólo dos festivales de alta categoría internacional (los de San Sebastián y Mar de la Plata), sino también una vasta galería de directores: hábiles artesanos como Rafael Gil, Luis César Amadori y José L. Sáenz de Heredia; creadores líricos como Emilio Fernández; buscadores de la expresión cinematográfica para los problemas sociales del siglo como Fernando Ayala y Lautaro Muruá; y quienes ven en el cine un medio de expresión de los más complejos problemas del hombre contemporáneo como el ya citado Buñuel y Leopoldo Nilsson. De todas esas modalidades y esfuerzos va saliendo un cine que, además de ser español, mexicano o argentino, aspira a un alcance universal.

¿Cuáles son dos festivales cinematográficos de alta categoría que tienen lugar en países de habla española?

alcance scope

Lectura Dialogada
Huelga en la universidad

Juan Carlos y José Pedro:

—¡Qué problema se le ha armado a la Universidad!

—Leí que los estudiantes están en huelga.

—Y, ¿sabes por qué se produjo?

—No. No tengo ni idea.

—Están respaldando a cuatro compañeros que querían expulsar por razones políticas.

—Y, ¿van a lograr que la universidad ceda?

—Pues de otra manera han amenazado con un paro nacional de universidades.

—Pero, ¿cómo pueden lograrlo?

—Los estudiantes están muy bien organizados.

respaldando backing; **lograr** to succeed; **amenazado** threatened; **paro** suspension

Preguntas:

¿Se le ha armado un problema serio a la universidad?
¿Qué están haciendo los estudiantes?
¿Por qué están en huelga?
¿Por qué querían expulsar a los cuatro estudiantes?
¿Qué van a lograr los que están en huelga?
Si no lo logran, ¿qué han amenazado?
¿Están bien organizados los estudiantes?

DIALOGO 13. UN DIA EN EL CENTRO

Cecilia y Juanita:

—¡Juanita! Aquí estoy. ¿Nos vamos?

—Espera, necesito dinero.

—¿Qué vas a comprar?

—Tengo que comprar un regalo para mi tía.

—Yo necesito zapatos y un vestido de fiesta.

—Yo quiero ir a la galería de arte.

—Será mejor que vayamos antes de ir de compras.

—Sí, no queremos cargar con paquetes.

—Dicen que la exposición es sensacional.

Dialog Expansion:

¿Qué necesita Juanita?
¿Espera Cecilia?
¿Adónde van las chicas?
¿Qué tiene que comprar Juanita?
¿Para quién es el regalo?
¿Qué necesita Cecilia?
¿Adónde quiere ir Juanita?
¿Adónde van primero?
¿Por qué van primero a la galería?
¿Cómo es la exposición?

LECCION 29 | MISCELLANEOUS PREPOSITIONS

A—Las naranjas están a quince pesos.

The preposition *a* is used in a complement of the verb *ser* or *estar* which expresses price. The complement of price per unit consists of *a* plus the amount of money, the article and the quantity.

a tres sucres la libra
a noventa pesetas el kilo
a treinta pesos el metro.

The verb *estar* is used when the price is viewed as one which fluctuates and is only the present price; *ser* is used when the price stated is viewed as the normal price not subject to much fluctuation.

La leche es a dos pesos el litro.
Los plátanos están a dos pesos el kilo.

When one unit of measurement is used almost exclusively in sales of the item priced, it may be understood and omitted.

La leche es a dos pesos.

Práctica 1 Substitute the cued words.

Los cangrejos son a quince pesos el kilo.	crabs
Los camarones _____.	shrimp
Los bizcochos _____.	rolls
Los tomates _____.	
Los chocolates _____.	

Hoy las manzanas están a quince pesos.
___ las naranjas _____.
___ los melones _____.
___ los tomates _____.

Práctica 2   Transform the sentences to replace *costar* with *ser a* or *estar a*.

La franela cuesta cinco pesos el metro. → La franela es a cinco pesos el metro.
Ahora las guayabas cuestan tres sucres el kilo. → Las guayabas están a tres sucres el kilo.

La gasolina cuesta noventa centavos.
Ahora los tomates cuestan tres pesos el kilo.
Los bizcochos cuestan veinte centavos cada uno.
Los chocolates cuestan veinticinco pesos el kilo.
Ahora los duraznos cuestan diez pesos el kilo.   peaches
Las tortillas cuestan ochenta centavos el kilo.
Ahora los melones cuestan tres pesos cada uno.
Ahora este terreno cuesta mil pesos el metro cuadrado.   square

DE—Comí de esos dulces.

The preposition *de* introduces a direct object to indicate only a portion rather than all. The noun phrase following this partitive usually contains a possessive or demonstrative or an article plus an additional modifier.

Comí de tus dulces.   candy, sweets
Comí de esos dulces.
Comí de los dulces que trajiste ayer.

Práctica 3   Substitute the cued words.

Comí de esas naranjas.
_____ esas manzanas.
_____ esos tomates.
_____ esos chocolates.
_____ esos dulces.

Práctica 4   Use *de* to express the portion.

Comimos algunos de estos chocolates. → Comimos de estos chocolates.

Les ofrecí algunas de esas naranjas.
Me dieron parte de su helado.

No le ofrecimos ninguno de nuestros camotes.   sweet potatoes
Comieron algunos de tus caramelos.
Dame parte de esa fruta.
No nos ofrecieron ninguna de sus manzanas.
¿Les damos algunas de estas uvas?
¿Quieres parte de esta carne?

The preposition *de* is used between an expression of quantity and the item measured. The measurement may be in terms of weight, volume or price.

doscientos gramos de jamón
dos litros de aceite
tres pesos de nueces

Práctica 5   Insert the expression in parentheses plus *de* before the noun direct object.

Quiero chocolates.   (dos pesos) → Quiero dos pesos de chocolates.

Necesito azúcar.   (dos kilos)
Compra leche.   (cuatro litros)
Trae plátanos.   (dos pesos)
Necesito gasolina. (doce litros)
Compré café.   (medio kilo)
Queremos pan.   (cuatro pesos)
Deme queso.   (trescientos gramos)
Necesitan manzanilla. (un peso)

A noun may be followed by *de a* plus an expression of price which indicates the market value of the noun modified.

un puro de a cinco pesos   cigar
zapatos de a cien pesos

Práctica 6   Substitute the cued words.

Tengo un libro de a dos pesos.
_____ cuadro _____.
_____ cuaderno _____.
_____ pluma _____.
_____ blusa _____.

Práctica 7   Change *que vale(n)* to *de a*.

Tengo un cuaderno que vale dos pesos. → Tengo un cuaderno de a dos pesos.

Quiero un vestido que vale ciento veinte pesos.

Compramos estampillas que valen ochenta centavos.	stamps
Perdí un billete que vale cinco pesos.	
Se me antoja un helado que vale tres pesos.	desire
Quiere una pluma que vale noventa pesetas.	
Me mandaron un calendario que vale diez sucres.	
Trajo mangos que valen dos pesos.	
Perdí una pulsera que vale treinta pesos.	bracelet

EN—Vamos en avión.

Means of travel is shown by *en* plus the vehicle or animal, except *caballo*. The preposition *a* is used in *a caballo* and *a pie*.

Iré a España en barco.
Fueron al centro a pie.

Práctica 8 Substitute the cued words.

Vamos en tren.
_____ avión.
_____ coche.
_____ camión.
_____ autobús.
_____ burro.

Vamos a pie.
_____ caballo.

Ellos van en avión.
_____ tren.
_____ pie.
_____ camión.
_____ coche.
_____ burro.
_____ caballo.

Práctica 9 Choose the correct preposition, *en* or *a*, to fill the blanks.

Le gusta viajar _____ avión. → Le gusta viajar en avión.

Julio vino _____ coche.
Voy a mi trabajo _____ tranvía.
Vine del centro _____ pie.
Fueron a la excursión _____ camión.

Los indios a veces viajan _____ burro.
Fuimos al lago _____ caballo.
Tendrán que ir _____ tren.
Volverán de Europa _____ avión.

CON—Cortaré el pan con este cuchillo.

The preposition *con* plus a noun phrase is used to indicate an instrument used.

Abrió la puerta con su llave maestra.	master key
Escribiré la dirección con este lápiz.	address

Práctica 10 Transform the sentences according to the model.

Usaré este cuchillo para cortar el pan. → Cortaré el pan con este cuchillo.

Usaron mi máquina para escribir su trabajo.	
Usaron esa plegadera para abrir la carta.	letter opener
Usará su encendedor para prender la lumbre.	lighter, light
Usé el pase para entrar al cine.	
Usamos lejía para blanquear la ropa.	bleach
Usó agua oxigenada para desinfectar el lavabo.	wash basin
Usarán ese palo para romper la piñata.	
Usa esta navaja para cortar el pelo.	razor, hair

PARA—Traerán un perro para tu hermano.

The preposition *para* is used to indicate a recipient.

Traje dulces para Alicia.
Buscan un cuaderno para Ud.

Práctica 11 Substitute the cued words.

Este regalo es para Carlos.
_____ mamá.
_____ mi amigo.
_____ mi hermano.
_____ mi abuela.

Práctica 12 Transform the second sentence into a phrase beginning with *para*.

María tejió un suéter. Se lo dio a su novio. →
María tejió un suéter para su novio.

Compré un libro. Se lo di a Jorge.
Tengo unas revistas. Se las daré a Juan.
Traerán un perro. Se lo darán a tu hermano.
Quiere una pelota. Se la dará a Paco.
Compraron un regalo. Me lo dieron a mí.
Traigo un vaso de agua. Se lo doy a José.
Alicia los hizo. Se los dio a su mamá.
Carlos hizo una hamburguesa. Se la dio a Eduardo.

POR—Iremos a la dulcería por chocolates.

The preposition *por* is used to indicate an item acquired or to be acquired on a shopping trip.

Voy por el periódico.
Fuimos a la tienda por cigarros.
Pasaron por las flores.

Práctica 13 Substitute the cued words.

Voy por agua.
_____ leche.
_____ el periódico.
_____ el libro.
_____ flores.

Práctica 14 Change the sentences to a construction employing *por*.

Iré al centro a comprar medias. → Iré al centro por medias.

Volvieron a la lavandería a recoger las camisas.   laundry
Irá a la escuela a traer a los niños.
Vamos al mercado a comprar fruta.
¿Pasaste a recoger tus libros?
Volveré a la papelería a comprar una pluma.   stationer
Vino a recoger su abrigo.
Iremos a la dulcería a comprar chocolates.
Fui a la esquina a traer una revista.

The preposition *por* is used to indicate what is exchanged for something else.

Te daré diez pesos por esa navaja.
Me ofrecieron un bolígrafo por mi lápiz.   ballpoint

Práctica 15   Substitute the cued words.

        Me dieron diez pesos por el libro.
        _____ el paquete.
        _____ el cuadro.
        _____ el bolígrafo.
        _____ el cuaderno.

Práctica 16   Change *a cambio de* to *por*.

        Nos dan un libro a cambio de este cuaderno. → Nos dan un libro por este cuaderno.

        Le ofrecí varias monedas a cambio de un billete.
        Me dio su café a cambio de mi refresco.
        Nos mandaron unos discos a cambio de esos libros.
        ¿Le das tu muñeca a cambio de su pelota?
        Les ofrecimos una silla a cambio de esta lámpara.
        Le di un lápiz rojo a cambio de uno azul.
        Mándale unas estampillas de aquí a cambio de unas del Japón.
        Te dio unos caramelos a cambio de esos chocolates.

The preposition *por* is used to indicate the person for whom the action mentioned is done by the subject of the sentence.

        Hicieron las compras por mí.
        Luisa escribió la carta por Celia.

Práctica 17   Substitute the cued words.

        Lo hago por él.
        _____ ella.
        _____ mi madre.
        _____ mi profesor.
        _____ mis amigos.
        _____ Ud.

Práctica 18   Change *en lugar de* to *por*.

        Alicia lo hace en lugar de Juan. → Alicia lo hace por Juan.

        Carlos da la conferencia en lugar del profesor.
        Asistí en lugar de mi hermana.
        Antonio visitó al enfermo en lugar de Elena.
        Yo lleno la solicitud en lugar de él.   application

Entregaremos las flores en lugar de Pepe.
Terminaron el trabajo en lugar de sus compañeros.
Jugó el partido en lugar de su amiga.
Llamé por teléfono en lugar de Jorge.

Práctica 19 Complete the following paragraphs with *por* or *para* as appropriate.

Este regalo es ____ María. Mi madre quiere dárselo ____ su cumpleaños. Como mi madre estuvo enferma ayer no pudo ir al centro. Así es que yo fui ____ ella ____ comprar el regalo ____ María.

Fui al centro. En el centro tuve que ir al mercado ____ fruta. La fruta es ____ los niños. Mientras estaba en el centro fui también a la lavandería ____ mis camisas. Al salir de la lavandería vi una tienda. Entré a la tienda ____ comprar un pantalón. Le di al empleado doce pesos ____ el pantalón.

SEGUN—Según mi hermana, es un buen profesor.

The preposition *según* (according to) is used to indicate that a following assertion is the expressed opinion of the prepositional object.

Según el profesor, muchos aceptan esa teoría.
Según yo, el español es muy difícil.

Note that the subject pronoun forms are used as objects of *según*.

Práctica 20 Rephrase the sentence to employ *según*.

María dice que esa película es muy buena. → Según María, esa película es muy buena.

Eduardo dice que tus chistes son muy malos.
Mis amigos dicen que hace mucho calor allá.
Fernando dice que hablamos muy bien.
Los García dicen que cuesta trabajo aprender inglés.
Teresa dice que la casa es grande.
Juan y Pepita dicen que Pablo estudia mucho.
Mi hermana dice que es un buen profesor.
Marta dice que todos estamos invitados.

LECCION 30 | RELATIVE PRONOUNS WITH ADJECTIVE CLAUSES

A Spanish noun phrase may include a subordinate (relative) clause which follows the noun head. A simple or compound relative pronoun always begins the relative clause.

QUE—El abogado que está leyendo es mi amigo.

The relative pronoun is *que* whenever it functions as subject in the relative clause.

Los libros *que llegaron* son de historia.
Los colombianos *que trajeron los dulces* van a Cuenca.

Práctica 1 Substitute the cued word.

Los libros que llegaron son grandes.
___ paquetes _____.
___ maletas _____.
___ cajas _____.
___ camisas _____.
___ vestidos _____.
___ cuadros _____.

El museo que está allí es interesante.
___ edificio _____.
___ parque _____.
___ escuela _____.
___ tienda _____.
___ exposición _____.

El muchacho que está leyendo es mi amigo.
— estudiante _____.
— profesor _____.
— médico _____.
— abogado _____.
— ingeniero _____.
— caballero _____.

La chica que trabaja aquí es guapa.
— secretaria _____.
— profesora _____.
— muchacha _____.
— camarera _____.   waitress

Práctica 2 In the following pairs of sentences, the same noun phrase functions as subject in both. Change the second sentence to a relative clause beginning with *que* and place it immediately after the subject of the first.

El muchacho es mi amigo. El muchacho está estudiando. →
El muchacho que está estudiando es mi amigo.

El estudiante es rico. El estudiante tiene coche del año.
La niña tiene mucha sed. La niña está llorando.
Los estudiantes no bailan. Los estudiantes no fueron a la fiesta.
El señor es profesor de historia. El señor siempre habla con María.
El sacerdote estudió en Roma. El sacerdote está oficiando.   priest
El jugador hizo un gol. El jugador habla francés.   goal
La carta es de Juan. La carta llegó esta mañana.
El libro parece interesante. El libro trata de arte moderno.
El autor es un hombre raro. El autor escribió esa novela.
La profesora es razonable. La profesora enseña español.
Las cartas están en inglés. Las cartas llegaron ayer.
El médico es suizo. El médico está comiendo helado.

If the antecedent does not refer to a person, the relative pronoun is also *que* when it functions as direct object in the relative clause.

La carta *que recibí* trae noticias de Ana.
Las pinturas *que compramos anoche* son bonitas.

Práctica 3 Substitute the cued subjects.

Los muebles que compramos cuestan mucho.
— libros _____.

___ cuadros _____.
___ ornamentos _____.
___ pinturas _____.
___ estatuas _____.
___ camisas _____.
___ medicinas _____.

El museo que visitamos es interesante.
___ edificio _____.
___ parque _____.
___ escuela _____.
___ tienda _____.
___ exposición _____.

Práctica 4 Change the second sentence of each pair to a clause with *que* as its object and move it to modify the subject of the first sentence.

El arroz tenía un sabor raro. Comimos el arroz con la comida. →
El arroz que comimos con la comida tenía un sabor raro.

Los muebles cuestan mucho. Hallaron los muebles en el centro.
El café es muy fuerte. Hacen el café en ese restorán.
El delantal está sucio. Te regalé el delantal para Navidad.   apron
Los libros son de medicina. Le mandamos los libros a Mercedes.
El paquete llegó pronto. Mandaron el paquete por correo aéreo.
El escritorio está en la sala. Le compraste el escritorio a Paco.
El abrigo es mío. Mancharon el abrigo con tinta.   stained, ink

Práctica 5 Connect the pairs of sentences with *que*, eliminating repetition of the direct object in the new subordinate clause.

Elisa me planchó el traje. Voy a llevar el traje al concierto. →   ironed
Elisa me planchó el traje que voy a llevar al concierto.

Alicia traerá las llaves. Hicimos las llaves para los inquilinos.   tenants
El profesor está buscando los libros. Devolviste los libros a la biblioteca.
María no ha recibido la tarjeta. Le mandamos la tarjeta desde Acapulco.   postcard
Teresa va a esconder los dulces. Trajiste los dulces de España.   to hide
Antonio lleva todavía la venda. Le pusieron la venda el sábado.   bandage
Mi hermana trae la carta. Perdí la carta hace una semana.
Luisa va a comprar el vestido. Vimos el vestido en la tienda.
Mi prima quiere vender la pulsera. Le regalamos la pulsera para su cumpleaños.

It is generally more natural not to end a subordinate clause in Spanish with the verb if there is any element expressed in addition to the relative pronoun and the verb.

Los chocolates *que nos regaló Carlos* no nos gustaron.
No nos gustaron los chocolates *que nos regaló Carlos*.

Práctica 6 Substitute the cued words.

El regalo que me mandó Carlos es fantástico.
_____ María _____.
_____ mi amigo _____.
_____ mi novia _____.
_____ mi padre _____.

Las noticias que trae el periódico son interesantes.
_____ el artículo _____.
_____ la revista _____.
_____ Carlos _____.
_____ mi amigo _____.

Práctica 7 Rephrase the two sentences into one, inserting *que* plus the second sentence after the noun phrase of the first sentence. Transpose the subject of the new clause to follow the verb or verb phrase.

La casa tiene tres pisos. Juan compró la casa. →
La casa que compró Juan tiene tres pisos.

Los chistes son ridículos. Pedro cuenta los chistes.
El periódico trae pocas noticias. Mis abuelos me mandaron el periódico.
Las cajas están llenas de arroz. Beatriz envolvió las cajas.   wrapped
La mesa está recién pintada. María quiere comprar la mesa.
La leche sabe a mantequilla. Antonio nos trajo la leche.   tastes like
Las flores huelen a perfume. Cecilia recogió las flores.   smell like
El abrigo no cabe en la maleta. Mi tío me regaló el abrigo.
La clase es interesante. El doctor López dicta la clase.

QUE WITH PREPOSITIONS—El tema de que hablas es interesante.

When a relative pronoun is substituted for a noun phrase preceded by the prepositions *a, con, de* or *en*, the pronoun is frequently *que* alone when the antecedent does not refer to a person.

El coche *en que hicimos el viaje* es nuevo.

Práctica 8 Substitute the cued subjects.

El tren en que hicimos el viaje es viejo.
— avión _____.
— autobús _____.

El asunto de que hablas es interesante.
— tema _____.
— plan _____.
— ensayo _____.
— novela _____.
— revista _____.
— película _____.

Práctica 9 Rewrite the sentences as a single complex one utilizing a relative clause beginning with a preposition plus *que*.

La película nos pareció excelente. Cantan en español en la película. →
La película en que cantan en español nos pareció excelente.

El dinero no alcanza. Contamos con el dinero.
La aldea está lejos. Siempre piensan en la aldea.   village
La escuela está en México. Se refirió a la escuela anoche.
El programa se canceló. Te quejaste del programa.   complained
El cajón está atorado. Metí los pañuelos en el cajón.   stuck
La revista es italiana. Encontramos ese artículo en la revista.
La música no está en el programa. Hablábamos de la música
Las medicinas son nuevas. Curaron a Juan con las medicinas.

When the relative pronoun is preceded by a preposition other than *a, con, de* or *en*, the form of the definite article corresponding to the subject immediately precedes the relative *que*. Instead of *que*, the relative pronoun *cual* or *cuales* may be used. These belong to a more formal style, however, and are less frequent in conversational style.

Las colinas junto a las que vivimos no son muy altas.   next to
Las colinas junto a las cuales vivimos no son muy altas.

Práctica 10 Substitute the cued subjects.

El edificio desde el que se ve la escuela es nuevo.
— parque _____.
— museo _____.
— jardín _____.
— rascacielos _____.

La escuela junto a la que vivimos es bonita.
___ colina _____.
___ catedral _____.
___ plaza _____.
___ casa _____.

Práctica 11 Insert the information in the second sentence as a relative clause to follow the subject of the first sentence.

El bosque tiene muchos pinos. Juegan dentro del bosque. →   forest
El bosque dentro del que juegan tiene muchos pinos.   pines

El edificio es muy alto. Se ve la escuela desde el edificio.
La carretera es muy angosta. Vamos por la carretera.   narrow
El almacén está bien surtido. Estacionamos el coche enfrente del almacén.   department store
La cama es muy ancha. Compré la colcha para la cama.   bedspread
Los árboles dan mucha sombra. Pusimos la hamaca entre los árboles.   shade
Las cuestiones me parecen importantes. Discutían sobre las cuestiones.
La casa se quemó. Hubo tantos accidentes enfrente de la casa.
Las botellas ya estaban rotas. Vinieron por las botellas.   broken

A QUIEN—La profesora a quien encontramos ayer es bonita.

When the relative pronoun which functions as direct object in the relative clause stands for a noun which refers to a person or persons, the relative pronoun may be *que*. Instead of *que*, *a quien* or *a quienes* may be used. The shorter *que* is normal in conversational style.

La muchacha *que* encontramos ayer estudia mucho.
La muchacha *a quien* encontramos ayer estudia mucho.

Las muchachas *que* encontramos ayer estudian mucho.
Las muchachas *a quienes* encontramos ayer estudian mucho.

Práctica 12 Substitute the cued subjects.

La muchacha que encontramos ayer es bonita.
___ señora _____.
___ secretaria _____.
___ profesora _____.
___ chica _____.

La muchacha a quien encontramos ayer es bonita.
___ señora _____.
___ secretaria _____.
___ profesora _____.
___ chica _____.

Los muchachos que vimos ayer son inteligentes.
___ niños _____.
___ estudiantes _____.
___ profesores _____.
___ médicos _____.
___ abogados _____.

Los muchachos a quienes vimos ayer son inteligentes.
___ niños _____.
___ estudiantes _____.
___ profesores _____.
___ médicos _____.
___ abogados _____.

Práctica 13 Change the second sentence to a clause beginning with *que* to combine the two ideas.

El niño trabaja mucho. Vimos al niño en la biblioteca. →
El niño que vimos en la biblioteca trabaja mucho.

El profesor habla como nativo. Escogieron al profesor para la vacante.   opening
La enfermera cuida a Carlos. Trajimos a la enfermera del hospital.   nurse
Los alumnos se divirtieron. Llevaste a los alumnos al zoológico.   enjoyed
El ingeniero generalmente llega tarde. Estoy esperando al ingeniero.
El cantante no ha estudiado música. Siempre oyen al cantante por radio.
Las maestras van a Francia. Conociste a las maestras hace poco.
El médico estudió en Suecia. Llamaron al médico para Alicia.
Los actores van a hacer una película. Vemos a los actores cada jueves en la televisión.

QUIEN—El estudiante a quien le mandé el libro vive en Sevilla.

When the indirect object in a similar relative clause replaces a noun which refers to a person, *quien* or *quienes* preceded by *a* functions as the relative pronoun. Instead of *quien, el que* or *la que* may be used; and instead of *quienes, los que* or *las que* can be substituted.

La muchacha a quien le regalé los discos vive en Madrid.
La muchacha a la que le regalé los discos vive en Madrid.

Práctica 14 Substitute the cued subjects.

La muchacha a quien le regalé los discos vive en Madrid.
— chica ——————————————————————.
— señora —————————————————————.
— profesora ————————————————————.
— secretaria ————————————————————.

La muchacha a la que le regalé los discos vive en Madrid.
— chica ——————————————————————.
— señora —————————————————————.
— profesora ————————————————————.
— secretaria ————————————————————.

El estudiante a quien le mandé el libro vive en Sevilla.
— hombre —————————————————————.
— muchacho ————————————————————.
— profesor —————————————————————.
— cliente ——————————————————————.

El estudiante al que le mandé el libro vive en Sevilla.
— hombre —————————————————————.
— muchacho ————————————————————.
— profesor —————————————————————.
— cliente ——————————————————————.

Práctica 15 Transform the two sentences into a complex one joined by *quien*.

El estudiante baila bien. Le mandé la revista al estudiante. →
El estudiante a quien le mandé la revista baila bien.

Los estudiantes bailan bien. Les mandé la revista a los estudiantes. →
Los estudiantes a quienes les mandé la revista bailan bien.

Los muchachos estudiaron mucho. Les hice una cinta a los muchachos.   tape
El ingeniero hizo los planes. Le encargaron el trabajo al ingeniero.
Los niños se lastimaron mucho. Les compraron patines a los niños.   skates
El señor engordó mucho. Le hicieron el traje al señor.   got fat

La señorita ya encontró trabajo. Le compraste las cortinas a la
   señorita.
La profesor es muy amable. Le llevé la tesis al profesor.
Los vecinos tienen un coche nuevo. Les robaron a los vecinos.

When a noun phrase which refers to a person and which is the object of a preposition is replaced by a relative pronoun, *quien* or *quienes* is used. Instead of *quien*, the corresponding form of the definite article plus *que* may be used.

La niña para quien trajimos los dulces es muy comilona.   a big eater
La niña para la que trajimos los dulces es muy comilona.

Las niñas para quienes trajimos los dulces son muy comilonas.
Las niñas para las que trajimos los dulces son muy comilonas.

Práctica 16 Substitute the cued subjects.

La muchacha en quien estoy pensando sabe francés.
— profesora ——————————————.
— hombre ——————————————.
— abogado ——————————————.

Las muchachas de quienes hablo saben francés.
—— señoras ——————————————.
—— muchachos ——————————————.
—— abogados ——————————————.

Práctica 17 Form a complex sentence with *quien*.

La muchacha sabe francés. Estoy pensando en la muchacha. →
La muchacha en quien estoy pensando sabe francés.

Las muchachas saben francés. Estoy pensando en las muchachas. →
Las muchachas en quienes estoy pensando saben francés.

El vecino es ingeniero. Les estuve hablando del vecino.
Las actrices trabajan bien. Cuentan con las actrices para ese   count on
   programa.
El ingeniero tiene mucha suerte. Estuvimos hablando con el ingeniero.
La muchacha estudia sicología. Fui al cine con la muchacha.
El profesor no vino hoy. Hice el trabajo para el profesor.
Las mujeres no llevaban mucho dinero. Fuiste de compras con
   las mujeres.
El candidato no ganó las elecciones. Votamos por el candidato.
Los amigos no nos ayudaron. Confiábamos en los amigos.

RELATIVE PRONOUNS WITH ADJECTIVE CLAUSES 351

Lectura Narrativa
EL BUEN HUMOR DE LOS SEVILLANOS

Sevilla es ciertamente una ciudad muy original que no se parece a ninguna otra. El casco antiguo sobre todo es inconfundible. La catedral con su famosa torre llamada la Giralda, el parque de María Luisa, el Archivo de Indias, la Torre del Oro, los hermosos puentes sobre el río Guadalquivir, todo eso es muy conocido de los turistas. Las calles son irregulares y caprichosas. Las casas ostentan típicos patios, rejas y profusión de macetas. La ciudad se mantiene tan limpia y arreglada que parece que más que para habitarse se ha hecho para verse.

Pero tal vez lo más interesante de Sevilla sean los sevillanos mismos. Gente alegre, vivaracha y habladora, gustan los sevillanos de las exageraciones en el lenguaje y de las bromas de buen gusto que a nadie molestan.

El señor Dupont era un francés de provincia que vino a hospedarse en París en una pensión donde paraban varios sevillanos. Día y noche oía el buen señor alabanzas y noticias diversas sobre Sevilla con grandísimo interés. En el invierno el clima de Sevilla era el mejor del mundo. En el verano hacía tanto calor que si Ud. rompía un huevo sobre la acera se freía al instante. O si lo prefería duro, bastaba sumergirlo en las aguas del Guadalquivir. La Giralda era tan alta que un suicida joven que se arrojó desde arriba llegó al suelo con canas. En fin, las sevillanas son de las más guapas.

Admirado Dupont de tantas maravillas aprovechó sus próximas vacaciones para hacer un viaje a la capital andaluza. El tren llegó a su destino a las diez de la noche y Dupont, provisto de un mapa Pirelli, se bajó en la Estación del Norte. Según el plano, la Pensión Don Marcos, donde tenía reservado un cuarto, no se encontraba lejos, y el francés decidió ir a pie para ahorrarse un taxi. Inútil, por más vueltas que daba por aquel laberinto de callejas no podía encontrar la pensión.

Tras consultar nuevamente su plano Dupont se convenció de que aquella calle angosta que torcía al final hacia la izquierda era la que él andaba buscando. Resueltamente se adentró por la callejuela. Sus pasos producían un curioso ruído sobre el artístico empedrado del pavimento. La luz que salía de los patios y el resplandor de las farolas de gas arrojaba la sombra del francés sobre las paredes y las rejas labradas.

De pronto, desde un balcón cargado de flores, tres lindas muchachas le gritaron: —Hasta luego, señor.— Dupont, que entendía el español, empezó a pensar mal de las chicas y tímidamente se las quedó mirando. —¡Hasta luego!— repitieron las sevillanas con una deliciosa sonrisa.

El francés, indeciso y turbado, decidió por fin que era mejor continuar hasta el hotel. Llegó al final de la calle, dobló a la izquierda y a los pocos metros se

¿Cómo son las calles de Sevilla?
¿Qué tienen las casas?   **rejas**   gratings
                                                                    macetas   flowerpots

¿Cómo son los sevillanos?

¿De dónde era el señor Dupont?

¿Qué oía él mientras se hospedaba en París?   **alabanzas**   praise

                                                                    canas   gray hair

¿Adónde decidió ir el señor Dupont?

                                                                    empedrado   cobble-
                                                                       stone pavement
                                                                    farolas   street lamps
¿Qué hicieron algunas lindas muchachas?

dio cuenta de que aquella callejuela no tenía salida. Era necesario desandar lo andado, y al pasar nuevamente bajo el balcón, las muchachas le dijeron entre carcajadas: —¿No le decíamos a Ud. que hasta luego?

Dupont frunció el entrecejo medio enojado y en la próxima esquina paró un taxi. —Por favor a la Pensión Don Marcos—dijo.— El taxista se le quedó mirando y puso el coche en marcha. —No, señor—le respondió—. Lo voy a llevar a otro hotel mejor.

Dupont furioso insistía en que se le llevara a la pensión que había dicho. El taxista decía que no, que lo iba a llevar a un hotel que valiera la pena. Mientras discutían acaloradamente, el taxi se metía por un laberinto de callejas. Dupont, rojo de ira, quería bajarse pero el taxista imperturbable le contestaba que ya iban a llegar.

Finalmente el auto se detuvo y el sevillano soltó una sonora carcajada. Sobre la puerta de la casa podía leerse «Pensión D. Marcos.» El francés, comprendiendo al fin la broma, preguntó: —¿Cuánto es?

—Nada, señor—respondío el taxista alargándole su tarjeta—. La próxima vez le cobraré. Aquí está mi dirección, por si me necesita.

¿Por qué se enfadó el señor Dupont con el taxista?

carcajadas gales of laughter
frunció el entrecejo frowned

Por fin, ¿adónde lo llevó el taxista?

Lectura Dialogada
La pintura abstracta

Juan y Alberto:

—¿Qué piensa Ud. de la pintura abstracta?

—Me gusta mucho cuando es auténtica.

—Pero, ¿no cree que es muy difícil distinguir la verdadera de la falsa?

—Claro que sí. En estos días tuve una experiencia interesante.

—¿Cuál fue?

—Un pintor joven me pidió que le diera por escrito la explicación que hice de sus cuadros.

—¿Para qué la quería?

—Para aprendérsela de memoria. Era la primera vez que entendía su pintura.

Preguntas:

¿A Alberto le gusta la pintura abstracta?
¿Cuándo le gusta?
¿Es difícil distinguir la verdadera de la falsa?
¿Qué le pidió un pintor a Alberto?
¿Cómo era el pintor?
¿Entendía el pintor su pintura?
¿Entendía el pintor la explicación que le dio Alberto?

DIALOGO 14.   UNA SITUACION TIPICA

Alfonso y un empleado del gobierno:

—Buenos días, señor.

—¿Qué se le ofrece?

—Necesito revalidar mi pasaporte.

—No sé si se puede hoy.

—¿Qué papeles tengo que tener?

—Puede comprar los timbres inmediatamente.

—¿Y eso es todo?

—No sé. Espere a que venga el señor Pinzón.

—En ese caso vuelvo mañana. Hasta luego.

Cultural note *In many Latin countries, whenever you need an official document, you have to pay a tax which is in the form of official stamps put on the documents. Without the stamps the documents are not valid.*

Dialog Expansion:

¿Con quién habla Alfonso?
¿Qué necesita hacer Alfonso?
¿Puede revalidar el pasaporte el empleado?
¿Qué puede comprar Alfonso inmediatamente?
¿Hasta cuándo tiene que esperar Alfonso?
¿Cuándo vuelve Alfonso?

LECCION 31 | COMMANDS

REGULAR FORMS—Abrenos la puerta. Esperen un momento.

–AR Verbs:

Study *hablar* as the key example for command forms of regular *–ar* verbs.

HABLAR

habl-a	tú	no habl-es	tú
habl-e	Ud.	no habl-e	Ud.
(habl-ad	vosotros*)	(no habl-éis	vosotros*)
habl-en	Uds.	no habl-en	Uds.

The *tú* form in affirmative commands is the same as the *Ud.–él* form of the present indicative.

The *Ud.–Uds.* and negative *tú* forms are the same as the *Ud.–Uds.–tú* forms of the present subjunctive.

The *Uds.* form is used for both informal and formal style.

* In Spain the infinitive is also used in commands: *hablar vosotros; no hablar vosotros.*

Práctica 1 Substitute the cued words.

Espera un momento.
Habla _____.
Estudia _____.
Busca _____.
Canta _____.
Baila _____.

No esperes aquí.
— hables ____.
— estudies ____.
— busques ____.
— cantes ____.
— bailes ____.
— andes ____.

Baile Ud., por favor.
Cante _____.
Hable _____.
Espere _____.
Estudie _____.
Trabaje _____.

No hable Ud., por favor.
— cante _____.
— trabaje _____.
— estudie _____.
— grite _____.

Hablen Uds. en la sala.
Canten _____.
Esperen _____.
Estudien _____.
Busquen _____.

No hablen Uds. ahora.
— esperen _____.
— trabajen _____.
— canten _____.
— estudien _____.
— bailen _____.
— terminen _____.

Práctica 2 Add the command forms of the infinitive given.

hablar

(Ud.) _____ con mamá.
(tú) _____ con mamá.
(Uds.) _____ con mamá.
(No tú) _____ con mamá.
(No Ud.) _____ con mamá.
(No Uds.) _____ con mamá.

esperar

(tú) _____ un momento.
(Uds.) _____ un momento.
(Ud.) _____ un momento.
(No Ud.) _____ un momento.
(No Uds.) _____ un momento.
(No tú) _____ un momento.

buscar

(Uds.) _____ aquí.
(tú) _____ aquí.
(Ud.) _____ aquí.
(No tú) _____ aquí.
(No Ud.) _____ aquí.
(No Uds.) _____ aquí.

trabajar

(tú) _____ más.
(No tú) _____ más.
(Ud.) _____ más.
(No Ud.) _____ más.
(Uds.) _____ más.
(No Uds.) _____ más.

estudiar

(Uds.) _____ ahora.
(Ud.) _____ ahora.
(No tú) _____ ahora.
(tú) _____ ahora.
(No Ud.) _____ ahora.
(No Uds.) _____ ahora.

Práctica 3 Substitute the cued words.

    Espera en la sala.
    ___ Ud. _____.
    Busque _____.
    _____ con cuidado.
    ___ Uds. _____.
    Trabajen _____.
    ___ tú _____.
    _____ por la noche.
    Estudia _____.
    ___ Ud. _____.

    No llame tan temprano.
    _____ tú _____.
    ___ cantes _____.
    _____ tanto.
    _____ Uds. ___.
    ___ estudien ___.
    _____ Ud. ___.
    _____ más.
    _____ tú ___.
    ___ esperes ___.
    _____ Uds. ___.
    _____ Ud. ___.

–ER and –IR Verbs:

Study *comer* as the key example of regular *–er* and *–ir* verbs.

COMER

com-e	tú		no com-as	tú
com-a	Ud.		no com-a	Ud.
(com-ed	vosotros)		(no com-áis	vosotros)
com-an	Uds.		no com-an	Uds.

Notice that here again the affirmative *tú* form is the same as the *Ud.–él* form of the present indicative.

The negative *tú* form and the *Ud.–Uds.* forms are the same as the present subjunctive.

Verbs ending in *–ir* have the same command forms as the *–er* verbs.

Práctica 4 Substitute the cued words.

Come rápido.
Lee _____.
Escribe _____.
Sube _____.
Corre _____.
Bebe _____.

No comas rápido.
___ leas _____.
___ escribas _____.
___ subas _____.
___ corras _____.
___ bebas _____.

Coma en el jardín.
Lea _____.
Beba _____.
Escriba _____.

No coma en el jardín.
___ lea _____.
___ beba _____.
___ escriba _____.
___ corra _____.

Escriban aquí.
Lean _____.
Coman _____.
Suban _____.
Beban _____.

No coman tanto.
___ beban _____.
___ corran _____.
___ escriban _____.
___ lean _____.
___ suban _____.

COMMANDS 365

Práctica 5 Substitute the cued words.

Coma Ud. rápido.
____ Uds. ____.
____ tú ____.
No _____.
____ Uds. ____.
____ Ud. ____.

Abra Ud. la puerta.
____ tú ____.
_____ la carta.
Lea _____.
____ Uds. ____.
Reciban _____.
____ tú ____.
_____ el papel.
Recoge _____.

No lea Ud. ese libro.
____ tú ____.
__ subas _____.
____ Uds. ____.
_____ el paquete.
__ reciban ____.
____ Ud. ____.
____ tú ____.

IRREGULAR VERBS—No nos pidas explicaciones.

Irregular command forms in general show the same parallelism to present indicative and present subjunctive as regular verbs.

PENSAR, ENVIAR, JUGAR, DORMIR and PEDIR

piens-a	tú	no piens-es	tú
piens-e	Ud.	no piens-e	Ud.
(pens-ad	vosotros)	(no pens-éis	vosotros)
piens-en	Uds.	no piens-en	Uds.
enví-a	tú	no enví-es	tú
enví-e	Ud.	no enví-e	Ud.

(envi-ad	vosotros)	(no envi-éis	vosotros)
enví-en	Uds.	no enví-en	Uds.
jueg-a	tú	no juegu-es	tú
juegu-e	Ud.	no juegu-e	Ud.
(jug-ad	vosotros)	(no jugu-éis	vosotros)
juegu-en	Uds.	no juegu-en	Uds.
duerm-e	tú	no duerm-as	tú
duerm-a	Ud.	no duerm-a	Ud.
(dorm-id	vosotros)	(no durm-áis	vosotros)
duerm-an	Uds.	no duerm-an	Uds.
pid-e	tú	no pid-as	tú
pid-a	Ud.	no pid-a	Ud.
(ped-id	vosotros)	(no pid-áis	vosotros)
pid-an	Uds.	no pid-an	Uds.

Práctica 6 Substitute the cued words.

Piense Ud. en donde lo dejaron.
_____ tú _____.
_____ Uds. _____.
_____ en eso.
No _____.
_____ tú _____.
_____Ud. ____.

Envía tú la carta.
____ Ud. ____.
No _____.
____ Uds. ___.
_____ el paquete.
___ tú _____.

Jueguen Uds. en el jardín.
_____ tú _____.
_____ en la sala.
_____ Ud. _____.
No _____.
_____ tú _____.

Duerme tú en ese cuarto.
_____ Ud. _____.
_____ Uds. _____.
_____ esta cama.
No _____.
_____ tú _____.
_____ Ud. _____.

Pide tú el catálogo a la universidad.
___ Ud. _____.
___ Uds. _____.
No _____.
_____ dinero _____.
___ tú _____.
___ Ud. _____.

No pierda Ud. la carta.
_____ tú _____.
___ envíes _____.
_____ más.
_____ Ud. ____.
___ juegues _____.
_____ tanto.
___ duermas _____.
_____ Ud. _____.

Cuente Ud. conmigo.
_____ tú _____.
_____ Uds. _____.
Vuelvan _____.
_____ tú _____.
_____ con cuidado.
Continúa _____.
_____ Ud. _____.
Cuente _____.
_____ sin miedo.
Juegue _____.
_____ tú _____.

There are some verbs which do not follow the usual patterns and must be learned individually.

PONER, TENER, VENIR and SALIR

pon ten ven sal	tú	no pongas no tengas no vengas no salgas	tú
ponga tenga venga salga	Ud.	no ponga no tenga no venga no salga	Ud.
(poned (tened (salid (venid	vosotros)	(no pongáis (no tengáis (no salgáis (no vengáis	vosotros)
pongan tengan vengan salgan	Uds.	no pongan no tengan no vengan no salgan	Uds.

DECIR, HACER, SER and IR

di	tú	no digas	tú
diga	Ud.	no diga	Ud.
(decid	vosotros)	(no digáis	vosotros)
digan	Uds.	no digan	Uds.
haz	tú	no hagas	tú
haga	Ud.	no haga	Ud.
(haced	vosotros)	(no hagáis	vosotros)
hagan	Uds.	no hagan	Uds.
sé	tú	no seas	tú
sea	Ud.	no sea	Ud.
(sed	vosotros)	(no seáis	vosotros)
sean	Uds.	no sean	Uds.

ve	tú	no vayas	tú
vaya	Ud.	no vaya	Ud.
(id	vosotros)	(no vayáis	vosotros)
vayan	Uds.	no vayan	Uds.

Práctica 7   Substitute the cued words.

Pon tú el libro.
__ Ud. ___.
__ Uds. ___.
Tengan _____.
__ Ud. ____.
__ tú ____.
No _____.
__ Uds. ___.
__ Ud. ___.

Venga Ud. al patio.
_____ tú _____.
_____ Uds. _____.
Salgan _____.
_____ tú _____.
_____ Ud. _____.
No _____.
_____ Uds. _____.

Di tú eso.
__ Ud. _.
__ Uds. _.
Hagan __.
__ tú __.
__ Ud. _.
No ____.
__ tú __.

Sé tú valiente.
__ Ud. ____.
__ Uds. ____.
_____ buenos.
No _____.
__ tú ____.
__ Ud. ____.

Vayan Uds. a la escuela.
_____ Ud. _____.
_____ tú _____.
_____ al juego.
No _____.
_____ Uds. _____.

POSITION OF PRONOUN OBJECTS—Pídele la pelota. No le pidas la pelota.

In affirmative sentences, the unstressed pronouns go after the verb and are written as part of it.

| háblale | duérmete |
| háblele | ríete |

In the negative, the pronouns come before the verb and are separate words.

| no le hables | no te duermas |
| no le hable | no te rías |

Práctica 8 Answer the following questions with the *tú* command according to the cue.

¿Le pido la pelota?   (Sí) → Sí, pídele la pelota.
¿Le pido la pelota?   (No) → No, no le pidas la pelota.

¿Le doy el paquete?   (Sí)
¿Le doy el paquete?   (No)
¿Le hablo?   (Sí)
¿Le hablo?   (No)
¿Le escribo la carta?   (Sí)
¿Le escribo la carta?   (No)
¿Le digo la verdad?   (Sí)
¿Le digo la verdad?   (No)
¿Lo pongo allí?   (Sí)
¿Lo pongo allí?   (No)
¿Te espero?   (Sí)
¿Te espero?   (No)
¿Te llamo?   (Sí)
¿Te llamo?   (No)
¿Te cuento lo que pasó?   (Sí)
¿Te cuento lo que pasó?   (No)
¿Me levanto?   (Sí)
¿Me levanto?   (No)

Práctica 9   Answer the following questions with the *Ud.* command according to the cue.

         ¿Le doy el libro?   (Sí) → Sí, déle el libro
         ¿Le doy el libro?   (No) → No, no le dé el libro.

         ¿Se lo digo a él?   (Sí)
         ¿Se lo digo a él?   (No)
         ¿Le hablo?   (Sí)
         ¿Le hablo?   (No)
         ¿La espero?   (Sí)
         ¿La espero?   (No)
         ¿Los vendo?   (Sí)
         ¿Los vendo?   (No)
         ¿Las subo?   (Sí)
         ¿Las subo?   (No)
         ¿Lo pongo allí?   (Sí)
         ¿Lo pongo allí?   (No)
         ¿Me levanto?   (Sí)
         ¿Me levanto?   (No)
         ¿Me voy?   (Sí)
         ¿Me voy?   (No)

Práctica 10   Answer the following questions with the *Uds.* command according to the cue.

         ¿Se lo decimos?   (Sí) → Sí, díganselo.
         ¿Se lo decimos?   (No) → No, no se lo digan.

         ¿Le hablamos?   (Sí)
         ¿Le hablamos?   (No)
         ¿Los mandamos?   (Sí)
         ¿Los mandamos?   (No)
         ¿Lo comemos?   (Sí)
         ¿Lo comemos?   (No)
         ¿La escribimos?   (Sí)
         ¿La escribimos?   (No)
         ¿Lo hacemos?   (Sí)
         ¿Lo hacemos?   (No)
         ¿Lo ponemos allí?   (Sí)
         ¿Lo ponemos allí?   (No)
         ¿Nos levantamos?   (Sí)
         ¿Nos levantamos?   (No)
         ¿Nos despedimos?   (Sí)
         ¿Nos despedimos?   (No)

Práctica 11 Substitute the cued words.

Pídele tú la pelota.
_____ Ud. _____.
Dele _____.
_____ tú _____.
No _____.
_____ el pan.
_____ Uds. ___.
__ pidan ___.
_____ tú _____.

Espérame tú, por favor.
_____ Ud. _____.
Llámeme _____.
_____ tú _____.
_____ más tarde.
Dígame _____.
_____ Uds. _____.
_____ lo que pasó.
_____ tú _____.
Cuéntame _____.
No _____.
__ me digas _____.

Acuéstate tú temprano.
_____ Ud. ____.
_____ Uds. ____.
Duérmanse _____.
_____ tú _____.
_____ pronto.
No _____.
_____ Ud. ___.
_____ Uds. ___.
_____ todavía.
__ levanten __ __.
__ ___ tú _____.

LECCION 32 | SUBJUNCTIVE WITH SPECIAL PHRASES

FIRST PERSON PLURAL COMMANDS—Empecemos la fiesta.

Commands that include the speaker (*let's*) are formed with the nosotros form of the subjunctive. Study the change in meaning between the indicative and subjunctive in these sentences.

Comemos en un restorán español.	Comamos en un restorán español.
Empezamos temprano.	Empecemos temprano.
Trabajamos hasta las seis.	Trabajemos hasta las seis.
Volvemos en taxi.	Volvamos en taxi.
Nos paramos aquí.	Parémonos aquí.
Nos escribimos mucho.	Escribámonos mucho.

The only exception to this usage is *vamos*.

Vamos a casa.
Vamos ahora.
Vámonos.

Práctica 1 Answer the questions according to the model.

¿Uds. comen en la casa de Olga. → Sí, comemos en la casa de Olga.

¿Uds. estudian en la biblioteca?
¿Uds. trabajan esta noche?
¿Uds. celebran el cumpleaños de Juan?
¿Uds. salen temprano?
¿Uds. compran este auto?
¿Uds. asisten a la fiesta?
¿Uds. la ayudan a María?

Práctica 2 Answer the questions according to the model.

¿Quieres comer en la casa de Olga? → Sí, comamos en la casa de Olga.

¿Quieres estudiar en la biblioteca?
¿Quieres trabajar esta noche?
¿Quieres hacer un viaje a España?
¿Quieres celebrar su cumpleaños?
¿Quieres salir temprano?
¿Quieres comprar este auto?
¿Quieres asistir a la fiesta?

Práctica 3 Answer the questions according to the model.

¿Comemos aquí? → Sí, comamos aquí.

¿Comenzamos a las nueve?
¿Salimos para Madrid?
¿Jugamos en este campo?
¿Salimos en seguida?
¿Hablamos con el profesor?
¿Leemos en la biblioteca?
¿Estudiamos para el examen?
¿Dormimos en este hotel?

Práctica 4 Answer the questions according to the model.

¿Nos sentamos aquí? → Sí, sentémonos aquí.

¿Nos paramos ahora?
¿Nos quedamos en la ciudad?
¿Nos despertamos temprano?
¿Nos acostamos a las once?
¿Nos escribimos a menudo?
¿Nos ponemos en camino?

Let's can also be expressed by *vamos a* plus infinitive.

Comamos en casa.	Vamos a comer en casa.
Empecemos la conferencia.	Vamos a empezar la conferencia.
Volvamos en seguida.	Vamos a volver en seguida.
Juguemos en este campo.	Vamos a jugar en este campo.
Despertémonos temprano.	Vamos a despertarnos temprano.

Práctica 5 Change to the subjunctive.

Vamos a celebrar el aniversario. → Celebremos el aniversario.

Vamos a comer a las doce.
Vamos a salir temprano.
Vamos a escribir esa carta.
Vamos a hacer un viaje.
Vamos a dormir en este hotel.
Vamos a descansar un poco.
Vamos a pararnos aquí.
Vamos a sentarnos en el salón.
Vamos a quedarnos en el centro.

Práctica 6 Transform the sentences to the *vamos a* construction.

Celebremos el aniversario. → Vamos a celebrar el aniversario.

Comamos a las doce.
Salgamos temprano.
Hablemos español con él.
Escribamos una carta.
Hagamos un viaje.
Durmamos en este hotel.
Descansemos un poco.
Parémonos aquí.
Sentémonos en el salón.
Quedémonos en el centro.

INDIRECT COMMANDS—Que hablen los otros.

Use *que* plus subjunctive for an indirect command to a third person.

No quiero esperar tanto.	No puedo salir ahora.
Que espere Juan.	Que salga mi hermana.
Que espere él.	Que salga ella.

No quiero irme.
Que se vayan los López.
Que se vayan ellos.

No me gusta cantar.
Que canten los otros.
Que canten ellos.

Práctica 7 Substitute the cued words.

Que entre él.
_____ ellos.
___ salgan ___.
_____ María.
___ espere ___.
_____ los otros.
___ hablen ___.
_____ Juan.
___ escriba _.
_____ ellas.
___ se vayan_.
_____ mi hermano.

Práctica 8 Respond according to the model.

Yo no trabajo esta noche. → Yo tampoco. Que trabaje él esta noche.

Yo no como en este restorán.
Yo no escribo la carta.
Yo no hago el viaje.
Yo no juego con los niños.
Yo no voy de compras.
Yo no salgo con Carmen.
Yo no apago la luz.
Yo no cierro la puerta.
Yo no leo esa novela.
Yo no espero a María.

Práctica 9 Respond according to the model.

No me paro en este hotel. → Yo tampoco. Que se pare él en este hotel.

No me despierto temprano.
No me siento aquí.
No me lavo en el río.
No me compro este coche.

Práctica 10 Respond according to the model.

    Pablo no quiere trabajar. → No importa. Que trabajen los otros.

Pablo no quiere comer.
Pablo no quiere cantar.
Pablo no quiere salir.
Pablo no quiere esperar.
Pablo no quiere jugar.
Pablo no quiere venir.
Pablo no quiere volver.

Práctica 11 Respond according to the model.

    Pablo no se va a quedar. → No importa. Que se queden los otros.

Pablo no se va a parar.
Pablo no se va a acostar.
Pablo no se va a levantar.
Pablo no se va a sentar.

Práctica 12 Answer according to the model.

    ¿Tú no esperas a Teresa? → No, que espere otro.

¿Tú no escribes la carta?
¿Tú no juegas con los niños?
¿Tú no sales para Acapulco?
¿Tú no trabajas hasta las diez?
¿Tú no te vas esta noche?
¿Tú no te paras aquí?
¿Tú no te levantas a las seis?

Que followed by the subjunctive is used to express a wish.

Tiene buena suerte.	Dios lo protege.
Que tenga buena suerte.	Que Dios lo proteja.
Llegan a tiempo.	Lo pasan bien.
Que lleguen a tiempo.	Que lo pasen bien.

Que can be used with the subjunctive to express the speaker's wish that something may happen or not happen. This expresses the English idea of "May (he)...."

Práctica 13 Each of the following sentences expresses a fact. Using *que*, express the wish that each may happen. Omit the subject pronoun.

    Ellos tienen buena suerte. → Que tengan buena suerte.

Ellos llegan a tiempo.
El se divierte muchísimo.
Ella lo pasa bien.
Ellas reciben lo que quieran.
El tiene mucha suerte.
Ellos están bien de salud.
Ella llega temprano.

Práctica 14 Use *que* to express the wish that each of the following may happen.

    Dios los acompaña. → Que Dios los acompañe.

Dios la protege.
Dios lo tiene en su reino.
Su salud mejora.
Todo sale bien.
No es nada serio.
No les pasa nada.
No es muy tarde.

More examples:

¿Lo pasa Ud. bien?
Que Ud. lo pase bien.

¿Llegan Uds. a tiempo?
Que Uds. lleguen a tiempo.

¿Tienes mucha suerte?
Que tengas mucha suerte.

Práctica 15 Substitute the cued words.

Que Ud. llegue a tiempo.
___ tú _____.
_____ temprano.
___ Uds. _____.
_____ tengan mucha suerte.
___ Ud. _____.
_____ esté de buena suerte.

___ tú _____.
_____ estés bien de salud.
___ Uds. _____.
_____ lo pasen bien.
___ Ud. _____.
_____ se divierta mucho.

Ojalá followed by the subjunctive can also be employed to express a wish.

¿Te acompaña Juan?
Ojalá me acompañe.
Ojalá que me acompañe.

¿Llegan ellos a tiempo?
Ojalá lleguen a tiempo.
Ojalá que lleguen a tiempo.

¿Estás bien de salud?
Ojalá esté yo bien de salud.
Ojalá que esté yo bien de salud.

Práctica 16   Each of the following sentences expresses a fact. Using *ojalá*, express the wish that each may happen. Omit the subject.

Juan quiere ir. → Ojalá quiera ir. Ojalá que quiera ir.

El lo puede resolver.
El niño estudia bastante.
Ella no sale hoy.
Los muchachos llegan a tiempo.
María está en casa.
Ellos me invitan a la fiesta.
No tengo que trabajar de noche.
Paco encuentra habitación.

A lo mejor does not take a subjunctive.

A lo mejor no llega mañana.
A lo mejor me quedo aquí.
A lo mejor no me encuentras en casa.

Práctica 17 Answer the questions with the *a lo mejor* construction.

¿Llegas mañana? → A lo mejor no llego mañana.

¿Sales en seguida?
¿Terminan ellos hoy?
¿Vienen tus amigos?
¿Lo sabe él?
¿Conoces a Juan?
¿Te encuentro en casa?
¿Hacemos el viaje?
¿Vamos en avión?

Lectura Narrativa
RENACIMIENTO DE LA NOVELA MODERNA DE LENGUA ESPAÑOLA

Grande fue la influencia de la literatura española del Siglo de Oro sobre el mundo civilizado. Pero es conocida su decadencia en los siglos XVIII y gran parte del XIX con relación a las otras literaturas europeas. Solo con la famosa generación llamada del 98 recobra España su puesto dentro de las letras europeas.

Recientemente hemos asistido a un renacimiento de las letras españolas de todos los géneros y especialmente de la novela. Por su flexibilidad, este género se presta más al movimiento neorrealista cuyos precursores fueron los novelistas americanos Caldwell, Hemingway y Steinbeck.

Estos novelistas nuevos se distinguen por el rechazo de todo análisis sicológico y del monólogo interior, características de una literatura intelectual e individualista. Se trata ahora de un realismo objetivo que suprime toda intervención exterior. Es una secuencia de hechos objetivos sueltos, una transcripción de lo real. Al igual que los novelistas norteamericanos de la década del veinte al treinta, estos novelistas de lengua española se esfuerzan en colocarnos en presencia de diálogos, de hechos, de actos, de gestos. No nos dan los sentimientos de los personajes sino la descripción objetiva de sus actos. Se trata en síntesis de la oposición entre la transcripción de los hechos fundamentales de la vida colectiva y el análisis subjetivo de la vida intelectual individual de las literaturas francesas e inglesas, por ejemplo.

Este rechazo del análisis, esta objetividad fría que crea el nuevo estilo de novela se adapta particularmente a la descripción de los desilusionados de la vida, de los vencidos, de los débiles.

Este estilo parece proporcionado a una manera eficaz de describir los grupos humanos subdesarrollados. Por esto se encuentra en la literatura de los Estados Unidos . . . en la descripción de los *tramps*, en la literatura hispanoamericana y en las regiones mediterráneas de Europa.

Las razones son claras y evidentes. En Francia, Inglaterra y Alemania no existe ya casi el problema de los grupos subdesarrollados, ni oprimidos. Por otra parte, los intelectuales gozan de una vida literaria intensa de donde resulta una literatura refinada. Pero en naciones de grandes desigualdades sociales, la necesidad esencial es tal vez esta forma nueva, esta novela fría en el estilo aunque generosa en la intención. El intelectual se halla en contacto con los sufrimientos del pueblo, y se hace intérprete de él.

Tenemos así, por ejemplo, a Ciro Alegría, quien describe la vida de los indios del Perú; Gabriel Casaccia, quien nos transporta hasta donde los mestizos del Paraguay; y Juan Goytisolo, Camilo José Cela y Juan Sebastián Arbó, quienes saben darnos el sentimiento de la vida cotidiana, vana y no por eso menos trágica del pueblo español.

¿Cuándo fue el apogeo de la literatura española?

generación del 98
   literary school of 1898

¿Cuándo encontramos un renacimiento de las letras españolas?
¿Qué género ha tomado gran importancia en este renacimiento?

se presta   lends itself

¿Qué movimiento literario ha influido más a la novela española?
¿Qué caracteriza a estos novelistas?
¿Qué literatura favorece al análisis subjetivo?
¿Qué literatura puso de moda la descripción objetiva y exterior?

¿A la descripción de qué clase social se adapta muy bien esta novela fría y objetiva?

¿Dónde se encuentra esta literatura?

eficaz   effective
subdesarrollados
   underdeveloped

¿Por qué Francia, Inglaterra y Alemania no poseen este tipo de novela?

Lectura Dialogada
En el Museo del Oro en Bogotá, Colombia

—¡Qué colección tan admirable! Hubiera sido una lástima no venir a verla.

—De todas maneras pensaba traerte aquí antes de tu viaje.

—Dime, ¿cómo lograron los indios trabajar el oro en láminas de hilos tan delgados?

—Es un misterio. Parece que tenían una fórmula especial para convertirlo en una especie de cera.

—¿Y nadie la conservó?

—No. Ellos se cuidaron de no revelársela a nadie.

—Afortunadamente nos quedaron por lo menos los objetos.

láminas engravings; **hilos** threads; **cera** wax

Preguntas:

¿Dónde está el Museo del Oro?
¿Cómo es la colección que tiene este museo?
¿Sabemos cómo los indios trabajaban el oro en láminas de hilos muy delgados?
¿En qué convertían el oro?
¿A quiénes revelaron la fórmula?
Por lo menos, ¿qué nos quedó?

DIALOGO 15. EN LA GALERIA DE ARTE

Cecilia y Juanita:

—Espero que aquí se hable español.

—¡Claro! Tienen guías que hablan varios idiomas.

—¿Sabes quién pintó este cuadro?

—Es por un impresionista, pero no sé cuál.

—Nunca se había exhibido aquí, ¿verdad?

—Que yo me acuerde, no.

—¡Qué lindo se ve con esa luz especial!

—Sí, en verdad es de los mejores que he visto.

—Ven, le preguntamos al guía.

Dialog Expansion:

¿Dónde están Cecilia y Juanita?
¿Qué esperan las chicas que se hable aquí?
¿Qué hablan los guías?
¿Quién pintó el cuadro que están mirando?
¿Por qué se ve tan lindo?
¿Qué le van a preguntar al guía?

LECCION 33 | REFLEXIVE VERBS

REFLEXIVE PRONOUNS—Yo me levanto temprano.

The reflexive pronouns of Spanish, shown with the corresponding subject pronouns, are:

Subject	Reflexive
yo	me
tú	te
Ud.	
Uds.	se
él	
ellos	
(vosotros)	(os)
nosotros	nos

Note that except for the *Ud.–Uds.-él–ellos* form, the reflexive pronouns are the same as other direct and indirect object pronouns. The reflexive pronouns also occur in the same position with respect to the verb as the other object pronouns. Observe the present indicative conjugation of *alegrarse*.

ALEGRARSE

yo	me alegro	nosotros	nos alegramos
tú	te alegras	(vosotros	os alegráis)
Ud.		Uds.	
él	se alegra	ellos	se alegran

Práctica 1 Substitute the cued subjects and make the necessary verb and reflexive pronoun changes.

Yo me levanto temprano.
El _____.
María _____.
Uds. _____.
Tú _____.
Nosotros _____.
Ellos _____.
Ud. _____.
Yo _____.
Los niños _____.

Paco se lava.
Yo _____.
Ellos _____.
Ud. _____.
Tú _____.
Uds. _____.
Nosotros _____.
Carmen _____.

Yo me pongo a leer.
Los chicos _____.
Ud. _____.
Tú _____.
Yo _____.
Nosotros _____.
Ella _____.
Tomás _____.
Uds. _____.

When both a reflexive pronoun and another object pronoun occur with the same verb, the reflexive pronoun comes first.

Me lo compré.
Nos la comeremos.
Se las puso.

Práctica 2 Replace the noun with the correct object pronoun according to the model.

Me compraré el sombrero. → Me lo compraré.

Me compraré el sombrero.
_____ el vestido.
_____ la chaqueta.
_____ la blusa.
_____ los zapatos.
_____ el abrigo.
_____ las medias.

Práctica 3 To the following sentences, add the appropriate form of the reflexive pronoun.

María lo comprará. → María se lo comprará.

Yo lo creí.
Tú las compraste.
Mis amigos lo comieron.
Nosotros lo tomaríamos.
Yo los haré.
Tú lo mereces.
Uds. lo aprendieron.
Pablo lo tomó.

USAGE—Me hice un refresco.

The reflexive pronouns are used when the subject is the same as the direct or indirect object.

Juan encerró al niño.	Subject and direct object are different.
Juan se encerró.	Subject and direct object are the same.
Juan le compró una camisa al niño.	Subject and indirect object differ.
Juan se compró una camisa.	Subject and indirect object are the same.

Práctica 4 Substitute the cued words.

Encerraron al niño.
_____ al hombre.
_____ al chico.
_____ al ladrón.
_____ al prisionero.
_____ al culpable.
_____ al bandido.

Me hice un café.
_____ un refresco.
_____ un bocadillo.
_____ un vestido.
_____ una blusa.

Práctica 5 Change the indirect object in the following sentences so that it is identical to the subject.

Le preparé la cena a Carlos. → Me preparé la cena.

Les hizo un café a sus amigos.
Le compraste un refresco a Pedro.
Le pintó las uñas a Cecilia.
Me manchaste el traje con tinta.
Te trajimos la comida.
Les lava la ropa a sus hermanos.
Le están preparando el desayuno a Marta.
Te vamos a comprar unos dulces.

When the direct object noun refers to a part of the body or an article of clothing, an indirect object is normally used to indicate the possessor; the direct object noun is usually modified by an article rather than a possessive adjective. This is also true when the indirect object is a reflexive pronoun.

Carlos se puso el abrigo.
Alicia se quitó los zapatos.
Me corté la mano.
Te rasguñaste la pierna.   scratched

Práctica 6 Substitute the cued words.

Me puse la camisa.
_____ el saco.
_____ el pantalón.
_____ los calcetines.
_____ la corbata.
_____ los zapatos.
_____ el abrigo.

Ella se lavó la cara.
_____ las manos.
_____ los pies.
_____ el pelo.

Práctica 7 Add the appropriate reflexive pronoun.

____ voy a poner la camisa. → Me voy a poner la camisa.

Las muchachas ____ quitaron el sombrero.
____ quemarás el traje.
____ rasguñé la rodilla.
____ vas a cortar el pie.
Alicia ____ va a poner el abrigo.
____ quitamos los guantes.
Nosotras no ____ pintamos las uñas.

The addition of a reflexive pronoun to some verbs indicates that the action is carried out to the fullest extent. Therefore, *aprender* used with *de memoria*, *saber* used with *al dedillo* or *de memoria* and *comer* and *tomar* used with *todo* in the direct object tend to take a reflexive pronoun. The use of the reflexive pronoun with these verbs may imply this emphasis even if not expressed.

Apréndetelo de memoria.
Nos lo sabemos al dedillo.
Celia se comió todas las nueces.

Práctica 8 Supply the proper form of the reflexive pronoun.

____ tomamos el jugo. → Nos tomamos el jugo.

____ comí los dulces.
____ lo sabes muy bien.
____ lo tomarán todo.
____ van a aprender ese soneto.
____ estamos comiendo los bizcochos.
____ lo voy a aprender de memoria.
____ tomaste mi refresco.
____ sabíamos el discurso de memoria.

In a few cases, the meaning of a reflexive verb is the same as that of the same verb used intransitively and nonreflexively. An important example is *despertar(se)*.

Siempre despierto a las seis.
Siempre me despierto a las seis.

Práctica 9 Add the proper form of the optional reflexive pronoun.

Despertaste demasiado tarde. → Te despertaste demasiado tarde.

¿A qué hora despertaron?
Despertaremos temprano.
Desperté a las nueve.
Va a despertar pronto.
Siempre despiertas antes que Pedro.
Despertamos cuando sonó el despertador.
Nunca despierto tan temprano.
Despertó tarde.

In some cases the reflexive pronoun functions as direct object with the same grammatical meaning it has when the direct object is nonreflexive.

Cecilia bañó a su hija.
Cecilia se bañó.

Lavé el coche.
Me lavé.

La mujer vistió a la niña.
La mujer se vistió.

El peluquero afeitó a Carlos.   barber
El peluquero se afeitó.

Práctica 10 Use the proper form of the reflexive pronoun instead of the direct object shown.

Van a vestir a los niños. → Se van a vestir.

Afeité a mi abuelo.
¿Bañaste a tu hijo?
Voy a vestir al niño.
Pedro afeitó a su amigo.
Lavarán los platos.
Bañamos a los niños.
Alicia vistió a las niñas.
¿Cuándo vas a lavar el coche?

Many other verbs may take a reflexive pronoun as direct object. In some cases, the meaning of the verb is more limited and specific when used reflexively.

Práctica 11 Use the new subject shown in parentheses, add *también* and make the necessary adjustments.

María se levanta a las siete.   (yo) → Yo también me levanto a las siete.

Tú te divertiste en la fiesta.   (nosotros)

¿Se van a sentar aquí?   (tú)
Te acercaste a la puerta.   (ella)
Nos casaremos en esta iglesia.   (ellos)   marry
Yo me acuesto temprano.   (Pablo)
Tú te levantaste muy tarde.   (Uds.)
Alicia se sienta enfrente.   (yo)
Nos asomamos a la ventana.   (él)   appear

Práctica 12   Change *no salir de* to *quedarse en* using the same tense and unexpressed subject.

    No salgas de tu cuarto. → Quédate en tu cuarto.

No salimos de la oficina.
No saldré de la casa.
No salgan de la escuela.
No sales de la cocina.
No salió de la biblioteca.
No saldrán de la terminal.
No salgas del comedor.
No salí de este cuarto.

The verbs *olvidar*, *perder* and *romper* admit an alternate construction in which the subject becomes indirect object, the direct object becomes subject and the verb is made reflexive.

Perdí la llave.
Se me perdió la llave.

Perdí las llaves.
Se me perdieron las llaves.

Rompió los floreros.
Se le rompieron los floreros.

Olvidaríamos el pan.
Se nos olvidaría el pan.

The effect of the alternate construction is to indicate complete lack of intent and probable lack of blame of the person involved, the subject in the nonreflexive construction.

Práctica 13   Substitute the cued word.

    Se me olvidó el libro.
    _____ el papel.
    _____ el periódico.

      _____ el lápiz.
      _____ la pluma.

Se me olvidaron los libros.
    _____ los papeles.
    _____ los periódicos.
    _____ los lápices.
    _____ las plumas.

Práctica 14   Provide the correct form of the indirect object pronoun.

Se me perdió la llave.
_____ (a él)
_____ (a ellos)
_____ (a ti)
_____ (a nosotros)
_____ (a Juan)
_____ (a mí)

Práctica 15   Transform the subject, as indicated by the verb ending, into an indirect object; make the direct object the subject; and make the verb reflexive (add *se*).

Perdieron la llave. → Se les perdió la llave.

Romperás la taza.
Olvidé los dulces.
Siempre olvida los discos.
Nunca pierdes las cartas.
Van a olvidar ese chiste.
Perdimos tu pluma.
Rompí todos los platos.
Ayer por poco olvidan la clase.
No olvidaremos la leche.
No perdiste los chocolates.
Perdió esas tarjetas.
Van a perder ese dinero.

LECCION 34 | PASSIVE VERBS

PASSIVE WITH SER—Fue inaugurada ayer la exposición de arte moderno.

Sentences like the following illustrate the construction traditionally called passive voice.

Fue detenido por la policía un sospechoso.
Fue llevado a la comisaría.
Fue inaugurada la exposición.
Fue invadido el salón por el público.

It is formed with the verb *ser* plus a past participle.

Ha sido destruido el puente viejo.
Había sido abandonado hace años.
No era usado por los vehículos.
Será construido uno nuevo en su lugar.
¿Dónde fue publicada la noticia?
No fue publicada, fue radiada.   broadcast

Notice the agreement in number and gender between the past participle and the subject in Spanish. The subject frequently follows the verb.

Fue detenido un sospechoso.
Fue detenida una sospechosa.

Fueron detenidos unos sospechosos.
Fueron detenidas unas sospechosas.

Fui detenido yo.
Fui detenida yo.

Fuimos detenidos nosotros.
Fuimos detenidas nosotras.

This passive construction is infrequent in Spanish conversation but common in news reports.

Ha sido inaugurada la XXVI Feria... de Muestras de esta capital, que este año....

Concluida la ceremonia de la inauguración, *fueron abiertas* al público las puertas de la Feria, y el recinto *fue invadido* por varios millares de personas.

Esta mañana, a las once, en la sede del Consejo Superior de Investigaciones Científicas, *será inaugurado* el Congreso Mundial de Alimentación Animal.

Con la restauración del Teatro Real, que *será inaugurado* el jueves, la plaza de Oriente, corazón del Madrid histórico, recobrará esplendor y vida.

En Lemona, *ha sido atropellado* por un camión el vecino... Felix E. A., de sesenta y seis años, casado.

...Tiene lesiones de pronóstico reservado, de las que *fue asistido* en la casa de socorro de Vallecas.

...*Fueron detenidos* por la Brigada de Investigación Criminal, Daniel B. y Christian G. C., de nacionalidad....

Han sido hallados colgados de una viga... los cuerpos de.... Los cadáveres *fueron descubiertos* anoche por un sobrino....

Ha sido rescatado hoy el cadáver del joven montañero José Ramón B. R., que... cayó al fondo de un precipicio de doscientos metros cuando....

These passive expressions can be derived from parallel active constructions.

La policía detuvo a un sospechoso.
Fue detenido por la policía un sospechoso.

Llevó al sospechoso a la comisaría.
Fue llevado el sospechoso a la comisaría.

... inauguró la exposición.
Fue inaugurada la exposición por....

El público invadió el salón.
Fue invadido el salón por el público.

The active subject (*la policía*) becomes the object of the prepositional phrase (*por la policía*). The direct object (*a un sospechoso*) becomes the passive subject.

Práctica 1   Change the passive to active constructions.

    Fue destruido el edificio por un incendio.
    Fue atropellado un niño por un camión.
    Fue inaugurada la biblioteca por el gobernador.
    El edificio fue invadido por el público.
    Fueron detenidos por la policía dos sospechosos.
    Ha sido atropellado por un camión Felix C. G.
    Ha sido destruido por un accidente el puente.
    El puente no era usado por los camiones.
    El puente había sido abandonado por la gente.
    Será construido otro puente por el gobierno.

PASSIVE WITH SE—Se anunció la inauguración en los periódicos.

The following sentences illustrate a very frequent construction with *se* plus a verb which takes a grammatical subject in a passive role.

    Se anunció la inauguración.
    Se anunciaron nuevos precios.
    Se prohibe la entrada.
    No se admiten menores.

Note that the verb is in the third person singular or plural (the *él* or *ellos* form). Note also that the construction can be derived from parallel passive and active constructions and from a third person plural construction with no subject.

    Se anunció la inauguración.
    Fue anunciada la inauguración por. . . .
    . . . Anunció la inauguración.
    Anunciaron la inauguración.

    No se admiten menores.
    No son admitidos menores por. . . .
    . . . No admite menores.
    No admiten menores.

More examples:

    Se inauguró ayer la exposición de arte moderno.
    Se llenó de público el salón.
    ¿Dónde se publicó la noticia?
    No se publicó, se radió.

Se ha destruido un puente en Londres.
Se había abandonado hace años.
No se empleaba ya.
Se construirá uno nuevo en el mismo lugar.
¿Cuándo se va a construir?
Se construirá pronto.

Práctica 2 Change to constructions with *se*.

Fue anunciada una excursión a Toledo.
Fueron hechos muchos preparativos.
Fue alquilado un autobús.   rented
Fue nombrado un guía.
Fue llevada la comida ya preparada.
Fue visitada la casa de El Greco.
Fue servida la comida en el campo.
A las seis fue emprendido el regreso.

This construction with *se* can be expanded by adding an indirect object in many cases.

Se me prohibió la entrada (a mí).
Se te prohibió la entrada (a ti).
Se le prohibió la entrada (a Ud., a él, a ella).
Se nos prohibió la entrada (a nosotros, a nosotras).
Se les prohibió la entrada (a Uds., a ellos, a ellas).

More examples:

¿Por qué no se le dio el informe?
¿Por qué no se me dio el informe a mí?
Sí, se les dio a todos Uds.

Práctica 3 Substitute the cued words.

Se nos dio un refresco.
— les ——————.
—————— compró ——.
—————— un recuerdo.
— me ——————.
—————— preparó ——.
— le ——————.
—————— un viaje.
— te ——————.
—————— una fiesta.

_____ dedicó _____.
__ nos _____.
_____ un libro.
_____ leyó _____.
_____ un cuento.

Práctica 4 Answer with a *se* construction and the cued phrase.

¿Dónde se venden estampillas aéreas?   (en el correo) →
Se venden en el correo.

¿Cuándo se pueden comprar?   (de 9 a 2 y de 4 a 8)
¿Cómo se puede ir al correo?   (en autobús o en taxi)
¿Cómo se escribe la dirección?   (primero la calle y después el número)
¿Cuándo se reparten las cartas en Madrid?   (dos veces al día)

The effect of emphasizing the direct object more can be obtained by placing the direct object first, if modified by a definite article, possessive or demonstrative, and by adding the corresponding (weakly stressed) object pronoun.

Ese libro lo compré en México.
A tus hermanas las vi ayer.

Práctica 5 Emphasize the direct object by inserting the direct object pronoun in addition to the noun.

Perdí mi bolsa en el centro. → Mi bolsa la perdí en el centro.

Encontramos estos cuentos en esa antología.
Leyó esa novela dos veces.
Recibí esas cartas hace poco.
Se acaba de comer las uvas.
Leo estos periódicos todos los días.
Dejé la leche en la tienda.

Práctica 6 Transform the sentences according to the model.

Vemos a María cada sábado. → A María la vemos cada sábado.

Conocí a tus hermanos en Guadalajara.
Despertaron a las niñas a las cinco.
Queremos mucho a Paco.
Estuvimos esperando a Gloria toda la tarde.
Llevaré a mis hermanas al cine.
Elegimos a Carlos presidente.
Detuvieron a mis primos varias horas.

Lectura Narrativa
DON QUIJOTE Y SANCHO PANZA

¿Quiénes son estos personajes cabalgantes, de quienes leemos tanto en los libros que examinan su sicología, a quienes vemos en los muchos cuadros que cuelgan en los corredores de los museos o en pequeñas estatuillas de madera tallada que adornan los estantes de las bibliotecas?

Don Quijote y Sancho no son personajes ficticios. Su realidad se escapa de las páginas de la inmortal obra de Cervantes y adquiere vida propia. Vida que no termina. Personas que ocupan un lugar en el espacio y en el tiempo.

Su apariencia física podría ser la ilustración de tantos tipos humanos. Don Quijote, largo, flaco, de facciones puntiagudas, tirado hacia la altura. Cervantes lo describe así: «Frisaba la edad de nuestro hidalgo con los cincuenta años; era de complexión recia, seco de carnes, enjuto de rostro, gran madrugador y amigo de la caza.»

Sancho Panza es todo lo contrario. Corto, gordo, de líneas redondeadas, de rostro riente, extrovertido, hablador. Todos los días lo vemos en la vida diaria, dado a los placeres de la mesa, a la amistad, a los quehaceres materiales, contento con el orden existente. Sancho es hombre ignorante «pues a fe mía que no sé leer.» Va siempre en busca de las soluciones concretas y de las recompensas materiales.

Del mismo modo que son tan diferentes físicamente, también son lo opuesto en cuanto a temperamento. Introvertido y ascético, don Quijote representa la locura del idealismo. Sus acciones no tienen fin práctico, ni redundan en su propio beneficio. Todos sus actos son gratuitos, desprecia la riqueza y odia la mentira. Es el reformador nato, de ideas liberales y anticonformistas. Aunque es loco en sus hechos, es sin embargo lleno de sabiduría en sus palabras. Su valentía llega al extremo del heroísmo, ataca a los gigantes construidos por sus sueños, contra los molinos de viento... símbolos tal vez de las computadoras de hoy que amenazan la libertad del hombre. Se puede decir que don Quijote es el primer surrealista de la historia por ver castillos en las ventas, gigantes en los molinos y en fin la realidad fundamental y oculta quizá a los ojos del común de los mortales.

También podemos decir que Sancho es un loco. Tiene que ser así, ya que, ¿quién da su servicio a un hombre tan desequilibrado como don Quijote? El mismo Sancho lo dice: «Este mi amo por mil señales ha visto que es un loco de atar, y aun también yo no le quedo en zaga, pues soy más mentecato que él, pues le sigo y le sirvo, si es verdadero el refrán que dice ‹dime con quién andas, decirte he quién eres› y el otro de ‹no con quién naces sino con quién paces›.»

La lección constante de don Quijote fue convirtiendo la simplicidad de Sancho en sabiduría y su codicia mezquina en ambición de renombre y de gloria. Sus existencias convergen y se complementan hacia el fin de la obra. Es el uno, don Quijote, un loco prudente y es Sancho Panza, su escudero fiel, un prudente loco.

¿A qué obra inmortal pertenecen estos personajes y cuál es su autor?

¿Podría dar una descripción de don Quijote?

¿Podría dar una descripción de Sancho Panza?

¿Son de temperamento distinto? ¿Por qué? ¿Cómo?

¿Logran complementarse estos dos tipos?

madera tallada wood sculpture
estantes shelves

puntiagudas sharp, pointed
hidalgo nobleman
recia ruddy
enjuto austere
madrugador early riser
riente laughing

nato born

amenazan threaten

amo master
le quedo en zaga leave him behind
paces graze
codicia mezquina petty avarice

Lectura Dialogada
Toledo y El Greco

Mario y Pablo:

—Mario, fui a Toledo.

—¡Qué suerte la tuya!

—Sí, quedé encantado. Lo hice como peregrinación, pues me fascina El Greco.

—¡Pues allí sé que encontraste lo mejor de él!

—Sí. Visité la casa donde él trabajó. Tiene unos jardines preciosos. Luego fui a ver al famoso cuadro del «Entierro del Conde Orgaz.»

—Y la ciudad de Toledo, ¿te gustó?

—Sí. Está toda recogida en un monte y bañada por el río Tajo. Las murallas que la rodean le dan un carácter muy antiguo y señorial.

—¿Cuántos días estuviste?

—Tres. Quisiera regresar.

—Así pasa siempre. Se quiere siempre retornar, pero nunca se sabe si esto se puede realizar.

—Y El Greco, ¿por qué te gustó tanto?

—Por la intensidad en la expresión y en el colorido. ¡Sus figuras son magníficas! El estaba consagrado a su arte.

—Yo no lo conozco muy bien, pero ya después de todo lo que me has dicho no me falta ánimo para ir a Toledo.

rodean surround; **señorial** stately; **ánimo** intentions, wishes

Preguntas:

¿Adónde fue Pablo?
¿Cómo quedó Pablo después de su visita?
¿Quién le fascina?
¿Dónde están los mejores cuadros de El Greco?
¿Qué visitó Pablo?
¿Qué tiene la casa?
¿Qué cuadro fue a ver?
¿Le gustó la ciudad de Toledo?
¿Dónde está la ciudad?
¿Qué río baña la ciudad?
¿Qué carácter tiene la ciudad?
¿Qué le dan este carácter?
¿Cuántos días estuvo Pablo en Toledo?
¿Quisiera regresar?
¿Por qué le gustó tanto El Greco a Pablo?
¿Quiere ir a Toledo Mario?

DIALOGO 16. ESPERANDO EL AUTOBUS

Elena y María del Carmen:

—Elena, mira que si nos deja el autobús, me muero.

—Si pasa a tiempo, será el fin del mundo.

—¡Pero si ya tiene media hora de retraso!

—Y tendrá otra media hora.

—Pues no quiero correr riesgos, ¿y qué haríamos si nos dejara?

—Yo compraría una revista y me pondría a leer.

—Sí, claro, y papá se moriría de la preocupación.

—No; se imaginaría que nos dejó el autobús.

—Tú sabes que siempre se imagina lo peor.

—Bueno, párate en fila y quedas tranquila.

Dialog Expansion:

¿Qué le pasará a María del Carmen si el autobús las deja?
¿Qué será si pasa a tiempo el autobús?
¿Cuánto tiempo tiene ya de retraso?
¿Cuánto más tendrá?
¿Qué no quiere correr María?
¿Qué haría Elena si el autobús las dejara?
¿De qué se moriría su papá?
¿Qué siempre se imagina su papá?
¿Dónde y cómo se quedan las dos chicas?

LECCION 35 — CONDITIONAL INDIRECT DISCOURSE

REGULAR VERBS—María no cantaría.

Study the conditional of *hablar* as the model for regular verbs.

HABLAR

yo, Ud., Ana, él	hablaría	nosotros	hablaríamos
		(vosotros	hablaríais)
tú	hablarías	Uds., ellos	hablarían

Observe that all regular conditional forms use the infinitive plus *–ía*.

In addition:

the *tú* form adds *–s*:	hablarías
the *nosotros* form adds *–mos*:	hablaríamos
the *Uds.–ellos* form adds *–n*:	hablarían

Práctica 1 Substitute the cued subjects and make the necessary verb changes.

María no cantaría.
Yo _____.
Ella _____.
Ellos _____.
Carlos y Juan ____.

Tú _____.
Ud. _____.
Nosotros _____.
Uds. _____.

Tú no comerías en aquel restorán.
Yo _____.
Ellos _____.
Uds. _____.
Nosotros _____.
María _____.
Carlos y María _____.
Ud. _____.
Tú _____.

Yo viviría en la ciudad.
Ellos _____.
Ud. _____.
Tú _____.
Mis padres _____.
Nosotros _____.
Uds. _____.
Jaime _____.
Yo _____.

Usage:

The conditional is used in indirect discourse governed by a main verb in the past tense for what was a future tense form as originally expressed or thought.

Juan dijo: —No lo verán.
Juan dijo que no lo verían.

Práctica 2 Substitute the cued expressions.

Juan dijo que llegaría a tiempo.
_____ estaría aquí.
_____ estudiaría.
_____ nos informaría.
_____ nos acompañaría.
_____ les escribiría.
_____ comería.
_____ lo leería.

Práctica 3 Combine the two sentences into one which has an indirect discourse clause.

    Ellos irán el domingo. Me imaginé. →
    Me imaginé que ellos irían el domingo.

    Ana se lo contará a su tío. Creímos.
    De todas maneras lo verán. Pensó.
    No viajaremos en avión. Supuse.
    Será imposible comerlos. Nos figuramos.
    Se lo aprenderán perfectamente. Pensé.
    Se cortará el pelo. Supusimos.
    No habrá necesidad de comprarlos. Dijiste.

The imperfective past is used, however, in indirect discourse governed by a verb in the past tense for what was a present indicative form as originally expressed or thought.

    Carlos dijo: —María está enojada.
    Carlos dijo que María estaba enojada.

Práctica 4 Substitute the cued expressions.

    María dijo que estaba enferma.
    _____ Carlos siempre llegaba tarde.
    _____ él no lo sabía.
    _____ su madre no estaba presente.
    _____ siempre invitaba a sus amigos.

Práctica 5 Combine the two sentences into one which has an indirect discourse clause.

    Alicia lo sabe. Me imaginé. →
    Me imaginé que Alicia lo sabía.

    Yo compro el pan. Cecilia supuso.
    La niña se viste sola. Pensé.
    Llegan muy tarde. Creyó.
    Van a la escuela el sábado. Decían.
    Vuelven todos juntos. El se imaginaba.
    Tarda mucho el tren. Supuse.
    Siempre invita a todo el mundo. Dijeron.

Práctica 6 Transform the sentences from direct to indirect discourse, changing the future forms to conditional and the present indicative forms to imperfective past as appropriate.

    Abrirán mañana para el público. Dijeron.

Estudian mucho. Pensé.
Cantarán en la fiesta. Creíamos.
Hoy come en el restorán. Se imaginaron.
Se alegrará de vernos. Pensamos.
Ellos los tienen que leer. Juan me dijo.
Los traerán a todos. Creímos.
La encontraremos en la biblioteca. Me imaginé.

IRREGULAR VERBS—No sabríamos la dirección.

Verbs which have an irregular future tense are also irregular in the conditional. The same irregular stem which substitutes for the infinitive in the future is used.

PONER

yo / Ud. / él	pondría	nosotros	pondríamos
		(vosotros	pondríais)
tú	pondrías	Uds. / ellos	pondrían

Práctica 7 Change to indirect discourse with the conditional.

Cabrán todos en esta caja. Pensaban. →
Pensaban que cabrían todos en esta caja.

Nos dirán qué comprar. Nos imaginábamos.
Harán lo mismo para todos. Supusimos.
Podremos enseñarlo bien. Creí.
Pondrá el anuncio en el periódico. Pensé.
No sabrán la dirección. María creía.
Valdrá mucho más. Supusieron.
Tendremos que ir. Les dije.
Vendrán el sábado. Yo sabía.

Usage:

The conditional may substitute for the imperfective past in questions when the speaker does not know, or at least suspect, that the person spoken to knows the answer.

¿Tendrían hambre cuando llegaron?
¿Por qué estarían cantando?

Práctica 8 Substitute the cued expressions.

¿Tendrían hambre cuando llegaron?
¿Estarían cansados _____?
¿Tendrían sed _____?
¿Estarían tristes _____?

Práctica 9 Change the verb form from imperfective past to conditional.

¿Ya conocían a Pedro? → ¿Ya conocerían a Pedro?

¿Pensaban venir a verte?
¿Esperaban a Elena?
¿Tenía demasiado que hacer?
¿Le venía el vestido a Celia?
¿Le gustaba el arroz a Marta?
¿Asistían siempre a las conferencias?
¿Se lo sabía de memoria?
¿Estudiaban juntos?

In indirect discourse, a change of subject and corresponding verb form, object, possessive, etc., may occur. For example, when a speaker reports something which was said to him, in the subordinate clause *tú* and *Ud.* become *yo* and *Uds.* becomes *nosotros*.

The verb is changed to the corresponding form even when no subject is expressed. It is sometimes necessary to add *yo*, *Ud.*, *él* or *ella* when reporting in indirect discourse an original present indicative or future idea, because in these tenses the *yo* and *Ud.-él* forms are different while they are identical in the imperfective past and conditional. The *tú* and *nosotros* forms, however, never need the subject pronoun for clarification.

Juan me dijo: —Debes dos pesos.
Juan me dijo que yo debía dos pesos.

Práctica 10 Change the following sentences from direct to indirect discourse.

Carlos me dijo: —Uds. no lo saben. → Carlos me dijo que no lo sabíamos.

Elena nos dijo: —Uds. tienen que ayudar.
Me dijeron: —Siempre llegas tarde.
Pedro me dijo: —Vas a salir mal.
El profesor me dijo: —Ud. debe estudiar más.
Nos dijeron: —Uds. lo recibirán pronto.

Alicia me dijo: —Pronto hablarás muy bien.
Me dijiste: —Uds. ganarán.

When a command form is reported in indirect discourse governed by a verb in the present tense, the present subjunctive substitutes for the imperative.

Carlos nos dice que le llevemos el libro.
Alicia les dice que ayuden a Pedro.

Práctica 11   Substitute the cued expressions.

María nos dice que salgamos.
_____ hagamos el viaje.
_____ lo aprendamos.
_____ volvamos temprano.
_____ lo compremos.
_____ no lo discutamos.

Práctica 12   Change the following commands to indirect discourse governed by *Celia me dice que*.

Habla pronto con Juan. → Celia me dice que hable pronto con Juan.

Termina de hablar.
Pasa por María.
Compra el periódico.
Ven más temprano.
Trae los refrescos.
Lee todo el artículo.
No discutas más.
Déjalo en la mesa.

Práctica 13   Change the following commands to indirect discourse governed by *Pedro nos dice que*.

Piénsenlo bien. → Pedro nos dice que lo pensemos bien.

Recojan los paquetes.
Vuelvan a las nueve.
Tengan mucho cuidado.
Tráiganlos todos.
Estudien mucho.
Vayan por el pan.
Esperen al profesor.
Coman en el restorán.

LECCION 36 PAST SUBJUNCTIVE

REGULAR FORMS—Esperó que yo se lo mandara.

Endings of —AR Verbs:

The past subjunctive of all *–ar* verbs except *andar* and *estar* is like that of *hablar*.

HABLAR

yo, Ud., él	hablara	nosotros	habláramos
		(vosotros	hablarais)
tú	hablaras	Uds., ellos	hablaran

All forms add *–ara* to the stem.

Note that:

the *yo–Ud.–él* forms add nothing more.
the *tú, nosotros* and *Uds.–ellos* forms add the same endings as in the imperfective past and conditional.
a stress mark is written on the ending *–áramos*.

When a subordinate clause is governed by a verb in the past or conditional, a subjunctive form in the noun clause will be past subjunctive.

Quieren que les ayudemos.
Querían que les ayudáramos.

Le pido que pase por mí.
Le pedí que pasara por mí.

Les sorprenderá que lleguemos a tiempo.
Les sorprendería que llegáramos a tiempo.

Práctica 1 Substitute the cued words.

Quería que yo se lo mandara.
Quiso _____.
Querría _____.
Prefería _____.
Prefirió _____.
Preferiría _____.
Esperaba _____.
Esperó _____.
Esperaría _____.

Quería que lo estudiáramos.
_____ miráramos.
_____ buscáramos.
_____ enviáramos.
_____ mandáramos.

Práctica 2 Substitute the cued words and make the necessary verb change.

Quería que yo hablara.
_____ Ud. _____.
_____ tú _____.
_____ Uds. _____.
_____ Carmen _.
_____ nosotros _.
_____ yo _____.

Le sorprendió que María cantara así.
_____ yo _____.
_____ nosotros _____.
_____ Uds. _____.
_____ los niños _____.
_____ tú _____.
_____ Ud. _____.

Preferirían que tú estudiaras más.
_____ ellos _____.
_____ ella _____.
_____ yo _____.
_____ ellas _____.
_____ nosotros _____.
_____ Ud. _____.
_____ tú _____.
_____ Uds. _____.
_____ él _____.

Práctica 3 Change the main verb from present to imperfective past and the verb of the subordinate clause from present subjunctive to past subjunctive.

Esperamos que los compren. → Esperábamos que los compraran.

Quiere que la llevemos.
Necesito que pele la fruta.
Prefieren que no gaste su dinero.
Quiere que enviemos su paquete.
Prefiero que entres a la clase.
Quiero que admiren esa pintura.
Necesitamos que corten la carne.
Espera que yo lo pruebe.
Quieren que comas la paella.

Endings of –ER and –IR Verbs:

The past subjunctive of regular –er and –ir verbs is like that of *comer*.

COMER

yo, Ud., él	comiera	nosotros	comiéramos
		(vosotros	comierais)
tú	comieras	Uds., ellos	comieran

Note that all forms add –*iera* (written –*yera* when the stem ends in a vowel) to the stem plus the same additional endings as for –*ar* verbs. In the ending –*iéramos* a stress mark is written.

PAST SUBJUNCTIVE 417

Práctica 4 Substitute the cued words.

    Les pidió que lo vendieran.
    _____ escogieran.
    _____ abrieran.
    _____ escribieran.
    _____ leyeran.

Práctica 5 Substitute the cued words and make the necessary verb changes.

    Querían que yo viviera en México.
    _____ Uds. _____.
    _____ la familia _____.
    _____ tú _____.
    _____ yo _____.
    _____ Ud. _____.
    _____ nosotros _____.
    _____ él _____.

    No quería que Ud. lo bebiera.
    _____ tú _____.
    _____ el niño _____.
    _____ yo _____.
    _____ Uds. _____.
    _____ nosotros _____.
    _____ ellos _____.
    _____ ella _____.

    Preferiría que lo leyéramos.
    _____ tú _____.
    _____ ellos _____.
    _____ Antonia ____.
    _____ yo _____.
    _____ nosotros ___.
    _____ Ud. _____.
    _____ Uds. _____.

Práctica 6 Change the main verb from future to perfective past and the verb of the subordinate clause from present subjunctive to past subjunctive.

    No le importará que vendas el coche. → No le importó que vendieras el coche.

Querrá que escribamos la carta.
Le pedirán que inscriba a todos.
Te permitiremos que escojas el modelo.
Le sorprenderá que salgamos tan abrigados.
Me dejarán que lea el artículo.
Querrán que ella proponga un candidato.
Les pediré que abran la ventana.
Nos permitirán que imprimamos el libro.   print

IRREGULAR FORMS—El me dijo que lo hiciera.

Verbs which have an irregular perfective past have an irregular past subjunctive formed by using the same stem.

ANDAR

yo / Ud. / él	anduviera	nosotros	anduviéramos
		(vosotros	anduvierais)
		Uds. / ellos	anduvieran
tú	anduvieras		

Práctica 7 Substitute the cued expressions.

El me dijo que estuviera allí.
_____ anduviera.
_____ lo hiciera.
_____ se lo dijera.
_____ lo pusiera allí.
_____ lo supiera para mañana.

Práctica 8 Place *no creían que* at the beginning of the sentence and change the verb in the subordinate clause to past subjunctive.

Cupimos en el coche. → No creían que cupiéramos en el coche.

Pudieron terminar a tiempo.
Quiso volver pronto.
Hicimos un buen trabajo.
Vinimos todos en un coche.
Supiste el secreto.

Tuvieron muchos problemas.
Puso nuevos requisitos.
Lo dije bien.

Those verbs which change stem vowel –e to –i or –o to –u in the Ud.–él and Uds.–ellos forms of the perfective past retain the stem change throughout the past subjunctive.

PEDIR

yo, Ud., él	pidiera	nosotros	pidiéramos
tú	pidieras	(vosotros	pidierais)
		Uds., ellos	pidieran

Práctica 9 Place *Juan no quería que* at the beginning of each sentence and change the perfective past form to past subjunctive.

Medimos el terreno. → Juan no quería que midiéramos el terreno.

Se despidieron de nosotros.
Me dormí antes que él.
Pedro corrigió mi trabajo.
Elegimos a Carlos.
Se derritió el helado.
Serviste los postres.
Competí en el concurso.
Repetimos el curso.

USAGE—¡Ojalá que comieran bien!

The past subjunctive is used after *ojalá* or *ojalá que* instead of the present subjunctive when the desired action is viewed as improbable, or at least relatively less probable.

¡Ojalá que vengan mañana!   (This may well happen.)
¡Ojalá que vinieran mañana!   (There is no reason to expect this to happen.)

Práctica 10 Change the present subjunctive to past subjunctive.

¡Ojalá que lo vendan! → ¡Ojalá que lo vendieran!

¡Ojalá que aprendas mucho!
¡Ojalá que me lo regale!
¡Ojalá que terminemos temprano!
¡Ojalá que llueva mucho!
¡Ojalá que nos la traigan!
¡Ojalá que despierte pronto!
¡Ojalá que no nos vean!
¡Ojalá que los encontremos!

The past subjunctive is also used after *ojalá* or *ojalá que* when it implies that the desired action is not taking place.

¡Ojalá que estuvieran aquí!   (But this is not the case.)

Práctica 11 Change *lástima* to *ojalá* and transform the sentences according to the model.

¡Lástima que esté lloviendo! → ¡Ojalá que no estuviera lloviendo!
¡Lástima que no coman bien! → ¡Ojalá que comieran bien!

¡Lástima que tengas sueño!
¡Lástima que no la conozcamos!
¡Lástima que nos guste!
¡Lástima que no lo sepan!
¡Lástima que estemos cansados!
¡Lástima que no hables inglés!
¡Lástima que duerman tanto!
¡Lástima que juegue tan mal!

If a future condition is viewed as likely to occur, the verb of the subordinate clause is present indicative when the subordinate clause is introduced by *si*. The main verb is future, present or present of *ir a* plus infinitive.

Si veo a Juan, le pediré su libro.
Si veo a Juan, le pido su libro.
Si veo a Juan, le voy a pedir su libro.

Práctica 12 Substitute the cued expressions.

Si tenemos dinero, compraremos una casa.
_____ compraremos un coche.

      _____ haremos un viaje.
      _____ iremos al teatro.
      _____ comeremos en un restorán.
      _____ volveremos en avión.

Práctica 13 Substitute the cued clauses.

  Si tenemos dinero, compraremos el coche.
  _____ comeremos en el restorán.
  Si quiere María _____.
  _____ iremos al cine.
  _____ estudiaremos aquí.
  Si traen los libros _____.
  _____ prepararemos el trabajo.
  Si no vamos al circo _____.
  _____ veré un programa de televisión.
  Si acabo a tiempo _____.
  _____ hablaremos de ese problema.

If a future condition is viewed as unlikely to occur, the past subjunctive is used instead of the present indicative after *si*, and either the imperfective past or the conditional is used instead of the future or present in the main clause. The imperfective past is more normal in conversational style and the conditional in formal style.

  Si viéramos a Juan, le pedíamos su libro.
  Si viéramos a Juan, le pediríamos su libro.

Práctica 14 Substitute the cued expressions.

  Si tuviera el dinero, compraría un coche.
  _____ haría un viaje.
  _____ volvería en avión.
  _____ no trabajaría tanto.
  _____ vendría en seguida.

  Si tuviera el dinero, compraba un coche.
  _____ hacía un viaje.
  _____ volvía en avión.
  _____ no trabajaba tanto.
  _____ venía en seguida.

Práctica 15 Substitute the past subjunctive for the present indicative following *si* and the imperfective past (for conversational style) for the future or present form in the independent clause.

        Si los encuentro, te los mandaré.
        Si vienen en avión, tendrán más tiempo.
        Si compras otro radio, tendrás dos.
        Si ven a Carlos, se lo contarán.
        Si llegamos antes, comeremos con ellos.
        Si él se pone el traje nuevo, yo no voy.
        Si no te enojas con ellos, los llevo a todos.
        Si se lo digo a Alicia, vendrá inmediatamente.

Lectura Narrativa
LA HISPANOAMERICA DE MAÑANA

¿Adónde va Hispanoamérica? Con frecuencia esta pregunta ha sido formulada por los ensayistas preocupados por el destino de los pueblos hispánicos que viven al sur de los Estados Unidos de América. Generalmente ha sido una pregunta retórica; a menudo, quien se planteaba esa interrogación lo hacía para ofrecer una respuesta interesada. Hoy, en cambio, podemos intentar una respuesta que se base en hechos, antes que en las preferencias personales de cada uno.

Entre los hechos más importantes de la vida latinoamericana de hoy se cuentan estos dos: el veloz crecimiento de la población y la tendencia hacia la integración económica y política. Ambos hechos determinarán en gran medida el futuro del continente.

La América Latina...es decir, todo el continente con la excepción del Canadá, los Estados Unidos de América y algunas posesiones europeas...es una de las regiones del mundo en donde más aceleradamente crece la población. Se estima que esa población, en 1900, era de unos 63 millones de habitantes, frente a 81 millones en la América del Norte. A mediados del siglo, exactamente en 1950, ya había 162 millones de latinoamericanos y 167 millones de norteamericanos. Diez años más tarde, la América Latina tenía 206 millones de habitantes, y 199 la América del Norte. Las cifras de 1963...como las anteriores, calculadas según informaciones de las Naciones Unidas...son, respectivamente, 231 y 208 millones de habitantes. La diferencia seguirá aumentando por lo menos en el resto del siglo.

¿Es malo esto? ¿Es bueno? Sabemos que esta importancia demográfica va unida a una creciente importancia económica. El economista chileno, Felipe Herrera, presidente del Banco Interamericano de Desarrollo, ha dicho al respecto: «La América Latina tiene una posición determinante en rubros básicos del intercambio mundial: 71% de las exportaciones mundiales de café; más del 50% de las de cobre; más del 33% de las de petróleo; cerca del 40% de las de cacao; más del 65% de las de plátano; e importante participación en las correspondientes a algodón, lana, estaño y otros metales no ferrosos.»

Sobre esta base económica, no menos que sobre la base de la tradición y la historia compartidas, se asienta el segundo hecho de importancia que queremos mencionar aquí: la tendencia a acentuar, en la América Latina, las medidas que favorecen el desarrollo de la integración regional. El economista recién citado dice al respecto: «La integración de la América Latina no es una utopía. Empíricamente, los hombres de esta región están buscando formas de expresiones comunes en el ejercicio de sus profesiones, la realización de sus negocios,

¿Cuáles son dos hechos importantes que van a determinar el futuro de Hispanoamérica?

¿A qué otra importancia va unida esta importancia demográfica?

¿Sobre qué bases se asienta el movimiento hacia la integración de Hispanoamérica?

ensayistas   scholars

interesada   partial as opposed to impartial

veloz   swift
crecimiento   growth

cifras   statistics

estaño   tin

se asienta   is grounded

el financiamiento y la ejecución de sus programas de desarrollo, la aplicación de la técnica. El espíritu popular también busca espontáneamente formas de acercamiento y de comunidad.»

En estos hechos y tendencias comienza a verse cómo será la Hispanoamérica de mañana. Los norteamericanos que a principios del siglo XXI, sólo a poco más de tres décadas de distancia, al mirar hacia Hispanoamérica encontrarán un grupo de países con un importante caudal de población, con una economía desarrollada en grado sumo y, posiblemente, por lo menos con cierta medida de coordinación o unificación regionales. No hay que ser adivinos para advertirlo. Todo lo que podamos aprender sobre ese grupo de países, sus lenguas ante todo, servirá para el mejor entendimiento entre los dos grandes sectores de este hemisferio: la América de habla inglesa y la América de habla española y portuguesa.

¿Qué encontrarán los norteamericanos a principios del siglo XXI cuando miren hacia Hispanoamérica?

décadas decades

Lectura Dialogada
La niña americana

Elena y Pedro:

—Pedro, ésta es Kathy, la niña americana que pasa el verano con nosotros.

—Mucho gusto, Kathy. ¿Contenta aquí en Cali?

—Sí, sobre todo por la magnífica hospitalidad de la gente.

—Y la comida, ¿qué tal, muy condimentada para su gusto?

—No. Lo que me impresiona es la cantidad. No estoy acostumbrada a comer tanto.

—¿Quieres que salgamos a bailar esta noche?

—Muchas gracias. Estoy abrumada con tantas atenciones.

—¿Ya le dijeron piropos en la calle?

—Tantos que he resuelto no volver a salir a pie.

abrumada swamped; **piropos** flirtations

Preguntas:

¿Quién es la niña americana?
¿Dónde está ella?
¿Le gusta Cali?
¿Qué le impresiona más?
Según ella, ¿está muy condimentada la comida?
¿Qué le impresiona en cuanto a la comida?
¿Adónde la invita Pedro?
¿Qué le dijeron a Kathy en la calle?
¿Cómo ha resuelto ella «el problema»?

DIALOGO 17. EN LA PLAYA

Hernando y Magdalena:

—¿Alguna vez has visto olas tan grandes?

—Son tan grandes como las de Acapulco.

—¿No son más altas éstas?

—No. ¿Qué pasa? ¿Te da miedo?

—No, claro que no. Es que tengo frío.

—¡Eres más miedosa que mi hermana!

—No, ¡es que está tan fría el agua!

—Bueno, acuéstate en el sol. Yo me voy al agua.

—¡No! ¡Espérame! Ya no tengo tanto frío.

Dialog Expansion:

¿Dónde están Hernando y Magdalena?
¿Cómo son las olas?
¿En qué playa hay olas grandes?
¿Tiene miedo Magdalena?
¿Qué tiene?
¿Cómo está el agua?
¿Adónde va Hernando?
¿Se acuesta en el sol Magdalena?
¿Adónde va ella?
¿Qué no tiene ahora?

LECCION 37 | INEQUALITY

COMPARATIVE STATEMENTS—Pablo es más inteligente que su hermano.

Comparison of inequality is shown by *más*, indicating a greater amount, and *menos*, indicating a smaller amount. Both *más* and *menos* are invariable in gender and number. When the comparative is followed by a pronoun, the subject pronoun is used.

Juan es más gordo que Pedro.
Juan estudia más que Pedro.
Juan come más dulces que él.

Pedro es menos gordo que Juan.
Pedro estudia menos que Juan.
Pedro come menos dulces que él.

Práctica 1 Substitute the cued words.

Pablo es más gordo que su hermano.
_____ delgado _____.
_____ guapo _____.
_____ feo _____.
_____ alto _____.
_____ bajo _____.
_____ inteligente _____.
_____ tonto _____.

María estudia más que su hermana.
_____ habla _____.
_____ lee _____.
_____ trabaja _____.
_____ cocina _____.

Carlos tiene más suerte que Enrique.
_____ sed _____.
_____ hambre _____.
_____ dinero _____.
_____ problemas _____.

Carlos habla más despacio que yo.
_____ tú.
_____ ella.
_____ ellos.
_____ ellas.
_____ Ud.
_____ Uds.
_____ nosotros.
_____ yo.

Práctica 2 Compose a comparative statement with the information given.

María está muy cansada. Carlos no está muy cansado. →
María está más cansada que Carlos.

Paco es muy feo. Guillermo no es muy feo.
María es muy estudiosa. Alicia no es muy estudiosa.
Juan está muy preocupado. No estoy muy preocupado.
Enrique es muy tonto. Alfonso no es muy tonto.
Blanca está muy contenta. No estás muy contento.
Juan está muy divertido. Beatriz no está muy divertida.
Cecilia es muy delgada. Tu prima no es muy delgada.
Esta poesía es muy bonita. Ese cuento no es muy bonito.

Práctica 3 Transform the sentences according to the model.

Celia los examinó menos detenidamente que los profesores. → Los profesores los examinaron más detenidamente que Celia.

Jorge habla menos aprisa que el señor Jiménez.
María maneja menos despacio que Paco.
Alicia viene menos a menudo que la señorita Martínez.
Yo hablé menos en serio que Alfonso.

Nosotros llegamos menos tarde que los García.
Tú te levantas menos temprano que Consuelo.
Juan contestó menos pronto que Pedro.
La señora Aranguren vive menos lejos que el doctor Gómez.

Práctica 4   Compose a comparative statement with the information given.

Carlos tiene mucha paciencia. Ana no tiene mucha paciencia. →
Carlos tiene más paciencia que Ana.

La señora Gómez compró muchos vestidos. Matilde no compró muchos vestidos.
Juan me mandó muchas revistas. Ofelia no me mandó muchas revistas.
Nosotros leeremos muchas novelas. Tú no leerás muchas novelas.
Pepita tomó mucha leche. Tu sobrino no tomó mucha leche.
Los Pérez llevarán muchas maletas. Los Blanco no llevarán muchas maletas.
Marta les trajo mucho arroz. Elena no les trajo mucho arroz.
Guillermo rompió muchos platos. Rosaura no rompió muchos platos.
Elisa sabe mucho español. Blanca no sabe mucho español.

Instead of *más bien* or *más mal,* the words *mejor* and *peor,* respectively, are used as adverbs.

Tu amigo los hace mejor que yo.

Práctica 5   Substitute the cued words.

Carlos baila mejor que yo.
_____ canta _____.
_____ habla _____.
_____ lee _____.
_____ escribe _____.
_____ nada _____.
_____ esquía _____.
_____ trabaja _____.

Yo bailo peor que Carlos.
__ canto _____.
__ hablo _____.
__ leo _____.
__ escribo _____.
__ nado _____.
__ esquío _____.
__ trabajo _____.

Práctica 6 Write comparative statements using *mejor* or *peor*.

   Concha canta muy bien. Tú no cantas muy bien. →
   Concha canta mejor que tú.

   María se portó muy bien. Cecilia no se portó muy bien.
   Juan habla muy mal. Pedro no habla muy mal.
   Francisca cocina muy bien. Beatriz no cocina muy bien.
   Cecilia nada muy bien. Jorge no nada muy bien.
   Mi primo toca muy mal. Agustín no toca muy mal.
   Paco juega muy mal. Alfonso no juega muy mal.
   Alicia baila muy bien. Laura no baila muy bien.
   Jorge escribe muy mal. El otro autor no escribe muy mal.

Instead of *más bueno* or *más malo* also, *mejor* and *peor* are used, respectively. As adjectives, *mejor* and *peor* agree in number with the noun modified.

Práctica 7 Substitute the cued words.

   Este libro es mejor que el otro.
   ___ papel _____.
   ___ cuadro _____.
   ___ artículo _____.
   ___ lápiz _____.
   ___ pastel _____.
   ___ periódico _____.

   Estas novelas son mejores que las otras.
   ___ pinturas _____.
   ___ comidas _____.
   ___ casas _____.
   ___ ideas _____.

Práctica 8 Form a sentence using the correct form of *mejor* as shown in the model.

   este libro, el otro → Este libro es mejor que el otro.

   tu lápiz, mis plumas
   los bizcochos, el pastel
   la tesis de Paco, la de Enrique
   las novelas de Carlos, los poemas de Beatriz
   el helado de fresa, el de vainilla
   estos alumnos, los del año pasado
   este chocolate, el dulce de guayaba
   tus ideas, las mías

NOUN OMISSION—Tu coche es más grande que el de Juan.

When the same item is referred to in succession, it is not necessary to repeat the noun. The noun is replaced by *el de, la de, los de* or *las de*.

el vestido de María y el de Carmen
la blusa de Teresa y la de Anita
los vestidos de Carlota y los de Elena
las blusas de Celia y las de Alicia

Práctica 9 Substitute the cued items.

El viaje de Carlos es más interesante que el de Tomás.
— libro _____.
— cuadro _____.
— trabajo _____.
— puesto _____.

La blusa de Carmen es más grande que la de María.
— falda _____.
— pulsera _____.
— casa _____.

Práctica 10 Form a comparative statement according to the model.

El vestido de María es muy bonito. El vestido de Alicia no es muy bonito. →
El vestido de María es más bonito que el de Alicia.

El libro de historia es muy grande. El libro de matemáticas no es muy grande.
Las cartas de mi prima son muy largas. Las cartas de Pedro no son muy largas.
El clima de México es muy agradable. El clima de aquí no es muy agradable.
Las montañas de Bolivia son muy altas. Las montañas del Brasil no son muy altas.
La casa de Carlos es muy vieja. La casa de Jorge no es muy vieja.
Los cuentos de Pedro son muy chistosos. Los cuentos de Juan no son muy chistosos.   humorous
Las noches de primavera son muy frescas. Las noches de verano no son muy frescas.
La calificación de Beatriz será muy baja. La calificación de Antonio no será muy baja.   qualification

The possessive pronouns, with definite articles, are also used to avoid repetition of a noun.

Práctica 11 Substitute the cued items.

Tu coche es más grande que el mío.
_____ el nuestro.
_____ el de Juan.
_____ el de María.

Esta revista es más interesante que la mía.
_____ la tuya.
_____ la suya.
_____ la nuestra.
_____ la de Tomás.

Estos zapatos son más bonitos que los míos.
_____ los nuestros.
_____ los tuyos.
_____ los suyos.
_____ los de Enrique.

Estas pinturas son más originales que las nuestras.
_____ las mías.
_____ las suyas.
_____ las tuyas.
_____ las de Pedro.

Práctica 12 Compose a single, comparative sentence using a possessive pronoun.

La carta de Mercedes es muy larga. Mi carta no es muy larga. →
La carta de Mercedes es más larga que la mía.

Nuestro coche es muy viejo. Tu coche no es muy viejo.
Sus refrescos estaban muy fríos. Tus refrescos no estaban muy fríos.
Mis zapatos son muy bonitos. Tus zapatos no son muy bonitos.
La casa de Juan es muy pequeña. Nuestra casa no es muy pequeña.
El vaso de Carlos está muy lleno. Tu vaso no está muy lleno.
Mis amigas son muy guapas. Tus amigas no son muy guapas.
Sus respuestas fueron muy acertadas. Nuestras respuestas no fueron   proper muy acertadas.

In comparative statements, a change in adjective does not require repetition of the noun.

Práctica 13   Transform the sentences to use *más*.

>Compré menos corbatas amarillas que azules. → Compré más corbatas azules que amarillas.

>Comemos menos carne frita que asada.   roast
>Sabes menos modismos ingleses que españoles.
>Vimos menos muebles modernos que estilo Luis XV.   furniture
>Hay menos casas antiguas que nuevas.
>Pedí menos fotos grandes que pequeñas.
>Me mandaron menos camisas azul claro que blancas.
>Hicieron menos helado de fresa que de vainilla.
>Leen menos novelas trágicas que humorísticas.

PREPOSITIONAL PHRASES—Ayudaré a Cecilia menos que a Marta.

>When the terms compared are objects of a preposition (including *a* introducing the personal direct object), the preposition must be used before both terms.

>Estimo más a Beatriz que a Cecilia.
>Estimo a Beatriz más que a Cecilia.

Práctica 14   Invert the sentences to employ *más*.

>Habló con Paco menos que conmigo. → Habló conmigo más que con Paco.

>Pensamos en Elena menos que en Alicia.
>Criticaron a Pedro menos que a Felipe.
>Cuentan con Alfonso menos que con nosotros.
>El éxito depende de mí menos que de ti.
>Alicia desprecia a tu hermano menos que a Enrique.
>Ayudaré a Cecilia menos que a Marta.
>Estudiaremos con Antonio menos que con José.
>Nuestra actitud molesta a Jorge menos que a Consuelo.

>*Mas de* or *menos de* is used before an expression of amount or quantity.

Práctica 15   Substitute the cued items.

>Tengo más de dos hermanos.
>_____ primos.
>_____ tíos.
>_____ libros.
>_____ novelas.

Práctica 16   Substitute the cued expressions.

Compré más de un kilo de azúcar.
Tenemos _____.
_____ cien sucres.
_____ menos _____.
_____ cien gramas.
Trajeron _____.
_____ más _____.
_____ veinte platos.
Lavaremos _____.
_____ cincuenta vasos.
_____ menos _____.
Tienes _____.
_____ quinientos pesos.
Gastarían _____.
_____ más _____.
_____ setecientas pesetas.

EXCESS AND LACK—Sobraron galletas. Falta pan.

The verb *sobrar* is used to indicate an excessive amount of its subject, and *faltar* indicates the existence of an insufficient amount.

Práctica 17   Rephrase the sentences to use *sobrar* or *faltar*, according to the models.

Hay más pan del que hace falta. → Sobra pan.
Hay menos pan del que hace falta. → Falta pan.
Hubo más galletas de las que hacían falta. → Sobraron galletas.   crackers

Habrá más leche del que hace falta.
Hay menos libros de los que hacen falta.
Hay menos jabón del que hace falta.   soap
Habría más comida de la que haría falta.
Hubo menos libros de los que hacían falta.
Habrá más flores de las que hacen falta.
Habría menos dinero del que haría falta.
Hay más leche de la que hace falta.

LECCION 38 | EXPANDED COMPARISONS

EQUALITY—Juan tiene tantos libros como Pedro.

A statement of equality is expressed in Spanish noun phrases by *tanto* before the noun and *como* following it.

Yo tomé tanto café como tú.
Yo tomé tanta leche como tú.
Yo comí tantos dulces como tú.
Yo comí tantas nueces como tú.

Práctica 1 Substitute the cued words and make the necessary adjustments for agreement.

Juan tiene tanto pan como Pedro.
_____ libros _____.
_____ tazas _____.
_____ sal _____.
_____ zapatos _____.
_____ corbatas _____.
_____ helado _____.
_____ ambición _____.
_____ cartas _____.
_____ amigos _____.
_____ tabaco _____.
_____ fruta _____.
_____ plátanos _____.

EXPANDED COMPARISONS   441

Práctica 2 Transform the sentences to negative statements according to the model.

>Paco recibió más cartas que yo. → Yo no recibí tantas cartas como Paco.

>Elena comprará más discos que Federico.
>Los García compran más leche que los Camacho.
>Marta conoce más ciudades que mi hermana.
>Tú tienes más sueño que yo.
>Cecilia tiene más amigas que Alicia.
>Alicia tomó más sopa que Virginia.
>En Veracruz hace más calor que en mi pueblo.
>Beatriz tiene más vestidos que Marta.

Práctica 3 Rephrase the statements negatively to employ the *tanto . . . como* construction.

>Alicia le trajo más regalos a Pedro que a mí. → Alicia no me trajo tantos regalos a mí como a Pedro.

>La señora Gómez le dio más dulces a Juan que a Celia.
>Los amigos te pidieron más dinero a ti que a nosotros.
>Mi primo les mandará más fruta a los García que a José.
>Me dejaste más revistas a mí que a los Gómez.
>Te contaron más chistes a ti que a mí.
>Le presté más pesos a Enrique que a ti.
>Les llevaré más comida a mis primos que a Federico.
>Te quitaron más libros a ti que a nosotros.

The form of *tanto* shows agreement in gender and number even when the noun modified is omitted.

>Si compras otro cuaderno, tendrás tantos como yo.

Práctica 4 Complete the following sentences with the form of *tanto* which agrees with the noun given in parentheses, but omit the noun.

>Juan compró siete corbatas pero Carlos no compró _____.   (corbatas) →
>Juan compró siete corbatas pero Carlos no compró tantas.

>Pedro se tomó un litro de leche pero yo no tomé _____.   (leche)
>Mi prima trajo dos cajas de refrescos pero María no trajo _____.   (refrescos)
>Yo compré cinco cajas de dulces pero tú no compraste _____.   (cajas)
>Carlos tomó cuatro tazas de café pero Paco no tomó _____.   (café)
>Carlos tomó cuatro tazas de café pero Paco no tomó _____.   (tazas)
>Enrique leyó nueve novelas pero Roberto no leyó _____.   (novelas)
>Tú tienes un kilo de arroz pero nosotros no tenemos _____.   (arroz)

If no noun is specifically referred to, the form *tanto* is invariable.

 Mi hermano comió cinco huevos pero yo no comí tantos. As many eggs.
 Mi hermano comió cinco huevos pero yo no comí tanto. So much.

Práctica 5 Add *no* before the verb and substitute *tanto como* for *menos que*.

 Eduardo sabe menos que Pablo. → Eduardo no sabe tanto como Pablo.

 Celia habla menos que Alicia.
 Carlos come menos que su hermano.
 Cecilia trabaja menos que tú.
 Rafael viaja menos que nosotros.
 Marta juega menos que esa niña.
 Felipe duerme menos que el señor Ponce.

Before an adjective or adverb, the shortened form *tan* is used.

 Mercedes es tan delgada como tú.
 Alicia viene tan a menudo como Paco.
 Marta maneja tan despacio como yo.

Práctica 6 Substitute the cued words.

 Carlos viene tan pronto como su primo.
 _____ vuelve _____.
 _____ sale _____.
 _____ termina _____.

 María habla tan despacio como Carmen.
 _____ lee _____.
 _____ trabaja _____.
 _____ anda _____.

Práctica 7 Rewrite the statements in the negative, using the *tan . . . como* construction.

 Tú contestaste más pronto que Carlos. → Carlos no contestó tan pronto como tú.

 Alfonso llegó más tarde que Delfina.
 Blanca come más despacio que Gloria.
 Mi tía maneja más aprisa que Pedro.
 Concha canta más bonito que tú.
 El doctor Marcos salió más temprano que yo.
 Paco los vio más detenidamente que Jorge.
 Miguel aprende más fácilmente que mis hermanas.

Práctica 8 Substitute the cued words.

Carlos es tan guapo como Enrique.
_____ alto _____.
_____ joven _____.
_____ delgado _____.
_____ simpático _____.

Ellas son tan buenas como sus primas.
_____ amables _____.
_____ estudiosas _____.

Práctica 9 Invert the sentences, being certain to maintain agreement of the adjective.

Pedro está más preocupado que mis primas. → Mis primas no están tan preocupadas como Pedro.

Hortensia es más delgada que Cecilia.
Paco es más estudioso que Celia.
Blanca está más contenta que nosotros.
Carlos está más cansado que Juan.
Miguel es más simpático que Marta.
Beatriz está más divertida que tus hermanas.
José es más tonto que los otros alumnos.

OTHER EXPRESSIONS OF INEQUALITY—Alicia come menos de lo que creen.

A verb, with or without additional modifiers, may follow *tanto como,* but *que* used with *más* or *menos* becomes *de lo que* under the same circumstances.

Juan no trabaja tanto como creíamos.
Juan trabaja menos de lo que creíamos.

Práctica 10 Rephrase the statements to substitute *menos de lo que* for *tanto como*.

Carlos no estudia tanto como quisiéramos. → Carlos estudia menos de lo que quisiéramos.

Nuestra hermana no se interesa tanto como esperaban.
José no descansa tanto como debiera.
Carmen no practica tanto como podría.
Pedro no gana tanto como me imaginaba.
Carlos no juega tanto como pensábamos.
Mercedes no gastó tanto como habría podido.
Ana no sabe tanto como yo esperaba.

When the comparative construction modifies a noun and when a verb (with or without modifiers) follows, *que* becomes *de* plus a definite article plus *que*. The definite article agrees with the noun.

>Trajeron menos leche de la que habíamos pedido.
>Trajeron menos pan del que habíamos pedido.
>Trajeron menos sillas de las que habíamos pedido.

Práctica 11 Invert the sentences according to the model.

>No trajiste tantos libros como necesitábamos. → Necesitábamos más libros de los que trajiste.
>
>No tenemos tanta leche como pidieron.
>No recibieron tantas cartas como escribimos.
>No pidieron tantos lápices como querían.
>No llevaron tanta ropa como tenían.
>No tenemos tantas vacaciones como quisiéramos.
>No recordarás tantos cuentos como leerás.
>No tengo tanto dinero como necesito.

In a superlative construction, a definite article plus a noun precedes *más* plus an adjective. If a complement is added to show the extent to which the superlative applies, it is introduced by *de*.

>Juan es el alumno más estudioso de la clase.

Práctica 12 Substitute the cued words.

>María es la chica más bonita de la clase.
>_____ de la ciudad.
>_____ del grupo.
>_____ del pueblo.
>_____ de todas.

Práctica 13 Rewrite the sentences to use a superlative construction.

>En la oficina no hay otra secretaria tan seria como Alicia. → Alicia es la secretaria más seria de la oficina.
>
>En la universidad no hay otro profesor tan exigente como el doctor García.
>En el pueblo no hay otra muchacha tan guapa como Elena.
>En Honduras no hay otro médico tan dedicado como el doctor Méndez.
>En el congreso no hay otro diputado tan ambicioso como Enrique Sánchez.
>En la academia no hay otra mujer tan simpática como mi prima.
>En el hospital no hay otra enfermera tan trabajadora como Beatriz.

Lectura Narrativa
VISTAZO A LA NOVELA HISPANOAMERICANA

Los novelistas son sin duda los mejor conocidos entre los escritores hispanoamericanos de hoy. La novela, sin embargo, no es el primer género literario cultivado en Hispanoamérica. Son relativamente pocas las novelas hispanoamericanas del siglo XIX que todavía se leen. Entre ellas hay tres con nombres de mujer: *Amalia,* del argentino José Mármol; *María,* del colombiano Jorge Isaacs; *Cecilia Valdés,* de Cirilo Villaverde, de Cuba.

En el siglo XX, uno de los tipos de novelística más interesantes y originales es el de la llamada «novela de la tierra.» En ella, en gran medida, el paisaje americano es protagonista de la obra literaria. Se cuentan entre estas, para citar sólo las más significativas: *La vorágine* (1924), del colombiano José Eustasio Rivera; *Doña Bárbara* (1929) y otras del venezolano Rómulo Gallegos; y, en opinión de muchos, *Don Segundo Sombra* (1926), del argentino Ricardo Güiraldes. A ésta, algunos prefieren considerarla como la última obra del ciclo de la «literatura gauchesca» al que pertenece el poema narrativo *Martín Fierro,* de José Hernández.

Muy relacionados con la «novela de la tierra» están otros dos tipos de novela hispanoamericana. Uno es el de la novelística de la Revolución Mexicana, cuya obra inicial y más famosa es casi seguramente la más lograda: *Los de abajo* (1915), de Mariano Azuela. El otro es el de la novela indianista, tipo al que pertenecen *Raza de bronce* (1919), del boliviano Alcides Arguedas; *Huasipungo* (1934), del ecuatoriano Jorge Icaza, y *El mundo es ancho y ajeno* (1941), del peruano Ciro Alegría. Similares a éstas en tema y modalidad narrativa hay muchas otras novelas en los demás países hispanoamericanos.

Lo mismo ocurre con el cuento: muy dentro de esta tendencia se encuentra la obra del gran cuentista uruguayo Horacio Quiroga. Una de las mejores colecciones de narraciones de este último es *Cuentos de amor, de locura y de muerte* (1917).

Frente a toda esta novelística en donde lo rural, el paisaje y la tierra adquieren importancia primordial, hay otros autores que asignan un papel central al estudio de la sicología humana; en estos casos, es frecuente, aunque no inevitable, que el escenario de la acción se traslade a la ciudad. En este sentido, son notables los estudios sicológicos del chileno Pedro Prado: *Alsino* (1920); la venezolana Teresa de la Parra: *Las memorias de Mamá Blanca* (1929); y el argentino Eduardo Mallea: *Fiesta en noviembre* (1938).

En los últimos años, los novelistas hispanoamericanos parecen haber avanzado en la dirección de una transformación profunda de la estructura y técnica de su género. Se advierte más agudamente esa intención renovadora si se tiene en cuenta la obra del mexicano Carlos Fuentes: *La región más trans-*

vistazo glance

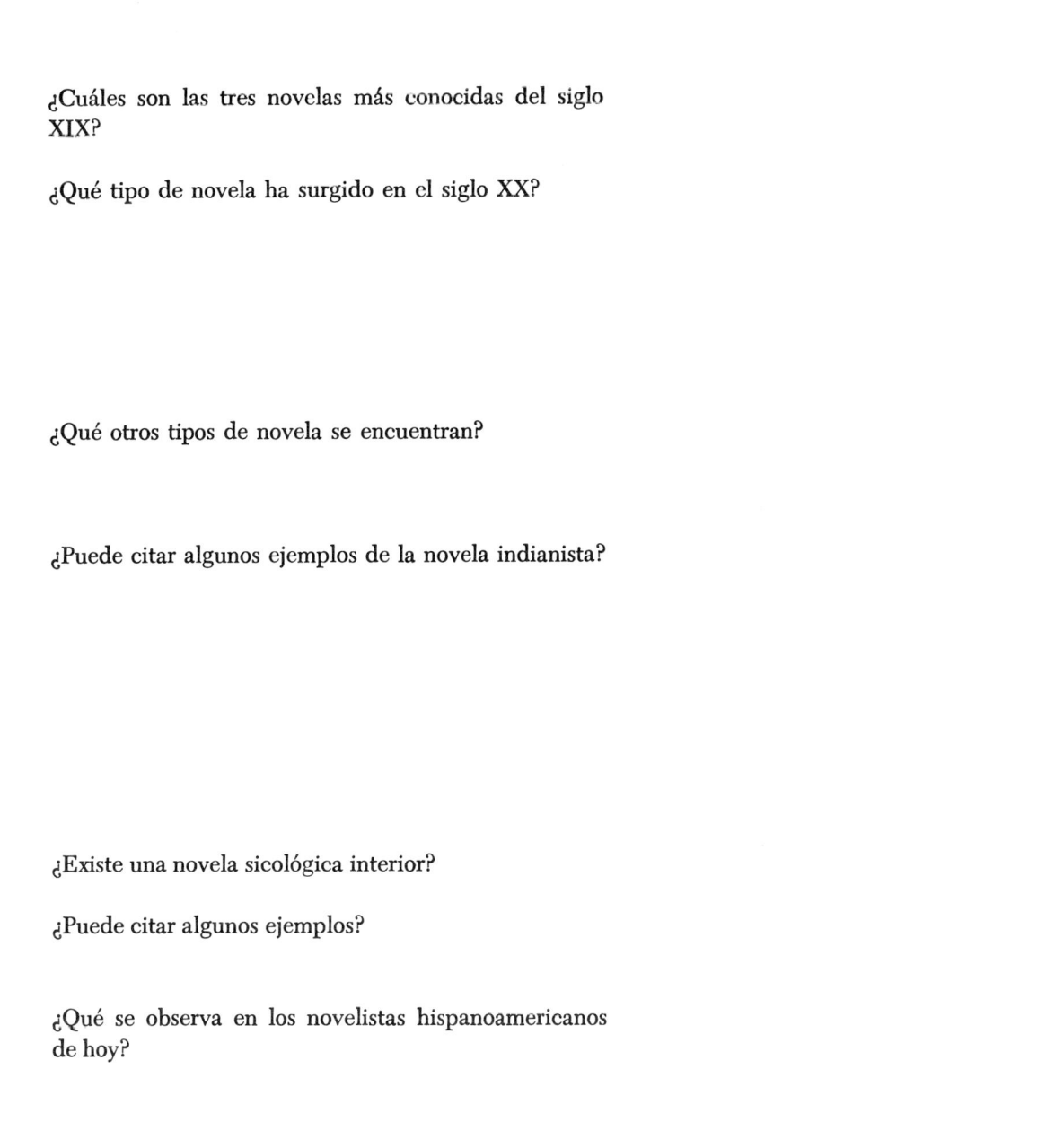

¿Cuáles son las tres novelas más conocidas del siglo XIX?

¿Qué tipo de novela ha surgido en el siglo XX?

¿Qué otros tipos de novela se encuentran?

¿Puede citar algunos ejemplos de la novela indianista?

¿Existe una novela sicológica interior?

¿Puede citar algunos ejemplos?

¿Qué se observa en los novelistas hispanoamericanos de hoy?

parente (1958); y de los argentinos Ernesto Sábato: *Sobre héroes y tumbas* (1962), y Julio Cortázar: *Rayuela* (1963). En estos escritores de renovación y crisis hay, además, una búsqueda permanente de los grandes problemas de sus respectivos países, tanto en sentido social como intelectual y moral.

El crítico chileno Arturo Torres-Ríoseco sintetiza así su opinión sobre la novela hispanoamericana de este siglo: «Tomadas en conjunto, las novelas hispanoamericanas modernas presentan un cuadro completo y satisfactorio. Por una parte, la novela de la ciudad y la novela del campo ofrecen un estudio poderoso y vívido del mundo exterior... las fuerzas salvajes de la naturaleza, el ‹personaje masa› y la escualidez de los arrabales y de las casas de vecindad. Por otra parte, la novela sicológica y filosófica proporciona un reflejo breve pero intenso del dominio de lo subconsciente, de la personalidad, de las emociones del alma, de las fuerzas misteriosas que integran esa otra realidad del mundo interior.»

¿Qué hay en estos escritores de renovación?

búsqueda   search

Explique cómo las novelas hispanoamericanas modernas presentan un cuadro completo y satisfactorio.

arrabales   suburbs

Lectura Dialogada
Viaje en tren

Miguel y Joaquín:

—Hola, Miguel. ¿Qué vas a hacer de vacaciones?

—Voy a pasar unos días en tierra caliente.[1]

—¿Con quién vas?

—Con mi hermana. Vamos a casa de unos amigos.

—¿Se van en autobús?

—No, nos vamos en tren. Se gasta más tiempo, pero el paisaje es lindo.

—¿Por qué será que se demora más el tren?

—Pues, porque las vías de montaña son muy angostas, y las curvas muy cerradas.

—Entonces el tren tiene que ir mucho más despacio que el autobús.

—Para mí, el viaje es la mejor parte de las vacaciones: ves como van cambiando el clima y la vegetación a medida que baja uno a tierra más caliente.

—Sí, cada clima tiene su paisaje característico, todos tan distintos, pero cada uno con su belleza particular.

se demora más takes more time; **angostas** narrow; **cerradas** sharp; **despacio** slow; **a medida que** while, as

[1] In the cities situated high in the mountains, the climate is quite cold even if they are near the equator. As you go down the mountain, the climate becomes warmer, until you get to the tropical climate, which is called *tierra caliente*.

Preguntas:

¿Qué va a hacer de vacaciones Miguel?
¿Cuánto tiempo va a pasar en tierra caliente?
¿Con quién va?
¿Cómo se van?
¿Cómo se gasta más tiempo, en tren o en autobús?
¿Cómo es el paisaje?
¿Cómo son las vías de montaña?
¿Cómo son las curvas?
Para Miguel, ¿cuál es la mejor parte de las vacaciones?
¿Qué se ve?
¿Qué tiene cada clima?

DIALOGO 18. LA LLEGADA

Ricardo y Juan Pablo:

—Mi primo, Fernando, llega mañana.

—¿De dónde viene?

—De Venezuela, donde estuvo pasando vacaciones.

—¿Lo vas a ir a recibir al aeropuerto?

—No sé si puedo, pues no tengo coche.

—¿No crees que alguien te pueda llevar y traer?

—Mis tíos llevan el coche lleno.

—Y además tienen que traer las maletas.

—Voy a llamar a Alvaro a ver si él va a ir.

Dialog Expansion:

¿Quién es el primo de Ricardo?
¿Cuándo llega el primo?
¿De dónde viene?
¿Qué hizo allí?
¿Va Ricardo al aeropuerto?
¿Cuál es su problema?
¿Van los tíos al aeropuerto?
¿Por qué no puede ir con ellos Ricardo?
¿Qué tienen que traer?
¿A quién va a llamar Ricardo?
¿Para qué lo va a llamar?

LECCION 39 | NOUN MODIFIERS

DESCRIPTIVE ADJECTIVES—Pedro es un buen estudiante.

Descriptive adjectives almost always follow the noun when they distinguish the person or thing referred to by the noun modified from others to which the same noun could refer.

    gobierno municipal
    gobierno provincial
    gobierno federal

An adjective is seldom used in normal conversation if the description supplied by the adjective is generally considered to be implied by the noun; but such constructions are found in poetic usage, and the adjective usually precedes the noun.

    la blanca nieve

Adjectives which add a subjective evaluation, favorable or unfavorable, may either precede or follow the noun modified. There is usually no difference in meaning except that the position after the noun lends greater emphasis.

    Juan es un profesor excelente.
    Juan es un excelente profesor.

Práctica 1 Transpose the adjective before the noun.

> Fue un concierto magnífico. → Fue un magnífico concierto.
>
> Es una experiencia horrible.
> Ernesto es un actor estupendo.
> Estaba en un error lamentable.
> Has tenido una idea excelente.
> Estuvieron en un accidente espantoso.
> Están en una situación terrible.
> Me parece un día maravilloso.
> Tiene una opinión interesante.

The masculine singular forms *bueno* and *malo* drop the final –*o* when preceding the noun modified. The feminine and plural retain their full forms before the noun.

> Pedro es un buen maestro.
> Alicia es una buena maestra.
>
> Ignacio es un mal amigo.
> Ignacio y Paco son malos amigos.

Práctica 2 Substitute the cued words.

> Pedro es un buen chico.
> _____ médico.
> _____ estudiante.
> _____ ingeniero.
> _____ químico.
> _____ abogado.
>
> Ellos son malos niños.
> _____ estudiantes.
> _____ amigos.
> _____ chicos.

Práctica 3 Transpose *bueno* and *malo* before the noun.

> Me dieron un precio bueno. → Me dieron un buen precio.
>
> Hoy fue un día malo.
> Vimos una película buena.
> Les trajo noticias malas.
> Acabo de leer un artículo bueno.
> Saco calificaciones malas.

Carlos no tiene carácter malo.
Siempre da contestaciones buenas.
Este es un ejercicio bueno.

When a noun modified by an adjective is also modified by a possessive construction, placing the adjective before the noun means that the description applies to all those persons or things referred to by the noun as modified by the possessive.

las guapas primas de Pedro

Placing the adjective after the noun implies that there are some to whom the description does not apply.

las primas guapas de Pedro

Práctica 4 Form single sentences with the information given.

Las mujeres de este pueblo son hermosas. No trabajan mucho. →
Las hermosas mujeres de este pueblo no trabajan mucho.

Algunas mujeres de este pueblo son hermosas. No trabajan mucho. →
Las mujeres hermosas de este pueblo no trabajan mucho.

La hermana de Carlos es bonita. Nunca va al cine.
Una de las hermanas de Carlos es bonita. Nunca va al cine.
Las fiestas de los Olvera son ruidosas. Nos molestan.   noisy
Algunas fiestas de los Olvera son ruidosas. Nos molestan.
Las montañas de Suiza son altas. Me impresionan.
Algunas montañas de mi país son altas. Me impresionan.
El testimonio del testigo era falso. Nos dejó atónitos.
Parte del testimonio del testigo era falso. Nos dejó atónitos.

Some adjectives, such as *cierto, grande, nuevo, pobre, puro* and *simple*, have different meanings before and after the noun.

Cierto is a synonym of *seguro* when it follows the noun modified.

Es una noticia cierta.
Ese negocio es una cosa cierta.

When placed before the noun, *cierto* functions somewhat like an indefinite article but often implies that the speaker expects the person addressed to be able to guess to whom or what he refers.

Decidieron hablar con cierto abogado.

Práctica 5 Change the indefinite article to the appropriate form of *cierto*.

> Jorge invitó a una persona. → Jorge invitó a cierta persona.

Se han dedicado a un negocio.
Me refiero a unos vecinos.
Está enamorado de una chica.
Unas muchachas preguntaron por ti.
Me cae mal un profesor.
Supimos de un pariente tuyo.
El cuento habla de un bandido.
Una alumna llegó tarde.

Grande refers to size and is the opposite of *pequeño* when used after the noun modified.

> Tienen una casa muy grande.

When used before the noun, the singular form is contracted to *gran* while the plural, *grandes*, is unchanged; it indicates a very favorable subjective evaluation except when modifying a noun which refers to something unfavorable, in which case *gran* is simply an intensifier.

> Carlos es un gran gobernador.
> Mexico tiene grandes escritores.

Práctica 6 Use the appropriate form of *grande* before the noun.

> Ernesto es un _____ profesor. → Ernesto es un gran profesor.

¡Estas son _____ noticias!
Leí un _____ libro.
Dicen que es una _____ película.
María se llevó una _____ decepción.
Mario y Daniel son _____ comerciantes.
Tenemos _____ planes.
Fue una _____ recepción.
Son _____ amigos.

Práctica 7 Answer using the appropriate form of *nuevo*, placed after the noun when contrasted with *viejo* and before the noun when contrasted with *mismo*. In both cases, use the indefinite article with *nuevo*.

> ¿Se compraron una casa vieja? → No, se compraron una casa nueva.
> ¿Nos toca el mismo profesor? → No, nos toca un nuevo profesor.

¿Llevas un abrigo viejo?
¿Están estudiando el mismo libro?
¿Nos va a dar el mismo curso?
¿Van a ver una película vieja?
¿Invitaron a los mismos vecinos?
¿Fueron en un coche viejo?
¿Tiene la misma idea?
¿Compraron muebles viejos?

Práctica 8 Change *infeliz* to *pobre* placed before the noun, and change *necesitado* to *pobre* placed after the noun.

Estuve hablando con un hombre infeliz. → Estuve hablando con un pobre hombre.

Se lo regalamos a una familia necesitada.
Anoche conocí a un profesor infeliz.
Mi clase de historia la da un profesor necesitado.
Esa niña infeliz lleva meses en el hospital.
Nos pidieron ayuda unos obreros necesitados.
Ayudaron mucho a un empleado necesitado.
Estas mujeres infelices perdieron su empleo.
Tenemos unos parientes necesitados.

Práctica 9 Change *no ... más que* to *puro* placed before the noun, and change *sin mezclar* to *puro* placed after the noun.

Pedro no nos contó más que mentiras. → Pedro nos contó puras mentiras.

Aquí se consigue leche sin mezclar.
No nos vimos más que por casualidad.
Puedes usar solo harina sin mezclar.
No te estoy diciendo más que la verdad.
Quiero un aceite sin mezclar.
El abrigo es de lana sin mezclar.
Carlos no toma más que jugos.
No vinieron más que muchachas guapas.

Práctica 10 Change *no ... más que* to *simple* placed before the noun, and change *tonto* to *simple* placed after the noun.

Sus primos no son más que empleados. → Sus primos son simples empleados.
Ese es un payaso tonto. → Ese es un payaso simple.

Juan no es más que un estudiante.
Tu primo es un niño tonto.
Elena no es más que una criada.
José es un actor tonto.
Me parece un anuncio tonto.
Juana no es más que una bailarina.
Su tía es una mujer tonta.
No es más que un vendedor.

Práctica 11 Change *la mitad de un* to *medio*.

Comí la mitad de una manzana. → Comí media manzana.

¿Quieres la mitad de un dulce?
Hay la mitad de un tomate.
Le regalaron la mitad de una sandía. watermelon
Se acabó la mitad de una botella de jugo.
Dame la mitad de un melón.
Tomo la mitad de una cerveza. beer
Usa la mitad de un aguacate. avocado
Le di la mitad de un vaso de agua.

NOUN CLAUSES AND PHRASES—Tengo la idea de que no van a salir.

A noun clause preceded by *de* may modify certain nouns.

Tenía la impresión de que no querían ir.

Práctica 12 Substitute the cued expressions.

Tengo la idea de que no quieren salir.
———————————— no lo saben.
———————————— no lo entienden.
———————————— van a salir.
———————————— van a hacer un viaje.
———————————— no quieren trabajar.
———————————— no tocan la música.

Nos dio la impresión de que no tenían interés.
———————————————— no querían hablar.
———————————————— lo querían discutir.
———————————————— no pensaban asistir.
———————————————— no nos creían.
———————————————— no estudiaban bastante.

Práctica 13 Combine the sentences according to the model.

    No sabían que hacer. Me dio la sensación. →
    Me dio la sensación de que no sabían que hacer.

    Uds. no piensan quedarse. Tengo la idea.
    María estaba en el hospital. Recibimos noticias.
    No les vas a ayudar. Están en la creencia.
    Alicia no tiene novio. Da la casualidad.
    Paco es muy flojo. Tenemos la impresión.
    Su familia llega mañana. Tengo el presentimiento.
    Ya se habían ido. Nos dio la impresión.
    Estabas equivocada. Tenían la idea.

Lo de plus a noun or noun phrase may be used instead of a noun clause when the speaker expects this to be sufficient identification for the person addressed or when the speaker first checks to see if this is sufficient.

    Les conté lo de la profesora.
    No saben lo de Pepita.

Práctica 14 Substitute the cued expressions.

    No sabían lo de Juan.
    _____ lo del profesor.
    _____ lo del niño.
    _____ lo de la señora.

Práctica 15 Replace the noun clause with a phrase consisting of *lo de* plus the name of the person.

    Les dije que María estaba enferma. → Les dije lo de María.

    Les dije que Carmen no estaría.
    Les dije que los Gómez hacían un viaje.
    Les dije que el profesor estaba ausente.
    Les dije que Carlos se había ido.
    Les dije que las niñas estaban llorando.

Práctica 16 Change the noun clause to *lo de* plus the subject.

    Me acaban de contar que Juan perdió su empleo. → Me acaban de contar lo de Juan.

    ¿Supiste que las pinturas llegaron muy estropeadas?
    Les dije que María estaba enferma.

Oí que el señor Gómez tuvo un accidente.
Leyó que tus sobrinos iban a hacer una gira.
Sé que el amigo de Juan se graduó.
Les dijimos que mi hermano se rompió la pierna.
Todavía no saben que Paco y Alicia se pelearon.
¿Te conté que mi vajilla llegó toda rota?   dinnerware

QUANTIFIERS—Limpiarán cada una de las máquinas.

Cada uno de may be used instead of *todos*, to which it is approximately equivalent except that the latter emphasizes totality more than the former.

Leyó detenidamente cada uno de los trabajos.
Se rieron de cada uno de mis chistes.
Cada una de las muchachas bailó con él.

Práctica 17 Transform the sentences to employ a *cada uno de* construction.

Examinaron todos estos libros. → Examinaron cada uno de estos libros.

Firmamos todas las cartas.
Quiere reponer todos sus vestidos viejos.   repair
Cantaron todas esas canciones.
Encuaderné todos mis libros.
Rompimos todos los discos.
Limpiarán todas las máquinas.
Tiraron todos los árboles de la alameda.

Práctica 18 Change *todos* to *cada uno de* and adjust the verb.

Todos mis amigos me llamaron. → Cada uno de mis amigos me llamó.

Todas esas ideas se descartaron.   rejected
Todos los trajes blancos se mancharon.
Todas esas botellas se rompieron.
Todos los que venían atrás se perdieron.
Todos los profesores fueron a saludarla.
Todas las fotografías se velaron.
Todos los cohetes explotaron.
Todos los alumnos entregaron un trabajo.

Otro occurs before the noun and it is never preceded by an indefinite article.

Encontré otro libro.
Le escribimos otra carta.

Práctica 19 Complete the following with the correct form of *otro*.

Tengo otro libro.
_____ novela.
_____ pintura.
_____ cuaderno.
_____ disco.

Nos hace falta otra secretaria.
_____ servilleta. napkin
_____ escritorio.
_____ libro.
_____ biblioteca.

Práctica 20 Change the sentences to use a form of *otro*.

Compraremos un nuevo coche. → Compraremos otro coche.
Necesitamos un escritorio más. → Necesitamos otro escritorio.

Quieren una nueva casa.
Necesitan un maestro más.
Buscamos un alumno más.
Quisiéramos un nuevo programa.
Necesitan una nueva secretaria.
Traeremos una silla más.
Compré un libro más.
Te daré una servilleta más.

Otros precedes a cardinal numeral and frequently precedes other quantifiers such as *muchos* or *varios*.

Encontramos otras doscientas pesetas.

Práctica 21 Substitute *otros* for *más* and place it before the other quantifier.

Queremos seis sillas más. → Queremos otras seis sillas.

Necesito cien pesos más.
Todavía tienen cinco clases más.
Comprarán muchas cajas más.
Necesita dos vestidos más.
Queremos cincuenta naranjas más.
Matarán diez gallinas más. hens
Gastaste ciento un pesos más.
Me dieron diez pesetas más.

INFINITIVE PHRASES—Estas casas fueron difíciles de encontrar.

Some adjectives, such as *fácil* and *difícil*, may be modified by *de* plus an infinitive.

Esa verdura es difícil de guisar. vegetables, cook

Práctica 22 Substitute the cued words.

Estas ideas son difíciles de creer.
_____ entender.
_____ aceptar.
_____ analizar.
_____ explicar.

Práctica 23 Transform the sentences according to the model.

Es difícil comprender esas ideas. → Esas ideas son difíciles de comprender.

Es fácil preparar esta ensalada.
Es difícil cantar esa canción.
Es fácil leer estas novelas.
Fue difícil encontrar estas casas.
Será fácil colgar este columpio.   swing
Sería fácil comprobar esas teorías.
Es difícil hacer estos ejercicios.
Es difícil aprender ese idioma.

LECCION 40 EXPANSIONS

NEGATION—Ni Carlos ni tu hermano fueron al cine.

Two or more negative units are usually coordinated by placing *ni* before each one. If the verb follows the *ni . . . ni* coordination, *no* is omitted.

Ni Juan ni María quieren ir.
Ni Pedro ni yo los vimos.

Práctica 1 Substitute the cued expressions.

Ni Carlos ni María fueron a España.
_____ hicieron un viaje.
_____ lo dijeron.
_____ vieron el accidente.
_____ estuvieron aquí.
_____ compraron el regalo.

Práctica 2 Change *y* to *ni*, place an additional *ni* before the first coordinated unit and omit *no*.

Carlos y tu hermano no fueron al cine. → Ni Carlos ni tu hermano fueron al cine.

Alicia y María no estudian alemán.
Yolanda y yo no hablamos con el profesor.
A Juan y a Paco no les gusta el helado.

Mi tío y su abogado no van a venir.
A Irma y a mí no nos gustó la conferencia.
A ti y a mí no nos mandaron el regalo.
A Pedro y a ti no los conocen.
Marta y yo no queremos estudiar.
A Elisa y a Beatriz no las vemos todos los días.
A Juan y a mí no nos llevaron al parque.
Carmen y Celia no llegaron a tiempo.
A mi tía y a Yolanda no les escribiste.

Práctica 3 Place *ni* before each of the different grammatically equivalent units and use the resultant coordination in the same context.

No comimos en el hotel. No comimos en el restorán. →
No comimos ni en el hotel ni en el restorán.

No fueron a Acapulco. No fueron a Veracruz.
No hay dulces aquí. No hay dulces en la casa.
No tendremos tiempo mañana. No tendremos tiempo el lunes.
No estudio para abogado. No estudio para médico.
No los encontramos trabajando. No los encontramos estudiando.
No lo hizo por tonto. No lo hizo por malvado.   wicked
No salimos a comer. No salimos a cenar.
No trajeron pan. No trajeron leche.

A negative and an affirmative are frequently coordinated with the negative first, followed by *sino* and the affirmative unit.

No hable con Alicia sino con Cecilia.

If the affirmative or negative unit is emphasized, it may be preceded by *pero* instead of *sino* and must then be accompanied by *sí* if the first member is negative or *no* if the first member is affirmative.

No hable con Alicia pero con Cecilia sí.
Hable con Cecilia pero con Alicia no.

Práctica 4 Substitute the cued expressions.

No hable con Juan sino con Carlos.
_____ María.
_____ su hermano.
_____ su madre.
_____ el profesor.

No vayas a la playa sino al lago.
_____ al museo.
_____ al teatro.
_____ a la fiesta.
_____ a la reunión.

No hable con Anita, pero con María sí.
_____ Teresa _____.
_____ Carlos _____.
_____ su hermana _____.
_____ su padre _____.
_____ el profesor _____.

Vaya a la playa, pero al lago no.
_____ al museo _____.
_____ al teatro _____.
_____ a la fiesta _____.
_____ a la reunión _____.

Práctica 5 Combine the sentences according to the model.

A tu hermano le prestaría mi coche. A ti no te prestaría mi coche. →
A tu hermano le prestaría mi coche pero a ti no.

Carlos no fue al circo. María fue al circo.
Cristina habló con el profesor. Tú no hablaste con el profesor.
Tú traes mucho dinero. Yo no traigo mucho dinero.
Yo no estudié toda la noche. Beatriz estudió toda la noche.
El salmón me gusta mucho. El bacalao no me gusta mucho.   codfish
A Cecilia le mandaste una tarjeta. A mí no me mandaste una tarjeta.
A Pedro no le interesan las lenguas. A Juan le interesan las lenguas.
A ti te conocen bien. A nosotros no nos conocen bien.

Práctica 6 Change the positions of the grammatically equivalent elements and change *no* to *sí* or *sí* to *no*. Make any additional required changes.

Alicia no es fea pero Ignacia sí. → Ignacia es fea pero Alicia no.

Carlos viene mañana pero Paco no.
Comimos aquí pero en el restorán no.
No encontraron a Pedro pero a Jorge sí.
No nos gusta el avión pero el tren sí.
Fuimos a Quito pero a Guayaquil no.

No estudio francés pero alemán sí.
José comió de tus chocolates pero Irma no.
No pueden tomar refrescos pero leche sí.

In a negative sentence two grammatically equivalent elements may be coordinated by *sino* to assert that the negation applies to the element preceding *sino* but that the assertion is affirmative for the element following *sino*.

No estudié aquí sino en la biblioteca.
No viste a Paco sino a Carlos.

Práctica 7   Join the second sentence to the first sentence by use of *sino* and omit the verb of the second sentence as well as any object or complement identical in both sentences.

No encontramos a Juan. Encontramos a Enrique. →
No encontramos a Juan sino a Enrique.

No los viste entrando. Los viste saliendo.
No trabajé en Oaxaca. Trabajé en Veracruz.
No piensan ir en tren. Piensan ir en avión.
No estudio para médico. Estudio para abogado.
No voy a tocar el piano. Voy a tocar la guitarra.
No tenemos clase a las ocho. Tenemos clase a las nueve.
No tomaron té. Tomaron café.
No fue a la tienda por pan. Fue a la tienda por huevos.

EQUIVALENCE—Fuimos al cine en vez de estudiar.

In an affirmative sentence two grammatically equivalent elements may be coordinated by *en lugar de* or *en vez de* to assert that the affirmation applies to the element preceding, but that the assertion is negative for the element following.

Bailé con María en lugar de con Alicia.

Práctica 8   Transform the sentences according to the models.

No los encontré trabajando sino descansando. → Los encontré descansando en lugar de trabajando.
No saldremos a las once sino a las diez. → Saldremos a las diez en lugar de a las once.

No estudio para arquitecto sino para ingeniero.
No trabajamos de día sino de noche.
No estudio sicología sino filosofía.
No te acuso por malvado sino por tonto.
No van a salir hoy sino pasado mañana.
No nos quedamos estudiando sino jugando.
No estaba tocando el clarinete sino el saxofón.

Two clauses sharing the same subject but not the same verb, of which one is affirmative and the other negative, may also be coordinated by *en lugar de* or *en vez de*. The verb of the clause following the coordinator in this construction is in the infinitive.

Jugamos en lugar de estudiar.
Cantaron en vez de ir al teatro.

Práctica 9 Substitute the cued expressions.

Fuimos al cine en vez de estudiar.
_____ trabajar.
_____ escribir la carta.
_____ leer la novela.
_____ cenar.

Práctica 10 Add *en vez de* plus the second sentence to the first sentence, omitting *no* and changing the verb of the second sentence to the infinitive.

Fuimos a los toros. No nos preparamos para el examen. →
Fuimos a los toros en vez de prepararnos para el examen.

Leiste una novela. No fuiste al cine.
Haré la comida. No lavaré los platos.
Se tomó un refresco. No cenó.
Oirán unos discos. No sacarán las guitarras.
Te compraste un vestido. No ahorraste tu dinero.   save
Me empiné un vaso de jugo. No comí huevos.   drank
Pediremos dinero prestado. No venderemos la casa.   loan
Trata de curarse solo. No consulta al médico.

The preposition *sin* may be used to assert the absence of an expected or at least likely consequence, antecedent or attendant circumstance. If the subject of the verb following *sin* is the same as that of the main verb, the infinitive is used; otherwise *sin* is followed immediately by *que* and the verb is subjunctive.

    Me salí temprano sin despertarlos.
    Me salí temprano sin que se despertaran.

Práctica 11   Substitute the cued expressions.

    Me acosté sin leer la novela.
    _____ preparar la tarea.
    _____ terminar el trabajo.
    _____ comer.
    _____ despedirme de nadie.
    _____ lavarme las manos.

    Me fui sin que nadie me viera.
    _____ nadie lo supiera.
    _____ nadie me oyera.
    _____ nadie me buscara.
    _____ nadie me mirara.

Práctica 12   Omit *pero* or *aunque*, change *no* to *sin* and change the following verb to the infinitive.

    Siempre te aprendes la lección pero no estudias. → Siempre te aprendes la lección sin estudiar.

    Arreglamos la casa pero no nos cansamos.
    Encontraron los libros aunque no los buscaban.
    Juan habla pero casi no mueve los labios.
    Se metió a la piscina aunque no sabía nadar.
    Lavé el coche pero no me mojé.   get wet
    Renunciaron a su empleo aunque no tenían otro.
    Subiste al tren aunque no tenías boleto.
    Se me cayó el vaso pero no se rompió.

Práctica 13   Transform the sentences to single statements to use the appropriate subjunctive tense.

    Me salí de la casa. Nadie me vio. →
    Me salí de la casa sin que nadie me viera.

Muchas veces nos miente. No le decimos nada.
Podríamos salir temprano. No nos vería el profesor.
Siempre termina su trabajo. Nadie le ayuda.
Juan te quitó el sombrero. No te diste cuenta.
Pedro soluciona los problemas. Nadie se enoja con él.
La llevaron al hospital. No estaba enferma.
Juntaremos el dinero. No nos tendrán que pagar.
Estuvo gritando media hora. Nadie le oyó.

Lectura Narrativa
CIUDADES DEL MUNDO HISPÁNICO

El mundo hispánico abunda en ciudades importantes, en ciudades populosas, en ciudades activas o pujantes. Madrid y Barcelona, Buenos Aires y México son buenos ejemplos. En ellas, los progresos de la civilización son evidentes. El nivel de vida es alto; el dinamismo de estas ciudades es indudable; son centros comerciales o industriales, culturales y políticos de sus respectivos países. Ofrecen mucho a sus habitantes, pero también exigen mucho de ellos. Vivir en una de estas ciudades no es muy distinto de vivir en Nueva York o en París, en Londres o en San Francisco. Tienen, es cierto, algunas características del mundo hispánico; pero ante todo ofrecen una experiencia fundamental del siglo XX. Esa experiencia es la de la vida en la gran ciudad.

También hay otra dimensión de la ciudad hispánica. También existe la ciudad relativamente pequeña, la ciudad provinciana. Oviedo o Salamanca en España, por ejemplo; y también San Luis Potosí en México, Popayán en Colombia, Santa Cruz de la Sierra en Bolivia, Salta en la Argentina. Hay centenares de estas ciudades, en España y en Hispanoamérica. No son grandes centros metropolitanos, pero tampoco son pueblos. Son, simplemente, la ciudad auténtica, la ciudad real, la que tiene las dimensiones más apropiadas para una vida humana adecuada y feliz. Aquí cada habitante vive en su ciudad, pero no vive solamente para ella. Porque no está perdido en la multitud, puede disfrutar de la vida urbana sin perder totalmente su individualidad.

Estas dos no son las únicas posibilidades. Las formas de vida urbana en el mundo hispánico son muy variadas. No consisten solamente en el contraste entre ciudad y campo. De la gran ciudad metropolitana pasamos a la ciudad importante de provincias, a la pequeña ciudad provinciana, al pueblo, a la villa, a la aldea. Los nombres pueden variar según los países, pero en todos existen estos matices, y quizá algunos más.

Un rasgo común a todas estas ciudades, en España y en Hispanoamérica, es que ellas, grandes o pequeñas, son los centros de civilización y cultura de sus países. La historia muestra que eso ha sido siempre su función. Los españoles colonizaron gran parte de América fundando ciudades; de hecho, muchas veces crearon la ciudad en medio de territorios todavía hostiles, no dominados aún por el hombre europeo. Las ciudades extendieron su influencia civilizadora al resto del territorio y, con el tiempo, fueron los núcleos que determinaron la creación de nuevos países. Representan, pues, un triunfo del espíritu creador del hombre, en lucha contra las mayores dificultades materiales.

¿Qué caracteriza la gran ciudad del siglo XX?
¿Qué ciudades del mundo hispánico poseen estas características?

pujantes powerful

nivel level, standard

¿Cuál es la otra dimensión de la ciudad hispánica?

¿Entre qué tipos de ciudad está esta ciudad provinciana?

¿Qué caracteriza esta ciudad pequeña?

disfrutar to take advantage

¿La forma de vida urbana en el mundo hispánico se limita únicamente a un contraste entre ciudad y campo?
¿Cuáles son los tipos de vida urbana que existen?

matices varieties
rasgo feature

¿Cuál es el rasgo común a todas las grandes ciudades del mundo hispánico?
¿Con qué base podemos afirmar este hecho?

¿Qué representa la ciudad frente al espíritu creador del hombre?

Lectura Dialogada
Remando

Pedro y Roberto:

—Pedro, ¡qué día más sensacional! ¿Qué te parece si vamos a remar?

—¡Genial!

—Yo tengo un pequeño bote de madera. No está muy bueno, pero, bueno. Allí gozaremos.

—Sí. No importa. Traeré mi caña de pescar.

—Y yo me dedicaré a hacer ejercicio.

—Pero el bote por lo menos flota, ¿no?

—Sí, claro.

—Yo conozco un lugar estupendo. Hay cantidades de truchas. Es un riachuelo que queda cerca de aquí.

—Espero que haya una gran corriente pues así podré remar cantidades.

—Sí, ya verás.

(En el riachuelo)

—Está precioso el lugar. Ayúdame a bajar el bote.

(En el bote)

—¡Pedro! ¡Pedro! ¡Se está hundiendo el bote! ¡Pero mira si tenía una cantidad de agujeros el bote!

—¡Caramba! ¡Qué mala suerte! ¡A nadar se dijo, pues!

remando rowing; **caña de pescar** fishing pole; **truchas** trout; **riachuelo** stream; **hundiendo** sinking; **agujeros** holes

Preguntas:

¿Cómo es el día?
¿Qué van a hacer los chicos?
¿Qué tiene Roberto?
¿De qué es el bote?
¿Qué va a traer Pedro?
¿A qué se dedicará Roberto?
¿Flota el bote?
¿Qué hay en el lugar que conoce Roberto?
¿Cómo está el lugar?
¿Qué le pasó al bote?
¿Qué tenía el bote?
¿Qué tienen que hacer los chicos?

DIALOGO 19. DE NOCHE

Santiago y Daniel:

—¿Has visto la exposición agropecuaria?

—No, acabo de salir de exámenes.

—Tienes que ir. Está interesante.

—Mi hermana insiste en que la lleve al cine.

—¿No puede ir con una amiga?

—No, mi mamá no la deja salir sola.

—¿La tienes que acompañar siempre?

—De noche, sí.

—¿A sí? Yo no sabía eso.

Cultural note In Latin America and Spain, many families insist that their daughters not be allowed to go out at night without a brother, relative or an adequate chaperone. This attitude is changing gradually.

Dialog Expansion:

¿Ha visto Daniel la exposición agropecuaria?
¿De dónde acaba de salir él?
¿Por qué tiene que ir Daniel?
¿Puede ir esta noche?
¿Por qué no puede ir?
¿Puede ir su hermana al cine con una amiga?
¿Por qué no?
¿Cuándo la tiene que acompañar Daniel?

LECCION 41 | VERB PHRASES

INFINITIVE PHRASES—Tenemos que hacer el viaje.

The verb phrase *tener que* followed by an infinitive is used to assert or, if negative, in this and other cases, to deny the absolute necessity that the subject of *tener* perform the action specified by the following infinitive.

Tenemos que llegar temprano.
Tienes que ayudarnos.
Tendré que ir en tren.

When used in the perfective past, the meaning is that the action specified by the infinitive was in fact performed by the subject of *tener* and that it was unavoidable.

Tuve que bailar con mi prima.
Tuviste que hacer la comida.
Tuvimos que entregar el libro.

When used in the imperfective past the meaning is that at the time under consideration in the past, the subject of *tener* was faced with the necessity of performing the action indicated by the following infinitive; but the possibility that, perhaps due to some unforeseen subsequent occurrence, the action was after all not carried out is not precluded.

No pude hablar con ellos porque tenían que estudiar.

Práctica 1 Substitute the cued words.

Tengo que salir ahora.
_____ estudiar más.
_____ volver en seguida.
_____ hacer un esfuerzo.
_____ saberlo.

Tuvimos que quedarnos.
_____ callarnos.
_____ decírselo.
_____ hacer el viaje.
_____ visitarlos.

No pude hacerlo porque ellos tenían que salir.
_____ estudiar.
_____ trabajar.
_____ comer.
_____ terminar.

Práctica 2 Change the subjunctive verb form following *que* to the infinitive and make all necessary adjustments in the sentences.

Es necesario que yo hable con Paco. → Tengo que hablar con Paco.

Será necesario que salgan temprano.
Es necesario que se lo adviertas.
Fue necesario que él comprara los boletos.
Es necesario que se lo sepan de memoria.
Era necesario que lavaras la fruta.
Es necesario que yo vaya al mercado.
Será necesario que lleves tu impermeable.   raincoat
Es necesario que sigamos las instrucciones.

The verb phrase *acabar de* plus infinitive is used to assert that the action specified happened in the very recent past. In this sense this construction occurs only in the present and the imperfective past.

Acabamos de ver esa película.
Acabábamos de entrar cuando empezó a llover.

Práctica 3 Substitute the cued words.

Acabo de salir.
_____ hacerlo.

    _____ mencionarlo.
    _____ decírselo a él.
    _____ procurarlo.
    _____ explicártelo.
    _____ terminarlo.
    _____ leerlo.

Acabábamos de terminar cuando ellos llegaron.
    _____ salir _____.
    _____ volver _____.
    _____ discutirlo _____.
    _____ comer _____.

Práctica 4 Transform the sentences to use the present indicative of *acabar de* plus infinitive.

Llegaron hace poco. → Acaban de llegar.

Comí hace poco.
Empezaron las clases hace poco.
Lo supimos hace poco.
Encontré a tu hermano hace poco.
Nos escribieron hace poco.
Te compraste un coche hace poco.
Descubrieron otras ruinas hace poco.
Salió del hospital hace poco.

The verb *poder* plus infinitive is used with several different meanings. It can mean that the subject of *poder* is in a position to perform the action indicated by the following infinitive because he has permission or sufficient time, energy, strength or any combination of these to do it. In only a few cases is it possible to determine clearly which meaning is intended.

Podemos estudiar mañana.
¿Puedo ir al cine? (¿Me { das / da Ud. / dan Uds. } permiso de ir al cine?)

When used in the perfective past, the meaning is that not only was the subject of *poder* in a position to perform the specified action but that he did in fact do it.

Pudimos entrar sin boleto.
Pudo terminar a tiempo.
No pude llegar a la reunión.

Used in the imperfective past, this construction relates that at the time under consideration in the past the subject of *poder* was in a position to perform the specified action, but it is not specifying an actual occurrence of the action.

Antes podía salir sin su hermano.

Práctica 5 Change *tener permiso de* to *poder*.

Tengo permiso de ir al cine. → Puedo ir al cine.

Tiene permiso de bañarse en el río.
Tienen permiso de llegar tarde.
Tenemos permiso de hacer una fiesta.
Tienes permiso de comer sandía.
Tienen permiso de salir con nosotros.
Tengo permiso de cantar en el coro.
Tiene permiso de manejar el coche.
Tenemos permiso de traer dos amigos.
Tengo permiso de viajar a la Argentina.

Práctica 6 Change *tener tiempo para* to *poder*.

Tengo tiempo para esperar a Carlos. → Puedo esperar a Carlos.

Tiene tiempo para ir al cine.
Tenemos tiempo para tomar un café.
Tuvieron tiempo para guardar las cosas.
Tendrás tiempo para hablar por teléfono.
Tengo tiempo para oír las noticias.
Tendremos tiempo para guisar con calma.
Tienen tiempo para dormir mucho.
Antes tenías tiempo para estudiar.

Práctica 7 Change *ser bastante fuerte* to *poder*.

Soy bastante fuerte para caminar dos horas. → Puedo caminar dos horas.

Son bastante fuertes para levantar pesas.   weights
Es bastante fuerte para aguantarlo.
Somos bastante fuertes para trabajar en eso.
Eres bastante fuerte para empujar la carretilla.   push, cart
Es bastante fuerte para correr cien metros.
Soy bastante fuerte para ganar el partido.
Son bastante fuertes para jugar frontón.
Somos bastante fuertes para mover el piano.
Es bastante fuerte para andar al centro.

The verb *saber* plus infinitive is used to assert that the subject of *saber* has sufficient knowledge or skill to perform the action specified by the infinitive. The difference between perfective and imperfective past forms in this construction is analogous to that explained above for *poder* plus infinitive.

Práctica 8 Change *tener los conocimientos necesarios para* to *saber*.

Tengo los conocimientos necesarios para jugar ajedrez. → Sé jugar ajedrez.

Tenemos los conocimientos necesarios para hablar italiano.
Tiene los conocimientos necesarios para componer aparatos eléctricos.
Tengo los conocimientos necesarios para escribir a máquina.
¿Tienes los conocimientos necesarios para tocar la guitarra?
Tenemos los conocimientos necesarios para hacer platillos extranjeros.
Tiene los conocimientos necesarios para traducir al francés.
Yo tenía los conocimientos necesarios para encuadernar libros.
No tienes los conocimientos necesarios para freír un huevo.

The verb *saber cómo* plus infinitive is used to assert that the subject of *saber* is aware of the way in which the action specified by the following infinitive is, or can be, done.

No sabría cómo explicarlo.
¿Sabes cómo apagar esta luz?

Práctica 9 Change the reflexive verb to the infinitive.

No sé cómo se aplica esta regla. → No sé cómo aplicar esta regla.

No saben cómo se llega a tu casa.
No sabe cómo se apaga el radio.
¿Sabes cómo se corta esta carne?
No sabía cómo se mezclaba el cemento.
Sabemos cómo se arreglan estos motores.
No saben cómo se hace el experimento.
No sé cómo se carga esta nueva pluma.
Sabe cómo se pone el contacto.

The verb *pensar* plus infinitive is used to assert an intention or decision on the part of the subject of the verb *pensar* to perform the action specified by the following infinitive. This construction is used in the present and the imperfective past.

Pensamos visitarlos con frecuencia.
Pensaban esperarnos.

Práctica 10 Change the form of *haber decidido* to the present of *pensar*.

> He decidido estudiar inglés. → Pienso estudiar inglés.

> Han decidido ir de vacaciones.
> Ha decidido traducir el libro.
> Hemos decidido reunirnos mañana.
> ¿Has decidido terminar tus estudios?
> Hemos decidido adoptar un niño.
> Ha decidido escribir un artículo.
> Han decidido invitarte al cine.
> He decidido regalarle una pluma.

IMPERSONAL USAGE—Hay que estudiar esto a fondo.

> The verb *haber que* plus infinitive is used to assert the necessity that the action specified by the following infinitive be performed. In the present indicative the form *hay* is used, in other tenses the *Ud.–él* form. No subject can be expressed. The difference between the perfective and imperfective past forms of *haber que* plus infinitive is analogous to that explained for *tener que* plus infinitive.

> Hay que poner más atención.
> Habrá que esperar otro día.

Práctica 11 Change *ser necesario* to *haber que*.

> Es necesario estudiar esto a fondo. → Hay que estudiar esto a fondo.

> Fue necesario leer toda la página.
> Será necesario hacer unas muestras.
> Era necesario pintar la casa.
> Es necesario comprarle un abrigo.
> Será necesario tener mucho cuidado.
> Es necesario esperar otra hora.
> Fue necesario tomarle la temperatura.
> Será necesario llevarlo temprano.

> When *no* is used preceding *haber que* plus infinitive, it does not assert the lack of necessity that the specified action be performed but rather the necessity that the action not take place.

> No hay que decir esas mentiras.

LECCION 42 | VERB PHRASES

CONTINUING ACTION—Seguí trabajando con ellos.

The verb *seguir* plus gerund is used to assert that the action indicated by the gerund continues to be performed by the subject of *seguir*.

Sigo pensando igual.
Siguen fumando.
Seguíamos hablando de la política.

Práctica 1 Substitute the cued words.

Sigo cantando.
___ bailando.
___ gritando.
___ comiendo.
___ escribiendo.
___ repitiendo.
___ durmiendo.

Práctica 2 Transform the sentences to use the *seguir* plus present participle construction.

Todavía canto en el coro. → Sigo cantando en el coro.

Todavía estudian en la misma escuela.
¿Todavía trabajas con tu pariente?
Todavía camina con dificultad.
Todavía salen juntos.
Todavía somos vecinos.
Todavía buscaban un profesor.
Todavía escribo cada semana.
Todavía comprábamos antigüedades.

Práctica 3 Change *no dejar de* plus infinitive to *seguir* plus gerund.

No dejé de trabajar con ellos. → Seguí trabajando con ellos.

No dejó de llover.
No dejamos de estudiar historia.
No dejaron de venir cada sábado.
No dejaste de ver esos programas.
No dejó de faltar a clase.
No dejaron de molestar.
No dejamos de pensar en eso.
No dejé de limpiar la casa.

The verbs *acostumbrar* plus infinitive and (more literary) *soler* plus infinitive are used to indicate habitual action. They are common only in the present and imperfective past.

Acostumbran ir al cine los sábados.
Yo acostumbraba estudiar aquí.
Suelen traer dulces cuando vienen.

Práctica 4 Substitute the cued expressions.

Acostumbro hablar en voz alta.
_____ leer en la biblioteca.
_____ salir temprano.
_____ viajar en el verano.
_____ ir al cine los viernes.
_____ dormir mucho.

Suelen llegar tarde.
_____ hablar mucho.
_____ comer poco.
_____ venir a visitarnos.
_____ dar un paseo.
_____ volver temprano.

Práctica 5 Change *tener la costumbre de* to *acostumbrar*.

Tengo la costumbre de dormir sin almohada. → Acostumbro dormir sin almohada.

Teníamos la costumbre de tomar café a media tarde.
¿Tienes la costumbre de planchar los sábados?
Tengo la costumbre de leer en voz alta.
Tenían la costumbre de invitarnos dos veces al mes.
Tienen la costumbre de echarle mucho ajo a la comida.   garlic
Tenemos la costumbre de ir dos o tres veces al año.
Tenías la costumbre de comer muy despacio.
Tienen la costumbre de pelear con todo el mundo.

The verb phrase *volver a* plus infinitive is used to indicate repetition of the action specified by the infinitive.

Volvieron a cantar mi canción predilecta.   favorite
Volveré a comer con ellos.

Práctica 6 Substitute the cued words.

Volvió a repetirlo.
_____ leerlo.
_____ explicármelo.
_____ plancharla.
_____ pedirlo.
_____ contármelo.

Práctica 7 Omit *otra vez* and change the simple form of the verb to the corresponding form of *volver a* plus infinitive.

Nos lo prestó otra vez. → Nos lo volvió a prestar.

Leímos esa novela otra vez.
Rompió sus lentes otra vez.
Se despertaron temprano otra vez.

Se me olvidó la llave otra vez.
¿Te cortaste el dedo otra vez?
Recitará ese soneto otra vez.
Oiremos ese disco otra vez.
Soñé con ella otra vez.   dreamed about

PREPOSITIONS WITH INFINITIVES—Me cansé de leer.

Certain verbs take objects only after a preposition is added. It is in general impossible to predict what preposition, if any, will intervene between a particular verb and an object and this should be learned individually for each verb. The verb *tratar* requires the preposition *de* before an infinitive, while the verb *procurar* takes no preposition. Both verbs assert an attempt on the part of the subject to perform the action specified by the following infinitive.

Trataremos de solucionar el problema.
Procuraron ayudarnos en todo lo posible.

Práctica 8 Substitute the cued expressions.

Tratamos de ayudarlo.
_____ no molestarlo.
_____ entenderlo.
_____ callarnos.
_____ llegar a tiempo.
_____ escoger bien.

Procuramos hacerlo bien.
_____ salir a tiempo.
_____ explicárselo.
_____ no molestarlo.
_____ discutirlo.
_____ no interrumpir.

Práctica 9 Change *procurar* to *tratar de*.

Procuraré hacerlo bien. → Trataré de hacerlo bien.

Procuró terminar temprano.
Siempre procurábamos hablar con ellos.
Debes procurar encontrarlos.
Procuré contestar todas las preguntas.
Procurarán hacernos cambiar de opinión.

Procuraremos aprender el juego.
Procuramos arreglar el juguete.
Procuraron llegar a tiempo.

The verb *cansarse* takes *de* plus infinitive or other complement.

Pronto te cansarás de cenar a las ocho.
Nos cansamos de tanto ruido.

Práctica 10   Substitute the cued words.

Me cansé de discutirlo.
_____ luchar.
_____ reñir con él.
_____ estudiar.
_____ leer.
_____ viajar.
_____ trabajar.

Práctica 11   Combine the sentences with *de* according to the model.

Trabajé en el jardín. Me cansé. →
Me cansé de trabajar en el jardín.

Esperamos a Enrique. Nos cansamos.
Estudiaste francés. ¿Te cansaste?
Leyó esas novelas. Se cansó.
Bailaron con nosotros. Se cansaron.
Contesté sus preguntas. Me cansé.
Compramos regalos. Nos cansamos.
Corriste. Te cansaste.
Oyeron la misma canción. Se cansaron.

OBJECT INVERSION—Nos quedan cuarenta pesos.

Some Spanish verbs are constructed with indirect objects which in other constructions correspond to subjects and the same verbs have subjects which in the other constructions correspond to direct objects.

Me hace falta un clavo grande.
Necesito un clavo grande.

Me hacen falta unos clavos grandes.
Necesito unos clavos grandes.

Te faltó dinero para comprarlo.
No tuviste suficiente dinero para comprarlo.

Nos sobran libros.
Tenemos más libros de los que necesitamos.

Nos quedan cuarenta pesos.
Todavía tenemos cuarenta pesos.

Práctica 12 Substitute the cued words and make the necessary verb changes.

Me falta dinero.
_____ papel.
_____ libros.
_____ pesetas.
_____ tiempo.
_____ camisas.

Nos hacen falta cinco pesos.
_____ dinero.
_____ suficiente tiempo.
_____ diez páginas.
_____ más secretarias.
_____ una maleta.

Les sobra mucho.
_____ poco.
_____ libros.
_____ camisas.
_____ dinero.
_____ estampillas.

Le queda bastante.
_____ tres dólares.
_____ tiempo.
_____ dos exámenes.
_____ un peso.
_____ varias páginas.

Práctica 13 Transform the sentences to employ *hacer falta*.

Necesita alfileres. → Le hacen falta alfileres.   pins

Necesitas esos libros.
Necesitan esta maleta.

Necesito papel.
Necesitamos más dinero.
Necesita unas tuercas.   screws
Necesitas otro libro.
Necesito las llaves.
Necesitan otra pluma.
Necesitas el salvavidas.
Necesito un cheque.

Práctica 14   Change *tener suficiente* to *faltar*.

No tengo suficientes lápices. → Me faltan lápices.

No tenemos suficiente pintura.
No tendrás suficientes fuerzas.
No tuvieron suficiente tiempo para terminar.
No tendrías suficiente paciencia.
No tengo suficientes sobres.   envelopes
No tuvimos suficiente espacio para llevarlos.
No tiene suficientes boletos.
No tienen suficiente preparación.
No tengo suficiente papel.
No tenemos suficientes estampillas.

Práctica 15   Transform the sentences to use *quedar*.

Todavía tienen ochenta centavos. → Les quedan ochenta centavos.

Todavía tienes varias.
Todavía tenemos cuarenta pesos.
Todavía tenían una semana de vacaciones.
Todavía tengo dos hermanas solteras.
¿Todavía tienes muchos ejercicios?
Todavía teníamos cinco cartas.
Todavía tiene ganas de bailar.
Todavía tengo un libro.

DISTANCE—Desde la playa se ve muy bien.

The preposition *desde* is used to indicate an observation point in space.

Desde esta ventana se verá la manifestación.
Desde allí los divisamos.

Práctica 16 Substitute the cued words.

    Desde aquí se ve muy bien.
    ——— la ventana ———.
    ——— mi casa ———.
    ——— el pico ———.
    ——— la torre ———.
    ——— la playa ———.

Práctica 17 Change the form of *estar* (*en*) to *desde* and omit *y*.

    Estábamos en el río y oímos sus gritos. → Desde el río oímos sus gritos.

Están aquí y no ven la escuela.	
Estaba en la otra cuadra y olí las guayabas.	smelled
Estabas en la montaña y divisaste las tropas.	
Está en la azotea y oye la música.	
Estábamos allí y estuvimos mirando el desfile.	
Están en la cocina y huelen ese perfume.	
Estoy en lo más alto y no lo alcanzo a ver.	
Estaban en la esquina y oyeron el radio.	

The distance between two places may be expressed by using one noun phrase of location as the subject of *estar* followed by *a* plus distance plus *de* plus a noun phrase or adverb of location.

    Mi casa está a tres kilómetros de aquí.
    Su librería está a seis cuadras de la catedral.
    La dulcería está a cien metros de la esquina.

Práctica 18 Substitute the cued words.

    Estamos a tres kilómetros del centro.
    ——————— cuadras ———.
    ——————— millas ———.
    ——————— pasos ———.

Práctica 19 Transform the sentences according to the model.

    Hay dos cuadras de la biblioteca a la rectoría. → La biblioteca está a dos cuadras de la rectoría.

    Hay medio kilómetro de la escuela al centro.
    Hay cuatro cuadras de sus oficinas al banco.

Hay veinte metros de la cerca al río.　　　　　　　　　　　　　　　fence
Hay dos kilómetros del lago a la carretera.
Hay siete cuadras de tu apartamento al mercado.
Hay tres kilómetros de la iglesia al parque.
Hay dos pasos de mi escritorio a la puerta.
Hay media cuadra de la panadería al correo.

Lectura Narrativa
GRANADA

El músico-poeta mexicano Agustín Lara escribió una hermosa canción sobre Granada, cuya música es muy conocida en muchos países. Realmente Lara estuvo bastante inspirado al componer su canción, porque Granada sugiere al artista todo un ambiente de ilusión, fantasía y colorido. Extendida indolentemente a los pies de la Sierra Nevada, la antigua ciudad mora todavía echa de menos con nostalgia su pasado esplendor. Cuando el rey de Castilla don Juan II, ducho en amoríos y trovas, contempló por primera vez las altas torres de la Alhambra, un romance improvisado floreció en sus labios: «Granada, Granada mía. Si tú quisieras, Granada, contigo me casaría. Daríate en dote y arras a Córdoba y a Sevilla.»

Isabel la Católica, madre de España, conquistó Granada en 1492. Cuando la Reina ponía cerco a la ciudad, el campamento cristiano se incendió. La alegría de los moros por este incidente se cambió en desesperación cuando vieron que doña Isabel mandaba edificar un campamento de piedra: la real villa de Santa Fe. Allí llegó Colón el visionario, acompañado solamente por su hijito y allí se firmaron las capitulaciones del descubrimiento de América. Poco tiempo después los cristianos entraban en la ciudad llenos de inmenso júbilo. Boabdil, el último rey moro fue desterrado a Africa con su pueblo y, cuenta la leyenda, que al contemplar por vez postrera los palacios y mezquitas de su querida Granada, lloró inconsolablemente. Su madre, la vieja reina Aixa, le dijo con tono cruel: ¡Llora, llora como mujer, ya que no has sabido defenderla como hombre!

Doña Isabel amó apasionadamente a Granada y allí quiso que reposaran sus restos junto con los de su esposo don Fernando. En el recinto de la Alhambra, entre los famosos jardines cantados por Albéniz, Falla y Debussy, se construyó el césar Carlos V un palacio de mármol. Y en Granada pasó su luna de miel con la hermosa Isabel. El cadáver putrefacto de la Emperatriz logró que Francisco de Borja, Duque de Gandía y Virrey de Cataluña, se transformara de gran señor renacentista en humilde religioso jesuíta, aunque más adelante llegó a ser el segundo sucesor de Loyola en el generalato de la Orden. La perfumada noche granadina, sólo turbada por el rumor de las fuentes a que alude el poeta Villaespesa, oyó el grito viril del último Borgia: ¡No volveré a servir a señor que se me pueda morir!

La majestuosa Catedral de Alonso Cano y Diego de Siloé, la increíble Cartuja, los templos y los palacios renacentistas transformaron lentamente a Granada de mora en cristiana. Pero las nieves perpetuas de sus montes, el

¿Qué le sugiere al artista Granada?
¿Dónde se encuentra Granada?

ducho en amoríos y trovas expert in love affairs and verses
dote dowry
arras pledges, deposit

¿Qué daría el poeta por Granada?

¿Qué hizo Colón en Granada?
¿Quién fue el último rey moro en España y qué hizo al salir de Granada?

luna de miel honeymoon

perfume de sus claveles y la transparencia nítida de su cielo siguen haciendo de Granada un paraíso de sensualidad al que ni siquiera faltan las huríes que soñó el profeta.

Y, no obstante, Granada posee una íntima e indefinible tristeza. Triste y severa fue la metafísica en las páginas de su doctor eximio Francisco Suárez. Triste, el pensamiento del infortunado ensayista Angel Ganivet. Triste es ahora el río Darro que se arrastra desilusionado bajo sus flamantes bóvedas de concreto. Triste, el rasgueo violento de las guitarras gitanas en la noche inauténtica de las zambras turísticas. Y ni siquiera García Lorca, máximo poeta granadino, ni Manuel de Falla, su músico inmortal, supieron librarse de esa tranquila tristeza de Granada, ciudad vieja y deliciosamente escéptica. Al compás del mundo moderno, cuando surgen nuevas avenidas y aumentan los automóviles, cuando la ciudad crece y se industrializa, se oye burlón el eco del sabihondo dicho popular:

Granada, Granada, de tu poderío ya no queda nada....

¿Qué le sigue haciendo a Granada un paraíso de sensualidad?

nítida   pure, clean
huríes   women of Mohammed's paradise

eximio   excellent

bóvedas   crypts

zambras turísticas   tourist hubbub

Lectura Dialogada
La becaria

María y Carmen:

—Me dicen que viaja Ud. a los Estados Unidos.

—Imagínese la dicha. Acabo de ganarme una beca.

—¿Y viaja acompañada?

—No. Precisamente ése es el problema que tengo. La familia no quiere que me vaya sola.

—Pero, ¿por qué? ¿No es Ud. mayor de edad y no le conviene mucho para su carrera?

—Claro que sí. Pero Ud. sabe cómo es de difícil romper el círculo familiar que es tan estrecho entre nosotros.

beca scholarship; **carrera** career

Preguntas:

¿Adónde va a viajar Carmen?
¿Qué acaba de ganarse?
¿Viaja sola?
¿Con quién tiene problema?
¿Por qué tiene problema?
¿Para qué le conviene mucho el viaje?
¿Qué es difícil romper?

DIALOGO 20. PESCANDO Y CAZANDO

Luis y Carlos:

—¿Qué estuvieron haciendo ayer?

—Estuvimos pescando y cazando.

—¿Y eso dónde?

—Muy cerca de la bahía.

—¿A qué hora regresaron a la ciudad?

—Casi al anochecer.

—Yo estuve llamándolos. Con razón no los encontré.

—Lástima que no hubieras ido con nosotros.

—La próxima vez que vayan, me invitan.

—Quedas invitado desde ahora.

Dialog Expansion:

¿Qué estuvieron haciendo ayer Carlos y su amigo?
¿Dónde estuvieron pescando y cazando?
¿A qué hora regresaron a la ciudad?
¿Quién estuvo llamándolos?
¿Quiere Luis acompañarlos la próxima vez?
¿Lo invita Carlos?

LECCION 43 | TENSES IN ADVERBIAL CLAUSES OF TIME

USAGE WITH CUANDO AND AL—Cuando salí, vi a Enrique. Al salir, vi a Enrique.

When a subordinate clause is introduced by *cuando* and both the verb of the subordinate clause and the verb of the main clause are in the perfective past, single past actions are referred to. The action specified by the main clause usually allows that specified by the subordinate clause, presumably with very little time elapsing between them; but no emphasis whatsoever is made on either the order in which the actions occur or the short time between them.

Cuando llegó Paco, habló con María.

When referring to the future rather than the past, the future tense is used in the main clause and the present subjunctive in the clause beginning *cuando*.

Cuando llegue Paco, hablará con María.

Práctica 1 Substitute the cued words.

Cuando vino mi abuelo, me dio un regalo.
_____ salió _____.
_____ llegó _____.
_____ me vio _____.
_____ volvió _____.

Cuando venga mi abuelo, me dará un regalo.
_____ salga _____.
_____ llegue _____.
_____ me vea _____.
_____ vuelva _____.

Práctica 2 Change the verb of the main clause from perfective past to future and the verb of the *cuando* clause from perfective past to present subjunctive, thus changing the time setting from past to future.

Cuando trajeron los dulces, nos pusimos a comerlos. → Cuando traigan los dulces, nos pondremos a comerlos.

Cuando se acostaron los niños, apagamos la luz.
Cuando recibieron el otro cheque, les sobró dinero.
Cuando me levanté, calenté la comida.
Cuando oíste la sirena, te asustaste.
Cuando vio la ventana abierta, se enojó.
Cuando nos dimos cuenta, les avisamos.
Cuando descubrieron el tesoro, se desmayaron.   fainted
Cuando salí, empezó a llover.

Instead of *cuando* plus a finite verb, *al* plus an infinitive is sometimes used, especially when the subject of the verb in the subordinate time clause is the same as the subject of the main verb.

Al levantarme, sentí un dolor en la pierna. (Cuando me levanté, sentí un dolor en la pierna.)

Práctica 3 Substitute the cued words.

Al salir, vi a Enrique.
— entrar ———.
— llegar ———.
— volver ———.
— regresar ———.
— subir ———.

Cuando salí, vi a Enrique.
——— entré ———.
——— llegué ———.
——— volví ———.
——— regresé ———.

Al salir, veré a Enrique.
— entrar ———.
— llegar ———.
— volver ———.
— regresar ———.
— subir ———.

Cuando salga, veré a Enrique.
_____ entre _____.
_____ llegue _____.
_____ vuelva _____.
_____ regrese _____.

Práctica 4   Change *al* to *cuando* and change the infinitive to the perfective past or to the present subjunctive as appropriate.

Al salir, dejaremos la puerta cerrada. → Cuando salgamos, dejaremos la puerta cerrada.

Al llegar, mandaremos un telegrama.
Al regresar, tendrán más tiempo.
Al terminar, saldré inmediatamente.
Al oír su voz, empezó a llorar.
Al sentarte, rompiste la silla.
Al verte, se sorprenderán.
Al pararme, tiré el café.
Al acostarse, apagará las luces.

DESPUES AND ANTES DE QUE—Encontró el dinero después de que vendió el libro.

When two clauses specify actions one of which precedes the other, *después de que* or *después que* may be used to introduce the anterior action if the subjects of the verbs are different.

Me puse el abrigo después de que empezó a nevar.

Práctica 5   Substitute the cued words.

Ellos entraron después de que yo salí.
____ volvieron _____.
____ regresaron _____.
____ llegaron _____.
____ hablaron _____.
____ comieron _____.
____ empezaron _____.

Ellos volvieron después de que salió Margarita.
_____ se fue _____.
_____ llegó _____.
_____ cantó _____.
_____ se acostó _____.

Práctica 6 Place the clause following *después* at the beginning of a new sentence followed by *después de que* and the first clause.

> Se fue Juan y después llegó María. → Llegó María después de que se fue Juan.

> Alicia cantó y después Pedro tocó la guitarra.
> Entró Carlos y después se sentó Paco.
> Se me cayó el vaso y después Cecilia gritó.
> Le enseñamos español y después visitó México.
> Compré el radio y después me pidieron dinero.
> Durmieron la siesta y después salimos a cenar.
> Te pusiste a comer y después sonó el teléfono.
> Vendieron toda la mercancía y después se cerró la tienda.

When the main and subordinate clauses have the same subject, *después de* plus infinitive is used.

> Cené después de salir del cine.

Práctica 7 Substitute the cued expressions.

> Hablaré con él después de hablar con María.
> _____ ver a Carlos.
> _____ estudiar.
> _____ leer el artículo.

Práctica 8 Transform the sentences to make one clause dependent.

> Aprendimos portugués y después fuimos al Brasil. → Fuimos al Brasil después de aprender portugués.

> Leí la novela y después vi la película.
> Compró el pantalón y después descubrió la rotura.
> Pasaré por las maletas y después te prestaré el coche.
> Venderá la casa y después buscará otro empleo.
> Enceraste el piso y después lavaste la ropa.   waxed
> Estudiamos un rato y después nos fuimos al juego.
> Limpió la casa y después fue al cine.

Instead of using *después de que* before the clause which specifies the anterior action, *antes de que* or *antes que* may be used before the clause which specifies the subsequent action. Unlike *cuando*, *antes (de) que* is always followed by the subjunctive. If the verb of the main clause is in the future or present, *antes de que* is followed by the present subjunctive. If the verb of the main clause is in the past or conditional, *antes de que* is followed by the past subjunctive. *Antes de* may be used instead of *después de* under similar circumstances of usage.

Práctica 9 Substitute the cued words.

Carlos llegará antes de que yo hable.
_____ cante.
_____ llegue.
_____ vuelva.
_____ salga.
_____ me vaya.

Carlos llegó antes de que yo hablara.
_____ cantara.
_____ llegara.
_____ volviera.
_____ saliera.
_____ me fuera.

Práctica 10 Place the second clause at the beginning of a new sentence followed by *antes de que* plus the first clause, changing the verb of the new subordinate clause from perfective past to past subjunctive.

Carlos encontró el dinero después de que Celia vendió el libro. → Celia vendió el libro antes de que Carlos encontrara el dinero.

Irma se enfermó después de que tiramos la medicina.
Recibimos la carta después de que salió él.
Acabaron de contar el chiste después de que te pusiste a reír.
Se quemó la escuela después de que terminé mis estudios.
Yo compré el traje después de que cambió la moda.
Empezó a llover después de que salimos de la casa.
Compraron una cadena después de que se rompió la reata.   chain, leash
Terminaron después de que me dormí.

Práctica 11 Change *después de* to *antes de* and switch the position and form of the two clauses.

Estudié la lección después de hablar con Mercedes. → Hablé con Mercedes antes de estudiar la lección.

Compró la blusa azul marino después de romper su vestido rojo.
Salimos a la calle después de ensayar el baile.   rehearsing
Le darán el empleo después de entrevistarlo.

Volveremos al trabajo después de comer.
Salí después de pagar la cuenta.
Hiciste la ensalada después de guisar la carne.
Se casó después de cumplir treinta años de edad.
Comeremos después de ir a los toros.

When the main verb is present or future, *antes (de) que* takes the present subjunctive.

Les sacaré una foto antes de que se vayan.
Siempre nos ofrecen ayuda antes de que la pidamos.

When the relative order of two actions is asserted and the two clauses are identical except for the two subjects, the two direct objects or any two grammatically equivalent elements, *después que* or *antes que* may be used, followed alone by that one of the two grammatically equivalent elements which is not previously expressed.

Celia salió antes que Pedro.   (Celia salió y después salió Pedro.)
Bailé con Alicia después que con Marta.   (Bailé con Marta y después bailé con Alicia.)

Práctica 12   Substitute the cued words.

María salió antes que su amigo.
——————————— él.
——————————— nosotros.
——————————— Uds.
——————————— sus padres.
——————————— tú.

Ellos entraron después que el profesor.
——————————— el presidente.
——————————— el jefe.
——————————— el conferenciante.
——————————— el director.

Práctica 13   Invert the sentences.

Llegaron los alumnos después que el profesor. → Llegó el profesor antes que los alumnos.

Invitó a los López después que a los García.
Se secará la blusa antes que la falda.
Se cansaron Uds. después que nosotros.

Estudié química antes que biología.
Se cayó Pedro antes que tú.
Vacunaron a Eduardo después que a Elisa.   vaccinated
Hablaste conmigo después que con el abogado.
Gritaron los niños antes que la mamá.

Before a noun phrase describing an event and before expression of clock time, *antes de* and *después de* are used.

La presentación fue después de la cena.
No llegarán antes de las cuatro.
Se fueron antes del bombardeo.
La discusión será antes de la comida.

Práctica 14 Substitute the cued words.

Pepe volvió después de las tres.
_____ la conferencia.
_____ la comida.
_____ la una.
_____ la cita.

Práctica 15 Substitute the cued words and use the proper form of *antes de* or *antes que*.

Ellos salieron antes de las tres.
_____ nosotros.
_____ la conferencia.
_____ los otros.
_____ la cena.
_____ Uds.
_____ la clase.

OTHER INDICATORS OF TIME—María salió en cuanto llegó Pablo.

To indicate that one action is immediately after another, *en cuanto, tan pronto como* or *luego que* introduces the clause specifying the later action. If the verb of the main clause is future, the present subjunctive is used in the subordinate clause.

María salió en cuanto llegó Eduardo.
María siempre sale en cuanto llega Eduardo.
María siempre salía en cuanto llegaba Eduardo.
María saldrá en cuanto llegue Eduardo.

Práctica 16 Substitute the cued expressions.

María salió en cuanto llegó Eduardo.
_____ terminó la conferencia.
_____ vio a los otros.
_____ volvió Teresa.

María siempre sale en cuanto termina la reunión.
_____ llega Roberto.
_____ ve a los otros.
_____ regresan los otros.

María siempre hablaba en cuanto terminaba el profesor.
_____ entraba su amigo.
_____ volvía Ricardo.
_____ veía a Carlos.

María saldrá en cuanto llegue Eduardo.
_____ vuelva Carmen.
_____ regresen los otros.
_____ termine la reunión.

Práctica 17 Change *inmediatamente después de (que)* to *en cuanto*. If the subjects of the two clauses are the same and an infinitive is used in the sentence given, change the infinitive to the proper finite verb form.

Gritaste inmediatamente después de ver la araña. → Gritaste en cuanto viste la araña.   spider

Vendiste los libros inmediatamente después de que se acabó el curso.
Aceptaron el préstamo inmediatamente después de recibir la oferta.
Comprendimos la situación inmediatamente después de oír la sirena.
Se puso a ver televisión inmediatamente después de regresar del cine.
Se darán cuenta de todo inmediatamente después de entrar a la sala.
Les traeremos de esos mangos inmediatamente después de recibirlos.
Salió corriendo inmediatamente después de que lo llamaron.
Me pondré a guisar inmediatamente después de leer el periódico.

If two actions are viewed as occurring over the same time span in the past, one of the two corresponding clauses is introduced by *mientras* and the verbs of both clauses are in the same (perfective or imperfective) past forms.

Alicia lavó la ropa mientras Carlos leyó el periódico.
Carlos leyó el periódico mientras Alicia lavó la ropa.

Alicia lavaba la ropa mientras Carlos leía el periódico.
Carlos leía el periódico mientras Alicia lavaba la ropa.

When the imperfective past forms are used, however, two actions habitually occurring simultaneously in the past may be referred to.

Alicia siempre lavaba la ropa mientras Carlos leía el periódico.

The use of the perfective past in the two clauses avoids ambiguity, therefore, when single units of action are indicated.

When two actions are viewed as occurring over the same time span in the future, one of the two corresponding clauses is introduced by *mientras* and requires a present indicative form; the verb of the other clause is then future.

Alicia lavará la ropa mientras Carlos lee el periódico.
Carlos leerá el periódico mientras Alicia lava la ropa.

Práctica 18 Show the two actions specified by the clauses to occur simultaneously by changing *y* to *mientras* and making any necessary change in verb forms.

Felipe comerá helado y Enrique tomará café. → Felipe comerá helado mientras Enrique toma café.

Paco estudió biología y Gloria preparó la comida.
Mi primo tocará el piano y Pepita arreglará la mesa.
Yo buscaré ese artículo y tú irás al correo.
Julia colgó las cortinas y Juan cortó el césped.
Nosotros jugaremos golf y los niños estarán en el circo.
Pedro trabajó en su estudio y su hermana escribió cartas.
Ana atendió al cliente y Roberto examinó los pedidos.
Lucila hará el té y Carmen hará las galletas.

LECCION 44 | TENSES IN RELATIVE CLAUSES

PAST PROGRESSIVE—Ya habíamos cenado cuando vinieron.

The imperfective past of *haber* is constructed with the participle to show an action preceding another action which is past.

No los vi porque ya se habían ido.
Cuando me lo pidieron, ya lo había regalado.

Práctica 1 Substitute the cued words.

No los vi porque ya se habían ido.
_____ habían salido.
_____ habían terminado.
_____ se habían marchado.

Apenas habíamos comido cuando ellos llegaron.
_____ habíamos terminado _____.
_____ habíamos vuelto _____.
_____ habíamos salido _____.
___nos habíamos sentado _____.
___nos habíamos marchado _____.

Práctica 2 Transform the sentences to use the imperfective past.

    En cuanto llegamos sonó el teléfono. → Apenas habíamos llegado cuando sonó el teléfono.

    En cuanto lo encontraste lo volviste a perder.
    En cuanto salimos empezó a llover.
    En cuanto empezó la función me tuve que salir.
    En cuanto entró al almacén perdió su bolsa.
    En cuanto me senté tocaron la puerta.
    En cuanto se pararon en la esquina las salpicó un coche.   splashed
    En cuanto comimos vinieron por nosotros.
    En cuanto terminó sus estudios encontró un buen empleo.

Práctica 3 Transform the sentences according to the model.

    Vinieron después de que cenamos. → Ya habíamos cenado cuando vinieron.

    Lo supimos después de que se fueron.
    Se cortó el pelo después de que la retrataron.
    Se cayó después de que se le rompió el pantalón.
    Me compraron los patines después de que aprendí a patinar.
    Llegaron después de que empezó la película.
    Ellos salieron después de que llegamos al pueblo.
    Me acordé del paquete después de que cerraron la tienda.
    Me avisaron después de que salió el avión.

The perfective past and the imperfective past of *haber* plus past participle are interchangeable after *después de que*.

    Vinieron después de que cenamos.
    Vinieron después de que habíamos cenado.

Práctica 4 Change the perfective past form of the first clause to the imperfective past of *acabar de* plus infinitive.

    En cuanto pusimos la mesa empezó a temblar. → Acabábamos de poner la mesa cuando empezó a temblar.

    En cuanto se sentó Juan le ofrecieron un café.
    En cuanto recibiste el cheque gastaste todo el dinero.
    En cuanto me bañé me volví a ensuciar.
    En cuanto salimos cerraron la puerta.
    En cuanto comieron salieron a pasear.
    En cuanto me lo dijeron te lo conté.
    En cuanto se despertó nos llamó.

HABITUAL ACTION—Cada vez que llega Juan, estamos comiendo.

The simple form of the present may assert a present habitual action. If two present habitual actions are asserted in the same utterance, one viewed as occurring completely within the time another action occurs and therefore simultaneous with but of less duration than the other, the former is asserted by the simple present and the latter by the present of *estar* plus present participle.

Cada vez que llega Juan, estamos hablando con Alicia.

Práctica 5   Substitute the cued words.

Cada vez que llega Juan, estamos hablando con Alicia.
_____ viendo televisión.
_____ estudiando.
_____ leyendo el periódico.
_____ comiendo.
_____ poniendo la mesa.

Likewise in the past, the simple imperfective past asserts a habitual past action which occurs within the time in which the action asserted by the imperfective past of *estar* plus present participle occurs.

Cada vez que llegaba Juan, estábamos hablando con Alicia.

Práctica 6   Substitute the cued phrases.

Cada vez que llegaba Juan, estábamos hablando con Alicia.
_____ viendo televisión.
_____ estudiando.
_____ leyendo el periódico.
_____ comiendo.
_____ poniendo la mesa.

TRANSITORY ACTION—Voy al centro.

Verbs which assert an occurring action, rather than a state or condition, are shown by the present of *estar* plus present participle when the action is viewed as happening at present.

Están cantando.
Estoy haciendo ejercicio.

The simple present of verbs which assert a state or condition is used to indicate that the specified state or condition is in effect at present.

> Tenemos dos radios.
> Necesito un coche.

The simple present of *ir*, however, is used to indicate an action (movement) happening at present.

> Voy al centro. (This may be said when the speaker is on his way to the specified location.)

The imperfective past refers to an action which was happening or to a state or condition which was in effect at some particular point of time in the past. The past time under consideration is frequently specified either in the same utterance or in a previous one but may also be inferred from the situation. The choice between the simple form and *estar* plus present participle is generally as in the present.

> Estábamos hablando con Alicia cuando llegó Juan.
> Necesitaba un coche pero me dieron una bicicleta.

Práctica 7 Transpose the clauses according to the model.

> Yo entré mientras Carlos estaba hablando. → Carlos estaba hablando cuando yo entré.

> Apagaste el radio mientras estábamos planchando.
> Me desayuné mientras te estabas bañando.
> Delia fue a la biblioteca mientras Juan estaba dando clase.
> Vimos a tu hermana mientras estábamos lavando el coche.
> Vinieron los Fernández mientras estabas jugando con los niños.
> Fui por un programa mientras estaban cantando.
> Salió Paco mientras te estabas peinando.
> Compré el helado mientras estaban estudiando.

An alternate construction for *haber* plus expression of duration plus present tense, to indicate that the action began the expressed amount of time back in the past and continues in the present, is the present of *llevar* (agreeing with the performer of the action as subject) plus expression of duration plus present participle.

> Hace dos horas que estoy estudiando.
> Llevo dos horas estudiando.

Práctica 8 Substitute the cued words.

Hace dos horas que estamos aquí.
_____ esperamos.
_____ leemos.
_____ vemos televisión.
_____ pensamos en eso.
_____ hacemos las maletas.

Llevamos dos horas esperando.
_____ estudiando.
_____ leyendo.
_____ pensando en eso.
_____ haciendo las maletas.

Práctica 9 Change the following sentences to use the *hace* construction.

Llevamos dos horas esperando a Juan. → Hace dos horas que esperamos a Juan.

Llevamos dos años estudiando en la universidad.
Llevamos diez años viviendo en esta ciudad.
Llevo dos horas leyendo este artículo.
María lleva media hora planchando la blusa.
Llevan mucho tiempo hablando con él.
Llevas mucho tiempo aprendiendo a manejar el coche.
Llevo media hora haciendo las compras.

The same constructions are used to indicate an action which at some specified, or occasionally understood, point of time in the past was continuing and had begun a specified amount of time earlier.

Hacía dos horas que estaba estudiando.
Llevaba dos horas estudiando.   (He was studying at some previously specified or otherwise understood past time.)

Práctica 10 Change the sentences according to the model.

Llevaban varias horas discutiendo cuando los vi. → Hacía varias horas que estaban discutiendo cuando los vi.

Llevábamos dos meses trabajando cuando nos enfermamos.
Llevaba semanas ensayando cuando me tuve que ir.
Llevábamos cinco minutos hablando con ella cuando oímos un grito.
Llevabas más de diez minutos llorando cuando encontré el juguete.

Llevaban una hora escribiendo cuando se les acabó la tinta.
Llevaba horas guisando cuando supe que no venía la visita.
Llevábamos media hora limpiando la casa cuando me cansé.

The perfective past of *estar* plus present participle may replace the simple perfective past to refer to an action which occurred in the past and had more than momentary duration.

Estuvimos estudiando.
Estuve trabajando todo el día.

Práctica 11 Substitute the perfective past of *estar* plus present participle for the simple perfective past form.

Cantó toda la tarde. → Estuvo cantando toda la tarde.

Hablaron varias horas.
Estudiaste todo el día.
El niño lloró durante todo el sermón.
Sonó la sirena varios minutos.
Caminaron más de media hora.
Escribí cartas toda la mañana.
Se quejó toda la noche.   complained

The present of *haber* plus *estado* plus present participle is used to assert that at some usually unspecified time in the recent past the action referred to occurred and had something more than momentary duration.

Práctica 12 Omit *hace tiempo que* and change the simple present of *estar* to the present of *haber* plus *estado*, thus presenting the action as recently ended.

Hace tiempo que estamos estudiando. → Hemos estado estudiando.

Hace tiempo que me estoy divirtiendo.
Hace tiempo que está dibujando.
Hace tiempo que estás cantando himnos.
Hace tiempo que estamos viendo televisión.
Hace tiempo que estoy hablando con Pedro.
Hace tiempo que nos estamos quejando.

When a relative clause modifies a noun which does not refer to something or someone specific and determined, but rather refers just to some member of the class represented by the noun which will meet the requirements specified by the relative clause, a subjunctive verb form is used in the relative clause.

Busco un libro que trata ese tema.   (A specific book.)
Busco un libro que trate ese tema.   (Just any which meets the requirements.)

Práctica 13   Substitute the cued words.

Busco un libro que sea interesante.
_____ novela _____.
_____ artículo _____.
_____ tema _____.

Quiero una secretaria que hable español.
_____ hable francés.
_____ escriba a máquina.
_____ sea joven.

Tengo un libro que es interesante.
_____ novela _____.
_____ artículo _____.
_____ revista _____.

Conozco a una secretaria que habla español.
_____ habla francés.
_____ escribe a máquina.
_____ es joven.

Práctica 14   Combine the sentences to use the present subjunctive.

Busco zapatos. Los zapatos no deben rechinar. →   squeak
Busco zapatos que no rechinen.

Quieren una sopa. La sopa debe estar caliente.
Buscan un abanico. El abanico debe soplar fuerte.   fan
Necesitamos un farol. El farol debe alumbrar el jardín.   lantern
Quiero hacer un viaje. El viaje no debe costar mucho.
Buscan una muchacha. La muchacha debe saber envolver regalos.
Prefiero comprar dulces. Los dulces te deben gustar.
Quiere guantes. Los guantes no deben quedarle grandes.
Necesito una cocinera. La cocinera debe guisar sabroso.

Práctica 15   Substitute the cued expressions.

No tengo ningún amigo que vaya a España.
_____ estudie aquí.
_____ lo sepa.
_____ hable así.

No hay nadie que lo sepa.
_____ entienda.
_____ diga.
_____ quiera.

Práctica 16 Transform the sentences to the negative.

Tengo una hermana que se parece a mi abuela. → No tengo ninguna hermana que se parezca a mi abuela.

He comprado un libro que trata ese tema.
Han encontrado un estudiante que me conoce.
Nos queda una foto en que están juntos.
Guisa un platillo que nos gusta mucho.
Estudian un idioma que se habla en Africa.
Recibimos un periódico que defiende al gobierno.
Tienes una carta en que se explica mi actitud.

Práctica 17 Change *nadie* to *no hay nadie que* and change the present indicative form to present subjunctive.

Nadie comprende a Paco. → No hay nadie que comprenda a Paco.

Nadie se levanta tan temprano.
Nadie los compra en veinte pesos.
Nadie sale con tanto frío.
Nadie me presta los apuntes.
Nadie entiende tu inglés.
Nadie se porta mejor que Pedro.

A relative clause may modify *lo* when no noun is specified. *Lo* may be either definite or indefinite.

Jugaremos lo que quiere María.   (And I know what it is.)
Jugaremos lo que quiera María.   (Whatever it may be.)

Práctica 18 Invert the sentences.

Pedro dijo algo que no entendí. → No entendí lo que dijo Pedro.

Irma quiere algo que no venden en esa tienda.
Trajeron algo que no habíamos pedido.
Carlos compró algo que estaba en barata.
Yolanda encontró ayer algo que perdimos hace poco.
Pedí algo que no me querían vender.
Nos sirvieron algo que parecía budín.

Lectura Narrativa
LA PROCESION

En los países hispanos el culto religioso ofrece manifestaciones de gran interés. Aquí vamos a tratar de un acto de culto semiespontáneo y semiorganizado que se conoce con el nombre de procesión. La procesión es un desfile religioso tradicional, en el que se pasea por las calles de una ciudad o pueblo la imagen venerada de un personaje religioso o «santo.» Las más comunes en el mundo hispano son: la del Santo Patrón, las de la Virgen, las de Rogativas y las de Semana Santa.

Generalmente la procesión comienza con un corto destacamente de la población. En España suele ser un grupo de uniformados que llevan cascos provistos de vistosos plumeros. En otros países la procesión va precedida por guardias o agentes de tránsito motorizados. Algunas procesiones constituyen una extraña mezcla de lo sagrado y de lo profano. Bandas de música, gigantes y cabezudos, grupos de danzantes regionales o indígenas, largas filas de mujeres con peinetas y mantillas, asociaciones religiosas con sus estandartes y banderas, clero parroquial, niñas con trajes blancos de primera comunión, huérfanos de los asilos y otros conjuntos, desfilan al són de los tambores y de la música delante de la imagen. Por fin aparece el obispo o el párroco con su clerecía y las autoridades civiles y militares en los países en que el Estado es confesional. El santo es llevado sobre unas andas o sobre un carruaje.

En Sevilla, España, y Popayán, Colombia, son particularmente interesantes las procesiones de Semana Santa. El adorno del «paso» o altar transportable suele ser muy rico. Las imágenes van vestidas con espléndidas túnicas y, a veces, cubiertas de valiosas joyas. Flores, luces, incienso e incluso el estudiado balanceo del paso añaden un increíble toque artístico a la procesión. El público se agolpa a lo largo de las calles del trayecto para ver pasar el cortejo. En lugares apropiados, el ayuntamiento coloca tribunas y sillas que son ocupadas por las familias principales, por turistas o por cualquiera que las paga. En muchas ciudades sudamericanas se adornan las calles con cintas de colores, banderas o papeles y los balcones con colgaduras y tápices.

En las islas Canarias se cubren algunas calles con alfombras florales de artísticos diseños. El confeti, las lluvias de pétalos, el estallido de los cohetes y los fuegos artificiales prestan encanto adicional a la procesión en otras partes. La actitud del público durante la procesión varía de país a país y según lo que demanda la ocasión.

En Andalucía se cantan desde los balcones canciones improvisadas llamadas «saetas.» Si la perfección o el sentimiento del cantante lo amerita, la procesión se detiene un momento hasta que termina la saeta. Durante la Semana Santa el

¿Qué ofrece el culto religioso en los países hispanos?

¿Qué es la procesión?
Describa una procesión religiosa.

cascos provistos de vistosos plumeros colorful plumed headpieces
cabezudos large papier-maché heads
peinetas combs

párroco parish priest

andas o ... carruaje supports or ... float

En muchas ciudades sudamericanas, ¿con qué se adornan las calles durante una fiesta religiosa?

colgaduras draperies

estallido crackling
cohetes firecrackers

¿Qué son «saetas»?

pueblo permanece en respetuoso silencio al paso de las imágenes, pero a veces se desata el entusiasmo y alguien grita «vivas» a la imagen que son coreados por el público. Cuando al final la imagen regresa triunfalmente a su templo, sigue en todas partes la fiesta profana, en la que los puestos de comidas y bebidas típicas, los espectáculos, las casetas de tiro al blanco, los columpios y otras atracciones hacen las delicias de chicos y grandes.

En los países de fuerte población india se celebran después interminables danzas ante la iglesia y los puestecillos de caña de azúcar, jícamas, cacahuates, naranjas con chile o ají, choclos tiernos o elotes, bebidas del país y toda clase de «antojitos» proporcionan ganancias nunca vistas a los modestos comerciantes.

Para entender debidamente estas fiestas religiosas es necesario tener en cuenta el temperamento de los pueblos hispánicos. Hay que recordar la uniformidad de creencias entre todos los ciudadanos actuales y sus antepasados de innumerables generaciones. Hay que entender la persuasión hispana de que lo religioso es inseparable de la vida plena y total. Hay que considerar, por último, que la simpatía emocional de la población borra por un momento las diferencias sociales para transformar a todos los fieles y creyentes en seres democráticamente iguales ante Dios, a Quien tributan culto comunal y público.

¿Cuál es el elemento profano en las fiestas religiosas?

tiro al blanco   target practice
columpios   swings, seesaws
cacahuates   peanuts
ají   chili pepper

¿Qué hay que tener en cuenta para entender estas fiestas religiosas?

borra   erases

Lectura Dialogada
La lotería nacional

Marcos y Ricardo:

—Lotería Nacional, loteríaaaa. . . .

—¡Cómo molestan estos vocadores de lotería! Quieren convencerlo a uno a toda costa.

—Pero, ¿no te gustaría volverte rico de la noche a la mañana?

—Ni mucho menos. El juego es inmoral.

—Eres muy estricto. Las loterías ayudan a las obras de beneficencia.

—Por más que así sea. Es mejor el dinero conseguido a base de trabajo.

—¡Pero de vez en cuando no está mal un golpecito de suerte!

el juego gambling; **golepecito** bit

Preguntas:

¿Hay lotería nacional en los Estados Unidos?
¿A quiénes ayudan las loterías?
Según Ud., ¿es inmoral el juego?
¿Qué dinero es el mejor?
¿A Ud. le gustaría tener un golpecito de suerte?
Si Ud. ganara una cantidad de dinero, ¿qué haría con el dinero?

DIALOGO 21. EL AJEDREZ

Camilo y Pablo:

—Pregúntale a Jorge si quiere jugar hoy.

—¿Qué juegan Uds.?

—Ajedrez.

—A mí me encantaría jugar si supiera.

—Es un juego muy difícil.

—¿No crees que pueda aprenderlo?

—Tal vez. Si pudieras concentrarte en algo.

—Tú no me crees capaz de nada.

Dialog Expansion:

¿Qué juegan los chicos?
¿Sabe Pablo jugar?
¿Le gustaría jugar si supiera?
¿Es un juego difícil el ajedrez?
¿Puede aprenderlo Pablo?

LECCION 45 — CAUSE AND PURPOSE

CAUSE—No salió porque quería descansar.

Cause is most commonly expressed in Spanish by a clause introduced by *porque*.

No se alivió porque no tomó su medicina.
No voy a ir porque estoy cansado.
Comeré mucho porque tengo hambre.

Práctica 1   Substitute the cued words.

No salió porque estaba lloviendo.
_____ hacía mal tiempo.
_____ tenía calentura.
_____ quería descansar.
_____ tenía mucho trabajo.

Práctica 2   Invert the sentences to use *porque*.

Tenía mucha hambre y por eso no se quiso quedar. → No se quiso quedar porque tenía mucha hambre.

Los necesitaba mucho y por eso los compró.
Le gusta viajar y por eso va a aceptar el empleo.
Quiere buenas calificaciones y por eso estudia mucho.
Sólo tiene una semana de vacaciones y por eso no viene.
No sabemos francés y por eso no vamos a París.
No me alcanza el dinero y por eso no voy a comer aquí.
Se enojaron y por eso no siguieron hablando.
Estaban enfermos y por eso se quedaron en la casa.

Some adjectives and nouns which denote either a desirable or an undesirable trait may follow *por* in causal phrases.

> Nos acusaron por malvados.
> No te ayudó por malcriados.

Práctica 3 Change *porque* to *por* and omit the form of *ser* which follows.

> Lo hizo porque es tonto. → Lo hizo por tonto.

> Lo hiciste porque eres amable.
> Lo hicieron porque son ignorantes.
> Lo hace porque es flojo.
> Lo hice porque soy distraído.
> Lo hacen porque son malagradecidos.
> Lo hicieron porque son cobardes.
> Lo hace porque es ladrón.   thief

Alternatively, sentences in which a cause and effect are specified may be constructed with *tan ... que* or *tanto ... que* when the cause is considered to be some kind of excess.

> Mis primos hablaron tanto que el profesor se enojó.
> El profesor se enojó de tanto que hablaron mis primos.

Práctica 4 Substitute the cued words.

> Los niños hablaron tanto que el profesor se enojó.
> _____ gritaron _____.
> _____ rieron _____.
> _____ movieron _____.
> _____ se levantaron _____.

> Llegamos tan tarde que no pudimos ver la obra.
> _____ oír el concierto.
> _____ ver salir el avión.
> _____ hablar con él.
> _____ cenar.

Práctica 5 Transform the sentences to employ *tanto ... que*.

> Se enfermó porque comió mucho helado. → Comió tanto helado que se enfermó.

> Me cansé porque caminé mucho.
> No podemos salir porque está lloviendo mucho.

Están roncos porque cantaron mucho.   hoarse
No se quedó a comer porque tenía mucha prisa.
Se quedó sin dinero porque gastó mucho.
No puedo estudiar porque tengo mucho sueño.
No podemos remar porque hay muchos lotos.   lotus

Práctica 6 Change the sentences according to the model.

No llegamos a clase porque nos despertamos muy tarde. → Nos despertamos tan tarde que no llegamos a clase.

No les entendemos nada porque hablan muy aprisa.
Hallé la puerta cerrada porque llegué muy tarde.
Ganaron el juego porque jugaron muy bien.
Todavía tienen sueño porque se levantaron muy temprano.
Apenas sabe leer porque estudia muy poco.
Nos dejó sorprendidos porque contestó muy pronto.
Se me voló el sombrero porque estaba muy fuerte el viento.

Práctica 7 Substitute the cued words.

No puedo estudiar de tanto sueño que tengo.
_____ hacer nada _____.
_____ trabajar _____.
_____ leerlo ahora _____.
_____ pensar _____.

Debe ir a régimen de tan gorda que está.   go on a diet
_____ hacer ejercicio _____.
_____ nadar _____.
_____ comer poco _____.

Práctica 8 Invert the clauses according to the model.

Tengo tanto sueño que no puedo estudiar. → No puedo estudiar de tanto sueño que tengo.

Le rogaron tanto que no se pudo negar.
Comimos tanta paella que nos enfermamos.
Caminé tanto que me cansé.
Lloró tanto que se le hincharon los ojos.   swelled
Quedaban tantos que los tuve que regalar.
Haces tantas preguntas que no te hacen caso.

Esperaron tanto que se enfadaron.
Recibí tantas invitaciones que no sabía qué hacer.

Práctica 9 Invert the sentences.

Jugaron tan bien que ganaron el partido. → Ganaron el partido de tan bien que jugaron.

Manejamos tan aprisa que llegamos en media hora.
Estaba tan salado que no les gustó. salty
Salí tan tarde que me dejó el tren.
Está tan gorda que no le queda el vestido.
Está tan pesado que no lo puede levantar.
Es tan exigente que cae mal.
Está tan oscuro que no se ve nada.
Le pegaron tan duro que tardó diez minutos en levantarse.

A special type of causal clause is introduced by *con* in exclamatory sentences.

¡Con lo flojos que son, nunca van a acabar!
¡Con el mal genio que tiene, nadie lo soporta!

Práctica 10 Substitute the cued words.

Con lo bueno que es, tendrá mucho éxito.
_____ estudioso _____.
_____ ambicioso _____.
_____ inteligente _____.
_____ amable _____.
_____ simpático _____.

Práctica 11 Transform the sentences to exclamations with *con*.

Son tan frágiles estas tazas que pronto se romperán. → ¡Con lo frágiles que son estas tazas, pronto se romperán!

Es tan flojo Paco que nunca llegará a ser médico.
Estoy tan gordo que no me vendrá ese pantalón.
Es tan desidiosa Alicia que no tendrá ningún éxito.
Son tan ambiciosos que acabarán por no tener amigos.
Está tan enfermo que no lo dejarán salir en un mes.
Están tan sabrosas las manzanas que no va a quedar ni una.
Somos tan descuidados que todo esto se nos va a perder.
Es tan bonita que debe tener muchos pretendientes.

Práctica 12 Change the sentences according to the model.

No podemos salir porque hace mucho frío. → ¡Con el frío que hace, no podemos salir!

No debiera comerlo porque me hace mucho daño.
No pudimos terminar porque perdimos mucho tiempo.
No se me antojan los dulces porque tengo mucha sed.
Ningún sueldo le alcanza porque gasta mucho dinero.   salary
No debiera faltar agua porque caen muchas nevadas.   snowfalls
Nadie le cree nunca porque dice muchos disparates.
Es imposible jugar porque hace mucho viento.

A clause introduced by *por si* shows the possibility of the occurrence of the action specified, rather than the actual known happening, as cause. The verb in the clause beginning *por si* is present indicative unless the main verb is past, in which case it is imperfective past.

Traeremos más papel por si hace falta.
Trajimos más papel por si hacía falta.

Práctica 13 Substitute the cued words.

Traigo más papel por si hace falta.
_____ dinero _____.
_____ ropa _____.
_____ medicina _____.

Le di la llave por si llegaba antes que yo.
_____ volvía temprano.
_____ encontraba la puerta cerrada.

Práctica 14 Change *porque* to *por si* and adjust the dependent verb.

Te dejo este dinero porque puede venir el cobrador. → Te dejo este dinero por si viene el cobrador.

Voy a comprar lana porque puedo tener tiempo para tejer.
Lleve impermeable porque puede llover.
Estudia mucho porque pueden preguntarte.
Te daré más dinero porque te puede faltar.
Dame la dirección porque puedo perderme.
Hará bastantes porque pueden venir a comer.
Apaga la lumbre porque podemos tardar.
Dejaremos la puerta abierta porque pueden llegar.

Práctica 15 Change the main verb from present to perfective past and the verb following *por si* to imperfective past.

Te dejo el dinero por si viene el cobrador → Te dejé el dinero por si venía el cobrador.

Te doy la llave por si llegas antes que yo.
Llevo el abrigo por si hace frío.
Viene por si puedes ayudarle.
Compro pan blanco por si no les gusta el negro.
Van a la estación por si llega María.
No nos ponemos zapatos de tacón por si caminamos mucho.　　high heels
Apartamos los boletos por si se acaban.
Le dan aspirina por si tiene calentura.

When the subject of the main verb and the subject of the verb of the causal clause are the same, *por* plus an infinitive is sometimes used optionally instead of *porque* plus a finite verb.

No lo compré por no tener dinero.
No lo compré porque no tenía dinero.

Ambiguity may result, however, because the same construction is used to express motive and the meaning is the only clue to whether cause or motive is expressed.

Lo compraste nada más por gastar dinero.

Práctica 16 Substitute the cued expressions.

No lo compré por no gastar más dinero.
_____ tener bastante dinero.
_____ saber dónde ponerlo.

Trabajamos por ganar más dinero.
_____ no aburrirnos.
_____ satisfacernos.
_____ divertirnos.

Práctica 17 Change *porque* to *por* and omit the form of *querer* which follows it.

No lo compré porque no quería gastar dinero. → No lo compré por no gastar dinero.

Me detuve porque quería comprar un periódico.
Van a ir porque quieren pasear un rato.

No salen a jugar porque quieren ver la televisión.
Trabajamos los sábados porque queremos ganar más dinero.
No me recomendó porque no quería comprometerse.
Lo haré porque quiero darte gusto.
No regó porque no quería mojarse los pies.
No come helado porque no quiere engordar.

PURPOSE—Estudiamos para tener éxito.

Purpose is usually expressed in Spanish by *para (que)*: *para* plus infinitive if the subject of the main verb and that of the verb of the purpose clause is the same and *para que* plus a subjunctive verb form if the subject of the main verb and that of the verb of the purpose clause are different.

Traigo los libros para estudiar.
Traigo los libros para que estudies.

When the main verb is present or future, the subjunctive form following *para que* is present. When the main verb is past or conditional, the subjunctive is usually past but may be present if the main verb is perfective past or conditional and if the action referred to in the purpose clause does not precede the time spoken of.

Traje los libros para que estudiaras ayer.
Traje los libros para que estudiaras mañana.
Traje los libros para que estudies mañana.

Práctica 18 Substitute the cued words.

Estudiamos para aprender algo.
_____ tener éxito.
_____ ser más inteligentes.
_____ adelantarnos.

Hablo claramente para que me comprendan.
_____ oigan.
_____ escuchen.
_____ presten atención.

El enseñó para que los alumnos aprendieran.
_____ supieran algo.
_____ hablaran español.
_____ entendieran su filosofía.

Práctica 19 Change the main verb to the perfective past and the verb of the purpose clause to past subjunctive.

> Traeremos más sillas para que haya suficientes. → Trajimos más sillas para que hubiera suficientes.

Me dan la medicina para que no me enferme.
Le quitaré los juguetes al niño para que se ponga a estudiar.
Nos enseñan la casa para que nos animemos a comprarla.
Te ayudaremos con el trabajo para que juegues con nosotros.
Llevaré otras raquetas para que jueguen con nosotros.
Se los dices para que se dé cuenta de la situación.
Arreglarán la lámpara para que haya luz en la pieza.
Nos mienten para que no nos preocupemos.

LECCION 46 | CONDITIONAL SENTENCES

CONDITIONS—A menos que. A no ser que.

Instead of the conjunction *si*, the phrases *a menos que* or *a no ser que* followed by the subjunctive may occur in a condition clause. An affirmative clause introduced by *si* corresponds to a negative clause introduced by *a menos que* or *a no ser que* and vice versa.

No lo podemos acabar a menos que nos ayuden.
Irán a pie a no ser que los llevemos en coche.

Práctica 1 Substitute the cued words.

No lo vamos a saber a menos que vengan ellos.
_____ nos lo digan ellos.
_____ nos lo avisen.
_____ estén ellos.
_____ traigan las noticias.
_____ llegue la carta.

El estará aquí a no ser que esté enfermo.
_____ esté de vacaciones.
_____ esté muy ocupado.
_____ tenga otra cita.
_____ sea imposible.

Práctica 2 Transform the sentences to use *a menos que* and the present subjunctive.

Si no estudias más, no lo vas a aprender. → No lo vas a aprender a menos que estudies más.

Si no comemos bien, nos va a dar hambre.
Si no vienen para mañana, se lo mandamos por correo.
Si no nos damos prisa, llegaremos tarde.
Si no está todavía en la escuela, debe estar jugando.
Si no trabaja los sábados, no le alcanzará el sueldo.
Si no escribe pronto Paquita, nos tendremos que ir.
Si no reciben la invitación, no vienen.
Si no llevas el permiso, no te dejarán pescar.

When the verb of the main clause is in the conditional, the past subjunctive is substituted for the present subjunctive.

El estaría aquí a menos que estuviera enfermo.
Si no trabajara en el centro, comeríamos juntos.

Práctica 3 Substitute the cued words.

No aprendería nada a menos que estudiara mucho.
_____ prestara mucha atención.
_____ trabajara mucho.
_____ escuchara bien al profesor.
_____ leyera más que los otros.
_____ hiciera mucho esfuerzo.

Si tuviera tiempo, estudiaría más.
— no estuviera cansado _____.
— tuviera más interés _____.
— no saliera tanto _____.

Si yo fuera rico, iría a España.
_____ haría un viaje.
_____ no trabajaría tanto.
_____ me casaría en seguida.
_____ viviría con mucho lujo.
_____ compraría un coche nuevo.

Práctica 4 Add *les dije que* at the beginning of each sentence and change the present indicative to imperfective past, the future to conditional and the present subjunctive to past subjunctive.

> No voy a terminar a menos que me ayuden. → Les dije que no iba a terminar a menos que me ayudaran.

> Voy a comer queso a menos que haya pescado.
> No seguimos estudiando a no ser que llegue Juan.
> No les va a escribir a menos que necesite dinero.
> Traeré yo los refrescos a menos que los traiga Carlos.
> Esperaremos a Rebeca a menos que se entretenga mucho.
> No deben tomar eso a menos que tengan mucha sed.
> Juan estudiará conmigo a menos que esté ocupado.

Práctica 5 Change the sentences according to the model.

> Sólo porque no tengo tiempo, no estudio más. → Si tuviera tiempo, estudiaría más.

> Sólo porque no hablo francés me tengo que quedar.
> Sólo porque no sabemos bailar no vamos a la fiesta.
> Sólo porque no nos ayudan trabajamos tanto.
> Sólo porque no estás aquí no estamos contentos.
> Sólo porque tiene mucha hambre come ese pan duro.
> Sólo porque estamos comiendo no les cuento el chiste.
> Sólo porque son caros no los compras.

COMPOUND PAST—Si me lo hubieran dicho, lo habría sabido.

> Past conditional sentences contrary to fact have the past subjunctive of *haber* plus past participle in the *si* clause and the conditional of *haber* plus past participle in the main clause. The present indicative may also be used in either or both clauses.

> Si no hubieras llegado temprano, no los habrías visto.
> Si no llegas temprano, no los habrías visto.
> Si no hubieras llegado temprano, no los ves.
> Si no llegas temprano, no los ves.

> The last example, however, is ambiguous: it can also be a future conditional sentence. Therefore, its use as a past contrary-to-fact sentence requires normally either a prior context which has the point of reference time already specified as past or an expression of past time in the sentence itself.

Práctica 6 Substitute the cued words.

Si lo hubieran sabido, habrían ido.
_____ lo habrían hecho.
_____ lo habrían dicho.
_____ habrían trabajado más.
_____ habrían estudiado.
_____ se habrían preparado.

Si lo hubiéramos tenido, lo habríamos leído.
_____ visto _____.
_____ escrito _____.
_____ encontrado _____.

Práctica 7 Transform the sentences to use the compound past tenses.

Sólo porque hablé por teléfono, nos reservaron los asientos. → Si no hubiera hablado por teléfono, no nos habrían reservado los asientos.

Sólo porque no encontramos los libros, no hicimos el trabajo.
Sólo porque María se fue, sospecharon de ella.
Sólo porque Alicia lloró, Alfonso dijo que sí.   cried
Sólo porque critiqué a Beatriz, se enojaron conmigo.
Sólo porque llovió, no salimos.
Sólo porque corrieron, los alcanzaron.
Sólo porque leíste esa carta, supiste lo de Juan.

Instead of *si* in the condition clause, *de* may be used followed by *haber* plus past participle. This construction is principally used when the subjects of the verbs of the two clauses are the same, but there can also be an expressed subject in the condition clause after the participle if the subjects are different.

De haberlo sabido, no habríamos venido.
Si lo hubiéramos sabido, no habríamos venido.

De haberlo sabido Juan, no se lo habríamos contado.
Si lo hubiera sabido Juan, no se lo habríamos contado.

Práctica 8 Change *de* to *si* and the infinitive *haber* to the past subjunctive.

De haber pasado un año en Madrid, habríamos aprendido a hablar español. → Si hubiéramos pasado un año en Madrid, habríamos aprendido a hablar español.

De haberlo visto, lo habrían comido.
De haberlo sabido, te lo habría contado.

De haber perdido el dinero, no lo habrías comprado.
De haber encontrado la carta, la habríamos traído.
De haber recibido el libro, se lo habría regalado.
De haber aprendido español, habrían ido al Perú.
De haber querido, lo habría podido hacer.
De haber tomado su medicina, se habría aliviado.

The past subjunctive of *haber* plus past participle is used in an independent clause to assert the past desirability of an action which did not occur.

Hubiéramos ido al cine.
Te lo hubieras comido.
Hubiéramos visto la película.
Lo hubieras visto.
Hubieran llegado más temprano.
¿Quién lo hubiera dicho?
Hubiera vuelto en seguida.

Práctica 9 Substitute the cued expressions.

Hubiera visto la película.
_____ el accidente.
_____ el barco.
_____ a su hermano.
_____ a sus padres.

Hubiéramos oído la música.
_____ el concierto.
_____ las noticias.
_____ la canción.

Práctica 10 Change the perfective past form of *deber* plus *haber* to the past subjunctive of *haber*.

Debiste habérnoslo dicho. → Nos lo hubieras dicho.

Debieron haber venido.
Debiste haberlo anunciado.
Debimos haber comprado otras tijeras.   scissors
Debió haberlo repetido.
Debieron haber ido juntos.
Debió haber cortado más flores.
Debimos habernos levantado temprano.
Debiste haber probado el faisán.   pheasant

Lectura Narrativa
EL IDIOMA CASTELLANO

El castellano ocupa el tercer lugar entre los idiomas del mundo por el número de sus hablantes. Además, su rico contenido cultural se considera como el máximo legado hecho por la Madre Patria a las naciones hispanas del Nuevo Mundo.

Al salir de España, el castellano ya era una lengua evolucionada y madura. El gramático español de fines del Siglo XV, don Antonio de Lebrija, dijo que tal era la perfección de este idioma que ya no se podía esperar otra cosa que su decadencia. ¡Cuál no habría sido su asombro al ver el desarrollo que alcanzó el castellano en la propia España, como enriqueció al contacto con el mundo americano y su contínuo perfeccionamiento a través de los siglos!

Uno de los más caros ideales del mundo hispánico ha sido la conservación de la unidad de la lengua, considerada como inapreciable patrimonio común. Y si bien es cierto que existen marcadas diferencias regionales, difíciles de evitar en tan vastos territorios, la unidad se conserva casi intacta dentro de los niveles medios y superiores de la cultura. A este hecho ha contribuído una buena parte la autoridad de la Real Academia de la Lengua, prestigiosa institución que funciona en España desde 1713. Ha ejercido un poder regulador y efectivo en cuanto a la lengua: recoge y analiza las nuevas formaciones para aceptar, recomendar y legalizar su uso cuando está de acuerdo con el espíritu y la estructura básica de la lengua y también para desaconsejarlo cuando no se ajustan a esa misma estructura y van contra el desarrollo armónico y coherente del idioma. Es por eso que en 1870, la real institución vio la necesidad de ser asesorada en su labor en Hispanoamérica y expidió un decreto para la creación de academias correspondientes de la española. La más antigua de ellas fue fundada en Bogotá en 1871.

Las academias española y americanas se reunen periódicamente para debatir los problemas de la lengua y acordar recomendaciones para conservar su pureza. Entre sus actividades se cuentan programas de radio y televisión para difundir, por ejemplo, el uso de voces existentes, caídas en desuso y reemplazadas innecesariamente por neologismos o barbarismos. La creación de premios nacionales e internacionales para poetas y prosistas que usen una lengua correcta y pura es otro de los medios que practican las academias para estimular el buen lenguaje.

Las academias, como entidades conservadoras que son, cuentan con enemigos acérrimos de su labor: lingüistas escépticos ante actitudes normativas, escritores de vanguardia, poetas cuyo genio creador no puede contenerse dentro de los rígidos moldes del academicismo. La experiencia vital corre más rápida

¿Cuál se considera el máximo legado hecho por España al Nuevo Mundo?

legado legacy

¿En qué estado de evolución se hallaba el castellano en el siglo XV?

¿Cuál ha sido uno de los más caros ideales del mundo hispánico?

¿Qué factor ha contribuído a la conservación de esta unidad?
¿Cuál es el papel que desarrolla la Academia?

ser asesorada to be assisted

¿Qué creó la Real Academia en el Nuevo Mundo para continuar su labor?
¿Cómo continúan su labor hoy día en estas academias?

¿Quiénes se oponen a la labor de la Academia?

acérrimos bitter

que los debates de los honorables académicos y es peligroso, opinan ellos, llegar a una pureza vacía, a un lenguaje cautivo en aras de una dignidad estilística.

De estas dos tendencias, la del progreso poderoso enérgico y la de la academia moderadora y cautelosa resulta un equilibrio que permitirá quizá cumplir con el noble ideal de una lengua viva y cambiante que se conserve única y pura.

«Nada, en nuestro sentir, simboliza tan cumplidamente la patria como la lengua.» Y la patria del hispanohablante es tan grande como los territorios donde se habla el castellano.

¿Cómo se crea un equilibrio fructuoso?

cautivo en aras imprisoned
cautelosa cautions

Lectura Dialogada
Orejas y rabo

Manolo y Paco:

—¿Qué tal te pareció la corrida de ayer?

—Mira, yo creo que ha sido la mejor de esta temporada.

—Yo creo lo mismo. ¡Qué toros tan bravos y tan nobles!

—Son los de Domínguez. El año pasado fueron también un éxito.

—¿Te diste cuenta de que al Viti le dieron orejas y rabo?

—Claro. Se lo merecía. ¡Qué forma tan perfecta, qué sobriedad, qué elegancia de torero!

—¿Y qué opinas del otro torerito?

—Un payaso completo que sólo buscaba la reacción fácil del populacho.

rabo tail; **payaso** clown; **populacho** crowd

Preguntas:

¿Qué tal le pareció la corrida a Paco?
¿Cómo eran los toros?
¿De quién eran los toros?
¿Qué tuvieron el año pasado los toros de Domínguez?
¿Quién es un torero bien conocido?
¿Qué le dieron al Viti?
¿Se lo merecía?
¿Cuáles son dos características que tiene este torero?
Según Paco, ¿qué era el otro torerito?
¿Qué buscaba él?

DIALOGO 22. DE PRISA

Antonio Miguel y Juan Carlos:

—¿Por qué no me esperas?

—Porque estoy de prisa.

—Sólo tardo cinco minutos.

—¡Qué va! Te falta mucho para estar listo.

—¿Y para qué tanta prisa?

—Pues para llegar a tiempo al cine.

—¿Vas con alguien más?

—Sí, con mi novia.

—Entonces vete. Ya entiendo tu carrera.

Dialog Expansion:

¿Quiénes hablan?
¿Quién no espera a Antonio Miguel?
¿Por qué no lo espera?
¿Cuánto tiempo tarda Antonio Miguel?
¿Le falta mucho tiempo para estar listo?
¿Quién está impaciente?
¿Por qué tiene tanta prisa?
¿Con quién más va al cine?

LECCION 47 — DIRECT AND INDIRECT QUESTIONS

DIRECT QUESTIONS—¿Cuántas cartas recibió Ud.?

The amount of something is asked with the form of *cuánto* appropriate to the noun modified, if any.

¿Cuánto arroz?
¿Cuánta harina?
¿Cuántos papeles?
¿Cuántas cebollas?   onions

If no noun is modified, either expressed in the same sentence or understood from a previous sentence, *cuánto* is invariable.

¿Cuánto comiste?

Práctica 1 Substitute the cued nouns.

¿Cuánta leche necesitan?
¿_____ mapas _____?
¿_____ tabaco _____?
¿_____ lámparas _____?
¿_____ coches _____?
¿_____ tela _____?
¿_____ refrescos _____?
¿_____ harina _____?
¿_____ lechugas _____?

Práctica 2 Using the pattern shown in the model, form a new sentence beginning with *y* to show its relation to the given sentence, which is assumed to immediately precede the new one in a conversation.

    Paco recibió siete cartas. → ¿Y cuántas recibió Ud.?

    María tiene cuatro lápices.
    Carlos compró veinte manzanas.
    Pepita leyó tres novelas.
    Rosario inspiró dos sonetos.
    Los niños rompieron diez tazas.
    Mis amigos comprarán cinco trajes.
    Pedro necesita dos maletas.
    Paco se comió ocho tamales.

Identification of a possessor is asked by *de quién* or, if more than one possessor is assumed, by *de quiénes*.

    ¿De quién es este impermeable?   raincoat
    ¿De quién son estos libros?
    ¿De quiénes son estos abrigos?

Color identification is asked by *de qué color*.

    ¿De qué color es el coche de Pedro?
    ¿De qué color son los libros?

Stipulation of price by quantity is asked with *a cómo* followed by *ser* or *estar*, the choice of verbs mentioned in Lesson 28.

    ¿A cómo están los mangos?
    ¿A cómo está el aceite?

Práctica 3 Substitute the cued words.

    ¿De quién es el libro?
    ¿——————— blusa?
    ¿——————— impermeable?
    ¿——————— novela?
    ¿——————— revista?
    ¿——————— abrigo?

    ¿De qué color es el coche?
    ¿——————— casa?

¿——————— sombrero?
¿——————— cuadro?
¿——————— pelo?
¿——————— blusa?
¿——————— vestido?
¿——————— falda?

¿A cómo están los plátanos?
¿——————— mangos?
¿——————— guayabas?
¿——————— cangrejos?
¿——————— frijoles?
¿——————— lechugas?
¿——————— tomates?

Práctica 4 Form a new sentence which asks for the same kind of information (possessor, color or price) contained in the given sentence, but about the item indicated in parentheses. Show the relation to the given sentence by beginning the new one with *y*.

Este libro es de Paco.   (estas cartas) →
¿Y de quién son estas cartas?

Las guayabas están a tres pesos el kilo.   (la sandía) →
¿Y a cómo está la sandía?

Su corbata es roja.   (sus calcetines) →
¿Y de qué color son sus calcetines?

Esa carta es mía.   (las otras)
El plátano está a dos pesos el kilo.   (la naranja)
Ese coche verde es de Juan.   (éste)
La azúcar blanca está a cinco pesos.   (la morena)
El libro nuevo es verde.   (el viejo)
Este paraguas es de mi tío.   (los sombreros)   umbrella
Nuestra casa es blanca.   (la de tus primos)
El frijol está a cuatro pesos.   (las habas)   beans

Both *qué* and *cuál* are used with the verb *ser* to ask about an item. *Qué* asks for a definition or classification, *cuál(es)* for an identification.

¿Qué es una explicación?   (¿Qué quiere decir «explicación»?)
¿Cuál es la explicación de esto?   (¿Qué explicación tiene esto?)
¿Cuáles son sus defectos?   (¿Qué defectos tiene[n]?)

Práctica 5 Substitute the cued words and make the necessary changes.

¿Cuál es la solución?
¿——— su religión?
¿——— los ingredientes?
¿——— la diferencia?
¿——— tu opinión?
¿——— sus órdenes?
¿——— la causa?
¿——— tus deseos?
¿——— el motivo?

Práctica 6 Answer the questions with the cued definitions.

¿Qué es una avioneta?   (un avión pequeño) →
La avioneta es un avión pequeño.

¿Qué es una pistola?   (un arma de fuego)
¿Qué es un mango?   (una fruta tropical)
¿Qué es una jícama?   (un tubérculo comestible)
¿Qué es un burro?   (un animal de carga)
¿Qué es una cazuela?   (una vasija para guisar)   a vessel for cooking
¿Qué es una vihuela?   (un instrumento musical)
¿Qué es una diadema?   (un adorno para la cabeza)
¿Qué es una plegadera?   (un instrumento para cortar papel)

Qué and *cuál(es)* are also used before nouns to ask for identification. When *cuál(es)* is used, the following noun refers to a particular group of items to which the noun may apply; when *qué* is used, the following noun refers to the total class of items named by the noun.

¿Qué texto van a usar?
¿Cuál texto van a usar?   (¿Cuál de los textos van a usar?)

After verbs of motion, such as *ir, salir* and *venir*, a complement designating purpose may be introduced by *a* as well as by *para*.

María vino para pedir un préstamo.
María vino a pedir un préstamo.

Fueron al centro para buscar libros.
Fueron al centro a buscar libros.

Mis amigos vinieron para que les ayudáramos.
Mis amigos vinieron a que les ayudáramos.

Práctica 7 Substitute the cued words.

    Voy a Madrid para estudiar.
    _____ visitar los museos.
    _____ aprender español.
    _____ trabajar.
    _____ ver a mis abuelos.
    _____ divertirme.
    _____ mirar la arquitectura.
    _____ gozar el flamenco.

Práctica 8 Change the following sentences by substituting *a* for *para*.

    Mis amigos vinieron para estudiar.
    Carlos fue a Toledo para ver la sinagoga.
    Voy a México para trabajar.
    Vamos a la biblioteca para buscar un libro.
    El vino para pedirme un favor.
    Teresa fue a Chile para vivir.
    Salieron para comprar discos.
    Fueron para buscar ayuda.

Purpose is inquired about with *para qué*. When used with verbs of motion, *a qué* may be used instead. Cause is questioned by use of *por qué*.

Práctica 9 Answer the questions according to the models.

    Juan vino a jugar cartas.   (Alicia) →
    ¿Y a qué vino Alicia?

    Yolanda trabaja aquí porque le gusta.   (María)
    ¿Y por qué trabaja aquí María?

    Jorge trabaja aquí para ganar más dinero.   (María)
    ¿Y para qué trabaja aquí María?

    José se va ahora porque tiene prisa.   (Víctor)
    Fui a la tienda a traer leche.   (Ana)
    Eduardo les ayudó porque tenía tiempo.   (Carlos)
    Elena llamó para invitarnos.   (Jaime)
    Juan quiere conocerla porque es española.   (tú)
    Salieron a felicitarte.   (Juan)   congratulate
    Me escondí para que no me vieran.   (tus hermanas)   hid
    Alicia faltó a la escuela porque estaba enferma.   (Luisa)

INDIRECT QUESTIONS—No sé si quieren estudiar.

In order to stress that the facts are really negative, a sentence may be introduced by *no es que* and the following verb will be subjunctive.

No es que María piense estudiar toda la noche.

Práctica 10 Substitute the cued expressions.

No es que me haga falta.
—————— me moleste.
—————— te haga daño.
—————— él lo sepa.
—————— estén enfermos.
—————— queramos saberlo.

Práctica 11 Use *no es que* and change the following verb from present indicative to present subjunctive.

Yo no les quiero decir una mentira. → No es que yo les quiera decir una mentira.

Juan no necesita todos los libros al mismo tiempo.
No tienen que terminar hoy.
No nos urge pagar esa cuenta.
No calculamos mal la distancia.
Carlos no trata de confundirte.   to confuse
Mis tíos no se piensan ir inmediatamente.
Yo no les estoy guardando el secreto.
No pretende molestarlos.

The preceding type of clause usually occurs followed by *pero, es que, lo que pasa es que* or some similar word or phrase introducing another clause.

No es que Alicia estudie todos los días; lo que pasa es que es muy inteligente.
No es que tengamos que pagar hoy, pero sí debemos hacerlo lo más pronto posible.

Certain verbs may take as object an indirect question. If the corresponding direct question begins with an interrogative word, the indirect (subordinate clause) question may undergo no change in form. If the corresponding direct question does not begin with an interrogative word, *si* is added before the indirect question.

¿Cuándo vinieron?
No sé cuándo vinieron.

¿Quiénes son?
Recuerdo bien quiénes son.

¿Por qué vienen?
No sé por qué vienen.

¿Quieren estudiar?
No sabes si quieren estudiar.

Práctica 12 Substitute the cued expressions.

No sé cuándo vinieron.
_____ llegaron.
_____ lo dijeron.
_____ lo recibimos.

El sabe quién viene.
_____ lo ha dicho.
_____ lo ha escrito.

¿Sabes si vienen?
¿_____ están aquí?
¿_____ han llegado?
¿_____ lo tienen?
¿_____ están en México?

Práctica 13 Form an indirect question from the two sentences, employing *si* if there is no interrogative word.

¿En qué viniste? No saben. →
No saben en qué viniste.

¿Salen a las ocho? No me acuerdo. →
No me acuerdo si salen a las ocho.

¿Cuántas cartas escribió? Tú sabes.
¿Dónde va a ser el concierto? No me acuerdo.
¿Vienen mañana? No sabemos.
¿Por qué estudias tanto? Siempre me preguntan.
¿Les gusta la leche? No recuerdo.
¿Cómo está su familia? Nunca nos dice.
¿A qué vinieron? No sé.
¿Nos va a ayudar? Pregúntale.

When an indirect question beginning with *cómo, cuándo, cuánto, dónde, qué* or *quién* occurs after the verb *depender de,* the verb of the indirect question becomes subjunctive.

Depende de cómo lo hagan.
Depende de quién sea el profesor.

Práctica 14 Substitute the cued expressions.

Depende de cómo lo hagan.
_____ lo digan.
_____ lo acepten.
_____ lo reciban.

Depende de lo que diga.
_____ signifique.
_____ quiera.
_____ busque.
_____ valga.

Práctica 15 Add *depende de* at the beginning of the given sentences, changing the verb of the sentence shown from present indicative to present subjunctive. Change *que* to *lo que.*

¿Cuánto pides? → Depende de cuánto pidas.
¿Qué quieren? → Depende de lo que quieran.

¿Cuántas tienen?
¿Dónde están los otros?
¿Qué necesitas?
¿Quién lo compra?
¿Cuánto cabe en la maleta?
¿Qué dice tu hermano?
¿Cómo lo prefieren?
¿Cuándo salimos?

A question about cause, introduced by *por qué,* can be the object of the verb *comprender.*

Comprendo por qué te sientes mal.

Alternatively, *que* plus subjunctive may be substituted for *por qué* plus indicative when functioning as object of *comprender.*

Comprendo que te sientas mal.

Práctica 16 Change *por qué* to *que* and change the following verb from present indicative to present subjunctive.

Comprendemos por qué no quieren ir. → Comprendemos que no quieran ir.

Comprenden por qué se suspenden las clases.
Comprendo por qué piensas así.
Se comprende por qué cambiamos los horarios.
No comprendemos por qué no les gusta.
No comprendo por qué se opone.
Comprende por qué se asustan.
No comprendo por qué no nos avisan.
No comprenden por qué sacas malas calificaciones.

LECCION 48 | CONCESSION

CONCESSIVE CLAUSES—Aunque no nos demos prisa, llegaremos a tiempo.

A concessive clause in which the action specified is viewed by the speaker as a definite fact may be introduced by *aunque* or *a pesar de que,* and the verb is used in the indicative.

Aunque el cielo está nublado, no va a llover. (A pesar de que el cielo está nublado, no va a llover.)

When the verb of the concessive clause and the main verb have the same subject, *a pesar de* plus infinitive may be substituted optionally for *aunque* or *a pesar de que* plus a finite verb.

A pesar de tener mucho dinero, es muy tacaño. (Aunque tiene mucho dinero, es muy tacaño.)

Práctica 1 Answer the following questions.

Aunque está lloviendo, ¿quieres salir?
Aunque no tienes el dinero, ¿compras el coche?
Aunque saben que no es justo, ¿insisten en hacerlo?
A pesar de que hace frío, ¿quieres ir a pie?
A pesar de que es inteligente, ¿es humilde?

A pesar de que es mexicano, ¿habla inglés?
A pesar de tener mucho trabajo, ¿quieres ir al cine?
A pesar de saber que está enfermo, ¿no lo vas a visitar?
A pesar de leer tanto, ¿no sabes la respuesta?

Práctica 2 Add *aunque* initially to the first clause and omit *pero*.

Tiene mucha hambre, pero no quiere comer. → Aunque tiene mucha hambre, no quiere comer.

No me levanto muy temprano, pero siempre tengo sueño.
A María no le gusta mucho, pero lo compra.
Me hablaban en inglés, pero no les entendía nada.
Estudia mucho, pero aprende muy poco.
Fuimos en tren, pero llegamos antes que Juan.
Es simpática, pero tiene pocos amigos.
Llegaron a tiempo, pero no se les permitió entrar.
Ricardo pinta bien, pero no logra vender sus cuadros.   succeed

If the speaker does not wish to assert that the action described in the clause following *aunque* is an actual fact, or if future action is referred to, the subjunctive is used.

Práctica 3 Substitute the cued expressions.

Aunque tenga tiempo, no lo hará.
_____ no lo estudiará.
_____ no vendrá.
_____ no lo terminará.
_____ no lo escribirá.

Práctica 4 Transform the sentences to the subjunctive mood.

No nos daremos prisa, pero llegaremos a tiempo. → Aunque no nos demos prisa, llegaremos a tiempo.

Comeremos a las dos, pero no tendré hambre todavía.
Nos ayudará María, pero no lo vamos a acabar.
Les daré el recado, pero no me van a creer.   message
Probarán la comida, pero no les gustará.
Pasarás toda la noche estudiando, pero no sacarás buena calificación.
No gastaré mucho dinero, pero tendré todo lo necesario.
Traeremos los dulces, pero Elena no los probará.
Harás el viaje en avión, pero no llegarás en un día.

Práctica 5 Substitute *aunque* for *quizá* and omit *pero*.

Quizá sepa varios idiomas, pero estoy seguro que no sabe jíbaro. → Aunque sepa varios idiomas, estoy seguro que no sabe jíbaro.

Quizá escribas mucho, pero no mandas las cartas.
Quizá hable mucho, pero no consigue nada.
Quizá estudien todos los días, pero no aprenden mucho.
Quizá gane mucho dinero, pero nunca le alcanza.
Quizá estemos equivocados, pero no cambiamos de opinión.   mistaken
Quizá lo creas, pero pronto verás que no.
Quizá tengan sueño, pero no se quieren acostar.
Quizá coma poco, pero está muy gorda.

The future tense may be used in a concessive clause (in which it is equivalent to *quizá* plus present subjunctive); it is followed by *pero*.

Escribirás mucho, pero no mandas las cartas.
Ganará mucho dinero, pero nunca le alcanza.

The preposition *para* followed by a noun referring to a person may be used as a concessive phrase. The object of *para* is also usually the understood subject of the main verb. Either *muy* or a form of *mucho* is commonly found in the main clause.

Para abogado, es un hombre muy callado.

Práctica 6 Substitute the cued expressions.

Para niño, habla muy bien.
———— sabe mucho.
———— ha visto mucho.
———— es muy listo.
———— no juega bastante.

Práctica 7 Substitute *para* for *aunque* plus the form of *ser* following it.

Aunque es norteamericano, habla muy bien el español. → Para norteamericano, habla muy bien el español.

Aunque es político, es muy honrado.
Aunque es modelo, no sabe vestir muy bien.
Aunque somos pobres, comemos muy bien.
Aunque es criada, es muy inteligente.
Aunque es rico, no tiene muy buen coche.
Aunque eres secretaria, escribes muy mal.

Aunque son inglesas, toman poco té.
Aunque es cirujano, no cobra caro.   surgeon

A pesar de may also introduce a concessive phrase.

Práctica 8 Make the subject of *impedir* the object of *a pesar de*, adjusting the sentence according to the model.

La lluvia no impide que haga calor. → A pesar de la lluvia, hace calor.

Su afición al deporte no impide que saque buenas calificaciones.
Su mal carácter no impide que sea bondadoso.
Su enfermedad no impedirá que siga dando las clases.
Su edad no impide que sea alegre.
El entusiasmo no impedirá que haya orden.
Su esfuerzo no impidió que fracasara.
Su antigüedad no impidió que lo cesaran.
La distancia no impedirá que nos veamos a menudo.

The concessive clause may be introduced by *y eso que*, in which case it must follow the main clause and is immediately preceded by a full or partial pause.

No compré el vestido, y eso que me encantó.

Práctica 9 Change *aunque* to *y eso que* and transpose the two clauses.

Aunque no he trabajado mucho, estoy cansado. → Estoy cansado, y eso que no he trabajado mucho.

Aunque he tomado mucha agua, tengo sed.
Aunque se lo has explicado varias veces, no entiende.
Aunque le rogamos mucho, no quiso venir.
Aunque no puse la lumbre fuerte, se quemó el guisado.   stew
Aunque vinimos temprano, nos regañó.   scold
Aunque la llamé temprano, ya no la encontré.
Aunque le gusta el programa, no quiere ir al cine.
Aunque me encantaría comprarlo, no me alcanzará el dinero.

Lectura Narrativa
LA CORRIDA

Muchas y variadas son las interpretaciones que se han formulado sobre el sentido de la fiesta brava española. Para muchos, extranjeros a la sangre y al espíritu españoles, y aún para algunos hispanos, los toros son un espectáculo bárbaro que instiga la pasión y la violencia. Pero es también grande el número de taurófilos refinados que han sabido encontrar en los toros hondas significaciones estéticas, sicológicas y místicas que hacen de la corrida el espectáculo por excelencia.

Es una obra de teatro en tres actos definidos en los que la tensión aumenta progresivamente hacia el desenlace final. Y en esta obra hay arte por los movimientos del torero, por su porte digno, valiente, ante la embestida poderosa del animal; arte por el ritmo, por el equilibrio de fuerza e inteligencia, por la imaginación creadora instantánea que hace de cada corrida una obra única. Y qué decir del espectáculo de colores: la figura oscura del toro sobre la arena blanca, y el torero de luces con su capote rojo; el cielo azul de fiesta; la sangre que mancha de rojo el cuerpo del animal y se derrama sobre la arena.

Para algunos, los lances del torero y la unión cada vez más estrecha que se crea entre el hombre y el animal son símbolo de la unión amorosa, de la danza nupcial que alcanza su cenit, su éxtasis, en el momento supremo de la muerte del toro.

Pero tal vez la interpretación mística sea la más fecunda en ideas y emociones: el torero como sacerdote, vestido de seda y oro, acompañado de sus acólitos, inmolando en el altar de arena... ante el aliento suspendido del público... su poderosa y noble víctima. O también el torero como símbolo del asceta, del hombre que triunfa con el espíritu sobre sus inclinaciones instintivas, simbolizadas en el toro, y que trasciende y purifica en sí todos los elementos animales de su ser.

Vemos pues delineadas algunas de las perspectivas desde donde se pueden contemplar los toros. Quizá las más simplístas no sean las más satisfactorias.

¿Cómo se dividen las opiniones acerca de la fiesta brava española?

taurófilos lovers of the bullfight

¿A qué se puede comparar el espectáculo de la corrida de toros?
¿Cómo se manifiesta el arte en este espectáculo?

desenlace ending

de luces referring to the bright coloring of the clothing
se derrama pours out, spills

¿Qué simboliza para algunos la lucha estrecha entre el torero y el toro?

acólitos altar boys

Lectura Dialogada
Tarde de toros

Esteban y Juanita:

—Hola, Juanita. Supe que ayer estuviste en la corrida de toros. ¿Qué tal estuvo?

—Pues si le preguntas a un aficionado, muy mala; si me preguntas a mí, estupenda.

—Pero, ¿qué pasó?

—Los toros no querían cooperar.

—Pero, ¿por qué? ¡Así el torero no puede torear!

—Eso es exactamente lo que a mí me gusta. Trajeron los bueyes para que sacaran al toro; aún con eso no pasó nada.

—Se debió haber formado un lío tremendo. ¿Se pusieron furiosos los toreros?

—Ellos, sí, pero nosotros nos divertimos enormemente. Todo eso parecía un rodeo. ¡La policía tuvo que sacar a los aficionados a palos!

—¿Qué es lo que pasó por fin? ¿Hubo corrida?

—Claro que sí, pero solamente con tres toros,[1] ya que con lo que pasó no hubo tiempo para más.

—¡Con razón que te divertiste! ¡Parece que a tí no te gustan las corridas serias!

bueyes steers; **lío** confusion, entanglement

[1] Generally there are six bulls.

Preguntas:

¿Dónde estuvo ayer Juanita?
Según Juanita, ¿qué tal estuvo la corrida?
¿Cuál sería la opinión de un aficionado?
¿Por qué trajeron los bueyes?
¿Para qué trajeron los bueyes?
¿A quiénes tuvo que sacar la policía?
¿Cuántos toros hubo en la corrida?
¿Por qué no hubo más?

DIALOGO 23.   LA VUELTA DE PEDRO

Carlos y Juan Pablo:

—Me contaron que Pedro está aquí.

—¿Sí? Pensé que no volvería en mucho tiempo.

—Esas eran sus intenciones.

—¿Y por qué se vino, entonces?

—Parece que de su casa lo llamaron.

—¿Con qué motivo?

—Para que se hiciera cargo de todos los negocios.

—¿Y qué pasa con su padre?

—Está gravemente enfermo.

—No tenía ni idea.

—A mí me lo comentó su médico de cabecera.

Dialog Expansion:

¿Quiénes hablan?
¿De quién hablan?
¿Dónde está Pedro?
¿Pensaba volver tan pronto?
¿Por qué volvió?
¿Por qué lo llamaron?
¿Qué pasa con su padre?
¿Lo sabía Juan Pablo?
¿Quién se lo dijo a Carlos?

LECCION 49 | SEQUENCE OF TENSES

COMPOUND PRESENT SUBJUNCTIVE—No creo que hayan llegado a tiempo.

When a main verb in a present or future form governs a subjunctive verb which refers to past action, the present subjunctive of *haber* plus past participle is used.

Es raro que no haya venido.
Temo que se hayan perdido.

Práctica 1 Substitute the cued expressions.

Es raro que no haya venido.
_____ haya llegado.
_____ haya dicho nada.
_____ haya entendido.
_____ haya vuelto.

Temo que se hayan ido.
_____ se hayan marchado.
_____ se hayan acostado.
_____ se hayan perdido.

Es posible que no lo hayas leído.
_____ hayas visto.
_____ hayas descubierto.
_____ hayas dicho.

Práctica 2 Change *creo que no* to *no creo que* and change the perfective past verb form to the present subjunctive of *haber* plus past participle.

> Creo que no se comieron toda la carne. → No creo que se hayan comido toda la carne.

> Creo que no llegaron a tiempo.
> Creo que no estudiaste lo suficiente.
> Creo que no les gustó la comedia.
> Creo que no cenaron huevos con jamón.
> Creo que no les dio sed.
> Creo que no te levantaste antes que yo.
> Creo que no hizo el viaje en avión.
> Creo que no gastaron mucho dinero.

IMPERFECTIVE AND CONDITIONAL—Les dije que estaban estudiando geografía.

> When in direct discourse a present indicative or future form is governed by a verb in past tense, in indirect discourse it becomes imperfective past or conditional, respectively.

> Dijo: —Estoy presente.
> Dijo que estaba presente.

> Dijo: —Es interesante.
> Dijo que era interesante.

> Dijo: —Estaré presente.
> Dijo que estaría presente.

> Dijo: —Será interesante.
> Dijo que sería interesante.

Práctica 3 Substitute the cued expressions.

> Dijo que era interesante.
> ———— estaba presente.
> ———— lo sabía.
> ———— lo necesitaba.
> ———— los vendía.
> ———— no los compraba.

> Dijo que sería interesante.
> ———— estaría presente.

_____ lo sabría para mañana.
_____ lo necesitaría para el jueves.
_____ los vendería.
_____ no los compraría.

Práctica 4 Add *les dije que* at the beginning of each sentence and change the present indicative forms of the given sentences to imperfective past and the future forms to conditional.

No hay pan. → Les dije que no había pan.

Pronto recibiré una carta.
No queremos seguir estudiando.
Me quedan cuatro pesos.
Siempre comemos a la una.
Estamos estudiando geografía.
Han descubierto un tesoro.
Saldremos a comer.
Hablan muy bien.
Estaremos presentes.
Irás a México.
Tengo suficiente.

Práctica 5 Add *soñé que* at the beginning of each sentence and make the proper tense substitutions.

Juan sabe francés. → Soñé que Juan sabía francés.

Mi hermano ha regresado.
Mi hermano regresará.
Alicia se va a casar.
Alicia se casará.
Carlos y Luisa son ricos.
Carlos y Luisa serán ricos.
Paco se cae.
Paco se caerá.
Se burlan de nosotros.
Se burlarán de nosotros.
Tengo que trabajar.
Tendré que trabajar.
Mis tíos están en Europa.
Mis tíos estarán en Europa.
No encontramos a mi prima.
No encontraremos a mi prima.

Práctica 6 Add *supe que* at the beginning of each sentence and make the proper tense substitutions.

>Carlos está trabajando. → Supe que Carlos estaba trabajando.

>No vienen a cenar.
>Yolanda piensa ir a Lima.
>Juan va con nosotros.
>Tendremos clase el martes.
>Hay que entregar los libros.
>Les hará falta nuestra ayuda.
>No han tomado ninguna decisión.
>Vendrán lo más pronto posible.

Práctica 7 Add *ya sabíamos que* at the beginning of each sentence and make the proper tense substitutions.

>Mi hermano no es estudioso. → Ya sabíamos que mi hermano no era estudioso.

>Irma no toma café con leche.
>Tienen que regresar pronto.
>No tendremos tiempo para ir.
>Pedro no conoce a Luisa.
>Podrán terminarlo en tres días.
>María prefiere no verlos.
>El español no es difícil.

PRESENT AND PAST SUBJUNCTIVE—Les diré que lo hagan de nuevo.

When a command form is converted to indirect discourse, it becomes subjunctive.

>Le diré que nos haga caso.   (Le diré: —Haznos caso.)
>Le dije que nos hiciera caso.   (Le dije: —Haznos caso.)
>Te he dicho que me hagas caso.   (Te he dicho: —Hazme caso.)

When a subjunctive form is governed by a present or future form the present subjunctive usually occurs, but when governed by a past or conditional form the past subjunctive is used.

>No nos permiten que usemos el coche.
>No nos permitirán que usemos el coche.

>No nos permitirían que usáramos el coche.
>No nos permitían que usáramos el coche.
>No nos permitieron que usáramos el coche.

Práctica 8 Substitute the cued expressions.

Quiero que vengas.
_____ me lo digas.
_____ vuelvas.
_____ lo sepas.
_____ me escribas.

Les diré que vengan.
_____ hablen.
_____ trabajen.
_____ coman.
_____ lo hagan de nuevo.
_____ lo repitan.

Sería necesario que estudiaran más.
_____ estuvieran aquí.
_____ lo supiéramos.
_____ fuéramos a México.

Me aconsejaban que no fumara.
_____ lo preparara.
_____ se lo dijera.
_____ me callara.

Nos dijeron que viniéramos.
_____ termináramos.
_____ no habláramos.
_____ volviéramos.
_____ lo hiciéramos.
_____ lo repitiéramos.
_____ te lo pidiéramos.

Práctica 9 Transform the sentences to use the expression in parentheses.

Abre la puerta.   (te digo) →
Te digo que abras la puerta.

Abre la puerta.   (le digo) →
Le digo que abra la puerta.

Trae un cenicero.   (le diré)
Ven pronto.   (le he dicho)
Pon atención.   (te diré)
Sal a esperarlos.   (te he dicho)

Espera un momento.   (le diré)
Ten paciencia.   (siempre te digo)
Come primero.   (le voy a decir)
Prepara la cena.   (te digo)

Práctica 10   Add *les dije que* at the beginning of each sentence and change the command forms to past subjunctive.

Abranme la puerta. → Les dije que me abrieran la puerta.

Vayan a la biblioteca.
Llévense un par de cajas.
Dénselo a Paco.
Traigan qué comer.
Pónganlo en su lugar.
Dejen a Cecilia en paz.
No olviden las llaves.

The past subjunctive of *querer* is used instead of the present indicative to indicate milder or weaker volition. When the past subjunctive of *querer* governs a clause containing a finite verb, the latter is also past subjunctive.

Quisiéramos ayudarles.
Quisiéramos que nos ayudaran.

Práctica 11   Change both the present indicative form of *querer* and the verb of the dependent clause to the past subjunctive.

Quiero que arregles el jardín. → Quisiera que arreglaras el jardín.

Quieren que vayamos con ellos.
Quiero que me hagan caso.
Quieren que tengamos más cuidado.
Quiero que me traigas mangos.
Queremos que compren un coche.
Quiero que te quedes conmigo.
Quieren que nos comamos el arroz.

The past subjunctive, conditional or imperfective past of *deber* is used instead of the present indicative to indicate a very weak obligation or an action advantageous to carry out.

Debiéramos estudiar más.
Deberíamos estudiar más.
Debíamos estudiar más.

Práctica 12   Transform the sentences to use the past subjunctive of *deber* plus infinitive.

   Convendría que fuéramos a la universidad. → Debiéramos ir a la universidad.

   Convendría que te vistieras temprano.
   Convendría que lo pusieras allí.
   Convendría que hiciera menos ruido.
   Convendría que habláramos con el abogado.
   Convendría que llamaras al plomero.   plumber
   Convendría que invitáramos a los García.
   Convendría que buscaran otro empleo.
   Convendría que me pusiera a dieta.

Práctica 13   Change the main verb from present indicative to imperfective past and the following subjunctive form from present to past.

   No conviene que dejes el trabajo. → No convenía que dejaras el trabajo.

   Me gusta que tomen leche.
   No importa que se le caiga.
   Es inútil que sigan estudiando.
   Es extraño que sepa esos detalles.
   Conviene que volvamos a preguntar.
   No es raro que todos lo conozcan.
   ¡Qué importa que sean extranjeros!
   ¡Qué más da que no quepan bien!

Práctica 14   Change the main verb from present indicative to conditional and the subjunctive form from present to past.

   Basta con que llevemos los refrescos. → Bastaría con que lleváramos los refrescos.

   Prefieren que nos durmamos temprano.
   Le conviene que no lo sepas.
   Es inútil que insistamos.
   Necesitamos que nos presten dinero.
   Basta con que me den uno.
   No importa que compres otro.
   Conviene que nadie nos vea.

Práctica 15   Change the present or future verb to perfective past and the subjunctive verb from present to past.

   Me permiten que estudie en la sala. → Me permitieron que estudiara en la sala.

SEQUENCE OF TENSES 577

No te dejan que vayas al circo.
Insisten en que sigamos comiendo.
Carlos nos dice que no nos preocupemos.
La lluvia impedirá que salgamos.
Te dejaremos que te compres un abrigo.
Nos obligan a que paguemos los impuestos.   taxes
Le aconsejaré que no haga el viaje.
Les propongo que elijamos a Felipe.

Práctica 16   Change the present indicative to imperfective past and the present subjunctive to past subjunctive.

No conocemos a nadie que sepa chino. → No conocíamos a nadie que supiera chino.

Buscan un coche que gaste poca gasolina.
No hay nadie que coma esas cosas.
Puedes escoger cualquier libro que te guste.
No encuentran ningún profesor que lo enseñe.
Quiero llevarle un regalo que le sirva.
Necesitamos una tela que no encoja.   shrink
Busca un candidato que no tenga enemigos.
¿Tienen medicina que cure su enfermedad?

Remember that in indirect discourse governed by a verb in past tense:

the present indicative becomes imperfective past.
the future becomes conditional.
the present subjunctive becomes past subjunctive.

Práctica 17   Add *le dije que* at the beginning of each sentence and make the proper changes in the verbs.

Esperaremos hasta que llegue el dinero. → Le dije que esperaríamos hasta que llegara el dinero.

Si no llegan temprano los vamos a dejar.
Leeremos la revista mientras Pedro lava el coche.
Cuando llegue María hablaremos.
Mientras más come, más engorda.
Les traeremos algo que les guste cuando volvamos.
Lavaré los platos en cuanto regrese del cine.
Es posible que nos manden otro que tampoco sirva.
Si encontramos a Paco le daremos el recado.

LECCION 50 | EMPHATIC EXPANSIONS

EMPHATIC STRUCTURE—Lo que vimos fue la casa.

In Spanish there is a four part emphatic sentence structure which can be derived from a simple declarative sentence: (1) an introducer, (2) all of the underlying sentence except the one unit being emphasized, (3) a form of *ser* and (4) the unit of underlying sentence previously omitted.

The emphatic construction is used frequently to correct another speaker's error regarding the subject, direct object, indirect object, location, time, manner, etc.

—¿Ves la casa?
—(No) lo que veo es la escuela.

—¿Llegó la película?
—(No) lo que llegó fueron los libros.

—¿Lo dice Alicia?
—(No) el que lo digo soy yo.

—¿Conoces a Paco?
—(No) a la que conozco es a su hermana.

—¿Le trajeron dulces a tu hermana?
—(No) al que le trajeron dulces fue a mí.

—¿Están en la biblioteca?
—(No) donde están es en la nevera.   refrigerator

—¿Llueve en México en invierno?
—(No) cuando llueve en México es en verano.

EMPHATIC EXPANSIONS 579

—¿Te gusta la carne al horno?
—(No) como me gusta la carne es frita.

—¿Estuviste hablando con Alicia?
—(No) con la que estuve hablando fue con Irma.

—¿Vas a estudiar mañana?
—(No) lo que voy a hacer mañana es descansar.

Usually the form of *ser* will be in the same tense as the main verb of the underlying sentence if it is past or present.

Lo que vemos es la casa.
Lo que vimos fue la casa.
Lo que veíamos era la casa.

But if the main verb of the underlying sentence is future or conditional, the form of *ser* generally used is present indicative.

Lo que veremos es la casa.
Lo que veríamos es la casa.

When the subject or direct object has a nonpersonal noun, the introducer is *lo que* and the form of *ser* agrees with the emphasized unit. If the subject is emphasized, the main verb in the underlying sentence will be or become the *Ud.–él* form.

Práctica 1 Substitute the cued items and make the necessary changes to the verb *ser*.

Lo que quiero es el libro.
——————— el artículo.
——————— la novela.
——————— los papeles.
——————— las ideas.
——————— los planes.

Lo que quería era el libro.
——————— el artículo.
——————— la novela.
——————— los papeles.
——————— las ideas.
——————— los planes.

Lo que necesitó fue el libro.
——————— el artículo.
——————— la novela.

_____ los papeles.
_____ las ideas.
_____ los planes.

Práctica 2 Change the sentences into emphatic statements.

    Llegaron los libros. → Lo que llegó fueron los libros.
    Le gustará mucho este helado. → Lo que le gustará mucho es este helado.

    Me encantan las zanahorias crudas.   raw carrots
    Se te va a perder tu libro.
    Se me cayeron los vasos.
    Nos gustaban los dulces de almendra.
    Se nos van a olvidar las tazas.
    Se les acabaría la gasolina.
    Me sorprendió su actitud.

Práctica 3 Change the sentences into emphatic statements.

    Traigo las revistas. → Lo que traigo son las revistas.
    Quiero pan. → Lo que quiero es pan.

    Queremos leche.
    Estoy buscando los platos.
    Piensan comprar más helado.
    Tenemos hambre.
    Voy a vender mi coche.
    Me comería las manzanas.
    Querían una casa nueva.

EMPHASIZED ELEMENTS—Donde le gusta estudiar es en España.

When the subject or object emphasized is a personal noun, the introducer may or may not come first.

    La que se va mañana es Alicia.
    Alicia es la que se va mañana.

When an emphasized subject is a personal noun, the introducer consists of the form of the definite article which agrees with the subject plus *que*.

    El que llegó fue el profesor.
    La que llegó fue la profesora.
    Los que llegaron fueron los profesores.
    Las que llegaron fueron las profesoras.

Práctica 4 Substitute the cued expressions.

    El que llegó fue Juan.
    _____ mi hermano.
    _____ el abogado.
    _____ el ingeniero.

    La que se va mañana es María.
    _____ mi prima.
    _____ la profesora.

    Los que vinieron fueron los invitados.
    _____ los gerentes.   managers
    _____ los socios.   members
    _____ los diputados.

    Las que hablarán son María y Teresa.
    _____ las secretarias.
    _____ las maestras.
    _____ las enfermeras.   nurses

Práctica 5 Change the sentences to emphatic statements.

    Te están esperando las enfermeras. → Las que te están esperando son las enfermeras.

    Se lo comerá mi primo.
    María estudia mucho.
    Mis hermanos hablaron con el director.
    Salió primero la doctora Gómez.
    Los niños te pidieron pan.
    Me lo contó Cecilia.
    Se enojarían las alumnas extranjeras.
    Nos estaba esperando el profesor.

When the emphasized subject is one of the pronouns *yo, tú, Ud.* or *Uds.*, the definite article of the introducer agrees in gender and number with the person referred to by the pronouns. When a pronoun subject is emphasized, it very frequently begins the sentence rather than the introducer.

    Yo soy el que lo digo.
    Yo soy la que lo digo.
    Ud. es el que lo tiene.
    Ud. es la que lo tiene.

Práctica 6 Substitute the cued expressions.

Yo soy el que lo digo.
_____ sé.
_____ tengo.

María, tú eres la que lo tienes.
_____ sabes.
_____ entiendes.

Somos los que lo queremos.
_____ empezamos.
_____ vendemos.

Uds. son los que lo saben.
_____ estudian.
_____ critican.

Uds. son las que lo quieren.
_____ admiten.
_____ dicen.

Práctica 7 Follow the model. The person addressed is indicated in parentheses to establish gender.

Tú rompiste el espejo. (María) →   mirror
Tú fuiste la que rompiste el espejo.

Uds. nos van a ayudar. (Alicia y Cecilia)
Yo los veo todos los días.
Ud. debe arreglar el jardín. (señor García)
Nosotros sostenemos esa tesis.
Tú lavaste los platos. (Carlos)
Yo pagué la comida.
Uds. trajeron los refrescos. (Alicia y Carlos)
Nosotros íbamos despacio.

When a personal direct or indirect object is emphasized, the personal *a* precedes the introducer. The form of *ser* is always the *Ud.–él* form.

Al que critican es a Pedro.
A la que critican es a Yolanda.
A los que critican es a mis primos.
A las que critican es a tus hermanas.

EMPHATIC EXPANSIONS 583

The article in the introducer agrees with the person referred to by the forms *a mí, a ti, a Ud.* and *a Uds.*, which do not specify a gender.

Práctica 8 Follow the model to form an emphatic sentence.

A nosotros nos criticaban. → A los que criticaban era a nosotros.

Van a conocer a mis tíos.
A ti te vieron en el cine. (Carlos)
A ti te vieron en el cine. (Beatriz)
Están esperando a mis hermanas.
A mí me van a regañar.
A nosotros nos alcanzaban a ver.
Encontrarían a Paco en la juguetería.   toy store
Desperté a las niñas.
Viajaron a ver a sus primos.
Visité a mis abuelos.

Práctica 9 Follow the model to form an emphatic sentence.

A nosotros nos gusta el pastel. → A los que les gusta el pastel es a nosotros.

A ti te regalan el libro. (Irma)
A mí me pidieron agua.
A Ud. le di de mis dulces. (señor Gómez)
A Juan se le acabó la gasolina.
A mí se me va a olvidar la llave.
A nosotros no nos gustó la película.
Les vendería el coche a tus hermanos.
A nosotros nos quitaron los boletos.
A Ud. le conté el chiste.

The verb together with its objects (including an expression of direction with a verb of motion), but without the subject, may occur in the emphatic sentence structure.

Lo que hice fue traerle dulces al niño. (Le traje dulces al niño.)
Lo que estoy haciendo es preparar la lección. (Estoy preparando la lección.)
Lo que podríamos hacer es pedir ayuda. (Podríamos pedir ayuda.)

Notice that the introducer is *lo que* followed by *hacer* in the same form or verb phrase as the verb of the underlying sentence. The form of *ser* is always the Ud.–él form and the infinitive of the main verb of the underlying sentence occurs after the form of *ser*.

Práctica 10 Substitute the cued expressions.

Lo que voy a hacer es descansar.
_____ leer.
_____ estudiar.
_____ mandar el paquete.
_____ ir al correo.
_____ consultar al médico.

Lo que hicieron fue cantar.
_____ bailar.
_____ trabajar.
_____ repetirlo.
_____ regalártelo.

Práctica 11 Form a new sentence with the verb plus any objects or direction phrase in the emphatic position. Any unstressed pronouns must occur with the verb of the given sentence.

Te lo van a regalar mañana. → Lo que van a hacer mañana es regalártelo.

Recitábamos poesías.
Voy a cantar.
Escribieron cartas anoche.
Se lo deben decir.
Estás perdiendo el tiempo.
Estoy estudiando biología.
Ibamos al cine de vez en cuando.
Te lo podrías comer.

Práctica 12 Fill in the blanks to complete each emphatic sentence structure for the given sentence.

Mi hermana le mandó las revistas a Pedro.

La que le mandó las revistas a Pedro *fue mi hermana.*
Al que le mandó las revistas mi hermana *fue a Pedro.*
Lo que le mandó a Pedro mi hermana *fueron las revistas.*
Lo que hizo mi hermana *fue mandarle las revistas a Pedro.*

Los García me regalaron la pintura (a mí).

Los que me regalaron la pintura _____.
Al/a la que le regalaron la pintura los García _____.
Lo que me regalaron los García _____.
Lo que hicieron los García _____.

Mis hermanas te van a traer la leche (a ti).   (Carlos)

Las que te van a traer la leche _____.
Al que le van a traer la leche mis hermanas _____.
Lo que te van a traer mis hermanas _____.
Lo que van a hacer mis hermanas _____.

El profesor nos quitó los papeles (a nosotros)

El que nos quitó los papeles _____.
A los que les quitó los papeles el profesor _____.
Lo que nos quitó el profesor _____.
Lo que hizo el profesor _____.

The introducers *como, cuando* and *donde* are used, respectively, when manner, time or place complements are emphasized.

Práctica 13
Form a new sentence emphasizing the italicized complement.

Le gusta estudiar *en España*. → Donde le gusta estudiar es en España.

Salían de vacaciones *en junio*.
Siempre tomo el café *con crema*.
Vamos a trabajar *en Quito*.
Podríamos visitarlos *en primavera*.
Están estudiando *en Bogotá*.
Me encanta el bacalao *a la vizcaína*.   codfish
Siempre se come bien *aquí*.
Es feo el clima *en verano*.

For most other prepositional phrases, the emphatic sentence introducer consists of the preposition plus the proper form of the definite article if corresponding to a personal noun, or *lo* if nonpersonal, plus *que*.

Del que estuvimos hablando fue de Pedro.
De la que estuvimos hablando fue de Alicia.
De los que estuvimos hablando fue de Pedro y Alicia.
De las que estuvimos hablando fue de Alicia y María.
De lo que estuvimos hablando fue de tus problemas.

Práctica 14
Form a new sentence emphasizing the italicized prepositional phrase.

Siempre pensábamos *en Celia*. → En la que siempre pensábamos era en Celia.

Le gusta bailar *conmigo*.

Fuimos a la tienda *por los huevos.*
No se dieron cuenta *de nuestra situación económica.*
Voy a cortar la carne *con este cuchillo.*
Depende *de nosotros.*
Puedes contar *con mis hermanas.*
Pedro siempre habla *de ti.*   (Ana)
Siempre tomo el café *con crema.*

Lectura Narrativa
MUSICA HISPANICA

Hubo una época en que las nociones generalizadas sobre lo hispánico en la música, sobre todo fuera de este grupo de países, se reducían a una media docena de ejemplos. Entre ellos se encontraban casi siempre algunos trozos sobre tema español, pero creados por compositores de otros países: caso típico, las «españoladas» de Bizet y de Charbrier. Y luego, algunas canciones hispanoamericanas de vasta difusión: canciones como *Ay, ay, ay!* de Pérez Freire, como el vals *Sobre las olas,* de Juventino Rosas, y como la ubicua *Cielito lindo,* conocida en todo el continente.

Claro que, aún entonces, la música hispánica tenía mucho más que ofrecer. Pero en la actualidad hemos ido tan lejos...en logros y en problemas...a partir de aquella época que quien conociera tan sólo lo anterior tendría dificultad para reconocer el vasto mundo de la música hispánica de hoy.

En primer lugar, estamos pasando por un período de plenitud de la música, tanto en España como en Hispanoamérica. Eso se manifiesta en la presencia de un grupo de compositores de primer orden: por ejemplo, Joaquín Rodrigo en España, Carlos Chávez en México, Roque Cordero en Panamá, Juan Orrego Salas en Chile, Alberto Ginastera y Juan Carlos Paz en la Argentina, para sólo nombrar media docena. Entre los directores de orquesta recordemos a Rafael Fruhbeck de Burgos (España), Luis Herrera de la Fuente (México), Víctor Tevah (Chile), Juan José Castro (la Argentina). Viven y actúan Andrés Segovia y Narciso Yepes, en guitarra, Nicanor Zabaleta, en arpa, Pablo Casals y Ricardo Odnopossoff, en violonchelo, Claudio Arrau, en piano, y muchos otros. Además, hay una notable generación joven, entre la que se cuentan valores tan destacados como los violinistas Alberto Lysy de la Argentina y Jaime Laredo de Bolivia y los pianistas Michel Blok de México y Martha Argerich de la Argentina, todos ellos ganadores de importantes concursos internacionales.

Un problema aparte es el del tipo de composición que hoy se practica tanto en España como en Hispanoamérica. En general, los compositores españoles e hispanoamericanos del pasado estaban muy ligados a un material de directa inspiración folklórica; en los últimos 50 años, sin embargo, el lenguaje musical de estos compositores ha evolucionado mucho. Compositores avanzados son, por ejemplo, Carlos Chávez de México, Roque Cordero de Panamá, Héctor Tosar Errecart del Uruguay, Alfonso Montecino de Chile y Rodolfo Arizaga de la Argentina. Todos ellos cultivan una música rigurosamente contemporánea, donde los vínculos con el pasado musical parecen adelgazarse cada vez más. Pero es fácil ver que también se mantiene una línea de continuidad: recordemos, para terminar, que el estreno póstumo de *La Atlántida,* de Manuel de Falla, realizada en el Liceo de Barcelona en 1961, ha constituido un acontecimiento de importancia mundial.

¿A qué se reducía la música hispanoamericana en el pasado?

logros   achievements

En la actualidad, ¿qué problema presenta la música hispánica?
¿Qué caracteriza el período actual de la música hispanoamericana?
¿Cómo se manifiesta esta plenitud?

¿Cómo ha evolucionado el tipo de composición en Hispanoamérica?

adelgazarse   to grow thin

¿La música contemporánea ha roto completamente el vínculo con la inspiración folklórica?

Lectura Dialogada
Flamenco

Pepe y José:

—¿Te gustan los bailarines de flamenco, Pepe?

—¡Vaya que sí! ¡Saben bailar con toda el alma!

—Yo fui a un espectáculo anoche y salí aturdido.

—¿Pero por qué, José?

—No sé. Sería tanto taconeo, zapateo y movimiento.

—¡Pero si es lo más español que hay!

—Pues sí, pero anoche salí desilusionado.

—¡Qué lástima! ¿Sería que no te tocaron buenos bailarines?

—Sí. No eran muy conocidos. Las chicas estaban demasiado gordas y los hombres demasiado flacos.

—Espérate, Pepe, y ya te llevaré a un espectáculo bueno.

—Espero que sí. Y a un teatro mejor.

—¿Por qué?

—¡La polvareda que salió del entablado fue espantosa!

—¡Ah! ¡Lo que te pasó fue que los bailarines sí eran buenos, pero no los pudiste ver!

aturdido confused, bewildered; **taconeo** clatter of heels; **polvareda** cloud of dust; **entablado** wood floor; **espantosa** dreadful

Preguntas:

¿A Pepe le gustan los bailarines de flamenco?
¿Cómo saben bailar?
¿Adónde fue anoche Pepe?
¿Cómo salió?
¿Por qué salió así?
¿Qué es lo más español que hay?
¿Eran muy conocidos los bailarines?
¿Cómo estaban las chicas?
¿Y los chicos?
¿Adónde va a llevar José a Pepe?
¿Cómo será el teatro?
¿Qué salió del entablado del teatro adonde fue Pepe?
Según José, ¿qué le pasó a Pepe?

DIALOGO 24. PESCADOS O PESCADITOS

Rosa y Manuelito:

—Preferiste dormir que ir a pescar, ¿no?

—Sí, ¡tenía tanto sueño! ¿Cómo les fue?

—¡Divinamente! La mañana estaba muy linda.

—¿Y tuvieron suerte?

—Sí, yo pesqué dos pescados enormes.

—¿A qué llamas tú enormes?

—Bueno, tal vez no enormes, pero sí grandísimos.

—¿Y Jorge?

—El sólo pescó varios pescaditos chiquitos.

Dialog Expansion:

¿Quería ir a pescar Rosa?
¿Qué prefirió hacer?
¿Por qué?
¿Cómo estaba la mañana?
Los que fueron a pescar, ¿tuvieron suerte?
¿Qué pescó Manuelito?
¿Cómo eran los pescados?
¿Pescó Jorge?
¿Cómo eran los pescados de Jorge?

LECCION 51 | MORPHOLOGIC EXPANSION

DERIVED ADJECTIVES—El gobernador es poderoso.

Many nouns in Spanish form derived adjectives by deleting any weakly stressed final vowel of the singular form and adding *–al*. The strong stress occurs on the final syllable, so a written stress mark on the noun disappears when *–al* is added.

incidente   incidental
confesión   confesional

Práctica 1   Form an adjective ending in *–al* from the noun shown in parentheses and use it to complete the given sentence.

(comercio)   Es una calle _____. →
Es una calle comercial.

(condición)   Esta es una oración _____.
(accidente)   Fue una cosa _____.
(fruto)   Sembraron un árbol _____.
(doctor)   Hizo su tesis _____.
(experimento)   Están usando un método _____.
(fundamento)   Es un curso _____.
(genio)   Tuvieron una idea _____.
(gramática)   Hablan de alguna construcción _____.

If the initial consonant of the final syllable is *l* or *ll*, *–ar* is used instead of *–al*.

familia   familiar
triángulo   triangular

The plural is formed regularly by adding *–es*:

curso fundamental   cursos fundamentales

Adjectives are also derived from nouns by deleting any final weakly stressed vowel in the singular form and adding *–os–* plus *–o* or *–a* plus *s* for plural.

fama   famoso
bondad   bondadoso

Tengo un amigo bondadoso.
Tengo amigas bondadosas.

Práctica 2   Change the form of *lleno de* plus noun to the appropriate *–os–* form derived from the noun.

Compré unas naranjas llenas de jugo. → Compré unas naranjas jugosas.

Pasamos por un terreno lleno de lodo.	mud
Nos sirvieron unos platillos llenos de grasa.	
Conocí a una muchacha llena de pecas.	freckles
Dejaron la calle llena de vidrio.	glass
Me gusta el chocolate lleno de espuma.	
Encontró a sus tías muy llenas de canas.	gray hair
Vimos jugar a un equipo lleno de vigor.	
Probé unos postres llenos de aceite.	

Nouns which end in *–ión* drop *–ón* before adding *–os–*.

religión   religioso
sedición   sedicioso.

Práctica 3   Change the form of *tener* to the appropriate form of *ser* and change the following noun to the appropriate derived *–os–* adjective form.

Marta tiene gracia. → Marta es graciosa.

Juan tiene vicios.	
El gobernador tiene poder.	
Los niños tienen caprichos.	whims
Este procedimiento tiene ventajas.	advantages
Ese cuchillo tiene filo.	edge

Tus hermanas tienen ambición.
Ana tiene celos.   jealousy
Paco tiene orgullo.   pride

Práctica 4   Retain the subject but change the verb to *ser* followed by an *–os–* adjective derived from the final noun.

Estos bocadillos abren el apetito. → Estos bocadillos son apetitosos.

Tus hermanas cuentan chismes.
Ese periódico hace mucho escándalo.
Alicia se dedica al estudio.
Esos caballos caminan con garbo.
Este postre tiene gelatina.
Esta situación causa enojo.
Este líquido contiene veneno.

DERIVED NOUNS—Su comportamiento es maravilloso.

Many verbs form derived nouns by deleting *–r* from the infinitive and adding *–ción*.

dominar   dominación
participar   participación

Práctica 5   Form a noun from the verb of the given sentence and begin the new statement with the cued expression.

Abreviaron el libro.   (me gusta) → Me gusta la abreviación del libro.

Abrogaron esa ley.   (fue una buena idea)
Interrogaron al reo.   (duró dos horas)   offender
Organizaron la fiesta.   (fue rápida)
Confirmaron la noticia.   (se hizo oportunamente)
Violaron la ley.   (fue de malas consecuencias)
Fabricaron estos radios. (es defectuosa)
Complicaron nuestros planes.   (nos molesta)
Observaron la clase.   (fue interesante)

Verbal nouns are also formed from many verbs by deleting *–r* from the infinitive and adding *–miento*. The final *e* of *–er* verbs becomes *i*.

agradecer   agradecimiento
desalojar   desalojamiento

Práctica 6 Change each verb form to a noun and any adverb to an adjective. Introduce each statement with *su* according to the model.

> Lo trataron a base de penicilina. → Su tratamiento fue a base de penicilina.
> Sufren continuamente. → Su sufrimiento es continuo.

> Lo descubrieron recientemente.
> Cumplieron al pie de la letra.
> Se arrepintieron totalmente.
> Se acercaron por conveniencia.
> Se comportaron maravillosamente.
> Crecieron rápidamente.
> Lo nombraron sin oposición.
> Lo degradaron vergonzosamente.

Most adjectives form derived nouns by deletion of any final weakly stressed vowel of the singular forms and addition of *–idad*.

| superior | superioridad |
| uniforme | uniformidad |

Práctica 7 Derive a noun to be used in a new statement to be concluded with the expression in parentheses.

> Mis hermanos son activos. (es continua) →
> La actividad de mis hermanos es continua.

> Sus temas son diversos. (es interesante)
> El perro es enorme. (me asusta)
> Ese niño es formal. (es simpática)
> Los García son generosos. (es bien conocida)
> Estos documentos son legales. (no se puede dudar)
> Los Gómez son felices. (es bien merecida)   deserved
> Estos verbos son irregulares. (es difícil de comprender)
> Su trabajo es mediocre. (es enojosa)

Adjectives ending in *–io* in the masculine singular regularly add *–edad* instead of *–idad*. Some other adjectives, including *ambiguo, breve, enfermo, falso, grave, terco* and *solo,* also form derived nouns in *–edad* instead of *–idad*.

Práctica 8 Use a noun ending in *–edad* derived from the adjective of the given sentence, and conclude with the cued phrase.

> Enrique es terco. (lo hace antipático) →
> La terquedad de Enrique lo hace antipático.

Esa oración es ambigua.   (es rara)
María estuvo enferma.   (fue larga)
Sus visitas son breves.   (es agradable)
Su comportamiento es impropio.   (es imperdonable)
La situación es seria.   (me preocupa)
Mis tíos viven solos.   (nos da pena)
Su argumento era falso.   (nos extraña)
Fernando está grave.   (ha sido larga)

Adjectives which end in *–ble* change to *–bil* before adding *–idad*.

afable   afabilidad
irrevocable   irrevocabilidad

Práctica 9   Complete each sentence with a noun derived from the adjective shown in parentheses.

(amable)   Nos gusta _____. → Nos gusta la amabilidad.

(compatible)   Es necesaria _____.
(sensible)   A veces llega al extremo _____.
(posible)   Existe _____.
(probable)   Es grande _____.
(estable)   Es deseable _____.
(responsable) Todos admiten _____.
(flexible)   Es conveniente _____.
(movible)   Es continua _____.

Nouns may be formed from other nouns by deleting any final weakly stressed vowel in the singular form and adding *–ería*. The derived nouns often are used to refer to a place where the item referred to by the base noun is one of the principal items sold.

vidrio   vidriería
alpargata   alpargatería   sandal

The nouns *carne* and *pan* correspond to the irregular *carnicería* and *panadería*, respectively.

Práctica 10   Form a response to the given sentence according to the model.

—Necesito comprar dulces. → —Pues vamos a la dulcería.

—Necesito comprar una camisa. → —Pues vamos a la camisería.

Necesito comprar zapatos.
Necesito comprar leche.

Necesito comprar pan.
Necesito comprar un sombrero.
Necesito comprar tabaco.
Necesito comprar libros.
Necesito comprar fruta.
Necesito comprar pan.

By deleting from a noun any final weakly stressed vowel in the singular form and adding *–azo*, a derived noun can be formed to refer to a blow applied with the item described by the base noun.

sombrero   sombrerazo
sartén   sartenazo

Práctica 11   Change *pegar* to *dar* and derive a noun ending in *–azo* from the noun in the original sentence.

Me pegó con una botella. → Me dio un botellazo.

Le pegué con un zapato.	
Te pegaron con una escoba.	broom
Le voy a pegar con un cepillo.	brush
Me pegarían con una almohada.	pillow
Te van a pegar con una pala.	
Le pegaste con un rodillo.	roller
Me pegó con una pelota.	
Le pegué con una chancla.	old shoe

DIMINUTIVES—Quiere comprar un perrito.

Deletion of a final weakly stressed vowel and addition of *–it–* plus gender indicator *–o* or *–a*, with *–s* for plural, produces the diminutive form of a Spanish noun.

vaso   vasito
puerta   puertita

The meaning of the diminutive affix may refer to actual physical size—*vasito* = *vaso pequeño*—or may show simply some favorable emotion on the part of the speaker with respect to the noun.

Práctica 12   Substitute the diminutive forms of the nouns.

Tenemos un pájaro. → Tenemos un pajarito.

  Regué los árboles.   watered
  Abrieron una ventana.
  Le compramos un abrigo.
  Esa es mi silla.
  Ya están en sus camas.
  Pásame ese plato.
  Cómete un chocolate.
  Quiere comprar un perro.

A diminutive is constructed by adding a form of *–cito* to nouns which end in *–n*, to most which end in *–r* and to two syllable nouns which end in *–e* (in which case the *–e* is retained).

dolor	dolorcito	
lechón	lechoncito	suckling pig
coche	cochecito	

One syllable nouns add a form of *–ecito*.

  sol solecito
  cruz crucecita

Práctica 13 Form diminutives from the nouns given.

  Me comí un dulce.
  ¡Qué bonitas nubes!
  Trajeron limones.
  Cómase ese pan.
  Vamos a pintar el mueble.
  Mandaron unas lindas flores.
  Cántanos una canción.
  Le ayudó su mujer.

AUGMENTATIVES—Compraron un cochezote.

An augmentative form can be derived by adding *–ote* or *–ota* plus *s* for the plural. Because of a spelling inconsistency, the expanded forms of the affixes corresponding to the diminutives *–cit–* and *–ecit–* are *–zot–* and *–ezot–*.

  copa copota
  café cafezote
  luz lucezota

Práctica 14 Change the noun plus *grande* to the augmentative form of the noun.

Me regalaron un lápiz grande. → Me regalaron un lapizote.

Necesitamos una cuchara grande.
Viven en una casa grande.
Tienes un perro grande.
Compraron un coche grande.
Tenemos una cama grande.
Leí un libro grande.
Encontramos unos árboles grandes.
Se comió unos plátanos grandes.
Necesito una caja grande.
Me voy a comer ese pan grande.

LECCION 52 | SYNTACTIC EXPANSION

EXPANDED EXPRESSIONS—Volveremos lo más pronto posible.

Many adverbs can be preceded by *lo más* and followed by *posible,* with an intensifying effect.

Irán lo más lejos posible.

Práctica 1 Place *lo más* before and *posible* after the adverbs.

Compraremos los regalos pronto. → Compraremos los regalos lo más pronto posible.
Examínelos detalladamente. → Examínelos lo más detalladamente posible.

Entreguen sus trabajos rápidamente.
Volveremos temprano.
Pórtate amablemente.
Lo bailaremos garbosamente.
Nos visitan a menudo.
Llévenlo cuidadosamente.
Harán el viaje descansadamente.
¡Que te permitan llegar tarde!

A specific exception to a general statement may be introduced by *aparte de.* When followed by a single pronoun, the prepositional object forms are used.

Aparte de mi tío, nadie me felicitó.
Aparte de ti, todo el mundo lo quiere.

Práctica 2 Use *aparte de* and make the necessary changes according to the model.

María es la única que lo sabe hacer. → Aparte de María, nadie lo sabe hacer.
Nosotros fuimos los únicos que entregamos el trabajo. → Aparte de nosotros, nadie entregó el trabajo.
Yo soy el único que los conozco. → Aparte de mí, nadie los conoce.

Ellos fueron los únicos que nos mandaron tarjeta.
José fue el único que se emborrachó.   got drunk
Amalia fue la única que compró boleto.
Los Gómez son los únicos que quieren venir.
Tú fuiste el único que llegaste a tiempo.
Elena es la única que tiene vestido nuevo.
Yo fui el único que le hablé.
Uds. son los únicos que se aburrieron.

In a coordinated phrase used as object of *aparte de*, subject rather than prepositional object forms of pronouns occur.

Aparte de mi prima y tú, todos piensan ayudar.
Aparte de tú y yo, nadie tiene hambre.
Aparte de José y Carlos, nadie estudió la lección.

Práctica 3 Change the sentences according to the model.

Alicia y Ana son las únicas que nos ayudan. → Aparte de Alicia y Ana, nadie nos ayuda.
Tú y yo fuimos los únicos que trajimos impermeable. → Aparte de tú y yo, nadie trajo impermeable.

Felipe y Yolanda son los únicos que trabajan aquí.
Carlos y yo somos los únicos que conocemos el lugar.
Pedro y tú son los únicos que comprenden a la profesora.
Paco y David fueron los únicos que se quitaron el sombrero.
Celia y Carmen son las únicas que lo saben.
Tú y yo somos los únicos que estamos trabajando.
Roberto y Blanca son los únicos que recibieron invitación.
Ud. y María eran los únicos que nos veían todos los días.

The adverbs of time *tarde* and *temprano* may be modified by *para* plus a clause.

Ya es tarde para que hables por teléfono.
Todavía es temprano para que empiecen a guisar.

Práctica 4 Change the sentences according to the model.

> No arreglaremos el comedor. Ya es tarde. → Ya es tarde para que arreglemos el comedor.
> No comerán todavía. Es temprano. → Todavía es temprano para que coman.
>
> No iremos a la cena. Ya es tarde.
> No saldremos todavía. Es temprano.
> No entregaré el trabajo. Ya es tarde.
> No empezaremos todavía. Es temprano.
> No llegarán todavía. Es temprano.
> No pasará por ti. Ya es tarde.
> No te acostarás todavía. Es temprano.
> No harán las maletas. Ya es tarde.

A clause introduced by *lo que* may appear in apposition to another clause, in which case each clause is pronounced as a separate sentence although without a long pause between them.

> María pagó la cuenta, lo que quiere decir que recibió el giro.   money order, draft

Práctica 5 Change *y eso* to *lo que*.

> Juan piensa cambiar de empleo, y eso me parece una buena idea. →
> Juan piensa cambiar de empleo, lo que me parece una buena idea.
>
> No te gustaron sus ideas, y eso le molestó mucho.
> Hicieron una gran fiesta, y eso los dejó sin dinero.
> Ya terminó su tarea, y eso significa que puede jugar.
> José no está en su oficina, y eso quiere decir que ya viene.
> Alicia habló mal de ti, y eso no le puedo perdonar.
> Dejó sus estudios, y eso nos dio un gran disgusto.
> David nos ayudó, y eso nos ahorró mucho tiempo.   saved
> María hizo las compras, y eso te evitó una molestia.

A negative purpose clause consisting of *no* plus subjunctive of *ir a* plus infinitive, concluded by the rest of the clause, can occur after a main clause. The two clauses are pronounced as separate sentences but without a long pause between.

> Voy a devolver los libros, no me vayan a multar.   to fine

Práctica 6 Change the sentences according to the model.

> Debes llevar más tinta para que no se te acabe. → Debes llevar más tinta, no se te vaya a acabar.
>
> Pónganse el abrigo para que no les dé frío.
> Lleva más dinero para que no te haga falta.
> Les van a avisar para que no se asusten.
> Ya me voy para que no se me haga tarde.
> Les ayudaremos para que no se enojen.
> Ponles agua a las flores para que no se sequen.
> Deja ese florero para que no lo rompas.
> Escondemos los regalos para que no los encuentren.

The proper answer to a sentence introduced by *ojalá* is ¡*ojalá*! if in agreement. If disagreement is indicated, ¡*ojalá que no*! and ¡*ojala que sí*! are the answers to affirmative and negative sentences, respectively.

Práctica 7 Answer showing agreement according to the models.

> ¡Ojalá que lleguen a tiempo! → ¡Ojalá!
> Yo espero que traigan la leche. → Yo también.
>
> Yo esperaba que se les olvidara.
> Yo espero que no haya examen mañana.
> ¡Ojalá que no lo perdamos!
> Yo esperaba que lloviera.
> ¡Ojalá que nevara!
> ¡Ojalá que no tengan ningún accidente!
> Yo espero que nos ofrezcan ayuda.
> ¡Ojalá que nos ofrezcan ayuda!

The verb *hacer* plus the pronoun *lo* is used as a substitute for a verb with objects and certain other complements.

> María quiere que estudiemos español con ella en la biblioteca, pero no lo vamos a hacer. (No vamos a estudiar español con ella en la biblioteca.)

Práctica 8 Answer negatively with *hacerlo* according to the model.

> Tú vas a traer la leche. → No, yo no lo voy a hacer.
> Uds. abrieron las ventanas. → No, nosotros no lo hicimos.
>
> Juan rompío los discos.
> María quemó las cartas de Ana.

Pablo le quitará la escopeta a Jorge.
Ana va a comprar las nueces.   walnuts
Los primos de Alicia le traen pan a Irma.
Ud. alquiló un local para el baile.   rented
El señor López escogía los libros.
Uds. van a preparar la fiesta.

Sentences used to clarify what the situation really is may be introduced by *lo que pasa es que* or simply *es que*.

¿Tienes mucha hambre?
No, (lo que pasa) es que quiero engordar.

Práctica 9 Form responses to the given sentences by using *lo que pasa es que* plus the sentence in parentheses.

Seguramente el niño no es muy inteligente.   (no estudia mucho) →
Lo que pasa es que no estudia mucho.

Ignacia debe estar enferma.   (casi no come)
Parece que está enojado tu hermano.   (lo regañaron)
Creí que lo quería comprar.   (no tiene dinero)
No terminaron su cena.   (les dieron bocadillos antes)
La comedia es un fracaso.   (los actores no son buenos)
Saludé a tu tía pero no me oyó.   (está sorda)   deaf
Elsa se fue en cuanto terminamos.   (se sentía mal)
Hace mucho que no viene Elena.   (ha estado muy ocupada)

Lectura Narrativa
VARIEDAD Y UNIDAD DE LA LENGUA

La lengua española es una de las lenguas internacionales más extendidas del mundo. Es una de las cinco lenguas de las Naciones Unidas. Se habla desde los montes Pirineos al norte de España hasta Tierra del Fuego en el extremo sur de la Argentina y Chile en Sudamérica, y desde Tierra del Fuego hasta las Filipinas en Asia.

Es la lengua nacional en diecinueve naciones y el estado libre asociado de Puerto Rico. Los países de habla española son Argentina, Bolivia, Colombia, Costa Rica, Cuba, Chile, Ecuador, El Salvador, Guatemala, Honduras, México, Nicaragua, Panamá, Paraguay, el Perú, Puerto Rico, la República Dominicana, Uruguay, Venezuela y España.

Es además la lengua familiar de grupos importantes en California, Colorado, Arizona, Nuevo México, Tejas, la Florida y las Filipinas.

La historia de la difusión del español llena páginas decisivas en la historia del mundo moderno. Y la literatura, filología y lingüística del español constituyen capítulos interesantísimos en la historia cultural del mundo.

En todas las lenguas se observan diferencias regionales. El inglés de Inglaterra es diferente al de Escocia o Irlanda. Y estos a su vez son diferentes al de los Estados Unidos. En los Estados Unidos se observan diferencias regionales entre el noroeste, el centro y el sur. (El francés de París no es igual al del Canadá o Haití. Y estos a su vez no son iguales a los de otras zonas de Francia.)

¿Quién no ha observado interesantes variaciones regionales en el español? El contacto con cada lengua y cultura indígena en América y las Filipinas enriqueció el vocabulario y le dio matices característicos al español. Muchas palabras como chocolate, tabaco, tomate, canoa y huracán pasaron a todo el mundo de habla española y no tienen ni matiz ni limites regionales.

Las diferencias de vocabulario son tema frecuente de conversación. Los cubanos le llaman guagua al autobús; para los chilenos y los ecuatorianos una guagua es un bebé; y los mexicanos le llaman al autobús «camión.» En Colombia dicen sabroso de un día agradable, sin referirse a la comida.

Los gallegos usan mucho los diminutivos en –ino, –ina: mi bonitino, se buenino. El uso de ahorita como diminutivo de ahora es muy mexicano. Todos conocen el «vos estás» de partes de la Argentina, Uruguay y Centroamérica. ¿Quién no ha notado la jota fuerte de España y la suave, casi aspirada, de Cuba, Puerto Rico y Santo Domingo? El que haya oído la tonada «cordo-o-besa» de Córdoba, Argentina, o la erre velar de Puerto Rico y la fricativa de Guatemala no las olvida.

Bien conocida es la aspiración de las eses postvocálicas de Andalucía y muchos países del Caribe, Centroamérica y Sudamérica: este [ehte], sospechar

¿Qué extensión geográfica comprende la lengua española?

¿Cuántas naciones hablan el español?

¿Está limitada solo a esos países?

¿Existen variaciones regionales en las lenguas?

¿Qué enriqueció la lengua española?
¿Conoce Ud. ejemplos de esta contribución?

¿Qué tipo de variaciones dentro de la lengua española es tema frecuente de conversación?

Si digo «guagua» para referirme a un bebé, ¿de dónde soy?
Si tres amigos toman todos los días el mismo vehículo para ir a la universidad, pero uno dice que toma «el camión,» el segundo dice «la guagua» y el tercero «el autobús,» ¿de dónde son los dos primeros?

Si uso mucho los diminutivos «–ino, –ina,» ¿de dónde soy?

VARIEDAD Y UNIDAD DE LA LENGUA 609

[sohpečar]. Los cubanos se distinguen por su uso frecuente del tú. Estas y otras muchas variaciones son muestra del vigor y la variedad de la lengua.

A veces se han exagerado las diferencias. El ceceo de Castilla se hace pasar por la divisoria entre el español de España y el seseo de Hispanoamérica. Pero el seseo es la forma típica de Andalucía, y los hermanos Quintero, andaluces, presentaron el acento andaluz en forma inimitable en sus celebradas comedias.

La variedad de la lengua es belleza, no incorrección; riqueza, no pobreza. La unidad de la lengua es tan clara que no necesita defensa. Las cinco vocales del español dan armonía, unidad y elegancia a las variantes.

El colombiano siente satisfacción al encontrarse con un chileno o un español en Tokio, París, Berlín o Nueva York y poder hablar libremente. Un chileno o un español sienten verdadera emoción después de vivir en un país de habla extraña al llegar a México y poder hablar de todo con todos. Se sienten como pez en el agua.

Hubo quien predijo la desmembración de la lengua española como la del latín cuando se separaron las diferentes naciones de habla española. Pero las circunstancias han cambiado. En los tiempos de Roma, se viajaba poco y se tardaba mucho en llegar de un lugar a otro. Aún en tiempos de Colón era difícil viajar: él tardó todo un verano en cruzar el Atlántico de Palos a Santo Domingo, agosto 3 de 1492 a octubre 12.

Hoy, en cambio, los aviones vuelan en unas horas de Madrid a Buenos Aires, de Puerto Rico a Madrid, de Bogotá a Santiago y de México al Perú, Chile, Bolivia. Viajar es un placer, y viaja todo el mundo. Miles de estudiantes de Hispanoamérica viajan a España y dejan oír las variaciones de acento y vocabulario de América, y a su vez oyen las variaciones típicas de España.

Con los avances del cine y de la televisión se afirma aún más la variedad y unidad de la lengua. Las películas de Cantinflas con su inimitable humor se aplauden de Madrid a Santiago de Chile, y las películas argentinas y españolas se saborean en todo el mundo hispánico.

Y si hablo de «vos,» ¿de dónde soy?
Si alargo la vocal de la sílaba anterior a la última acentuada (por ejemplo: soy estudiante [estu-u-dyánte]), ¿de dónde soy?
¿De dónde es típico el seseo?

¿Qué demuestra la variedad de una lengua?

¿Qúe ha impedido en parte la desmembración de la lengua?

Lectura Dialogada
No solo de pan vive el hombre

Paco y Margarita:

—Otra vez tenemos revolución contra la junta militar.

—Lógico. Sí ésta es una situación insoportable.

—Pero, ¿qué más quieren Uds.? Yo realmente no los entiendo.

—¿Y te parece bien que el Congreso esté cerrado y la prensa amordazada?

—Pues no es el ideal. Pero lo cierto es que hay orden y que la economía marcha.

—No solo de pan vive el hombre. Y sí te digo que prefiero la libertad sin pan que el pan sin libertad.

amordazada   censored, gagged

Preguntas:

¿Qué hay otra vez?
¿Cómo es la situación?
¿Qué le ha pasado al Congreso?
¿Cómo está la prensa?
Sin embargo, ¿qué hay?
¿Qué significa «no solo de pan vive el hombre»?

VERBS

Regular Verbs

SIMPLE TENSES

Infinitive	**hablar**	**comer**	**vivir**
	to speak	*to eat*	*to live*
Present Participle	hablando	comiendo	viviendo
Past Participle	hablado	comido	vivido

INDICATIVE

Present

hablo	como	vivo
hablas	comes	vives
habla	come	vive
hablamos	comemos	vivimos
habláis	coméis	vivís
hablan	comen	viven

Imperfective Past

hablaba	comía	vivía
hablabas	comías	vivías
hablaba	comía	vivía
hablábamos	comíamos	vivíamos
hablabais	comíais	vivíais
hablaban	comían	vivían

Perfective Past

hablé	comí	viví
hablaste	comiste	viviste
habló	comió	vivió
hablamos	comimos	vivimos
hablasteis	comisteis	vivisteis
hablaron	comieron	vivieron

Future

hablaré	comeré	viviré
hablarás	comerás	vivirás
hablará	comerá	vivirá
hablaremos	comeremos	viviremos
hablaréis	comeréis	viviréis
hablarán	comerán	vivirán

Conditional	hablaría	comería	viviría
	hablarías	comerías	vivirías
	hablaría	comería	viviría
	hablaríamos	comeríamos	viviríamos
	hablaríais	comeríais	viviríais
	hablarían	comerían	vivirían

SUBJUNCTIVE

Present	hable	coma	viva
	hables	comas	vivas
	hable	coma	viva
	hablemos	comamos	vivamos
	habléis	comáis	viváis
	hablen	coman	vivan
Past	hablara	comiera	viviera
	hablaras	comieras	vivieras
	hablara	comiera	viviera
	habláramos	comiéramos	viviéramos
	hablarais	comierais	vivierais
	hablaran	comieran	vivieran

COMPOUND TENSES

INDICATIVE

Present	he			
	has			
	ha	hablado	comido	vivido
	hemos			
	habéis			
	han			
Past	había			
	habías			
	había	hablado	comido	vivido
	habíamos			
	habíais			
	habían			

Future	habré			
	habrás			
	habrá			
	habremos	hablado	comido	vivido
	habréis			
	habrán			
Conditional	habría			
	habrías			
	habría			
	habríamos	hablado	comido	vivido
	habríais			
	habrían			

SUBJUNCTIVE

Present	haya			
	hayas			
	haya			
	hayamos	hablado	comido	vivido
	hayáis			
	hayan			
Past	hubiera			
	hubieras			
	hubiera			
	hubiéramos	hablado	comido	vivido
	hubierais			
	hubieran			

DIRECT COMMANDS

INFORMAL
(Tú and Vosotros Forms)

Affirmative	habla (tú)	come (tú)	vive (tú)
	hablad	comed	vivid
Negative	no hables	no comas	no vivas
	no habléis	no comáis	no viváis
FORMAL	hable Ud.	coma Ud.	viva Ud.
	hablen Uds.	coman Uds.	vivan Uds.

Stem-Changing Verbs

FIRST CLASS

	—ar verbs		—er verbs	
	e → ie	o → ue	e → ie	o → ue
Infinitive	**sentar**[1]	**contar**[2]	**perder**[3]	**soler**[4]
	to seat	*to tell*	*to lose*	*to be accustomed*
Present Participle	sentando	contando	perdiendo	soliendo
Past Participle	sentado	contado	perdido	solido
INDICATIVE				
Present	siento	cuento	pierdo	suelo
	sientas	cuentas	pierdes	sueles
	sienta	cuenta	pierde	suele
	sentamos	contamos	perdemos	solemos
	sentáis	contáis	perdéis	soléis
	sientan	cuentan	pierden	suelen
SUBJUNCTIVE				
Present	siente	cuente	pierda	suela
	sientes	cuentes	pierdas	suelas
	siente	cuente	pierda	suela
	sentemos	contemos	perdamos	solamos
	sentéis	contéis	perdáis	soláis
	sienten	cuenten	pierdan	suelan

[1] *Cerrar, comenzar, despertar, empezar* and *pensar* are similar.
[2] *Acordar, acostar, almorzar, apostar, colgar, costar, encontrar, jugar, mostrar, probar, recordar, rogar* and *volar* are similar.
[3] *Defender* and *entender* are similar.
[4] *Disolver, doler, envolver, llover* and *volver* are similar.

SECOND AND THIRD CLASSES

	second class		third class
	e → ie, i	o → ue, u	e → i
Infinitive	sentir[5]	morir[6]	pedir[7]
	to regret	to die	to ask for, request
Present Participle	sintiendo	muriendo	pidiendo
Past Participle	sentido	muerto	pedido

INDICATIVE

Present

siento	muero	pido
sientes	mueres	pides
siente	muere	pide
sentimos	morimos	pedimos
sentís	morís	pedís
sienten	mueren	piden

Perfective Past

sentí	morí	pedí
sentiste	moriste	pediste
sintió	murió	pidió
sentimos	morimos	pedimos
sentisteis	moristeis	pedisteis
sintieron	murieron	pidieron

SUBJUNCTIVE

Present

sienta	muera	pida
sientas	mueras	pidas
sienta	muera	pida
sintamos	muramos	pidamos
sintáis	muráis	pidáis
sientan	mueran	pidan

Past

sintiera	muriera	pidiera
sintieras	murieras	pidieras
sintiera	muriera	pidiera
sintiéramos	muriéramos	pidiéramos
sintierais	murierais	pidierais
sintieran	murieran	pidieran

[5] *Mentir, preferir* and *sugerir* are similar.
[6] *Dormir* is similar; however, the past particle is regular—*dormido*.
[7] *Conseguir, despedir, elegir, perseguir, reír, repetir* and *seguir* are similar.

Irregular Verbs

The following list of irregular verb forms includes only those tenses in which a disparity occurs. This does not include such present subjunctive forms as *caiga, diga, haga, influya, oiga, ponga, salga, tenga, traiga, valga, venga* and *vea* because these follow a set pattern and are not therefore actually irregular. Nor does this list include such imperfect subjunctive forms as *cayera, diera, dijera, estuviera, hubiera, hiciera, influyera, fuera, pudiera, pusiera, quisiera, supiera, produjera, tuviera, trajera* and *viniera* for the same reason.

Orthographic-changing verbs, some of whose forms undergo a spelling adjustment to maintain the original sound of the infinitive, are not included in this list either. Verb forms which undergo a spelling change for reasons other than sound maintenance are included in footnotes.

andar *to walk, go*
Perfective Past: anduve, anduviste, anduvo, anduvimos, anduvisteis, anduvieron

caber *to fit*
Present Indicative: quepo, cabes, cabe, cabemos, cabéis, caben
Perfective Past: cupe, cupiste, cupo, cupimos, cupisteis, cupieron
Future: cabré, cabrás, cabrá, cabremos, cabréis, cabrán
Conditional: cabría, cabrías, cabría, cabríamos, cabríais, cabrían

caer[8] *to fall*
Present Indicative: caigo, caes, cae, caemos, caéis, caen

conocer *to know, be acquainted with*
Present Indicative: conozco, conoces, conoce, conocemos, conocéis, conocen

dar *to give*
Present Indicative: doy, das, da, damos, dais, dan
Present Subjunctive: dé, des, dé, demos, deis, den
Perfective Past: di, diste, dio, dimos, disteis, dieron

---

[8] Spelling changes are found in the present participle—*cayendo;* past participle—*caído;* and perfective past—*caíste, cayó, caímos, caísteis, cayeron.*

VERBS 619

decir   *to say, tell*

Present Participle	diciendo
Past Participle	dicho
Present Indicative	digo, dices, dice, decimos, decís, dicen
Perfective Past	dije, dijiste, dijo, dijimos, dijisteis, dijeron
Future	diré, dirás, dirá, diremos, diréis, dirán
Conditional	diría, dirías, diría, diríamos, diríais, dirían
Direct Command (tú)	di

estar   *to be*

Present Indicative	estoy, estás, está, estamos, estáis, están
Present Subjunctive	esté, estés, esté, estemos, estéis, estén
Perfective Past	estuve, estuviste, estuvo, estuvimos, estuvisteis, estuvieron

haber   *to have*

Present Indicative	he, has, ha, hemos, habéis, han
Present Subjunctive	haya, hayas, haya, hayamos, hayáis, hayan
Perfective Past	hube, hubiste, hubo, hubimos, hubisteis, hubieron
Future	habré, habrás, habrá, habremos, habréis, habrán
Conditional	habría, habrías, habría, habríamos, habríais, habrían

hacer   *to do, make*

Past Participle	hecho
Present Indicative	hago, haces, hace, hacemos, hacéis, hacen
Perfective Past	hice, hiciste, hizo, hicimos, hicisteis, hicieron
Future	haré, harás, hará, haremos, haréis, harán
Conditional	haría, harías, haría, haríamos, haríais, harían
Direct Command (tú)	haz

incluir[9]   *to include*

Present Indicative	incluyo, incluyes, incluye, incluimos, incluís, incluyen

---

[9] Spelling changes are found in the present participle—*incluyendo;* and perfective past—*incluyó, incluyeron.* Similar are *atribuir, constituir, contribuir, distribuir, fluir, huir, influir* and *sustituir.*

ir[10] *to go*

Present Indicative	voy, vas, va, vamos, vais, van
Present Subjunctive	vaya, vayas, vaya, vayamos, vayáis, vayan
Imperfective	iba, ibas, iba, íbamos, íbais, iban
Perfective Past	fui, fuiste, fue, fuimos, fuisteis, fueron
Direct Command (tú)	ve

oír[11] *to hear*

Present Indicative	oigo, oyes, oye, oimos, oís, oyen

poder *to be able*

Present Participle	pudiendo
Present Indicative	puedo, puedes, puede, podemos, podéis, pueden
Perfective Past	pude, pudiste, pudo, pudimos, pudisteis, pudieron
Future	podré, podrás, podrá, podremos, podréis, podrán
Conditional	podría, podrías, podría, podríamos, podríais, podrían

poner *to put, place*

Past Participle	puesto
Present Indicative	pongo, pones, pone, ponemos, ponéis, ponen
Perfective Past	puse, pusiste, puso, pusimos, pusisteis, pusieron
Future	pondré, pondrás, pondrá, podremos, pondréis, pondrán
Conditional	pondría, pondrías, pondría, pondríamos, pondríais, pondrían
Direct Command (tú)	pon

producir *to produce*

Present Indicative	produzco, produces, produce, producimos, producís, producen
Perfective Past	produje, produjiste, produjo, produjimos, produjisteis, produjeron

querer *to wish, want*

Present Indicative	quiero, quieres, quiere, queremos, queréis, quieren
Perfective Past	quise, quisiste, quiso, quisimos, quisisteis, quisieron
Future	querré, querrás, querrá, querremos, querréis, querrán
Conditional	querría, querrías, querría, querríamos, querríais, querrían

---

[10] A spelling change is found in the present participle—*yendo*.
[11] Spelling changes are found in the present participle—*oyendo*; past participle—*oído*; present indicative—*oímos*; and perfective past—*oíste, oyó, oímos, oísteis, oyeron*.

saber   *to know*

Present Indicative	sé, sabes, sabe, sabemos, sabéis, saben
Present Subjunctive	sepa, sepas, sepa, sepamos, sepáis, sepan
Perfective Past	supe, supiste, supo, supimos, supisteis, supieron
Future	sabré, sabrás, sabrá, sabremos, sabréis, sabrán
Conditional	sabría, sabrías, sabría, sabríamos, sabríais, sabrían

salir   *to leave, go out*

Present Indicative	salgo, sales, sale, salimos, salís, salen
Future	saldré, saldrás, saldrá, saldremos, saldréis, saldrán
Conditional	saldría, saldrías, saldría, saldríamos, saldríais, saldrían
Direct Command (tú)	sal

ser   *to be*

Present Indicative	soy, eres, es, somos, sois, son
Present Subjunctive	sea, seas, sea, seamos, seáis, sean
Imperfective	era, eras, era, éramos, érais, eran
Perfective Past	fui, fuiste, fue, fuimos, fuisteis, fueron
Direct Command (tú)	sé

tener   *to have*

Present Indicative	tengo, tienes, tiene, tenemos, tenéis, tienen
Perfective Past	tuve, tuviste, tuvo, tuvimos, tuvisteis, tuvieron
Future	tendré, tendrás, tendrá, tendremos, tendréis, tendrán
Conditional	tendría, tendrías, tendría, tendríamos, tendríais, tendrían
Direct Command (tú)	ten

traer[12]   *to bring*

Present Indicative	traigo, traes, trae, traemos, traéis, traen
Perfective Past	traje, trajiste, trajo, trajimos, trajisteis, trajeron

valer   *to be worth*

Present Indicative	valgo, vales, vale, valemos, valéis, valen
Future	valdré, valdrás, valdrá, valdremos, valdréis, valdrán
Conditional	valdría, valdrías, valdría, valdríamos, valdríais, valdrían

---

[12] Spelling changes are found in the present participle—*trayendo;* and the past participle—*traído.*

venir *to come*

Present Participle	viniendo
Present Indicative	vengo, vienes, viene, venimos, venís, vienen
Perfective Past	vine, viniste, vino, vinimos, vinisteis, vinieron
Future	vendré, vendrás, vendrá, vendremos, vendréis, vendrán
Conditional	vendría, vendrías, vendría, vendríamos, vendríais, vendrían
Direct Command (tú)	ven

ver[13] *to see*

Past Participle	visto
Present Indicative	veo, ves, ve, vemos, veis, ven
Imperfective	veía, veías, veía, veíamos, veíais, veían

---

[13] Spelling changes are found in the perfective past—*vi, vio.*

DIALOG EQUIVALENTS

DIALOG 1. GOOD MORNING, ANTHONY.

Good morning, Anthony.
Good morning. How are things?
Are you studying English?
No, I'm studying Spanish.
Where's Mary?
I don't know. She's not in school.
Thanks.
Good-bye. See you later.
See you later.

DIALOG 2. HOW HOT IT IS!

How hot it is! Open the window.
Don't study any more. The lesson is easy.
I am very thirsty. Is there any ice water?
Yes, wait a moment. I will be right back.
Look out! The papers!
It is very windy.
Close the door, please.
Here is the water. It is ice cold.
Thank you, you are very kind.

DIALOG 3. A MESSAGE FOR JOHN

Good morning, Vincent. Where is John?
In the cafe. He is with a foreign friend.
Where is his friend from?
From Madrid. He is a Spanish teacher.
Where does he teach?
At the university. He lives in John's house.
Well, please give him a message.
With pleasure. What shall I tell him?
That tomorrow there is no Spanish class.

DIALOG 4. INVITATION TO THE BEACH

When does your family arrive?
My father and mother are arriving tomorrow.
Your brother and sister are coming later on?
Yes, they have friends in Acapulco.
Do you have a house on the beach?
Yes, and there is a boat also.
Do you go to the beach often?
Sure. When will you come with us?
Are you inviting me? I'd love to go.

DIALOG 5. THE PARTY

What happened to you yesterday? You didn't come to the party.
I couldn't. My father was leaving for Chile.
Oh. Too bad. It was very lively.
Who was the party for?
For Cecilia Medina.
Does she study at the university?
She did until last year. She already graduated.
I didn't meet her, did I?
No, she was in Peru. She arrived yesterday.

DIALOG 6. LUNCH TIME

Mother, is lunch ready?
No. It will take a while. We have guests.
Oh, yes? Who?
People from your father's office.
What's for lunch?
Roast meat and potatoes with butter.
No vegetables?
Yes, lettuce and avocado salad.
Good! And mangos with cream for dessert!

DIALOG 7. THE PLAY

Hey! Hurry up! The play starts at eight.
What time is it?
It's already seven thirty.
There's time; don't worry.
But we don't have numbered seats.
But no one is ever on time.
Yes, but I want a seat in the second row.
All right, then I'm ready.

DIALOG 8. TRIP TO THE RIVER

Are you ready? Father is in the car.
Give him the bags (suitcases) with the bathing suits.
Did you take out the lunch things?
No, everything is in the kitchen.
Remember to take paper and matches.
Yes, and the grill for the meat.
Are you taking a life preserver for Juan Manuel?
I can't find it; it was on this chair.
I saw that Dad had something yellow.
That's it. Good, we're all ready.

DIALOG 9. HUNTING

Aren't you sleepy? It's four o'clock in the morning.
Yes, but we will soon wake up with the fresh air.
I can't find my gun.
Don't you remember that you cleaned it yesterday?
Yes, but I don't know where I put it afterward.
Well, look for it quickly. It's almost dawn.
Good. Did you call the dogs?
No, first I am putting on my boots.
I found the gun. I'll go for the dogs.

DIALOG 10. DAD'S BIRTHDAY

Did you go for dad's present?
Yes. I've got it outside so he won't see it.
Do you want me to distract him while you hide it?
Yes, but be careful he doesn't see the cake in the kitchen.
No, I'll go through the living room so you can come in through the kitchen.
Fine, let John help me with the gift.
When you're ready, let me know.
Don't let him look out the window.
Stop talking! If he hears us, he'll discover everything. Run!

DIALOG 11. TELEPHONE CONVERSATION

Hello? Who is speaking?
This is Mary Pauline; who is this?
Hi! This is Louis Charles. How are you?
Fine, thank you. Isn't it a beautiful day?
That was what I was going to say to you. Would you like to go for a ride?
I would love to. Where are we going?
To a lake which is near here.
Great! I'll be ready in half an hour.
We'll take the food.

DIALOG 12. THE EXAM

Hi, Julian, how was your exam?
Fine. How did you do?
Not very well, unfortunately.
Don't tell me! Why is that?
I didn't understand two of the questions.
Did you ask the teacher?
Yes, but I thought it over too long.
Did he explain them to you?
Yes, but it was too late and I didn't finish.

DIALOG 13. A DAY IN THE CITY

Juanita, here I am. Shall we go?
Wait. I need money.
What are you going to buy?
I have to buy a present for my aunt.
I have to buy shoes and a party dress.
I want to go to the art gallery.
We'd better go there before going shopping.
Yes, we don't want to carry packages around.
They say that the exhibit is great.

DIALOG 14. A TYPICAL SITUATION

Good morning, sir.
What can I do for you?
I need to renew my passport.
I don't know if we can do it today.
What papers do I have to have?
You can buy the stamps immediately.
Is that all?
I don't know. Wait for Mr. Pinzón to come.
In that case, I'll come back tomorrow. Good-by.

DIALOG 15. IN THE ART GALLERY

I hope they speak Spanish here.
Of course. They have guides who speak several languages.
Do you know who painted this picture?
It's by an impressionist, but I don't know which one.
It had never been exhibited here before, had it?
Not that I can remember.
How beautiful it looks with that special light!
Yes, it's one of the best I have seen.
Come, let's ask the guide.

DIALOG 16. WAITING FOR THE BUS

Helen, if we missed the bus, I'll die.
If it came on time, it would be a miracle!
But it's already half an hour late!
And it will be another half hour.
Well, I don't want to take any chances, and what would we do if we missed it?
I would buy a magazine and sit and read.
Yes, naturally, and father would be extremely worried.
No, he would think that the bus left without us.
You know that he always thinks of the worst.
Well, stand in line and stay calm.

DIALOG 17. AT THE BEACH

Have you ever seen such huge waves?
They are as huge as the ones in Acapulco.
Aren't these higher?
No. What's wrong? Are you afraid?
Of course not. It's only that I am cold.
You are even more timid than my sister!
No, it's because the water is so cold!
Very well, lie down in the sun and I'll go in the water.
No. Wait for me! I'm no longer so cold.

DIALOG 18. THE ARRIVAL

My cousin Fred arrives tomorrow.
Where is he coming from?
From Venezuela, where he was on vacation.
Are you going to meet him at the airport?
I don't know if I can since I don't have a car.
Don't you think someone will be able to take you and bring you back?
My aunt and uncle's car is full.
Furthermore, they have to bring the suitcases back.
I'm going to call Al and see if he's going.

DIALOG 19. AT NIGHT

Have you seen the agricultural exposition?
No, I've just finished exams.
You ought to go; it's very interesting.
My sister insists I take her to the movies.
Can't she go with a friend?
No, my mother doesn't let her go out alone.
Do you always have to go with her?
At night, yes.
Really? I didn't know that.

DIALOG 20. FISHING AND HUNTING

What were you doing yesterday?
We went fishing and hunting.
Where did you go?
Very close to the bay.
At what time did you get back to the city?
It was almost dusk.
I was calling you. No wonder I couldn't get hold of you.
It's too bad that you didn't go with us.
Invite me the next time that you go.
As of now, you have a standing invitation.

DIALOG 21. CHESS

Ask George if he wants to play today.
What are you playing?
Chess.
I would love to play if I knew how.
It's a hard game.
Don't you think I could learn?
Maybe. If only you were able to concentrate on something!
You don't think that I'm capable of doing anything.

DIALOG 22. IN A HURRY

Why don't you wait for me?
Because I'm in a hurry.
I'll only be five minutes.
That's what you say! You have a long way to go before you're ready.
Why the hurry?
So that I'll be on time for the movies.
Are you going with someone else?
Yes, with my girlfriend.
Then, go. Now I know the reason for your haste.

DIALOG 23. PETER'S RETURN

They told me that Peter is here.
Really? I thought he wouldn't be back for a long time.
That's what he thought, too.
Why did he come, then?
I think that they needed him at home.
What for?
So that he can take care of all the business.
And what's wrong with his father?
He's seriously ill.
I had no idea.
His family doctor told me.

DIALOG 24. BIG FISH AND LITTLE FISH

You preferred to sleep rather than go fishing, didn't you?
Yes, I was so tired! How did it go?
Great! We had a beautiful morning.
And were you lucky?
Yes, I caught two huge fish.
What do you call huge?
Well, maybe not huge, but very big.
And George?
He only caught several very small fish.

VOCABULARY

A

abajo below, downstairs
abanico *m.* fan
abarcar to undertake
abastar to supply
abdicar to abdicate
abogado *m.* lawyer
abono *m.* payment, installment
abrelatas *m.* can opener
abrigo *m.* overcoat
abril *m.* April
abrir to open
abrumado overwhelmed
abrupto abrupt
absolutamente absolutely
absoluto absolute, unconditional
abstracción *f.* abstraction
abuela *f.* grandmother
abuelo *m.* grandfather
abundar to abound
aburrido boring, bored
aburrir to bore
acabar to finish, to end
acaso perhaps, by chance
acceso *m.* access
accidente *m.* accident
acción *f.* action
aceite *m.* oil
acera *f.* pavement, sidewalk
acercamiento *m.* approach, approaching
acercar to approach
acercarse to come near, to go up to
acertado proper
acompañar to accompany
acordarse(ue) de to remember
acostar(ue) to put to bed
acostarse to go to bed, to lie down
acostumbrar to be used to
acostumbrarse a to get accustomed to
actitud *f.* attitude
acto *m.* act
actriz *f.* actress
actual present time, of the present
actualidad *f.* present
actualmente presently
acuerdo *m.* agreement, decision; **estar de —** to be in agreement
acumular to accumulate
acusar to accuse
adelantar to advance
además moreover, besides
adicto *m.* addict
adicto addicted, devoted
adiós good-bye
adjetivo *m.* adjective
adjunto adjoining, attached
admirable admirable
admitir to admit
adquirir(ie) to acquire
adverbio *m.* adverb
adverso adverse
advertir(ie) to notice, to warn, to advise
afán *m.* anxiety, worry
afasia *f.* aphasia
afeitar to shave
afilalápices *m.* pencil sharpener
afirmar to affirm, to assert, to make strong
afluente affluent
afortunado fortunate
afuera outside
agente *m.* agent
agolpar to crowd, to rush
agosto *m.* August
agradar to please, to be agreeable to
agrietarse to crack
agrio sour, disagreeable

agropecuaria agricultural
agrupar to group
agua *f.* water
aguacate *m.* avocado
agudo sharp
águila *f.* eagle
agujero *m.* hole
ahí there; **por —** here and there; **de — en adelante** from then on
ahora now; **— mismo** right now
ahorrar to save
ahorrarse to save money, to economize
aire *m.* air
ajedrez *m.* chess
ajeno belonging to someone else
ajo *m.* garlic
ala *f.* wing, hat brim
alabanza *f.* praise
alargar to extend, to prolong, to lengthen
alcance *m.* scope
alcanzar to reach, to overtake
aldea *f.* village
alegrar to cheer, to make happy
alegrarse to be glad, to be happy
alegre happy
alejado distant
alfiler *m.* pin
alfombra *f.* carpet
algo something
algodón *m.* cotton
alguien someone
aliar to ally, to unite
alma *f.* soul
almendra *f.* almond
almohada *f.* pillow
almuerzo *m.* lunch
alpargata *f.* sandal
alquilar to rent
altercado *m.* disagreement, argument
alto tall, high
altura *f.* altitude
aludir to allude to

alumbrar to light, to illuminate
alumno *m.* student
alusión *f.* allusion
alza *f.* rise
alzar to lift, to raise
alzarse to rebel, to rise up in arms
allá there, over there; **más —** farther
amable kind, amiable
amanecer to dawn
amar to love
amarillo yellow
ambiente *m.* environment
ambos both
amenazar to threaten
amigo *m.* friend
amistad *f.* friendship
amo *m.* master
amordazado muzzled, gagged
amplio wide
andar to walk, to go, to go about
andas *f.* bier, stretcher
ángel *m.* angel
angosto narrow
animal *m.* animal
animar to give life to, to animate
anoche last night
anochecer *m.* sundown, dusk
anotación *f.* annotation, note
anotar to annotate, to write down
anteayer day before yesterday
antena *f.* antenna
antes before
antigüedad *f.* antiquity, antique
antillano from the Antilles
antipático disagreeable
antojarse to be appealing
antropología *f.* anthropology
anunciar to announce
añadir to add
año *m.* year; **— Nuevo** New Year
apagar to turn off
apellido *m.* last name, family name

VOCABULARY 629

apenas hardly, scarcely
apetecer to desire, to crave
apetito *m.* appetite
apiñar to crowd around
aplauso *m.* applause
apogeo *m.* highest point, height (fame)
apoyar to lean, to rest, to support, to aid
aprender to learn
apretar(ie) to press, to squeeze, to urge on
aprisa quickly, fast
aprobar(ue) to approve
apropiado appropriate, fitting
aprovechar to take advantage of, to utilize
aprovecharse de to take advantage of
aptitud *f.* aptitude, ability
apto apt
apurar to hurry
aquello that
araña *f.* spider
árbol *m.* tree
arena *f.* sand
argumento *m.* subject matter, plot (of a play)
ariete *m.* ram, battering ram
arma *f.* arm, weapon, branch of the armed forces
arrabal *m.* outlying district, slums
arrastrar to drag, to carry away (of passion)
arreglar to arrange, to fix
arriba above
arrojar to throw, to hurl
arrojarse to rush, to fling oneself
arroz *m.* rice
arte *m.* art (*f.* in plural)
asado roast
asamblea *f.* assembly, legislature, meeting
ascendencia *f.* ancestry, origin
ascender(ie) to ascend, to climb, to promote, to amount to
asegurar to assure
asentar(ie) to base
así in this way

asiático asiatic
asiento *m.* seat, site, location
asignar to assign
asistir to attend
asno *m.* ass, donkey
asomar to begin, to appear, to come into view
asomarse to approach, to show oneself (at a window)
asombrar to surprise
asta *f.* horn, antler, mast, pole, staff, lance
asunto *m.* subject
asustar to frighten, to scare
atar to tie, to bind
atención *f.* attention
atento attentive
aterrizar to land (plane)
atleta *m. f.* athlete
atmósfera *f.* atmosphere
atónito astonished
atorado stuck
atribuir to attribute
atrio *m.* court, patio, portico of a church, entrance hall
aturdido confused
aula *f.* lecture room, classroom
aumentar to augment, to gain
aún even, still, yet
aunque although, though
ausente absent
autobús *m.* bus
autóctono indigenous
autoridad *f.* authority
auxilio *m.* help, aid
avanzar to advance
averiguar to ascertain
avión *m.* airplane
avisar to inform, to advise, to announce, to warn
ayer yesterday
ayuda *f.* help, aid
azotea *f.* flat roof

630 CONTEMPORARY SPANISH

azúcar *m.* or *f.* sugar
azul blue

B

bacalao *m.* codfish, dried cod
bache *m.* rut, hole in the road
bahía *f.* bay
bailar to dance
baile *m.* dance
bajo short
bala *f.* bullet
bandera *f.* flag
bañar to bathe
bañarse to bathe oneself, to take a bath
baño *m.* bath, bathroom
barato cheap
barco *m.* boat, ship
barrio *m.* district, neighborhood, ward
barroco baroque
bastante enough
bastar to be enough, to suffice
basura *f.* garbage
bata *f.* robe
batalla *f.* battle
beber to drink
bebida *f.* drink
beca *f.* scholarship, fellowship
belga *m. f.* Belgian
benéfico beneficent, good, kind
beso *m.* kiss
biblioteca *f.* library
bicicleta *f.* bicycle
bien well; ¡muy —! very good
billete *m.* ticket, banknote
biología *f.* biology
bizcocho *m.* biscuit
blanco white
blanquear to whiten
blusa *f.* blouse
boca *f.* mouth
bocadillo *m.* sandwich, roll
bola *f.* ball
bolear to play billiards, to bowl
boletín *m.* bulletin
boleto *m.* ticket; — **de ida y vuelta** round-trip ticket
bolsa *f.* bag, purse
bondad *f.* goodness
boniato *m.* sweet potato
bonito beautiful
borracho drunk
borrar to erase
bosque *m.* forest
bota *f.* boot, leather wine bag
bote *m.* small jar, boat
botella *f.* bottle
botón *m.* button
bóveda *f.* vault (roof), burial vault
brazo *m.* arm
breve brief, short
brillar to shine
brillo *m.* luster, spark, shine
brioso lively, brave
broma *f.* joke
bufanda *f.* scarf
bula *f.* bull (papal document)
bulto *m.* bulk, volume, lump, swelling
bulla *f.* big crowd
buque *m.* ship, boat
burlar to play a joke on
burlarse de to mock, to make fun of
burro *m.* donkey
buscar to seek, to search for, to look for
búsqueda *f.* search

C

caballero *m.* gentleman
caballo *m.* horse
caber to fit into, to go into, to have enough room
cabeza *f.* head
cacahuate *m.* peanut

cacería *f.* hunt, hunting
cada each
cadena *f.* chain
caer to fall
café *m.* coffee
caja *f.* box
cajón *m.* large box, chest, drawer
calar to pierce, to penetrate, cut into
calefacción *f.* heat, heating
calentura *f.* fever
calidad *f.* quality
calificar to rate, to judge, to grade
calor *m.* heat, warmth; **hace mucho —** it is very hot
calvo bald
callar to hush, to silence
callarse to be or keep silent
calle *f.* street
callejuela *f.* lane, narrow or dingy street
cama *f.* bed
camarero *m.* waiter
camarón *m.* shrimp
cambiar to change
cambio *m.* change; **en —** on the other hand
camello *m.* camel
camino *m.* road, course, way
camión *m.* truck
camisa *f.* shirt
camote *m.* sweet potato
campo *m.* country, field
cana *f.* white hair
canasta *f.* basket
canción *f.* song
cangrejo *m.* crab
cansar to tire, to fatigue
cansarse to get tired
cantante *m. f.* singer
cantar to sing
cantidad *f.* quantity
caña *f.* cane, reed; **— de pescar** fishing pole

caoba *f.* mahogany
capaz capable
capítulo *m.* chapter
capote *m.* bullfighter's cloak
cápsula *f.* capsule
cara *f.* face
caramelo *m.* caramel, hard candy
cargar to load, to carry
caridad *f.* charity
caries *f.* decay (of a bone), tooth decay
carne *f.* meat
caro expensive, dear
carrera *f.* race, course, career
carretera *f.* highway
carruaje *m.* carriage
carta *f.* letter
cartera *f.* purse
casa *f.* house; **estar en —** to be at home
casar to marry
casarse to be married
casco *m.* helmet
casi almost
caso *m.* case, point, matter; **hacer — de** to pay attention to
castañuela *f.* castanet
castellano *m.* Spanish, Castilian
catedral *f.* cathedral
católico Catholic
catorce fourteen
caucho *m.* rubber
caudal *m.* property, fortune, capital, stock
causa *f.* cause
caza *f.* hunt, hunting; **dar —** to pursue
cazador *m.* hunter
cazar to chase, to hunt
cazuela *f.* cooking pan
cebada *f.* barley
cebo *m.* feed (for animals), bait, incentive
cebolla *f.* onion
ceder to yield, to cede
celebrar to celebrate
celoso jealous

cena *f.* supper
cenar to eat supper
cenicero *m.* ashtray
centenar *m.* hundred
centro *m.* center, middle, "downtown" of a city; **ir al —** to go downtown
cepillo *m.* brush
cera *f.* wax
cerdo *m.* hog, pig
cero *m.* zero, nothing
cerrar(ie) to close
cerro *m.* hill
cerveza *f.* beer
cesar to cease
césped *m.* grass, turf
ciclo *m.* cycle
ciencia *f.* science
cierto certain, sure, true
cifra *f.* figure, number
cima *f.* peak, summit
cinco five
cincha *f.* cinch, girth
cine *m.* cinema, movie
cinta *f.* ribbon, band, tape, strip, movie film
circo *m.* circus
círculo *m.* circle
cirujano *m.* surgeon
cita *f.* date, appointment
clase *f.* classroom, class, type
clavo *m.* nail
cliente *m.* client
clientela *f.* clientele
clima *m.* climate
clueca brooding (hen)
cobarde *m.* coward
cobrar to charge
cobre *m.* copper
cocina *f.* kitchen
cocinar to cook
cocotero *m.* cocoanut palm
coche *m.* car, coach
cochero *m.* coachman

codicia *f.* covetousness, avarice
codo *m.* elbow, bend
cohete *m.* rocket
col *f.* cabbage
colcha *f.* quilt, bedspread
colegio *m.* college
colgar(ue) to hang
colina *f.* hill
colocar to place, to put, to arrange
color *m.* color
columpio *m.* swing
collar *m.* necklace, dog collar
coma *f.* comma
comenzar(ie) to begin
comer to eat
comida *f.* meal, dinner, food
comienzo *m.* beginning
cómo how?
comodidad *f.* comfort
cómodo comfortable
compañero *m.* companion
comparación *f.* comparison
competencia *f.* competition, rivalry
completo complete
componer to assemble, to repair
comprar to buy; **ir de compras** to go shopping
comprender to understand
comprobar(ue) to verify, to check
computadora *f.* computer
comunidad *f.* community
concepto *m.* concept
concierto *m.* concert
concha *f.* shell, shellfish
condimentar to season
conejo *m.* rabbit
conferencia *f.* lecture
confluencia *f.* junction (of two rivers)
conglomerado *m.* group
congruencia *f.* congruence
congruente congruent
conquistador *m.* conqueror

conseguir(i)   to obtain
consejo *m*.   advice
consistir   to consist
construir   to build, to construct
consultar   to consult
contar(ue)   to count, to tell, to relate
contenido *m*.   contents
contestación *f*.   answer
contestar   to answer
continente *m*.   continent
contornos *m. pl.*   environs, surrounding country
contrastante   contrasting
contraste *m*.   contrast
contratar   to contract for, to trade, to hire
convenir(ie)   to agree, to be suitable, to suit
convidar   to invite
conjugal   conjugal
copia *f*.   copy, imitation
corazón *m*.   heart
corbata *f*.   necktie
coro *m*.   chorus
corregir(i)   to correct
correo *m*.   mail
correr   to run
corrida *f*.   bullfight
corriente   running, usual, common
cortar   to cut, to cut off, to cut out, to interrupt
cortarse   to cut one's self
corte *f*.   court
cortina *f*.   curtain
corto   short, scanty
cosa *f*.   thing
coser   to sew
costa *f*.   coast
costar(ue)   to cost
cota *f*.   coat of mail
cotidiano   daily
crear   to create
crecer   to grow, to increase
crecimiento *m*.   growth
creer   to believe

crema *f*.   cream
criada *f*.   maid
criadero *m*.   tree nursery, breeding place
cruel   cruel
crueldad *f*.   cruelty
cuaderno *m*.   notebook
cuadra *f*.   block (street)
cuadro *m*.   square, picture, scene, frame
cuajar   to curdle
cuál   which, what?
cualquier   any, anyone, whichever
cuando   when
cuándo   when?
cuanto   as much as, as many as;   **en — a** as for, with regard to;   **en —** as soon as
cuánto   how much?
cuarto *m*.   room
cuarto   fourth
cubrir   to cover
cuchara *f*.   spoon
cuchillo *m*.   knife
cuenta *f*.   bill
cuento *m*.   story, tale
cuero *m*.   leather
cuidar   to take care of
cuidado *m*.   care, attention;   ¡cuidado! be careful!
culminar   to culminate, to end
culpa *f*.   fault, guilt, blame
culpable *m*.   the responsible person, the guilty one
cumbre *f*.   summit, top
cumpleaños *m*.   birthday;   **feliz cumpleaños**   happy birthday
cumplir   to fulfill, to comply
cura *f*.   cure
cura *m*.   priest
curar   to cure
curro *m*.   dandy
curro   showy, gaudy, flashy
curso *m*.   course
cuyo   whose

CH

chaleco *m.* waistcoat, vest
chapa *f.* metal plate, veneer, rosy spot on the cheeks
chaqueta *f.* jacket
charlar to chat, to chatter
chato snub-nosed, flat, squatty
chayote *m.* vegetable pear (a tropical fruit growing on a vine), dunce, silly fool
cheque *m.* check
chica *f.* child, girl
chico *m.* child, boy
chico small, little
chino *m.* Chinese
chiste *m.* joke, jest
chistoso funny, amusing, humorous
chueco crooked, bent

D

dama *f.* lady
daño *m.* harm
dar to give
datar to date
dátil *m.* date (fruit)
deber *m.* duty, obligation, debt
deber to owe
debidamente duly
débil weak
década *f.* decade
decidir to decide
décimo tenth
declinar to decline, to go down
dedillo *m.* fingertip; **saber al —** to have at one's fingertips, to know perfectly
dedo *m.* finger
defender(ie) to defend
definir to define, explain
deforme deformed, ugly
dejar to quit, to let go, to permit, to abandon, to leave
delantal *m.* apron
delgado slender, thin
delirio *m.* delirium, temporary madness
demanda *f.* demand, petition
demandar to demand
demasiado too much, too many
demorar to delay
dentista *m.* dentist
dentro inside, within; **— de** inside of; **por —** on the inside
deporte *m.* sport
derretir(i) to dissolve, to melt
desalojar to dislodge, to evict
desandar to retrace one's steps
desaparecer to disappear
desarrollar to develop, to unfold
desarrollo *m.* development
desayuno *m.* breakfast
descanso *m.* rest
descartar to reject
desconocido unknown
describir to describe
descubrir to discover
descuento *m.* discount
desempeñar to perform
desenlace *m.* winding-up, solution
desfile *m.* parade
desilusionar to disillusion, to disappoint
desmayadamente faintly
desmayar to falter, to lose heart, to dismay
desmayarse to faint
desolar(ue) to lay waste, to ruin
desorden *m.* disorder
despacio slowly
despedida *f.* farewell, departure, dismissal
despedirse(i) to take leave, to say good-bye
despertar(ie) to awaken
despertarse to wake up
despreciar to despise, to scorn
después after, afterwards
destacarse to stand out
desterrar to exile

detalle *m.* detail
detener(ie) to detain
deuda *f.* debt
devolver(ue) to return, to give back
día *m.* day; **— del santo** saint's day; **buenos días** good morning
diario daily
dibujar to draw
diccionario *m.* dictionary
dicha *f.* happiness, good luck
diciembre *m.* December
dictar to dictate
diferencia *f.* difference
difícil difficult, hard
difusión *f.* diffusion
digno worthy, dignified
dilatar to dilate
dinero *m.* money
Diós *m.* God
diputado *m.* deputy, member of parliament
dirección *f.* direction, address, guidance
directo direct
disciplina *f.* discipline
disco *m.* record
discurso *m.* speech, reasoning
discutir to discuss
disfrutar to enjoy, to make use of
distinguir to distinguish
distinto different
distracción *f.* distraction
distraer to distract
divertido amusing
divertirse(ie) to enjoy oneself, to have a good time
dólar *m.* dollar
domar to tame, to subdue
domingo *m.* Sunday
dominio *m.* domain, dominion
don *m.* title, used only before Christian name
doña *f.* title similar to **don**
donde where, in which

dónde where?; **de —** from where; **en —** in which, where
dorar to gild
dormir(ue) to sleep
dos two
dosis *f.* dose
dotar to endow
dote *m.* dowry
ducho skilled
duda *f.* doubt
dulce sweet
dulce *m.* candy, preserves
dulcemente sweetly
dulcería *f.* candy shop
duque *m.* duke
duquesa *f.* duchess
durante during
durar to last, to endure
durazno *m.* peach
duro hard

E

e and
ebrio drunk
eclipsar to eclipse
echar to throw, to cast, to expel, to throw out
edad *f.* age
edificio *m.* building
eficaz effective
egipcio Egyptian
ejemplo *m.* example
ejercer to practice (a profession), to exert
electricidad *f.* electricity
elegir to elect
eliminar to eliminate
elote *m.* corn on the cob
embajada *f.* embassy
embargo *m.* embargo, attachment, confiscation; **sin —** nevertheless
émbolo *m.* piston, plunger (of a pump)

embriagar to intoxicate
emergencia *f.* emergency
empezar(ie) to begin
empinar to lift on high, to exalt, to raise (a glass in drinking)
empleado *m.* employee
empleo *m.* employment, job, position, occupation
emprender to undertake, to engage in
empresa *f.* enterprise, undertaking, company
empujar to push
empujón *m.* push
enaguas *f. pl.* petticoat, slip
enamorar to inspire love
enamorarse to fall in love
encantar to enchant, to charm
encargar to entrust
encendedor *m.* lighter (cigarette)
encerar to wax
encerrar to shut up, to confine, to contain, to include
encima on top, above, overhead; **— de** on top of
encoger to shrink
encojar to cripple, to lame, to feign illness
encontrar(ue) to meet, to encounter, to find
encuadernar to bind (a book)
enchuecar to bend, to twist
enero *m.* January
enfadar to annoy
enfadarse to become annoyed
enfadoso annoying
enfermera *f.* nurse
enfermo sick
engordar to get fat
enjuto shrivelled, slender
enlodar to cover with mud
enojar to make angry, to annoy
enojarse to get angry
enriquecer to enrich
ensalada *f.* salad
ensalzar to exalt, to praise

ensayar to rehearse
ensayo *m.* essay, rehearsal
enseñar to teach
enseñorearse to take charge of
ensuciar to dirty
entablo *m.* wooden floor
entender(ie) to understand
entero entire
entierro *m.* burial
entrar to enter, to go in
entre between, among
entregar to turn in
entretenimiento *m.* entertainment
entusiasmar to excite, to fill with enthusiasm
envolver(ue) to pack
épico epic
época *f.* epoch
equipaje *m.* baggage, luggage
equipo *m.* team
equivocado mistaken, wrong
errante roving, wandering
escalera *f.* stairs, staircase
escoba *f.* broom
escoger to choose, to select
esconder to hide
escopeta *f.* shotgun
escribir to write; **— a máquina** to type
escritor *m.* writer
escritorio *m.* desk
escualidez *f.* squalor
escuchar to listen
escuela *f.* school
esforzar(ue) to force
esforzarse to strive, to make an effort
eso that
espantoso frightening
español *m.* Spanish, Spaniard
especie *f.* species
espécimen *m.* specimen
espejo *m.* mirror
esperar to wait for, to hope
esperanza *f.* hope

espíritu *m.* spirit
esposa *f.* wife
esposo *m.* husband
espuma *f.* froth, foam, scum
esquiar to ski
esquina *f.* corner
estabilidad *f.* stability
estable stable
estación *f.* season, station
estadounidense referring to the United States
estampilla *f.* stamp
estante *m.* shelf, bookcase
estaño *m.* tin
estar to be
estatua *f.* statue
estética *f.* aesthetics
estilo *m.* style
estimar to esteem, to estimate, to value
estirpe *f.* lineage, family, race, origin
esto this
estrecho narrow
estrofa *f.* verse, stanza
estropear to hurt, to damage, to ruin
estructura *f.* structure
estudiante *m.* student
estudiar to study
etiqueta *f.* etiquette
exageración *f.* exaggeration
exaltación *f.* exaltation
examen *m.* examination, test
examinar to examine
excepción *f.* exception
excluyente exclusive
exigir to demand, to require
explicación *f.* explanation
explicar to explain
expulsar to expel
extender(ie) to extend
extranjero foreign
extranjero *m.* stranger, foreigner
extrañar to wonder at, to miss

extrañarse to marvel, to be astonished

F

fábrica *f.* factory
fabuloso fabulous, false, imaginary
fácil easy
faisán *m.* pheasant
falda *f.* skirt
falta *f.* lack, want, fault; **sin —** without fail
faltar to lack
fama *f.* fame
familia *f.* family
familiar domestic, familiar
familiaridad *f.* familiarity
fanatismo *m.* fanaticism
fantástico fantastic
faro *m.* beacon, headlamp
fascinar to fascinate
fauna *f.* fauna
favor *m.* favor; **por —** please
favorecer to favor
fe *f.* faith
febrero *m.* February
fecundo fertile
fecha *f.* the date
fechar to date
felicitación *f.* congratulations
felicitar to congratulate
feligrés *m.* parishioner
feliz happy
feo ugly
feria *f.* fair, market
feroz ferocious, wild, fierce
fiambre *m.* cold meat
fiar to trust, to guarantee
fiebre *f.* fever
fiel faithful
fiera *f.* wild beast
fiesta *f.* festivity, celebration, party
figurar to figure

figurarse to imagine
fila *f.* file, row
filo *m.* edge
filtro *m.* filter
fingir to feign, to pretend, to fake, to imagine
fino fine, nice, delicate
firma *f.* signature
firmar to sign
flaco skinny
flojo weak, lazy
florecer to flower, to bloom, to flourish, to thrive
florero *m.* flowerpot, vase
foca *f.* seal, sea lion
fondo *m.* bottom
forma *f.* form
formar to form, to shape, to mold
foro *m.* stage, forum, court
fortuna *f.* fortune; **por —** fortunately
fósforo *m.* match
foto *f.* picture, photo
fracaso *m.* failure
fraile *m.* friar, priest
francés *m.* French, Frenchman
franela *f.* flannel
frase *f.* phrase, sentence
frecuencia *f.* frequency **con —** frequently
freír to fry
fresa *f.* strawberry
frialdad *f.* coldness, coolness, indifference
frío *m.* cold
frisar to approach
frito fried
fruta *f.* fruit
fuego *m.* fire
fuente *f.* fountain
fuera outside, out; **— de** outside of, out of, except for
fuerte strong
fuerza *f.* force

fuete *m.* whip
fumar to smoke

G

gabardina *f.* heavy raincoat
gaita *f.* a musical instrument similar to a bagpipe
gala *f.* elegance
galgo *m.* greyhound
galleta *f.* cracker, biscuit
gallina *f.* hen
gallo *m.* cock, rooster
gana *f.* desire, appetite
ganar to win, to earn
gancho *m.* hook, clothes hanger
ganso *m.* goose, gander, lazy person
garbo *m.* grace
garganta *f.* throat
gastar to spend
gato *m.* cat
gaucho *m.* Argentine cowboy
general *m.* general
género *m.* genre
genio *m.* genius, temperament, disposition, spirit
gente *f.* people
gerente *m.* manager (of a business)
gesto *m.* face, expression; **hacer gestos a** to make faces at
gira *f.* (also spelled **jira**) picnic, circular tour
giro *m.* money order, draft
goloso sweet-toothed, fond of sweets
golpear to strike, to hit, to beat, to knock at a door
goma *f.* gum, rubber, elastic, eraser
gordo fat
gorro *m.* cap, bonnet
gota *f.* drop
gozar to enjoy, to possess
gozarse to rejoice
gracias *f. pl.* thank you

grado *m.* degree, step
graduarse to graduate
gramática *f.* grammar
grande large, big, great, grand
gratis free, without charge
griego Greek
grieta *f.* crevice, crack
grito *m.* shout
grueso fat, stout, thick, coarse
guante *m.* glove
guapo handsome
guardar to keep, to put away, to guard
guayaba *f.* guava, guava jelly
guedeja *f.* forelock, lock of hair, mane of a lion
guerra *f.* war
guía *f. and m.* guide
guía *f.* guidebook
guisa *f.* manner, way
guisar to cook, to stew, to prepare
gula *f.* gluttony
gusto *m.* pleasure, taste

H

haba *f.* Lima bean
haber (auxiliary verb)
habitación *f.* habitation
habitante *m.* inhabitant
hablar to speak
hacer to do, to make
hacia toward
hacha *f.* hachet, ax
hada *f.* fairy
hallar to find, to discover
hambre *f.* hunger; **tener —** to be hungry
harina *f.* flour
hasta until, as far as; **— la vista** I'll see you; **— luego** good-bye, so long; **— mañana** see you tomorrow; **— pronto** see you soon

hay there is, there are; **— que** it is necessary
hecho *m.* fact
helado frozen, freezing; *m.* ice cream
herir(i) to wound
hermana *f.* sister; **hermano** *m.* brother
hervir(ie) to boil
hidalgo *m.* nobleman
hielo *m.* ice, frost
higo *m.* fig
hija *f.* daughter; **hijo** *m.* son
hilar to spin, to make into thread
hilo *m.* thread
hinchar to swell
hogareño home-loving, domestic, home
hoja *f.* leaf, sheet (of paper)
hola hello
holgado loose, spacious, comfortable
hombre *m.* man
honrado honorable
hora *f.* hour
horario *m.* schedule
horno *m.* oven
horrendo horrible, hideous
hospedarse to accommodate, to take as a lodger
hueco hollow, empty, vain, affected
huelga *f.* labor strike
huérfano *m.* orphan
huerta *f.* orchard
huésped *m.* guest
huevo *m.* egg
huir to flee
humanidad *f.* humanity
hundir to sink

I

idea *f.* idea
idilio *m.* idyl
idioma *f.* language
iglesia *f.* church

ignición *f.* ignition
ignorante ignorant
igual same, equal
igualmente the same to you
ilusión *f.* illusion
imagen *f.* image
imitación *f.* imitation
imitar to imitate
impedir(i) to prevent, to impede
imperio *m.* empire
impermeable *m.* raincoat
importar to be important, to matter, to concern, to import
impreso printed, impressed, imprinted
imprimir to print
impuesto *m.* tax
incendio *m.* fire
incierto uncertain, doubtful
incomodar to inconvenience, to disturb, to trouble, to annoy
indeciso uncertain
independencia *f.* independence
indicar to show, to indicate, to point out
individuo *m.* individual
inducir to induce, to persuade
infeliz unhappy
influencia *f.* influence
influyente influential
informar to inform, to give a report, to present a case
informe *m.* report, account, information
ingeniería *f.* engineering
inglés *m.* English, Englishman
institución *f.* institution
inteligente intelligent
intentar to attempt
interés *m.* interest
interesar to interest; **interesarse** to be or become interested
interrumpir to interrupt
íntimo intimate
inútil useless

inversión *f.* investment
invitación *f.* invitation
invitado *m.* guest
invitar to invite
inyección *f.* injection
isla *f.* island
izquierdo left

J

jabón *m.* soap
jalar to pull, to haul, to jerk
jamón *m.* ham
jardín *m.* garden
jefe *m.* boss, chief, leader
jíbaro rustic, rural, rude, uncultured
jota *f.* the letter "j", an Aragonese and Valencian dance and music
joven young
joya *f.* jewel
juego *m.* game
jueves *m.* Thursday
juez *m.* judge
jugar(ue) to play
jugo *m.* juice
juguete *m.* toy
juguetón playful
juicio *m.* judgment, sense, wisdom
julio *m.* July
junio *m.* June
junto joined, united; **juntos** together; **— a** near, close to

L

la feminine article
laboratorio *m.* laboratory
lado *m.* side
ladrar to bark
ladrillo *m.* brick

ladrón *m.* thief
lago *m.* lake
lamentable regrettable
lámina *f.* sheet (of metal), engraving
lámpara *f.* lamp
lana *f.* wool
lápiz *m.* pencil
largo long
lástima *f.* pity, compassion, grief
lastimar to hurt
lastimarse to get hurt
látigo *m.* whip
latitud *f.* latitude, extent, breadth
lavabo *m.* wash basin
lavar to wash
le Ud.–él–ella form of indirect object pronoun
lección *f.* lesson
lector *m.* reader
leche *f.* milk
lechuga *f.* lettuce
leer to read
legado *m.* legacy
legar to will, to bequeath
lejía *f.* bleach
lejos far
lema *m.* motto, slogan
lengua *f.* tongue, language
lenguaje *m.* language
lentes *m.* eyeglasses
lento slow
leña *f.* firewood, kindling
les them, to them; you, to you
letra *f.* letter (of alphabet)
levantar to raise, lift
levantarse to get up, to rise, to stand up
ley *f.* law
librar to liberate, to set free
libre free
librería bookstore
libro *m.* book
liebre *f.* hare

ligar to bind, to tie, to unite
ligero light
lima *f.* lime
limpiar to clean
linaje *m.* lineage, family, race
lindo pretty
lío *m.* bundle, parcel
liso smooth, even, flat, evident, clear
listo ready, prompt, clever, smart
literatura *f.* literature
lo Ud.–él form of direct object pronoun
lobo *m.* wolf
loco crazy
locura *f.* madness, insanity
lodo *m.* mud
lograr to succeed in
logro *m.* success, achievement
loto *m.* lotus
lucha *f.* fight, struggle, dispute
luego soon, presently, afterwards, then; **desde —** immediately, naturally; **— que** as soon as
lugar *m.* site; **tener — en** to take place in
lumbre *f.* light, fire
luna *f.* moon
lunes *m.* Monday
luto *m.* mourning, grief
luz *f.* light

LL

llamada *f.* call
llamar to call
llamarse to be called, to be named
llave *f.* key
llegar to arrive
llevar to carry, to take, to wear
llorar to cry
llorón cry-baby

llover(ue)   to rain
lluvia f.   rain

M

maceta f.   flowerpot
madera f.   wood;   **— tallada**   wood sculpture
madre f.   mother
madrina f.   godmother
madrugador m.   early riser
madurar   to mature, to ripen
maestro m.   teacher
maíz m.   corn
majar   to pound, to crush
malcriado   ill-bred, rude
maleta f.   suitcase
malo   bad
malsano   unhealthy, sickly
malvado   wicked, perverse, villainous
malla f.   mesh
mamá f.   mother
manchar   to stain
mandar   to send, to order
manejar   to drive
manera f.   manner, mode;   **de todas maneras**   anyway, at any rate
mango m.   a tropical fruit
manifestación f.   manifestation
manifestar(ie)   to manifest
mantener(ie)   maintain
mantequilla f.   butter
mano f.   hand
manzana f.   apple
maña f.   skill, knack
mañana f.   morning; m. tomorrow;   **pasado —**   day after tomorrow;   **por la —**   in the morning;   **— por la mañana**   tomorrow morning
mapa m.   map
mar m.   sea
marea f.   tide

mariposa f.   butterfly
marisco m.   seafood
martes m.   Tuesday
marzo m.   March
matamoscas m.   fly swatter or paper
matar   to kill
materia f.   matter, material, subject
matiz m.   tint, hue;   **matices**   characteristic features, shades (of opinion)
mayo m.   May
mayor   greater, larger, older, greatest, largest, oldest, main, major
mayoría f.   majority
medias f.   stockings
medicina f.   medicine
médico m.   doctor
medio   half
mediodía m.   noon
medir(i)   to measure
meditar   to meditate
mejor   better;   **el —**   best
menos   minus, except;   **a lo —**   at least;   **echar de —**   to miss, to feel or notice the absence of
mensaje m.   message
mentir(ie)   to lie
menudo   minute, small, insignificant;   **a —**   often;   **por —**   in detail
mercado m.   market
mercancía f.   merchandise
merecer   to deserve
mes m.   month
mesa f.   table
mezcla f.   mixture
mezquindad f.   pettiness
micrófono m.   microphone
miedo m.   fear;   **tener —**   to be afraid
miel m.   honey
mientras   while
miércoles m.   Wednesday
militar   military
militar m.   soldier

VOCABULARY   643

militar military
millón *m.* million
minoría *f.* minority
mirar to look at
misa *f.* mass
mismo same, self, very; **ahora —** right away
mitad *f.* half
mocetón *m.* robust lad
moderno modern
modestia *f.* modesty
modificación *f.* modification
modismo *m.* idiom
modo *m.* method, mode, manner
mojar to moisten, to dampen; **mojarse** to get wet
molde *m.* mold, cast, form, pattern, model
molestar to bother
molino *m.* mill; **— de viento** windmill
momento *m.* moment
mono *m.* monkey
montaña *f.* mountain
montar to mount; **— a caballo** to ride horseback
morir(ue) to die
mostrar(ue) to show
mover(ue) to move
muchacha *f.* girl; **muchacho** *m.* boy
mucho much, a lot of, long (referring to time)
mudar to change, move, vary; **mudarse** to change house or clothing
mueble *m.* furniture
muestra *f.* sample
mujer *f.* woman
multa *f.* fine
multar to fine
multiplicación *f.* multiplication
mundo *m.* world; **todo el —** everyone
muñeca *f.* doll
muralla *f.* rampart, outer wall
museo *m.* museum

música *f.* music
músico *m.* musician
muy very

N

nacer to be born
nación *f.* nation
nada nothing
nadar to swim
nadie no one
naranja *f.* orange
nariz *f.* nose
nata *f.* cream
navaja *f.* razorblade
Navidad *f.* Christmas
necesitar to need
negar(ie) to deny
negocio *m.* business
negro black
nevar(ie) to snow
ninguno none, no one
niña *f.* little girl; **niño** *m.* little boy
niñez *f.* childhood
nítido bright, clean
nivel *m.* level
noble noble
noción *f.* notion, idea
noche *f.* night; **buenas noches** good evening
nombre *m.* name
norte *m.* north
nos nosotros form of object pronoun
nota *f.* note
novela *f.* novel
noveno ninth
noviembre *m.* November
novio *m.* sweetheart
nube *f.* cloud
nuera *f.* daughter-in-law
nuestro nosotros form of possessive adjective
nueve nine

nuevo new
nuez *f.* nut

O

obedecer to obey
objetivo *m.* objective
objeto *m.* object
obligar to oblige, to obligate
obra *f.* work
obrero *m.* worker
obsequio *m.* attention, courtesy, gift
observar to observe
obsesión *f.* obsession
obtener(ie) to obtain
obtuso obtuse
octavo eighth
octubre *m.* October
ocultar to hide
ocupar to occupy; **ocuparse de** to be engaged in
ocho eight
odiar to hate
oferta *f.* offer, offering
ofrecer to offer
oír to hear
ojalá exclamation to express desire
ojo *m.* eye
ola *f.* wave
oler(ue) to smell
oprimido oppressed
oración *f.* oration, speech, prayer, (grammatical) sentence
oreja *f.* ear
orgullo *m.* pride
oriente *m.* orient, east
oriundo native
oscuro dark
oso *m.* bear
ostentar to show off
ostra *f.* oyster
otro another

P

paciencia *f.* patience
padre *m.* father
padres *m.* parents
paella *f.* popular rice dish with chicken, vegetables, seafood, etc.
pagar to pay
página *f.* page
país *m.* country
paisaje *m.* landscape, countryside
paja *f.* straw
pala *f.* shovel, scoop
palabra *f.* word
pálido pale
palo *m.* stick
palta *f.* avocado (southern South America)
pan *m.* bread
pantalones *m.* trousers
pañuelo *m.* handkerchief
papa *f.* potato
papel *m.* paper
paquete *m.* package
par *m.* couple
parabrisas *m.* windshield
parachoques *m.* bumper, fender
paraíso *m.* paradise
parar to stop; **pararse** to halt, to come to a stop
parcialmente partially
parecer to seem, to appear; **parecerse a** to resemble, to look like
pared *f.* wall
parentesco *m.* kinship, relationship
pariente *m.* relative; **parientes políticos** in-laws
paro *m.* work stoppage, lockout
parque *m.* park
parrilla *f.* grill, grate
parroquia *f.* parish
parte *f.* part
pasado *m.* past

pasaje *m.* passage, fare, ticket
pasajero *m.* passenger
pasar to pass, to happen
pasear to walk, to take a walk
pastel *m.* cake
pastilla *f.* tablet (medicine, candy, etc.), bar (chocolate)
pasto *m.* pasture, grassland
pata *f.* paw; **meter la —** to put one's foot in it, to make an embarrassing blunder
paterno paternal
patín *m.* skate
patinar to skate
pato *m.* duck
patria *f.* fatherland
pausar to pause; **pausa** *f.* pause
payaso *m.* clown
paz *f.* peace
peca *f.* freckle
pecar to sin
pedazo *m.* piece
pedido *m.* demand, order
pedir(i) to request, to ask for, to petition
pegar to hit
peinar to comb
pelar to cut the hair of, to pluck the feathers from
pelea *f.* battle, fight
pelear to fight
película *f.* film, motion picture
peligro *m.* danger
pelirrojo redheaded
pelota *f.* ball
peluquero *m.* barber
pena *f.* penalty, grief, worry, hardship
penar to suffer, to worry
pensar(ie) to think; **— en** to intend to
peña *f.* rock, large stone
pequeño small
perder to lose
pereza *f.* laziness, idleness
perezoso lazy

perfectamente perfectly
periódico *m.* newspaper
periodista *m.* journalist
período *m.* period
perla *f.* pearl
permiso *m.* permission; **con —** pardon me
perro *m.* dog
persona *f.* person
pertenecer to belong to
peruano Peruvian
pesar to weigh; **a — de** in spite of
pescado *m.* fish
pescar to fish
peseta *f.* monetary unit
peso *m.* weight, a monetary unit in several Spanish American countries
pez *m.* fish
picante spicy, highly seasoned, hot (with pepper)
picar to prick, to pierce, to bite (fish or insects), to smart, to burn (as with spicy food)
pico *m.* beak, bill, pick-axe, sharp point, peak, summit
pie *m.* foot
piedra *f.* rock
pierna *f.* leg
píldora *f.* pill
pino *m.* pine
pintar to paint
pintoresco picturesque
pintura *f.* painting
piña *f.* pineapple, pine cone
piropo *m.* flirtation
pirueta *f.* whirl, somersault, caper
pisar to step on, to tread upon
piscina *f.* swimming pool
piso *m.* floor, story (of a building), pavement
pista *f.* track, trace, clue
pizarrón *m.* blackboard
placer *m.* pleasure

plan *m.* plan, design, project
planchar to iron
plantear to establish, to pose (a problem)
plata *f.* silver
plátano *m.* banana
plato *m.* plate, dish
playa *f.* beach
plegadera *f.* letter opener, paper-knife
plegar(ie) to fold, to pleat
pleito *m.* litigation, lawsuit, dispute
pliego *m.* sheet of paper, sealed letter or document
pliegue *m.* fold, crease, pleat
plomero *m.* plumber
pluma *f.* pen
población *f.* population
poblar to populate
pobreza *f.* poverty
poco little, small, little bit
poderoso powerful
poema *m.* poem
polar polar
polea *f.* pulley
policía *f.* police force
policía *m.* policeman
político *m.* politician
pollo *m.* chicken
pomar *m.* apple orchard
poner to put, to place; **ponerse** to put on
poniente *m.* west
ponzoñoso poisonous
popular popular
popularidad *f.* popularity
poro *m.* pore
¿por qué? why?
porque because
portarse to behave oneself
portátil portable
posar to lodge, to rest, to perch (said of birds)
postal *f.* postcard

postre *m.* dessert
precio *m.* price
precursor *m.* forerunner
preferir(ie) to prefer
pregunta *f.* question
preguntar to ask, to request
premio *m.* prize
prender to catch (fire), to seize, to apprehend
prensa *f.* press
preocupado preoccupied
preocupar to preoccupy; **preocuparse de** to worry about, to be preoccupied with
preparar to prepare
prescindir de to dispense with, to do without
presente *m.* present; *adj.* present
presentir(ie) to have a foreboding, a hunch
presidente *m.* president; **presidenta** *f.*
prestado loaned; **pedir —** to borrow
préstamo *m.* loan
prestar to lend; **prestarse** to lend itself
presuponer to presuppose, to take for granted, to estimate
prieto dark, black, tight, compact
prima *f.* cousin (girl); **primo** *m.* cousin (boy)
prima *f.* premium (of insurance policy)
primavera *f.* spring
primero first
príncipe *m.* prince
principio *m.* beginning
prioridad *f.* priority
probar(ue) to test, to taste, to prove
procurar to try, to attempt
producir to produce
profesor *m.* professor, teacher
programa *m.* program
prohibir to prohibit
promesa *f.* promise
pronunciación *f.* pronunciation
proponer to propose; **proponerse** to make a resolution

proteger   to protect
provenir(ie)   to originate, to come from
provinciano   provincial
próximo   next, neighboring, near
prueba *f.*   proof, trial, test
publicar   to publish
pueblo *m.*   town
puente *m.*   bridge
puerta *f.*   door
pues   then, well
puesto *m.*   position, place
pujante   powerful, strong
pulga *f.*   flea
pulgada *f.*   inch
pulir   to polish
pulsera *f.*   bracelet
pulso *m.*   pulse
puntiagudo   sharp-pointed
punto *m.*   period, point
puro   pure, chaste, simple, genuine
puro *m.*   cigar
putrefacto   rotten

Q

que   relative pronoun and conjunction
qué   what?;   **— hay?** hi;   **— tal?** how are things?
quedar   to stay, to remain, to be left over
quejarse   to complain
quemar   to burn
querer(ie)   to desire, to want
queso *m.*   cheese
quien   relative pronoun
quién   who?
química *f.*   chemistry
químico *m.*   chemist
quince   fifteen
quinto   fifth
quitar   to remove, to take away (off or from), to deprive of
quizá   perhaps

R

rabo *m.*   tail
radiar   to radiate, to broadcast
radicar   to take root, to reside
radio *f.*   broadcasting
radio *m.*   radio set, radius
rama *f.*   branch
rascacielo *m.*   skyscraper
rasgo *m.*   trait, characteristic, feature
rasgueo *m.*   flourish, trimming
rasguñar   to scratch
rato *m.*   short time;   **a cada —** all the time
razón *f.*   reason, right;   **tener —** to be right
realidad *f.*   reality
reata *f.*   strap, rope
rebajar   to lower (prices)
recado *m.*   message
receta *f.*   recipe, prescription
recibir   to receive
recién   recent
recinto *m.*   chamber, enclosure
recio   strong, robust
recobrar   to recover, to regain
recoger   to collect
reconocer   to recognize
recordar(ue)   to remember
rechazo *m.*   rejection
rechinar   to creak
redundar   to overflow
reflejo *m.*   reflection
reforzar(ue)   to reinforce, to strengthen
refresco *m.*   refreshment
regalar   to give (gift)
regalo *m.*   present
regañar   to snarl, to growl, to quarrel, to scold, to rebuke
regar(ie)   to irrigate, to water
régimen *m.*   regime, government
regresar   to return

regreso *m.* return
reina *f.* queen
reino *m.* kingdom
reírse de to laugh at
reja *f.* grate, grating
reloj *m.* watch
remar to row
renombre *m.* renown, fame
renovar to renovate, to reform
renta *f.* income
reñir to quarrel, to come to blows
reo *m.* offender
reparar to repair, to regain; **reparar en** to observe, to notice
repente de — suddenly; **repentinó** sudden
repetir(i) to repeat
reponer to repair
represalia *f.* reprisal
requerir(ie) to require
requisito *m.* requirement
resolver(ue) to resolve
respaldar to endorse, to back, to support
respetar to respect
responsabilidad *f.* responsibility
responsable responsible
respuesta *f.* answer
restorán *m.* restaurant
resumen *m.* résumé, summary
retornar to return, to go back
retraso *m.* delay
retratar to portray, to describe
reunión *f.* meeting, reunion
reunir to reunite, to unite, to gather, to assemble
revalidar revalidate
revelar to reveal
revista *f.* magazine
rey *m.* king
riachuelo *m.* stream
rico rich, delicious, exquisite
riel *m.* rail; **rieles** track, railroad track

rienda *f.* rein, bridle
riesgo *m.* risk
rimar to rhyme; **rima** *f.* rhyme
rincón *m.* corner
río *m.* river
riqueza *f.* wealth
ritmo *m.* rhythm
rogar(ue) to plead
rojo red
rompecabezas *m.* puzzle
romper to break, to shatter, to tear
ronco hoarse
ropa *f.* clothing, clothes
rosa rose color
rostro *m.* face
roto broken
rotundo round
rotura *f.* tear, break
rozar to graze
rubio blond
rudo crude, rude, ill-mannered
rueda *f.* wheel
ruego *m.* supplication
ruido *m.* noise
ruin vile, base, mean, small, petty, stingy
ruina *f.* ruin
ruiseñor *m.* nightingale

S

sábado *m.* Saturday
saber to know
sabiduría *f.* wisdom
sabor *m.* savor, taste, flavor
sabroso savory, tasty, delicious
sacar to take out, to get, to obtain, to draw, to draw out, to pull out
sacerdote *m.* priest
saco *m.* coat, sack, bag
sal *f.* salt
sala *f.* living room, parlor, large room
saliente salient, outstanding

salir to leave, to go out, to depart
salón *m.* salon, hall, large room
salpicar to splash, to splatter
salsa *f.* sauce
salvavidas *m.* life saver
sanar to heal, to cure
sandía *f.* watermelon
sangre *f.* blood
sano sound, healthy, sane, sensible, whole, unbroken
santo *m.* saint
secar to dry
seco dry
secreto *m.* secret
sed *f.* thirst
seda *f.* silk
seguida *f.* succession, series; **en —** at once, immediately
seguir(i) to follow, to pursue, to continue
segundo second
sello *m.* seal, stamp
semana *f.* week
sembrar to sow, to seed
semejanza *f.* similarity
senado *m.* senate
sentar(ie) to sit, to seat, to establish; **sentarse** to sit down
sentimental sentimental
sentir(ie) to feel, to sense, to regret; **sentirse** to feel, to feel resentment
señor *m.* mister, sir
señora *f.* madam, mistress (of a household), wife, lady
señorial noble, manorial
señorita *f.* miss, young lady
señuelo *m.* decoy, lure, bait
separar to separate
septiembre *m.* September
séptimo seventh
ser a linking verb
serie *f.* series
serio serious

serpentear to wind
servilleta *f.* napkin
servir(i) to serve
sexto sixth
sicología *f.* psychology
siempre always
sierra *f.* mountain range
siesta *f.* afternoon nap; **dormir la —** to take a nap
siete seven
siglo *m.* century
significado *m.* meaning
significar to signify, to mean
silueta *f.* silhouette
silla *f.* chair
sima *f.* chasm, abyss
símbolo *m.* symbol
sin without
siniestro sinister
sino but, except
sintetizar to synthesize
siquiera at least, even; **ni —** not even
sistema *m.* system
sitio *m.* place
situación *f.* situation
situado located, situated
soberano *m.* sovereign
sobrar to exceed, to be in excess, to abound
sobre *m.* envelope
sobre over, above, on, upon, about
sobretodo *m.* overcoat
sobrina *f.* niece; **sobrino** *m.* nephew
sociedad *f.* society
socio *m.* member
sol *m.* sun; **hacer —** to be sunny
solana *f.* sunny place
solapa *f.* lapel
solar *m.* lot, plot of ground
soldado *m.* soldier
soldar to weld, to join, to unite
soler to be accustomed
solicitud *f.* application

solo alone
soltero unmarried
sombra *f.* shade, shadow
someter to submit, to subject
sonar(ue) to sound, to ring
sonido *m.* sound
sonreír (i) to smile
sonrisa *f.* smile
soñar(ue) to dream; **— con** to dream about
soplar to blow
sorprender to surprise
sospechoso *m.* suspect
sótano *m.* basement
suave soft, smooth, mild, bland, gentle
subconsciente subconscious
subdesarrollado underdeveloped
subir to ascend, to go up, to climb, to carry up, to mount
sucio dirty
sudar to sweat, perspire, to ooze, to toil
sudor *m.* sweat, perspiration
sueco Swedish
sueldo *m.* salary
suelo *m.* soil, ground, floor, pavement
suelto loose, free, fluent (of style)
sueño *m.* sleep, dream, drowsiness; **tener —** to be sleepy
suero *m.* serum
suerte *f.* fate, fortune, luck
suéter *m.* sweater
sufrir to suffer
sugerir(ie) to suggest
suicidio *m.* suicide
suizo Swiss
sumo supreme, highest, greatest
superar to surpass, to overcome
superficie *f.* surface
suponer to suppose
suprimir to suppress, to omit
sur *m.* South
surgir to surge, to rise
surtir to supply, to stock; **bien surtido** well-stocked
suspender to suspend, to stop
sustentar to sustain, to support
sutil subtle, clever, keen, thin, fine, delicate

T

tabique *m.* partition
tacaño stingy
tacón *m.* heel
tachuela *f.* tack, small nail
tal such, such a; **— vez** perhaps
taller *m.* workshop, studio, factory, mechanic's shop
tamaño *m.* size
tambalear to shake
también also, too
tampoco neither
tan so, as, such a
tanto so much, as much, so
tapón *m.* plug, stopper, cork, bottle cap
taquigrafía *f.* stenography
tardar to delay, to be late, to be long in
tarde *f.* afternoon; **buenas tardes** good afternoon
tarde late
tarea *f.* task, job
tarjeta *f.* card
taza *f.* cup
teatro *m.* theater
teja *f.* tile
tejado *m.* roof
tejer to weave, to knit
tela *f.* material
telar *m.* loom
teléfono *m.* telephone
tema *m.* theme
temblar tremble
temer to fear
temprano early
tenedor *m.* fork

tener(ie) to have; **— que** to have to
tercero third
tercio *m.* one third
terminar to end, to terminate
terreno *m.* terrain, plot of ground
tesoro *m.* treasure
testigo *m.* witness
texto *m.* text
tía *f.* aunt; **tío** *m.* uncle
tiempo *m.* time, weather, tense; **a —** on time
tienda *f.* store
tierra *f.* land, earth
tijeras *f.* scissors
timbre *m.* bell, crest, postage stamp
tímpano *m.* eardrum, kettledrum
tinta *f.* ink
tirar to throw, to shoot
toalla *f.* towel
tocadiscos *m.* record player
tocar to touch, to play (an instrument), to knock, to ring (a doorbell)
todavía still, yet
tomar to take, to grasp, to drink
tonelada *f.* ton
tonto *m.* fool
toque *m.* touch
torcer to twist, to turn
toro *m.* bull
torvo grim, stern, severe
torre *f.* tower
tosco harsh, rough, coarse
toser to cough
trabajar to work
traducir to translate
traer to bring, to carry, to lead, to conduct, to wear
tragar to swallow, to gulp; **trago** *m.* gulp, swallow
traje *m.* dress, suit
trapo *m.* rag
trascender(ie) to transcend

tratar to treat, to deal with; **— de** to talk about, to deal with, to try, to attempt
trato *m.* treatment, manner, behavior, social relations
tren *m.* train
tres three
trescientos three hundred
triángulo *m.* triangle
tribu *f.* tribe
triste sad
tristeza *f.* sadness
triunfo *m.* triumph
tronar(ue) to thunder
tropa *f.* troop, rank and file
trova *f.* a kind of verse
trozo *m.* piece, bit
trucha *f.* trout
trueco *m.* exchange, barter
trueno *m.* thunder, explosion, report of a gun
trueque *m.* exchange, barter
tu **tú** form of possessive adjective
tubo *m.* tube
tuerca *f.* nut (mechanical)
tuna *f.* prickly pear
turbado embarrassed
turista *m. and f.* tourist

U

Ud. abbreviation of **usted**
universidad *f.* university
uña *f.* nail (finger or tool)
urna *f.* urn
usar to use
utilitario utilitarian
uva *f.* grape

V

vaca *f.* cow
vacación *f.* vacation
vacante *f.* opening

vacunar   to vaccinate
vaina *f.*   pod
vajilla *f.*   table service, plates, dishes
valer   to be worth; **— la pena**   to be worthwhile
valeroso   brave, valerous
valiente   valiant, brave
valioso   valuable
vano   vain, useless, illusory
variedad *f.*   variety
vasco *m.*   Basque
vaso *m.*   glass
vecino *m.*   neighbor
veinte   twenty
vencer   to conquer, to defeat, to win
vencido *m.*   the defeated, the conquered
venda *f.*   bandage
vender   to sell
venir(ie)   to come
venta *f.*   inn (roadside)
ventana *f.*   window
ver   to see
verano *m.*   summer
verdad *f.*   truth
verde   green
verdura *f.*   green vegetable
verguënza *f.*   shame
vestido *m.*   dress
vestir(i)   to dress;   **vestirse**   to get dressed
vez *f.*   occasion;   **muchas veces**   often;   **de — en cuando**   from time to time
viaje *m.*   trip;   **hacer un —**   to take a trip
vidrio *m.*   glass
vidrioso   glassy
viejo   old
viento *m.*   wind;   **hacer —**   to be windy

viernes *m.*   Friday
viga *f.*   beam, rafter
vigente   effective, in force
vínculo *m.*   bond
vino *m.*   wine
virtud *f.*   virtue
visar   to visa
visitar   to visit
vivir   to live
vivo   alive
vocablo *m.*   word, term
volar(ue)   to fly
voluntad *f.*   will, desire, good will, consent
volver(ue)   to return, to go back
voz *f.*   voice;   **en — alta**   aloud
vuelta *f.*   turn

Y

y   coordinating conjunction
yema *f.*   egg yolk
yerno *m.*   son-in-law
yeso *m.*   gypsum, chalk, plaster
yodo *m.*   iodine
yugo *m.*   yolk, marriage, tie, burden

Z

zaga *f.*   rear, back;   **en —**   behind
zagal *m.*   young shepherd, lad
zanahoria *f.*   carrot
zapato *m.*   shoe
zarzuela *f.*   Spanish musical comedy
zumo *m.*   juice
zurcir   to darn

INDEX

a, with indirect objects 40
    personal 38–40
acabar de 480–481
acostumbrar 486–487
addition 188–189
adjectives, agreement and number 82–87
    comparison of 433–444
    demonstrative 167–170
    derived 595–597
    descriptive 82–85, 455–460
    possessive 164–166
adverbs, formed with *–mente* 315–316
adverbial clauses of time 503–511
adverbial expressions 603–607
al, as contraction 161
    with verb clauses 503–505
antes de 505–509
aquel, aquella, aquellos, aquellas 169
aquél, aquélla, aquéllos, aquéllas 170
–ar verbs, commands 361–364
    compound past 286–287
    conditional 409–412
    future 292–294
    imperfective past 137–138
    participle, past 286–287
        present 281–282
    perfective past 131–132
    present 95–99
    present progressive 281–282
    subjunctive, past 415–417
        present 251–253
article, definite 69–70
    indefinite 76–77
augmentatives 601–602
cardinal numbers 187–192
cause, with *porque* 529–535
circumstantial complements 312–315
colors 174–175

commands, *–ar* verbs 361–364
    –er and *–ir* verbs 364–366
    expressed by the subjunctive 374–375
    indirect using *que* or *ojalá* 376–380
    of irregular verbs 366–371
    placement of object pronouns 371–373
    vamos a 375–376
cómo 65–66
comparison 433–445
compound past tense, *–ar* verbs 286–287
    –er and *–ir* verbs 287–288
    irregular verbs 289–290
    uses of 286–287, 539–541
compound present subjunctive tense 571–572
con 339
concessive clauses, with *aunque* or *a pesar de* 560–563
conditional tense, meaning and usage 410–414, 537–539, 572–574
    of irregular verbs 412–414
    of regular verbs 409–412
contractions, *al* and *del* 161–162
cuál 553–554
cuando 503–505
cuándo 64–65
cuánto 65–66
dar, in expressions of emotions 238–240
dates 196
days of the week 195–196
de, as partitive 336–337
    to show possession 162–163
    to show reference 163–164
deber, with the future 299–300
definite article 69–70
del, contraction 161–162
demonstrative adjectives 167–170
    pronouns 170

derived adjectives   595–597
   nouns   597–600
descriptive adjectives   82–85, 455–60
desde   491
después de   505–509
diminutives   600–601
direct object   38–40, 211–213, 489–490
   order with indirect object pronouns   50–51, 215–218
   order with commands   371–373
dónde   63–64
emphatic expressions   579–587
en, means of travel   338–339
   expression of place   47
equivalence: *en lugar de, en vez de*   468–469
–er verbs, commands   364–366
   compound past   287–288
   conditional   409–412
   future   292–294
   imperfective past   138–139
   participle, past   287–288
      present   282–283
   perfective past   134–137
   present   100–103
   present progressive   282–283
   subjunctive, past   417–419
      present   253
ese, esa, esos, esas   167–169
ése, ésa, ésos, ésas   170
este, esta, estos, estas   167–169
éste, ésta, éstos, éstas   170
estar vs. *ser*   323–325
   uses of   35
faltar, in comparison   440, 490
future tense, with *deber*   299–300
   with *haber*   296–297
   as *ir a*   297–299
   irregular forms of   294–295
   meaning and usage   295–296

future tense, present tense used as   301
   of regular verbs   292–294
gender and number   69–76
greetings   7–8
gustar   236–238
haber, in impersonal expressions   22
haber que vs. *ser necesario*   484
hace . . . que   291
hacer, in impersonal expressions   241–243
   with progressive action   290–291
   in time and weather expressions   241–243
hay, in impersonal expressions   22
imperative, *–ar* verbs   361–364
   –er and *–ir* verbs   364–366
   expressed by the subjunctive   374–375
   indirect imperative   376–380
   irregular verbs   366–371
   position of object pronouns with   371–373
   vamos a   375–376
imperfective past tense, *–ar* verbs   137–138
   –er and *–ir* verbs   138–139
   vs. perfective past   149–150
   usage   139, 515, 572–574
impersonal expressions   21–23, 484
   with *haber*   22
   with *hacer*   21–22
   with *hay*   22
indefinite article   76–77
indirect object   40–41, 213–214, 489–490
   order with commands   371–373
   order with direct object   50–51, 215–218
infinitive phrases   464, 479–484
interrogative pronouns   59–63
   words and phrases   13–15, 59–63, 551–555

interrogatives 11–15, 59–67
   indirect 556–559
ir a, as future 297–299
–ir verbs, commands 364–366
  compound past 287–288
  conditional 409–412
  future 292–294
  imperfective past 138–139
  participle, past 287–288
    present 282–283
  perfective past 134–137
  present 103–105
  present progressive 282–283
  subjunctive, past 417–419
    present 253
más, with comparison 433–440
mejor 435–436
menos, with comparison 433–440
months 193
names 68–69
nationality 83–84
negatives 9–10, 229, 465–470
  ni . . . ni 465–466
  no . . . más que 459
  variations 232–235
  words and phrases 230–232
noun clauses 460–462
nouns, derived 597–600
  plural 74–76
  singular 69–74
numbers, cardinal 187–192
  in dates and time 196–197
  ordinal 193–195
object nouns and pronouns, with commands 371–373
  compound 218–220
  direct 38–40, 211–213
    position 50–51
  indirect 40–41, 213–214
    position 50–51
  with infinitives 220–221

object pronouns, inversion of 489–490
  order 215–218
ojalá, with indirect commands 379–380
  with past subjunctive 420–421
ordinal numbers 193–195
orthographic changes, perfective past 140–147
  subjunctive, present 252–254
para 339–340
  vs. *por* 316
para que 535–536
para qué vs. *por qué* 555
participle, past, *–ar* verbs 286–287
  –er and *–ir* verbs 287–288
  irregular forms 289–290
  present, *–ar* verbs 281–282
  –er and *–ir* verbs 282–283
  stem-changing verbs 283–284
passive voice (*se*) 397–401
pensar 483–484
peor 434–436
perfective past, *–ar* verbs 131–133
  –er and *–ir* verbs 134–137
  vs. imperfective past 149–150
  irregular forms 140–147
  stem-changing verbs 147–148
  usage 132, 135
pero vs. *sino* 466–468
poder 481
por 340–342
  vs. *para* 316
porque 529–535
por qué 555
possessive adjectives 164–166
  pronouns 171–174
possession, with *de* 162–163
prepositions, in comparison 439–440
  with infinitives 487–489
  modifiers 172–174
  in time and place expressions 47–49
  uses of 335–342

present tense, –ar verbs 95–99
   –er verbs 100–103
   as future 301
   –ir verbs 103–105
   irregular verbs 118–124
   stem-changing verbs 106–114
progression, using *hacer* 290–291
   using *seguir* 485–486
progressive, past 512–519
   present, –ar verbs 281–282
     –er and –ir verbs 282–283
     meaning and usage 281, 284–286, 514–515
     stem-changing verbs 283–284
pronouns, demonstrative 170
   interrogative 59–63
   object, with commands 371–373
     compound 218–220
     direct 215–218
     indirect 215–218
     with infinitives 220–221
   possessive 171–174
   reflexive 389–395
   relative 343–352
purpose, with *para* or *para que* 535–536
quantification 197–198
quantifiers 462–463
que, in indirect commands 376–380
   interrogative pronoun 61–63
   with prepositions 346–348
   relative pronoun 343–346
questions 11–15
   indirect 556–559
   pronouns 59–63
   words and phrases 13–15, 59–67, 551–555
quien, as relative pronoun 348–351
quién, as interrogative pronoun 59–61
reflexive pronouns 389–395
   verbs 389–396
relative clauses 512–519
   pronouns 343–352

saber cómo 483
se, in passive expressions 399–401
seguir, in progression 485–486
según 342
ser vs. *estar* 35–37, 323–325
   with passive 397–399
   uses of 35, 317–323
sino vs. *pero* 466–468
sobrar, in comparison 440
soler 486–487
stem-changing verbs, participle, present 283–284
   perfective past 147–148
   present 106–114
   progressive 283–284
   subjunctive, past 419–420
     present 262–265
subjunctive, in commands 374–375
   past, –ar verbs 415–417
     –er and –ir verbs 417–419
     irregular verbs 419–420
     meaning and usage 415–422, 574–578
     stem-changing verbs 419–420
   present, –ar verbs 251–253
     –er and –ir verbs 253
     with impersonal expressions 270
     irregular verbs 265–268
     meaning and usage 252–255, 268–270, 574–578
     orthographic changes 252–254
     with selected verbs and expressions 255–258, 268–271
     stem-changing verbs 262–265
     in subordinate clauses 255–261
subtraction 188
superlative 445
tan... como, tanto... como 441–444
tener, in expressions of emotions 238–240
tener que 479–480
tenses, in relative clauses 512–519
time, clock 196–197

time, expressions of   48, 503–511
vamos a   375–376
verbs, clauses with *al* and *cuando*   503–505

verbs, in phrases   479–492
  with subjunctive   255–261, 268–271
volver a   487
weather expressions   241–242

DISCARDED